重新发现海德格尔、列维纳斯与中国哲学

Re-Discovering Heidegger, Levinas, and Chinese Philosophy

马 琳 著

中国人民大学出版社
· 北京 ·

国家社科基金后期资助项目
出版说明

后期资助项目是国家社科基金设立的一类重要项目，旨在鼓励广大社科研究者潜心治学，支持基础研究多出优秀成果。它是经过严格评审，从接近完成的科研成果中遴选立项的。为扩大后期资助项目的影响，更好地推动学术发展，促进成果转化，全国哲学社会科学工作办公室按照“统一设计、统一标识、统一版式、形成系列”的总体要求，组织出版国家社科基金后期资助项目成果。

全国哲学社会科学工作办公室

目　　录

关于翻译与体例的说明

翻译哲学术语——尤其是海德格尔的哲学术语——似乎是一个永远不可能有最终解决方案的事业。有的学者提出，海德格尔哲学术语的中文翻译应当加以规范化、统一化，以避免混淆。这种愿望是可以理解的，然而，由于中文与欧洲语言的巨大差距，翻译本身即是一件涵括着重大的比较哲学意蕴的事业。原则上，只要言之有理（当然，也必须言之有理），学人都可以对现有翻译提出疑问，建议新的译法（当然，这并不意味着新译法就一定比旧译法佳善）。即使在英文中，对海德格尔的不少哲学术语也存在着不同的翻译，但这些不同并没有妨碍英语学者们之间的相互理解与交流。最终为多数学人所采纳的翻译或许可以显现出某种"统一"的状态，但这种状态应当是经过一定时期的学术讨论而达成的某种共识，而不能强行地加以规范。对于规范化、统一化的欲求乃源自笔者所批评的"理想语言的前设"(ideal language assumption)。

例如，希腊词语 *aletheia*（Unverborgenheit；unconcealment）常被翻译为"解蔽"。"解蔽"一词出自《荀子》，把 *aletheia* 翻译为"解蔽"会误导人们依照荀子的思路把它理解为克服蒙蔽的意思。但是，"蒙蔽"带有消极意味，而对于海德格尔来说 Verborgenheit（遮蔽）并没有消极意味。并且，*aletheia* 中的前缀 *a*-表示"去除"，犹如揭开盖子一样，因此，"揭蔽"能够更好地传达出这一层意思。Lichtung 长期以来一直被译为"澄明"，然而，包括希恩（Thomas Sheehan）在内的海德格尔学者已指出，Lichtung 的主导意义是通敞，而非光明。在此书中，笔者译之为"疏朗"，疏即通，而"朗"依然隐含有"光"之义（详见本书第五章的讨论）。现行的海德格尔中译本中通常把 Anfang 翻译为"开端"，但是，海德格尔却赋予了 Anfang 与 Beginn 这两个词语以不同意义的哲学内蕴，因此，笔者把 Anfang 翻译为"启始"，而把 Beginn 翻译为"开端"，以示二者之区别。

众所周知，在中文版《存在与时间》中 Ontologie 被翻译为“存在论”，但这个译法易与 Existenz 等词语相混淆。笔者仍然认为，在海德格尔哲学被引入之前对 ontology 翻译为“本体论”是可行的，但由于在中文海德格尔哲学的语境中大多数读者都习惯于“存在论”，两方面折中，笔者在本书中把 Ontologie 都翻译为“存有论”，相应地把名词 Sein、Seiend 分别翻译为“存有”及“存有者”；把 Existenz 等翻译为“存在”或“生存”，把与这些词语相关的更加理论化的用语用“生存论”、“生存论构造”(Existenzialität) 来加以表述，以区别于人们所熟悉的“存在论”。对于 Dasein、Mitsein、Zu-sein 等含有动作性的术语，笔者则保留其“在”：“此在”“共在”“去存在”等；In-der-Welt-sein 笔者没有采用原译“在世界之中存在”，而是翻译为“在世界中而在”，以凸显 sein 的动态。

除非另外注出，本书中列维纳斯的引文由笔者译出，引用这些翻译请注明出自本书。部分术语或表述沿用了现有中文译本。引文中方括号 [] 中的内容为笔者所加，圆括号（）中的内容则出自原文。

致　谢

本书的研究始于不同的时期，最早的是第六章庄子与海德格尔关于他/她人问题的哲思，初稿作于2004年，并在同年的美国哲学协会东部分区年会上宣读。最近的研究是第九章海德格尔与黑格尔关于非性(Negativität)概念的交涉，作于2016年，并在同年分别于湖北大学与兰州大学召开的专题研讨会上宣读，其英文修改稿于2017年在希腊雅典宣读。其他的研究也先后在召开于加拿大温哥华、挪威奥斯陆、法国巴黎，以及中国深圳大学、武汉大学、浙江大学、复旦大学、海南大学、南开大学、上海交通大学、山东大学、中山大学、西南政法大学等地的学术会议上宣读过。笔者在此由衷地感谢会议主办方的邀请！

在此感谢安乐哲、陈鼓应、倪梁康、黄勇、翁美琪、盛丹艳、张梦颖等前辈和同人对本书写作的支持及其对哲学事业无私的奉献！感谢中国人民大学科研处孙宇老师耐心细致的工作！中国人民大学出版社学术出版中心的杨宗元主任从一开始即对拙著寄予信任与支持，在此特别感谢！感谢各位匿名评审专家对本书初稿的细致阅读以及积极建议！最后感谢我的家人多年以来鼓励我从事艰辛而又欢欣的哲学事业（这种艰辛主要源自外部环境，这种欢欣主要源自内心）。

导　言

本书可以被视为作者继研究海德格尔本人关于东西方对话问题的哲学思考之后，以海德格尔与列维纳斯的亚洲关联为起点，就如何在全球化境遇中通过哲学比较与跨文化思考的方式来推进哲学实践所做出的接续性、发展性的研究。中西哲学比较研究向来是学术界的难题。倘若我们把胡适出版于1919年的《中国哲学史大纲》视为中西思想之相遇在哲学学科的界域之中所萌生的第一枚花萼的话，那么，西方哲学使中国学术思想激发出回旋不已的浪潮，兹不过弹指百年时光。我们汲取新学、酿造新酒的时日确实不多。在这之中，我们究竟在怎样的深度上把握了西方哲学之精神，在怎样的程度上推进了对中国传统思想之领会，并在这两个前提的基础上对哲学的"奠基性词语"（Grundworten，海德格尔语）与"基源问题"（劳思光语）做出了什么样的贡献，面对这一系列的问题，我们都应当扪心自问，三思而言。

海德格尔是一位少有的对东西方对话问题进行过深入探索的西方哲学家。尽管由于其存有史的根本学说，他未能对这个问题提供一个明确的可行性方案，然而，他对当今世界所处的全球化境遇准确的描绘与剖析，对西方汉学家以及当代亚洲哲学家皆不自觉地桎梏于西方二元对立的传统思维框架之中的尖锐批评，使得当今任何国度的哲学家在试图染指于有关跨文化对话、比较哲学、世界哲学等课题之际，都需要深思海德格尔的精辟之见；在提出任何新颖的比较哲学方法论或从事任何具体领域的比较哲学研究之前，都不能绕过海德格尔的睿智覃思给我们所带来的挑战。

在大多数情况下，海德格尔坚持认为，哲学的新启始——或者说另一启始——只能从"欧洲－西方－古希腊"所构成的"轴心"（此处笔者借用雅斯贝尔斯的术语）纯粹的内在性开始，本真的思想只能从内蕴丰厚的孤独中诞生，真理只能从其家园内部重新开启；全球化的集置发源于构成西方之本质的存有史，西方的未来具有世界一历史意义，只有通过自身传统全体式再新，西方的“独语”才能获得成熟，这是一种把非西方传统的混杂因素排除在外的纯粹而独一的活动，而与东方的对话只有在西方传统完成自身转化之后才能够被提上日程。与海德格尔相似，列维纳斯亦主张西方哲学传统之独特性，反对文化多元论，其言论甚或有过于海德格尔。他认为，唯有以犹太一基督教传统为核心的西方文明提供了“超越”与“圣史”的观念，而亚洲、非洲文明则局限于内在性之中，甚至缺乏理解自身的理论工具。然而，亦与我们对待海德格尔的立场相似，批评与克服列维纳斯最好的途径是从其思想内部出发，在汲取其洞见养分、克服其偏狭的同时，展示出中国哲学在全球化境遇中如何超越自身，并对相关课题做出恰切的应答。

在总体思想语境与运思定向方面，本书主张中国学者应当认识到长期以来西方思维模式对东方或显或隐的束缚，摆脱以西方范畴、概念为标准将中国哲学的基本术语填入与之对应的空格之中的做法，真正地把对中国哲学经典的探究置入具体丰富的历史语境之中，从历史现实出发来阐释本土思想，实现中国哲学的“自己讲”，从而避免在比较哲学探索中随意定论，避免把中国哲学的基本观念与西方哲学家的思路相等同，失去自身的独特性。同时，我们也应当注意，所谓的“自己讲”并非意味着倒向事情的另一个极端，即某种封闭、保守的中国式独语。事实上，不论是欧洲的独语抑或是中国传统的独语皆是不可能的。在全球化的语境之中，中国学者的“自己讲”绝对不可能，也不应该只讲给自己听，而是应当具备全球视域，不仅讲给中国学者听，同时也讲给外国学者听。因此，我们的话语既要有自己的特色，也要有全球意义上的关联性，以避免中国版本的“独语”。

依笔者管见，对于比较哲学的探究首先应当是针对特定哲学课题，基于对中西方哲学原著的精深把握而非教科书式的教条罗列，面对新时代语境的具体切实的哲学思考与探索。与之相比，对于方法论的专门探究应当是后起的、辅助性的、提示性的，正如先有哲学然后才有哲学史。当然，方法论本身即隐藏在具体的比较研究之中，而哲学思考亦离不开对前人与同代人的思想之潜在的关注、评价与回应（此即哲学史之起源）。黑格尔曾如此比拟康德要求把考察人的认识能力放在考察人的认识之前：“这和一个人在跳下水游泳之前，就想要先学习游泳是同样的［可笑］。考察认识能力本身就是一种认识，它不能达到目的，因为它本身就是这目的。"① 人们不是先学会了游泳的方法然后才下到水里，而是唯有在水中才能够真正地学会游泳。正是在对特定课题的探究之中才能娴熟地把握比较哲学方法论。

虽然本书很少直接征引维特根斯坦，但本书的研究思路仍然受益于后期维特根斯坦。从这种思路出发，笔者并不急于寻求意义的统一性，并不急于对中西哲学做出封闭式的特色概括，而更加注重哲学在比较中的动态发展。从某种意义上说，本书所做的比较可以比拟为维特根斯坦所说的范本（Muster；sample），这些范本通过对哲学课题聚焦式的讨论来展示比较哲学不同的研究风格与不同的探究方式，这样的讨论大部分奠基在对原著准确、恰切的解读基础之上，以文本支持、引发思想，而非从某种合俗的、为常人（das Man）所一致认可的思想模式出发而忽视文本的真实性。没有复数意义上的范本，就谈不上比较哲学的范式转化。至于从技术层面上专门地探究比较哲学方法论，笔者在其他研究中对此有更为系统详尽的考察。本书的宗旨是揭示海德格尔和列维纳斯关于中西哲学关系问题的思考，以此为引子，从根本上促使人们改变对于哲学以及比较哲学的一些基本观念，做到从全球视野来看待问题。

在以下的分节中，笔者首先阐述从海德格尔关于亚洲经典研究的洞见出发我们需要实现中西比较哲学的三个方面的基本观念转化。接着，笔者剖析学者们归于海德格尔的某种特殊的"普遍主义"之实质，并应本书评审专家的要求对国内海德格尔与中国哲学的比较研究做一些评论，这也可以显明本书所做的比较研究如何遵循了上述基本观念的转化。之后，笔者对本书三个部分的内容做一概述，以冀揭示各章之间的关联性。最后，鉴于本书所做的研究在许多地方涉及海德格尔与庄子的关联，笔者综述迄今为止有资料为佐证的海德格尔对《庄子》的征引（总共有五次），并且介绍佩采特所记录的海德格尔在德国不来梅时与当地非职业哲学家的知识分子的交往情况。

一、海德格尔给我们的启示：回归东方本土语境

海德格尔本人研究亚洲经典的基本方法颇有精辟之见，值得后人学

① 黑格尔. 哲学史讲演录：第4卷. 贺麟，王太庆，译. 上海：上海人民出版社，2013：287.

习。在西方哲学家中，海德格尔是认识到早期汉学家及其他亚洲思想研究者在翻译与诠释等方面的局限性的先驱。他在 1955 年致一位德国佛教学者的信中提出："佛教与中国、日本思想需要一种摆脱了 18、19 世纪形象的完全不同的诠释"①。早期翻译者及学者的一个局限性是从西方宗教立场出发来解读古代亚洲经典，在海德格尔曾经参阅过的四种《道德经》德文版中就有两种具有浓厚的宗教气氛。例如，德国汉学家尉礼贤把"道"译为"意义"（Sinn），暗指常被翻译为"意义"的圣约翰福音书开篇的"逻各斯"②，而维克多·冯·斯特劳斯则认为，"道"应当被翻译为神(Gott)③。

早期翻译者及学者的另一个局限性是将亚洲经典塞入西方哲学的框架之中。海德格尔在 1952 年的一次谈话中表示："由于我们的逻辑——语法概念系统，有许多词汇我们无法确切地把握。例如，当我读到尉礼贤翻译的中国古代经典时，我看到，他是完全依据康德哲学框架来进行翻译的"④。

海德格尔并不仅仅将尉礼贤的局限性归咎于西方向外扩张的殖民化时代，而且归溯于西方思想的逻各斯性质。因而，早期翻译者及学者的局限性实质上是存有论层面的局限性，而非经验时间意义上的局限性。欧洲人无法真正地掌握东亚语言，这并非出于事实层面的原因，而是由于西方逻辑概念系统的桎梏。西方二元对立的形上学体系使得欧洲人不能够倾听到古代印度、中国和日本传统之所思。更进一步讲，对于东西方语言之间具有障碍这种认识本身也源自西方思想。在 1957 年发表的"思想的基本原则"演讲中，海德格尔说：

> 西方思想的逻各斯性质要求，如果我们竟然敢于触及那些古老的世界，我们必须首先自问是否能够听到在那里所被思想的东西。由于欧洲思想正在威胁着变成全球化（planetarisch），这个问题变得更加迫切，即当代的印度、中国和日本人通常只能通过我们的欧洲思维方

---

① Hecker. Heidegger und Schopenhauer//Schopenhauer Jahrbuch，1990（71）：86－96，91.

② Richard Wilhelm. Laotse Tao Te King：Das Buch des Alten vom Sinn und Leben. Jena：Eugen Diederichs Verlag，1911.

③ Victor von Strauss. Lao-Tse's Tao Te King. Leipzig：Verlag der "Asia Major"，1874.

④ Hellmuth Hecker. Als Buddhist im Gespräch mit Heidegger//Willfred Hartig. Die Lehre des Buddha und Heidegger：Beiträge zum Ost-West-Dialog des Denkens im 20. Jahrhundert. Konstanz：Universität Konstanz，1997：269. 最早刊于 *Bodhi Baum*（*Wien*），1986：52－64。

> 式来向我们传达其经验到的东西。于是，在他们那里和我们这里，一切都被搅成了一团糊涂，人们再也不能够分辨古代印度人是否就是英国经验主义者，老子是否就是康德。①

把老子当作康德的不仅是尉礼贤等西方汉学家，当代亚洲知识分子也参与其中。面临欧洲思想的全球化扩张，亚洲学者的经验与思维方式处于其浓厚影响之下，因而他们对自身文化传统的描述不再是纯粹与本真的。欧洲思维框架的控制导致人们把亚洲与欧洲思想随意地相互等同或同化，以至于古代印度思想家被描述为英国经验主义者，而老子则被描绘为康德。在《时间与存有》一书中，海德格尔称，“那些忙碌的开发者……把所谓的不发达国家挤入倾听从现代技术的核心中发出的存有之召唤的范界之中”②。由于形上学思想已全球化，并不仅仅是欧洲人无法了解亚洲思想，亚洲人自己亦被隔绝于自身传统之外，处于全球化的欧洲思维方式的操纵之下，或是拘囿于现在被称为东方主义的对待自身传统的偏狭视野之中，却对此一无所知，或是缺乏知道其起源的意愿或能力。

尽管海德格尔的说话对象主要是研究亚洲思想的欧洲学者，但他的洞见对中国学者不无启示。以他的洞见为出发点，我们可以总结出中西比较哲学研究三个方面基本观念的转向。首先，由于西方思想的全球化扩张，现代学术体系的各门学科都被打上了二元对立的概念框架的烙印，针对这种情况，对于中国哲学的理解与诠释需要彻底的革新。有的学者把这种困境归咎于对（西方）哲学方法的采纳，因为它根本不适用于中国思想资源，从而他们建议学人应当转向其他人文科学（例如文化学、人类学、社会学等），从非哲学的学科出发来研究中国传统。然而，这些学科与（西方）哲学一样也带有二元对立的概念框架的烙印，因此并不能提供一个真正的转向。笔者认为，哲学的内涵与外延是在不断地发展变化的，高度复杂而抽象的话语并非西方哲学的专利，把哲学仅归属于西方文明传统是发展比较哲学的一大误区。我们可以从中国传统的历史语境来呈现古代经典的意蕴，并在比较研究的语境中进一步提炼其哲学意旨，揭示它对于当前世界形势的相关性。

---

① Heidegger. Grundsätze des Denkens. Freiburger Vorträge 1957//Bremer und Freiburger Vorträge，GA 79，1994：145.

② Heidegger. Zeit und Sein，1962//Zur Sache des Denkens，GA 14：11. Time and being//On Time and Being. New York：Harper & Row，1972：7.

其次，我们对西方哲学家著作的阅读与分析应当有自己的方法与特色，既不能完全照搬西方哲学家及其解读者的思路与立场，也不能单纯依赖中文翻译与中文二手资料，这两种偏向都容易造成某种“照着讲”，缺乏自己的分析与判断。笔者通常把研究西方哲学的方法分为三种进路：第一种是遵循原著思路的理解与阐释（faithful exegeses）；第二种是评判式的分析与论辩（critical approach）；第三种是在娴熟把握前两种方法的前提下，对相关主题做出创新性的发展，或者在评判的基础上提供其他运思方向（innovative development），不过，这种旨在创新的方法有别于独出心裁地对西方哲学家做出太过自由的衍义与发挥。在比较哲学研究中，对于西方哲学的探讨应当采用最后一种研究进路，但前两种研究进路是其必要的、不可或缺的前提条件。尤其是对欧陆哲学而言，对于二手文献的借用应是较小程度的，而对基本原著准确无误的解读、分析、阐释才是起码的必备的基本功，任何宏论都必须有文本的支持，不能只是依据中文二手文献所提供的解释路线而“自己讲”，这种“自己讲”实际上是一种“独语”。与欧陆哲学相对照，围绕二手文献而展开讨论这种现象在分析哲学领域更为多见，由于分析哲学的经典文献不多，许多探讨都在当今活跃的学者之间展开。

最后，比较哲学研究需要克服以前常见的单向性。尤其是涉及海德格尔的比较研究，之前常见的方法是择取他的某些关键术语或论题，然后在中国古典文献中寻觅出表面上相呼应的措辞、表述，以海德格尔式的话语加以发挥，将其作为证实海德格尔观点的跨文化证据。这种做法过于急迫地寻求、印证海德格尔与中国哲学的契合之处，而忽略了学者们所公认的、在其著述中亦是明显的欧洲中心主义。随着中国哲学研究近年来在国际与国内学界的繁荣发展，我们应当扭转以往主要以西方哲学为依据的单线条导向，在厘清中西方哲学家不同的思想关切与预设的基础上，揭示出中西哲学精神之契合与歧异，探究中国哲学资源对西方哲学传统可以提出哪些挑战，进一步丰富、深化相关的哲学论题。

二、海德格尔版本的“普遍主义”：兼论国内海德格尔与中国哲学的比较研究

“回归东方本土语境”的口号提醒着我们去关注自身文化的特殊性，

那么，回归东方本土语境是否会招致相对主义之虞呢？每当论及跨文化哲学对话与比较哲学之际，普遍主义与相对主义是两个常见的立场。在《比较哲学与跨文化哲学的必要条件及方法论》[①] 中，我们指出，普遍主义与相对主义二者都受到理想语言之假设的负面影响。普遍主义认为必须有一种统一的理想语言来进行跨文化哲学对话、表述比较哲学的研究成果；而相对主义的立场则可以归结为，对于每一位哲学家或每一种哲学传统来说存在着不同的理想语言（也即，相对主义主张复数的理想语言），从而得出不同传统是不可通约的结论。由于普遍主义与相对主义表面上针锋相对，而实际上却都以理想语言之假设为前提条件，我们可以说，普遍主义与相对主义是一组虚假的对立。要超越普遍主义与相对主义，必须超越二者都拟为前提的理想语言之假设。

在《海德格尔论东西方对话》中，笔者曾详细讨论了围绕海德格尔的语言观所产生的相对主义与普遍主义两种不同的解读[②]。我们看到，虽然相对主义与普遍主义都不能完全把握海德格尔独特的哲学思想，但海德格尔的许多著述都体现出同时兼具相对主义与普遍主义的特征。对于海德格尔而言，真理的有效性只在于西方语言与传统的家中。他的历史概念与一般历史学家的历史概念具有深渊般的区别。他所讲的历史是真理的历史、存有的历史，更为重要的事情是跟随他的思想道路，因为他的思想道路是对存有的本质性运动之回应。在某种意义上，我们可以说，所谓“存有的语言”是一种海德格尔版本的理想语言，一切的可理解性都必得借助于这种唯一的理想语言。列维纳斯关于非西方思想的思考与海德格尔是一脉相承的，他明确而更加傲慢地宣称，所有的一切——亚非文明的思想资源——都必须运用以犹太一基督教传统为其基底的“蕴义”（le sens）“翻译”过来。这种蕴义即是一种从属于柏拉图理念主义传统哲学的理想语言。这种理想语言既追求普遍有效性，同时又悖论性地认可，就其起源而言具有的区域性（provincial），是仅属于西方的。

基于东西方具有本质性的差异并且不可相互比较的思想前提，海德格尔似乎在暗示，唯一的出路是共演其思想道路，如此一来，东西方或许可以达到某种深层次的相遇。这种思路衍生了一种特殊的海德格尔式的“普

---

① Ma Lin, Jaap van Brakel. Fundamentals of Comparative and Intercultural Philosophy. New York: State University of New York Press, 2016: 66-92.

② 马琳. 海德格尔论东西方对话. 北京：中国人民大学出版社，2010：75-82.

遍主义”。印度裔现象学家默塔（Jarava Lal Mehta）是这种思想倾向的先驱。他认为，海德格尔的“全球性思想”（planetary thinking）旨在“创建一种普遍的、基本的真理（Truth）之语言，不同哲学与宗教传统的语言都从这种［大写的］真理之语言中派生出来”①。默塔认为海德格尔的思想超越了其自身的传统，达至一种“纯粹”的思想，达至一种不受特定传统限制的存有之领域，因此，海德格尔所谓的人所必须跃入的“所有领域之领域”超越了东西方对立。默塔写道：

> 唯有在那原初真理的普遍性与纯一性的领域中……放弃了相互排斥的论调而未丧失其个性的不同传统可以作为同一、作为自我同一中互属（as one，as belonging-together in the Self-same）而彼此相遇。如果不同哲学与宗教的最终统一能有任何希望，这只能……通过各种传统回溯其起源，通过跃入这个具有威力的领域而实现，这个［所有领域之领域］中充满着用多种语言来传达它的原初之词的可能性。②

显而易见，默塔察觉到海德格尔思想中引向相对主义阐释的表述，通过赋予“所有领域之领域”以一种调和不同传统相互排斥的观点的统一力量，默塔试图把这种潜在的相对主义中性化。不同传统回溯各自的起源这种说法似乎未能免于相对主义的阴影，不过，只要这些传统都能够跃入那具有统一性的原初的领域之中，差异性就会变得无足轻重，不影响默塔的普遍主义立场。随着所有领域之领域的开启，不同的传统在其相异性中获得了统一。默塔的阐释——或者说他对海德格尔思想的延伸——恰切地捕捉到其思想的一些基本特征，不过，笔者以为，就默塔所描绘的图景而言，使用“现象学的”而非“普遍性”一词似乎更为恰当，更少可能引起误解，他所涉及的问题之关键其实正在于这种为人所期待的现象学境域之开启。

这种提倡“深层次相遇”的特殊的海德格尔版本的“普遍主义”或者说文化对话观，可以说是国内大部分关于海德格尔与中国哲学之间的比较研究所依循的主要思路。不少学者过于急迫地寻求、印证海德格尔与中国哲学的契合之处，而忽略了海德格尔著述中明显存在的欧洲中心主义。毋庸置疑，多数比较研究在不同程度上受到了张祥龙教授始出于 1996 年的

---

① Jarava Lal Mehta. Martin Heidegger: The Way and the Vision. Honolulu: The University Press of Hawaii，1976：465. 着重号为笔者所加。

② 同①463-464. 着重号为笔者所加。

《海德格尔思想与中国天道：终极视域的开启与交融》的影响。我们可以发现，张教授的论调与上面提到的印度裔现象学家默塔的观点相应和，倘若并非不谋而合。张教授强调“一种”“终极视域”，或者说“那个原发视域”“原发构成境域”“天然境域”“纯境域”的开启，似乎只要这样一种玄妙的视域得以开启，中西比较的问题（以及其他任何问题）都可以解决，它似乎成了一把万能钥匙，可以适用于任何问题域。视域的开启既是一种方法论，同时亦是一种终极真理的发生。张教授把这种视域开启的话语运用于其所讨论的任何论题与哲学传统：海德格尔、老子、庄子、孔子、龙树、《红楼梦》，这未免给人以六经释我（或者说六经释海德格尔）、以思想指导文本、过于追求话语的统一性的印象。至于视域如何交融，张教授谈得不多，但似乎只要视域的开启发生了，或者说在其著作中被显示出来了，那么交融便是一件自然而然的事情，因为张教授赋予了这些传统以同一种话语，使得它们所言说的都是同一种（理想）语言。从而，中西哲学比较的困难性被低估了。

然而，即使目前尚处于接受、理解西方哲学阶段的中国学人易于接受这样美妙的话语，外国哲学家、学者却恐怕难以认同这样的观点：原来中国思想所言说的即海德格尔所言说的。对这一点，海德格尔本人就无法首肯。张教授写道，“西方哲学在海德格尔这里发生了某种在中国思想看来是点石成金的转化，使得中国人可以在这‘一点’澄明的发生态中‘心有灵犀’地通达西方思想；反之亦然”①。“反之亦然”似乎意味着外国学者亦“可以在这‘一点’澄明的发生态中‘心有灵犀’地通达［东］方思想”。然而，事实则是：国外的海德格尔学者对这种说法并不认同。海德格尔本人就多次强调他的思想对于西方传统形上学既批判解构又继承发扬的复杂关联。

本书的第一部分“思之险境——全球化境遇中的哲学危机”联系海德格尔、列维纳斯、牟宗三等中西哲学家对于在全球化、多元化的时代中，哲学如何应对危机、实现传统之转化所给出的不同疗方，促使人们转变对于哲学以及比较哲学的基本观念，从全球化的视野来审视各自的思想传承。第二部分“思出历练——哲学在比较中绽放异彩”则就三方面的具体课题做了一些探究，其中包括对海德格尔关于物（Ding/pragmata）的思想

---

① 张祥龙．海德格尔思想与中国天道：终极视域的开启与交融．修订新版．北京：中国人民大学出版社，2010：2.

与道家的物观的比较探索。有的评审专家认为，彭富春教授在2002年的《什么是物的意义？——庄子、海德格尔与我们的对话》一文中已经做出了关于海德格尔与庄子在物的问题上的比较研究，因此本书未免有重复研究之嫌。但笔者认为，彭教授的文章在切入点与基本观点等各方面与笔者的研究都有较大的差异，笔者愿意在此做出详细解释，借此亦可以展现本书所建议的研究进路与现有的比较研究之重要区别，即使所选的课题表面上看来是一模一样的。

彭教授的文章通篇都在讲物的意义，以及物的意义如何去除遮蔽而呈现出来，并且把如许的海德格尔式的话语都归诸庄子。彭教授提出，在庄子那里物的意义是自然，强调物的无用性。在某种程度上，或许可以说彭教授所关心的问题、所采用的方法是某种版本的现象学层面上的，而本书的出发点则是存有论，其“基源性问题”并非：物的意义是什么？而是：物是什么？道家与海德格尔心目中最具有典范性的“物”是什么？这些问题影响到中西方不同传统的艺术作品存有论。笔者切实地从字源学等诸方面探讨了中国古代世界对于物的识见，提出根据道家思想，物的典范是一种生命体，并且人们应当依据“有生命”这个出发点来看待万事万物。在此基础上，本书探讨了物之“理”的问题，强调天下万物之间相互沟通、彼此转化的物化观，并且对“指与物化”做了详细的阐解，把它与海德格尔的“使用上手”相对比。这些研究在彭教授的文章中是没有的。

彭教授认为在海德格尔那里，“手前之物是自然物，而手上之物是人工物”①。根据本书的研究，彭教授所提出的并非海德格尔对物的分类法，而是对海德格尔这两个概念的误读。与所谓的“手前之物”相对应的应当是海德格尔的Vorhandenheit概念，笔者所采用的翻译是“现成在手”；而与所谓的“手上之物”相对应的应当是海德格尔的Zuhandenheit概念，笔者所采用的翻译是“使用上手”。一方面，“现成在手”与“使用上手”所指涉的是物的两种不同的存在模式，与常识中所区分的自然物与人工物是两回事。某种自然物可以是“现成在手”，也可以是“使用上手”，这种存在模式的差异在于其与此在具有不同的关系。例如，自然物在科学家那里通常被视为中性的现成在手之物，这是因为他们对于自然物的关系是有间距的理论观察的态度。然而，海德格尔指出，自然物之所以成为自然物

① 彭富春. 什么是物的意义？——庄子、海德格尔与我们的对话. 哲学研究，2002（3）：52.

主要在于它环绕着、庇护着、支撑着此在的世界，“森林是一片林场，山是一个采石场，河流提供水力，风则是‘扬帆’的风”。因而，自然物在此在的世界中现身并作为“环围世界的自然”（Umweltnatur，environing nature）而被遭遇。在此意义上，自然物的本质性存有亦是使用上手①。

另一方面，千姿百态的器具中每一件都适用于某一特定的目的。当人们利用器具来完成某项工作的时候，器具的存在模式显现为“使用上手”，而在其他情形中，例如，锤子坏了，人们关注到其具体性能及其制作材料，例如其重量、硬度、颜色，是用石头、橡胶还是用铁做成等等，此时，锤子存在模式转化为“现成在手”。因此，“现成在手”与“使用上手”并非只是分别对应于自然物与人工物。

在解读原文的基础上，本书指出，对于海德格尔而言，物最为基本的存在模式是“使用上手”，相应地，物的典范即是使用上手的器具，器具之间通过各式各样的“为了作”结构（Struktur“Um-zu” structure of in-order-to）而构成一个全体。自然/物唯有作为服务于此在的使用上手的环围世界之自然，或者说作为被携入艺术作品的世界之中的大地，才具有意义。在自然/物通过作品被攫取出来而凝固到创造性的图案之中、带着其存留的闭锁被揭蔽出来之前，没有艺术、没有世界，也没有大地，更没有在1950年的《物》中所谓的天、地、人、神这四元（Geviert）的相互嬉戏。这些观点在彭教授书中更是没有的。本书对于中国道家思想中物的典范是一种生命体，与海德格尔哲学中物的典范是“使用上手”的器具这样的对比，与彭教授的基本观点是全然不同的研究进路。

此外，彭教授主要侧重于海德格尔对西方形上学与技术思想的批判，而忽视了海德格尔强调其思想是对西方形上学启始之源头的回溯这样的同根同源的关系，忽视了海德格尔强调现代世界的转化只能在现代技术内部才能实现，只能通过思考技术的本质——揭蔽——才能对转化的可能性做好准备。这一点回应同样适用于张祥龙教授的《海德格尔思想与中国天道：终极视域的开启与交融》。

笔者曾提出，我们对西方哲学家著作的阅读与分析应当有自己的方法与特色，不过，在获得自己的特色之前，首先要达到哲学研究的基本要求，其中，欧陆哲学的一个基本要求即是准确、恰切地解读原文，以文本支持、引发思想，而非相反（当然，这并不意味着只要能够准确地阅读原

① Heidegger. Being and Time：71. 详见本书第八章。

文就能够有哲学创新）。国内已出的某些关于海德格尔与中国哲学的比较研究并没有很好地做到这一点。兹举一例：那薇著的《天籁之音 源自何方：庄子的无心之言与海德格尔的不可说之说》中有一段海德格尔《关于语言的对话》的引文：

> 那种应和着语言本质努力的思维远景，在它的范围内仍然被遮蔽着。因为我还没有看出，我试图作为语言的本质去思悟的东西，是否满足（genügen）东亚的语言。我也没有看出——最终，同时也是开端——一个语言的本质是否能够通达于思悟着的体验中（die denkende Erfahrung）。语言的本质提供了一个保证，即欧洲一西方的道说和东亚的道说以某种方式进入对话，在这样的对话中，那种来源于唯一源泉的东亚在歌唱着。①

笔者在拙著《海德格尔论东西方对话》中对这段话所给出的译文是：

> 探问者：那个尽力应和语言之本质的思想，其前景在其广袤之中依然被遮掩着，我还没有看出，我力图思为语言本质（Wesen）的那个东西是否也适合于东亚语言的本质；我也还没有看出，最终（Ende），这最终同时也是开始（Anfang），某种语言的本质能够达至运思的经验，这本质将保障欧洲一西方的元说与东亚的元说以某种方式进入对话之中，而那源出于独一源泉（einer einzigen Quelle）的东西就在这种对话中歌唱。
>
> 日本访问者：即便在那时候，这独一源泉对这两个语言世界仍是遮蔽着的。
>
> 探问者：这正是我的意思。②

为了便于大家参考，笔者兹录孙周兴教授的译文如下：

> 海：那种致力于应和语言之本质的思想的前景，在其整个广度上来看还是被掩蔽着的。因此之故，我还没有看出来，我力图思之为语言之本质的那个东西，是否也适合于东亚语言的本质；我也还没有看出来，最终（这最终同时也是开端），运思经验是否能够获得语言的

---

① 那薇. 天籁之音 源自何方：庄子的无心之言与海德格尔的不可说之说. 北京：商务印书馆，2009：254. 最后一个“东亚”是错译的，应为“东西”；那薇给的引文出处是海德格尔德文原著。

② Heidegger. Aus einem Gespräch von der Sprache 1953/54//Unterwegs zur Sprache. Stuttgart：Günther Neske，1959：93-94. 笔者的翻译参看了孙周兴的中文修订本。

某个本质（ein Wesen），这个本质将保证欧洲—西方的道说（Sagen）与东亚的道说以某种方式进入对话之中，而那源出于唯一源泉的东西就在这种对话中歌唱。

日：但在那时候，这两个语言世界还是遮蔽着的。

海：这正是我的意思。①

那薇忽略了这段引文中海德格尔对“也”字所加的强调，而这个“也”字恰恰表明海德格尔在思考或者说业已思考过是否可能将其思想之洞见运用到如下这些问题之上：他关于语言本质的思想是否能带来将语言的本质与思想集聚在一起的启始，欧洲—西方的元说与东亚的元说是否可能如他所描述的那样进入对话，即应和存有之元说，让自身为本成事件所居有，以使存有与思想原初之共属（即同一）显示出来，传达出来。“最终同时也是开始”，这提示着时间性的结构，在其中，未来（尚需被言说的）和过去（已被言说的）被集聚在一起，形成了现在（元说）。这段文字中的“独一源泉”与《荷尔德林与诗歌的本质》中我们对它具有共识的“独一与同一”具有相似的内涵。

最后一句话是一个从句，从属于海德格尔饱含疑虑的这一大段话。而那薇把这个从句断开，使其成为一个独立的陈述句，从而削弱了疑虑的口吻：“语言的本质提供了一个保证，即欧洲—西方的道说和东亚的道说以某种方式进入对话，在这样的对话中，那种来源于唯一源泉的东亚在歌唱着。”

那薇在把“东西/某物”（Solches）翻译为“东亚”的基础上解释道：“如果西方人的道说仅是来自于唯一源泉的东西，兴许这样的道说与来自唯一源泉的东亚哲人的歌吟会不谋而合。”② ［注意，孙教授的翻译也是“东西”。］海德格尔并没有说东亚元说也来自独一源泉，而独一源泉这一语汇对于海德格尔来说具有独特的意蕴。不过，倘若读者完全依赖于那薇

① 海德格尔．从一次关于语言的对话而来：在一位日本人与一位探问者之间．孙周兴，译．在通向语言的途中．修订译本．北京：商务印书馆，2004：93．请注意，孙教授的译文把“探问者”直接等同于海德格尔，并且特地在注释中解释：

本文系马丁·海德格尔与日本东京帝国大学手冢富雄（Tezuka）教授的一次对话。文中“日”表示“日本人”，即手冢富雄，“海”表示“追问者”，即海德格尔本人。（86 页）

然而，事实并非如此。手冢富雄本人就坚决地否认他乃此文中的“日本人”。这对如何阐释这篇文章具有重要的影响。相关的资料及阐解请参看《海德格尔论东西方对话》第八、九章。

② 那薇．天籁之音 源自何方：庄子的无心之言与海德格尔的不可说之说．北京：商务印书馆，2009：254．

翻译的引文，则不难信服其引申出来的宏论："有能力在大地上生存的人，就会在同一境域中歌唱、道说，就能够对话，这是海德格尔的信念。"①在那薇著作的前言，显然同样也是在把 Solches 错译为"东亚"的基础上而做出不可信的断言：

> 五十年前，海氏表达了与东亚对话的期待，他认为：语言的本质提供了一个保证，即欧洲—西方能以某种方式与东亚的道说对话，因为在对话中，那种来源于唯一源泉的东亚哲人也在歌唱着。②

此处，Solches 竟然进一步摇身一变，变成了"东亚哲人"！请原谅笔者的大段引用。然而，在中西哲学比较研究中，如果缺少对文本准确的理解、精细的研读，便会出现貌似完美无缺、实则没有可靠依据的"普遍主义"式的论点。笔者的评论只是针对研究而非针对人，任何研究都不可能是十全十美的，笔者本人的研究也存在不少疵误。之所以加上这一节，主要是出于本书评审专家的责求，如有不妥之处，还请相关学者见谅。

三、从海德格尔到章太炎：本书内容概览

本书由三部分组成，总共有十一章：第一部分"思之险境——全球化境遇中的哲学危机"包括四个方面相互关联的研究。哲学起源于古希腊，哲学在本质上是西方的，长期以来被视为不言自明、毋庸置疑的真理。这种观点完全忽略了古希腊文明产生的历史、地理因素，抹去了古代亚非文明中不同的哲学形态及其对古希腊文明之繁荣所起的重要影响。并且，这种观点把哲学当作一个具有不变内核的实体，忽视了哲学所具有的复杂而多变的历史，构成了阻碍比较哲学发展的意识形态桎梏。本书第一章分别从思想史与海德格尔哲学的角度审视并解构此说的源起与发展，并援引维特根斯坦的一个思想实验从义理上说明：西方近代以来所形成的哲学起源于古希腊之说包含着浓厚的主观臆断因素，束缚着人们的学术视野与襟怀。摆脱哲学起源于并等同于西方哲学等偏见，将会有效地祛除中国哲学发展中诸多人为添加的限制与禁忌。这些论述为本书的比较研究奠定了一

---

① 那薇. 天籁之音 源自何方：庄子的无心之言与海德格尔的不可说之说. 北京：商务印书馆，2009：255.

② 同①2-3.

个基调。

当代中国哲学家同样也非常关注全球化时代中传统转化的问题，本书第二章考察牟宗三与海德格尔的传统转化观及其对文化会通问题的立场，这是因为两位哲学家是同时代的人，都生活在世界激剧变化，本土国家政局动荡，传统所珍视的人文价值体系日趋颓败，虚无主义盛行的年代。两位哲学家一致认为传统文化必须由内部转化自身，才能获得在现代世界更新与发展的原动力，并且都十分重视从理论建构的高度为传统的转化提供依据与导向，试图协调思想传统与现代科学之间的紧张关系。而在文化会通问题上，二者的立场则十分不同。牟宗三虽然坚持中西文化可以会通，但他对会通所做的层次之分，与他所做的中西之分大致相应，把科学与民主视为专属于西方，把心性之学归结为中国特产，这和他的坎陷说一样显示出康德式的二元对立；并且，他的运思方式未免受到海德格尔所描绘的传播于全球的集置这个魔障的操纵。海德格尔则强调思想的同根同源在传统转化中所起的决定性意义，他认为使东西方对话成为可能的前提条件是西方传统首先独立地完成自我转化。然而，在主张西方传统的自我转化的同时，海德格尔比牟宗三更加深入地探索了现代性的问题，反思了科学与技术的本质。

第二章所涉及的海德格尔思想主要是 20 世纪 30 年代中期的，在时间上早于下面章节中将要讨论的“另一思想”；其思想倾向以文化保守主义为主，这与紧接着讨论的列维纳斯思想有一脉相承之处，尽管海德格尔与列维纳斯对于哲学的核心内容有着不同的理解，但二者都坚信哲学在其根源与本质上皆属于西方文明，二者都反对文化多元论。比牟宗三早三年出生（1906 年）的列维纳斯以蕴义之统一性和超越性为基础的意义理论来对抗 20 世纪以来新兴的多元存有观和文化多元论。对于他而言，蕴义是抽象的与绝对的，为西方宗教及哲学传统所独有。唯有超越于所有文化意义的蕴义才能提供理解和评价多种文化的尺度。文化多元论意味着混乱和无序，亚非文明与以犹太一希腊传统为主干的西方文化之间具有本质性的区别，亚非文明的思想资源必须运用西方的蕴义“翻译”过来。第三章所探讨的这一思想侧面是本书后面篇章中有关列维纳斯的比较研究的思想背景。

在展现出西方哲学家深入骨髓的保守主义或者说欧洲中心主义之后，本部分转向探讨构成当今全球化境遇的重要因素——现代技术的问题。第四章在近年来出版的《海德格尔全集》等原手资料的基础上，探讨海德格尔从 1938 年至 1976 年去世之间近 40 年对现代性纪元中科学与技术之“同一”的思考。笔者首先讨论海德格尔对科学与技术的衍生次序的逆转，指出海德格尔对待技术的态度是肯定与否定同时具备。对科学与技术之“同一”的浅层次理解是：它们共同包含对自然的运算、表象、挑战与控制；而在其深层次上，科学与技术之“同一”则关涉到存有史意义上的“同一”，关涉到科学与技术在存有史意义上的共同源泉这一问题。这些探讨有助于我们进一步了解海德格尔对于现代世界的哲学思考，为第五章更加深入地论述其集置观做好铺垫。

海德格尔对西方传统形上学的批判如影随形地伴随着他对现代技术的批判。在现代技术莅临之后，存有者受制于一种横扫一切的全体化的威力，其后果是所有的事物都变成了可供操纵的、中性的客观性“资源”。存有本身从存有者中隐遁，而人类则失去了与存有恰当的关系。海德格尔使用“集置”这个术语来命名现代技术的本质。集置承西方形上学传统之衣钵，把存有者视为纯粹的在场，并在当今世界的毁败中直接地显现着自身。在 70 年代，海德格尔开始使用“集置束”这个词语。集置束与未来性的本己事件（Eignis，此乃本成事件的近义词）具有内在关联，集置束指向本己事件之“前院”，本己事件则由另一启始所承载，通过这种本己事件，人类将获得与技术恰当的关系。集置对应于形上学在其中终结的最后一个纪元，而集置束——作为从其本质而思的集置——则是通向本己事件的不可避免的一步。

第五章接着讨论的就是或许可以促使人们获得与技术世界的一种自由关系的“另一思想”（das andere Denken），与《庄子》中无用之说的关联此时得到关注。从 20 世纪 30 年代中期起，海德格尔开始考虑从集置内部培植转化所需要的准备就绪状态的种种可能途径，从而促使人们获得与技术世界的一种自由关系。他使用与传统形上学相对照的“另一思想”来表述其哲学中的这一面相。这条思想道路的行憩驿站（Aufenthalt）包括他对技术、语言、艺术、诗歌等本质的思考，在其思考中，海德格尔不断地征引、挪用来自东亚的思想资源，特别是他征引《庄子》中的无用之说来解释这种非占有性、非压迫性、准备性的无用的哲思，并且考虑是否可以借助于非形上学的东亚艺术形式来克服全球化所带来的危机。本章探讨“东方”在对抗肆虐的技术一形上学的思维模式，并且开启与技术世界的自由关系方面所可能扮演的角色，尤其是东方思想资源在后期海德格尔所谓的“另一思想”的产生与发展中所起的作用。

第一部分的一些研究参考了近年来出版的《海德格尔全集》新卷册，使得我们进一步认识到其哲学道路的多重维度以及对相关论题的艰辛探索。如果说这一部分确定了比较哲学的总体思想语境与运思方向，那么第二部分“思出历练——哲学在比较中绽放异彩”则由对三项具体论题的比较哲学研究所组成：海德格尔与庄子关于与他人的关系问题的立场；列维纳斯与《道德经》关于“女性/雌性”的思想交汇和分流；海德格尔与庄子和苏轼关于艺术作品之为何物的思想分歧。第六章首先探讨《存有与时间》中共在概念的复杂性，阐明海德格尔把共在当作一个此在的生存论—存有论结构的构成要素。笔者的分析表明，根据海德格尔的共在概念，此在与他者在根本上是相互脱离的，并无实质性的关联，因而，其共在之“共”未免落于空洞。之后，笔者在对《庄子》进行创生性阐解的基础上，建构起符合庄子思想倾向的针对海德格尔共在概念的回应，这一回应笔者命名为“共为”(Mitzutun)。笔者认为，共为之“共”是由具体实在的人类以及非人类在广阔无涯的生活形式中通过彼此交涉、与物为春而活泼泼地生发出来的。

第七章揭示，尽管列维纳斯对非西方哲学持有严重的偏见，但他早期思想中的“女性”现象学与《道德经》的雌柔之道却构成了令人注目的思想交汇。早期列维纳斯主张女性是绝对的，是差异性质素本身，不可融摄入同一的总体之内。笔者借鉴列维纳斯的话语以及刘殿爵关于《道德经》中对立面之关系的见解来呈现雌柔之道在道家思想中的核心地位。然而，后期列维纳斯捐弃了“女性”在其早期著作中的重要意义，强调性别差异的衍生性。通过对《总体与无限》等关键原著的全新的解读，笔者展现出列维纳斯思想变化的逻辑脉络，并将其与《道德经》以雌柔为本的存有论相对照，从而展示出跨文化思考的紧迫性与必要性。

道家传统中关于艺术的独特思想犹待适合其风格的理论建设，本书第八章比较了庄子、苏轼与海德格尔关于艺术作品的截然不同的立场，并在这种东西方思想深层次的相互摩荡、相互切磋中更加清晰地凸现中国艺术哲学的基本取向。对于海德格尔而言，“物”的典范是其本质性存有为使用上手的“器具”，自然界里的物的本质亦是使用上手。艺术作品为了揭示物之真理，必将之从其“为了作”的有用性链条中剥离出来；对于道家思想而言，物的典范是一个生命体，每一个事物都有其“天理”；绝妙艺术作品的秘密即在于遵循事物自身的天理。本章还展示了庄子的“指与物化”与海德格尔的“使用上手”之对比，源自苏轼的西湖“苏堤春晓”之美境与海德格尔笔下孑然独立的古希腊神庙之重要差别。通过厘清“以天合天”的三种诠释路线，阐明了其所蕴含的两重艺术哲学意蕴，一是艺术家不是中性地去表象事物，而是通过忘我来与物合一；二是在中国古代艺术中，从来就谈不上一件艺术作品，有的是你呼我应、相生相发的多种作品所构成的连续体，相应地，道家思想中也不存在与自然物对立的孤立的艺术存有论，有的是一种与物相游、与物合一、多元共生、流动变化的道家式的艺术存有论。

如果说第二部分尚属于具有鲜明的关联—对比特征的中西比较哲学研究，那么，本书的第三部分“思之前瞻——全球化境遇中哲学的新天地”则彰显了把比较的思路内蕴化的全球化境遇中的哲学实践。第九章在解读《非性：从非性出发来与黑格尔交涉》这份手稿的基础上，着力探讨海德格尔与黑格尔关于“非性”概念的交涉。虽然笔者没有对中国哲学中的相关概念做深入的探讨，但是这项研究在不少地方反映出某种比较的视角。例如，笔者主张用“非性”一词来传达一般翻译为“否定性”的Negativität。这是奠基于古汉语中“非”的特殊含义以及海德格尔赋予Negativität的特定蕴含的双重考虑之上的。“非”的本义是鸟儿的双翅展开相背而行；不过，与此同时，这一对翅膀依旧在同一只鸟身上。这恰好呼应于海德格尔经常强调的Negativität与Seyn既相区别而又“同一”的思想。此外，海德格尔与黑格尔两位哲学家在讨论“无”的时候都曾提及东方思想，本章也对他们的不同立场做了讨论。

海德格尔认为，在黑格尔的理念主义哲学中非性提供了绝对理念实现自身的动力，然而，黑格尔没有探究非性本身、非性的起源等问题。本章运用诠释的良善原则，结合海德格尔在写作这份手稿的同期或前后期的著述来构建起他关于非性的一种较为圆熟的话语，即一种作为本源性的、历史性的“无”的非性，非性之起源即是深渊一般的疏朗之境的敞开。非性的根本性意味着存有的无基础性，而恰是这种无基础性构成了存有之本质。这些解读展示了笔者作为一位在欧洲受过西方哲学及海外汉学训练的中国学者如何结合中国视角来研究西方哲学。

第十章则相反，它评介一位曾长期从事西方哲学研究与教学的欧洲人在中年之际爱上庄子之后如何对《庄子》进行研究以及思想上的交涉，这就是被誉为“欧洲道家”的德国学者沃尔法特。笔者首先概览《庄子》在德语世界的翻译情况；其次介绍沃尔法特的多元哲学观及其跨文化哲学的

"关联主义"；最后着重讨论他对《庄子》"得意而忘言"及"庖丁解牛"的阐释。笔者认为，沃尔法特对道家思想的交涉不是一种为己所用的海德格尔式的异域之旅，亦非如同汉学家一样停留于字词的推敲，而是从其多元哲学观出发，将其难能可贵的哲学素养与眼光运用于中国哲学的探索之中，从而使其工作的理论幅度获得有益的扩张，使其问题视野获得新的宽度和深度。

前面这两章展示了在全球化境遇中，来自中西不同背景的学人对他者哲学做出的具有个人特色的研究，从而为开拓哲学的新天地勉力而为。本书的最后一章则试图显明，中国学人如何可以借用传统的思想资源来对当前亟须理论重建的多元文化主义做出贡献。这一章表面上看来也并非比较研究，但是，"多元文化主义"（multiculturalism）一词来自当前西方政治哲学，它特指处理同一个政体之下不同族裔之间的关系的某种基本导向，尤其是强调不同族裔保持其文化传承之特色。中国传统中涉及不同族裔之间关系的一个关键词是夷夏之辨，目前这方面的内容主要归于民族研究领域，而国内哲学界对该方面的课题还鲜有探讨。

第十一章从章太炎对道家"不齐而齐"思想的承续与发扬出发，试图以一种道家版本的多元文化主义来回应当前西方的多元文化主义危机。首先，笔者通过讨论章太炎作于 1911 年前后的《齐物论释》中所表述的"不齐而齐"的思想，指出这种平等/齐物观可以为道家版本的多元文化主义提供怎样的基本立场。之后，笔者介绍章太炎关于中华民国成立之后如何处理汉族中央政府与其他四个主要的非汉族民族的方针政策，阐明他关于民族关系的主张与传统儒家思想基本上是一脉相承的。接着，笔者讨论章太炎基于道家立场的国家理论，并揭示章太炎思想徘徊于儒家与道家之间所产生的紧张之处。

撇开章太炎的迷误之处，我们可以发现，章太炎对于西方理论并非亦步亦趋，而是更加留意于融通中西，独出己意，发前人、西人所未发，这正是本书所欲寻求的"理想的（比较）哲学家"的原型。之所以给"比较"加上括号，是因为在当今的全球化境遇之中，像海德格尔那样把哲学硬性地规定为独语已经不再可能。要成为一位优秀的哲学家，必须首先是一位跨文化思想家——或者说至少是一位隐蔽的、加括号的（比较）哲学家。我们应当在全球化的视域之中重新发现海德格尔、列维纳斯与中国哲学。

四、海德格尔对《庄子》的征引以及佩采特的记录

由于在拙著《海德格尔论东西方对话》中，笔者主要着重于海德格尔与《道德经》的关联，本书不少篇章将就一系列论题来呈现海德格尔与《庄子》的思想交涉与交锋，以飨读者。这些论题包括：思之无用性；与他人的关系问题；艺术作品为何“物”的问题。海德格尔对《庄子》的熟悉程度是众所皆知的，到目前为止，他对《庄子》的征引有资料为佐证的有五次：

1. 1930 年，海德格尔在德国不来梅的一次演讲（题为《论真理的本质》）中，向听众朗读出自《庄子》第 17 章《秋水》“鱼之乐”的故事①。本书第六章将以这则轶事为触发点，探究海德格尔与庄子对于与他人的关系问题的不同立场。

2. 在 1944/1945 年的《田间路对话》的最后一篇对话，即《晚间交谈：在俄罗斯的一个俘虏营，一位年轻人与一位长者》中，海德格尔征引了《庄子》第 26 章《外物》中庄子与惠施有关“无用之用”的对话②。本书第五章第七节将讨论海德格尔如何借鉴庄子关于无用之用的话语来发展其“另一思想”。

3. 在 1960 年不来梅举办的一次题为“语词与意象”的研讨课上，海德格尔把《庄子》第 19 章《达生》中梓庆为镰的故事列为准备讨论会的必读材料之一③。本书第五章第七节（关于无用之说）与第八章第八节（关于以天合天）将讨论这段关联。

4. 在 1962 年的《技术语言与传统语言》中，海德格尔引用了《庄

① Heinrich Wiegand Petzet. Encounters and Dialogues with Martin Heidegger 1929—1976. trans. Parvis Emad, Kenneth Maly. Chicago: The University of Chicago Press, 1993: 18. Auf Einen Stern Zugehen: Begegnungen mit Martin Heidegger 1929 bis 1975. Frankfurt: Societäts-Verlag, 1983.

② Heidegger. Country Path Conversations. trans. Bret W. Davis. Bloomington and Indianapolis: Indiana University Press, 2010: 156. Feldweg-Gespräche. Gesamtausgabe 77. Frankfurt am Main: Vittorio Klostermann, 2005: 239.

③ 同①59；Otto Pöggeler. Noch einmal: Heidegger und Laotse//Phänomenologie der Natur. Hrsg. Ernst W. Orth und Karl-Heinz Lembeck. Freiburg/München: Karl Alber, 1999: 111.

子》第 1 章《逍遥游》结尾处与惠施有关无用之大树的交谈①。本书第五章第七节将讨论这段关联。

5. 据华裔美国学者张钟元的记述，在 1972 年 8 月 18 日与海德格尔的一次会面中，海德格尔递给他一册《庄子》的德文版，并和他一起讨论《庄子》，向他提了一些问题②。

除了上述记录之外，有的学者曾猜测，海德格尔在把现代技术与运算型思想关联起来之时，可能联想到了《庄子》第 12 章《天地》中关于汉阴丈人的故事。量子力学家海森堡（Werner Heisenberg，1901—1976）曾引用过这则故事③。兹录如下：

> 子贡南游于楚，反于晋，过汉阴，见一丈人方将为圃畦，凿隧而入井，抱瓮而出灌，搰搰然用力甚多而见功寡。子贡曰："有械于此，一日浸百畦，用力甚寡而见功多，夫子不欲乎?"……为圃者忿然作色而笑曰："吾闻之吾师，有机械者必有机事，有机事者必有机心。机心存于胸中，则纯白不备。纯白不备，则神生不定。神生不定者，道之所不载也。吾非不知，羞而不为也。"

海森堡引用的是尉礼贤的德文《庄子》版，其中"机心"被翻译为 Maschinenherz（machine hearts）④。海德格尔在 1953 年与海森堡有频繁的接触，因此他应当对这则故事也很熟悉。由于我们在海德格尔的著述中尚未找到确切的文本依据，就不对其做详细讨论了。本书第四章第四节（关于海德格尔与量子物理学之关联）将涉及海德格尔与海森堡的一些接触。值得一提的是，海德格尔与海森堡皆是巴伐利亚美术学院（成立于二战之后）的院士，凡·维兹塞克（Carl Friedrich von Weizsäcker）认为，他们之所以被列为院士，并非出于其艺术才能，而是因为他们体现出"美与真本质性地结合在一起"⑤。

---

① Heidegger. Traditional Language and Technological Language. Journal of Philosophical Research，1998（23）：129－145. Überlieferte Sprache und Technische Sprache. St. Gallen：Erker，1989.

② Chung-yuan Chang（张钟元）. The Philosophy of Taoism According to Chuang Tzu. Philosophy East and West，1977，27（3）：419.

③ W. Heisenberg. Das Naturbild der heutigen Physik. Hamburg：Rowohlt，1955：15.

④ R. Wilhelm. Dschuang-dsi. Das wahre Buch vom südlichen Blütenland. Aus dem Chinesischen verdeutscht und erläutert von Richard Wilhelm. Eugen Diederichs，Jena，Diederichs，1920.

⑤ Heinrich Wiegand Petzet. Encounters and Dialogues with Martin Heidegger 1929—1976：trans. Parvis Emad，Kenneth Maly. Chicago：The University of Chicago Press，1993：133.

引人注目的是，记载于文字的海德格尔与《庄子》的关联，有两次都与其终生密友佩采特（Heinrich Wiegand Petzet，1909—1997）及其家乡——德国北部的城市不来梅（Bremen）具有特殊的因缘。佩采特是一位知名的艺术史家与文学批评家，曾出版过研究画家弗格勒（Heinrich Vogeler）的著作，协助编纂过诗人里尔克著名的《关于塞尚的书信》。1928年从语法学校毕业之后，佩采特遵从父命来到弗莱堡大学学习司法。从前在不来梅教他哲学课的老师建议他去上刚从马堡调过来的哲学新星海德格尔的课。海德格尔严谨的运思以及不受传统教育模式束缚的授课方式像磁铁一般吸引了大批听众，包括来自德国、欧洲之外的，甚至是远东的学生。佩采特感到，海德格尔提供的不是一个理论体系，而是触及人的生存根本的生存学说。从此，他与海德格尔结下了终生的缘分。

佩采特撰写的《朝向一颗星》，叙述了从 1929 年至 1976 年他与海德格尔近半个世纪的友情，对海德格尔在职场之外与非职业哲学家的知识分子、作家、诗人、艺术家的接触（或关于他们的谈话）做了详细的记述，其中包括作家凯斯特纳（Erhart Kästner，1904—1974）、文学批评家凡·菲克（Ludwig von Ficker，1885—1919）、苏联诗人沃兹涅先斯基（Andrei Voznesensky，1933—2010）、雕塑家海立格（Bernhard Heiliger，1915—1995）、维莫（Hans Wimmer，1907—1992）、齐里达（Eduardo Chillida，1924—2002）等。

佩采特的传记别具一格，在于其中对东方的关注，或许这与他并非一位职业哲学家有关。与此相反，萨弗兰斯基（Ruediger Safranski）被翻译为多种外语的《来自德国的大师》（中文版题作《海德格尔传》）一书中对海德格尔的东方关联却不置一词。除了保存下来海德格尔两度引用《庄子》以及《道德经》的珍贵记录之外，佩采特的传记中“希腊与佛”一章详细记述了1963 年 12 月海德格尔与来自泰国的僧侣摩诃牟尼的会面——佩采特的传记出版于 1983 年，而《海德格尔全集》直至 2000 年才正式出版了这份记录①。

1930 年，佩采特回到不来梅，再次见到他以前的老师并决定邀请海德格尔到不来梅做一次演讲，海德格尔欣然同意了。此后，海德格尔数次来到不来梅进行各种各样的学术活动。不来梅是一个商业城市，拥有海港与渡轮，那里的人们具有爱好艺术的传统。海德格尔十分欣赏那里非职业化哲学的氛围，常常说那里有干净的空气。根据佩采特的描述，不来梅当

---

① Heidegger. Aus Gesprächen mit einem Buddhistischen Mönch 1963//Reden und andere Zeugnisse eines Lebensweges 1910—1976. GA 16，2000：589-593.

地的知识分子没有因学院化的固定意见变得思想僵化，而是大致上延续了古老的人文主义教育传统，比较开放包容。并且由于不来梅是海港城市，比起内陆的德国人，那里的人们与外部世界有更多的接触。不来梅的知识分子没有受过职业化的哲学训练，因而也较少偏见，愿意聆听新鲜的见解。他们并没有把海德格尔视为半神或什么特殊人物，在这样的环境下，海德格尔感到更易于自由地发表自己的哲学观点。

1930年海德格尔第一次在公共场合朗读《庄子》是在不来梅，1949年他在二战之后发表的最为重要的演讲系列之一《对那所是的东西之一瞥》也是在不来梅。这个演讲系列有四：《物》《集置》《险厄》《转向》。这四次演讲从不同角度关涉于海德格尔的技术形上学，并且，正如佩采特所评论，这些文本“奠定了他生命最后三十年的哲学工作的基础”[①]。在50年代，海德格尔曾八次在不来梅做演讲，其中有：《逻各斯——赫拉克利特的指引词》《谁是尼采的查拉图斯特拉?》《奠基的原则》《科学与沉思》《语言》《康德的存有论题》。组织这些演讲的是当地的民间集团“不来梅俱乐部”，有十多个人，都是中上层人士。此外还有更多的所谓“不来梅的朋友”的听众，海德格尔根据演讲内容严格地选择哪些听众可以参加哪次演讲。

1960年，海德格尔在不来梅举办了一次题为“语词与意象”的研讨课，他把《庄子》中梓庆为鐻的故事列为准备研讨课的必读材料之一。根据佩采特的看法，这次研讨课大部分是不完整的思想碎片，并且这样的情况常常出现（如同海德格尔其他的研讨课一样），到讨论的最后，通过讨论所建立起来的某一论点却被海德格尔的发问方式变得立不住脚，甚至被完全摧毁，这给人以一种无根性（Bodenlosigkeit）的感觉[②]。而根据另外一位参会者的看法，海德格尔对待这些研讨课是非常严肃的，甚至给人以权威主义之嫌；这些研讨课毫无我们现在所说的“讨论”的风格，而对于海德格尔而言，这样的“讨论”只是聊天。尽管海德格尔在不来梅时总是待人和蔼，但人们却觉得他“生活在雷电之地”，这大概是由于他的演讲总是给人以大起大落的感觉[③]。

从本书第一章我们知道，自从现代哲学的诞生——尤其是从黑格尔哲

① Heinrich Wiegand Petzet. Encounters and Dialogues with Martin Heidegger 1929—1976. trans. Parvis Emad, Kenneth Maly. Chicago: The University of Chicago Press, 1993: 6.

② 同①59.

③ 同①60.

学以降——哲学纯属于西方的观念在职业哲学家中几乎是根深蒂固。庆幸的是，有些非职业哲学家的（西方）文人墨客较少受到这种意识形态的羁绊，他们摆脱门户之见去欣赏来自异国他乡的艺术文学。在传记的开端，佩采特借用德国知识分子熟知的一则“古老的中国传说”来比拟海德格尔的哲学生涯：

> 一位著名的古代老画家和他的学生站在一幅他刚完成的绘画之前。人人都对这幅画赞不绝口。在画面上，树木、山巅缓缓消失在远处。学生们正在向画家请教这一笔、那一笔的细节。忽然，一件奇怪的事情发生了，画家踏上了画面上那条通往深处的道路，渐行渐远，到了一个拐弯处，他失去了踪影。学生们焦急不安地等待着，直至入夜。然而画家却没有返回，他完完全全地融入了其作品之中。①

佩采特引用这则故事的初衷是把他撰写的传记比拟为那条把画家诱入其作品的道路。尽管海德格尔贬低学院以外日常交往等私人事务的价值，而强调唯有一件事是重要的，即追问存有的问题，然而佩采特认为，这样一条有转弯、有停顿、有危险的日常生活道路也具有其重要性，它属于作品的一个组成部分，并且，倘若它选择了一个不同的方向，整个作品是否就会呈现出另外一番景象呢？佩采特的问题是发人深省的。倘若西方哲学家——包括海德格尔在内——更加认真地对待来自东方的思想资源，或许哲学的面貌会早日显示出另外一般风采？

① Heinrich Wiegand Petzet. Encounters and Dialogues with Martin Heidegger 1929—1976. trans. Parvis Emad，Kenneth Maly. Chicago：The University of Chicago Press，1993：6. 这则故事应当是关于吴道子的。

第一部分

思之险境

——全球化境遇中的哲学危机

第一章　质疑哲学起源于古希腊之说

20 世纪末以来，“中国哲学的合法性”“中国哲学的当前境遇和未来发展”等问题一直是各位方家争论的焦点。赞同中国“有”哲学的学者认为，中国思想传统中确有类似于西方哲学的哲理思辨和理论建构。但是，确切地说，中国传统经典中只有哲学的内容而无其形式。“中国哲学”一词是把来自西方的“哲学”冠以“中国”而形成的复合词。中国哲学的产生是派生的，是出于回应西方，在整理国故的基础上形成的。反对把中国传统思想以哲学命名的学者则认为，哲学之名来自西方，代表着不同的思维向度。如果把中国传统思想以与自身性质相异的名字呼之，势必扭曲其本真特性，违背中国传统精神追求天人合一、逍遥自由之境界的实质。因此，没有必要把中国古代的诸子之学、宋明理学等思想形态冠以源自西方的哲学之名。

诸如此类的讨论都预设了这样一个观点：“哲学”一词是外来的西方术语；哲学在其起源与本质上是属于西方的。从历史事实来看，哲学起源于古希腊，扩展到整个西方世界。其理性思辨的传统经教父哲学、中世纪经院哲学、文艺复兴哲学、近世理性主义哲学、德国理念主义哲学、当代欧洲大陆哲学及英美分析哲学之路径，或有衰颓之时，但总的趋势是绵延不绝，蓬勃发展。从义理上说，哲学具有系统性、反思性和论辩性，具有明确的分支系统，如形上学、认识论、伦理学、逻辑学、美学等。这些基本特征与分类早在亚里士多德的时代即告成熟，对哲学后来的发展起着决定性的作用。

以上关于哲学的基本观念可以说是根深蒂固，长期以来被视为不言自明的真理。20 世纪以来，由于解构主义、精神分析、女性主义等思潮的影响，对哲学的内涵的看法发生了巨大变化，系统性、反思性和论辩性不再被视为哲学必须具备的特性，哲学的分支不再局限于传统的形上学、认识论、伦理学、逻辑学等，而增加了社会政治哲学、心灵哲学、行为哲学、语言哲学、科学技术哲学、应用伦理学等新的类型。即使是一些传统的名目，如形上学，其基本内容也经历了分析哲学的改造，原来的旧名，如真理、意义与实在主义，其现有含义与传统的内涵全然相异。然而，哲学起源于古希腊，哲学在本质上是西方的这个观念却一直被视为“科学真理”和“历史事实”，天经地义，无从置疑，亦无须置疑。依笔者管见，厘清哲学起源于古希腊之说的来龙去脉，讨论哲学是否可以由其起源来决定其属性，对于当前中国哲学学科建设的前景与未来具有重要的启示性。

一、哲学起源于古希腊之说的由来

在奥古斯丁的时代，异邦的圣人或者哲学家仍然是被认可的。尽管奥古斯丁坚信基督教教义才是真理，柏拉图主义是最接近真理的哲学体系，但他承认非基督教徒也曾接近真理，或者说独立地发现了柏拉图主义。在《上帝之城》中，他写道：

> 别的国度尊称为圣人或哲学家的人认识和教导这个真理：阿特拉斯的利比亚人、埃及人、印度人、波斯人、迦勒底人、塞西亚人、高卢人、西班牙人。不管他们是谁，我们认为这些思想家高于他人，并承认他们的学说代表着最为接近我们基督教立场的思想。①

可见，在奥古斯丁的时代，人们没有把东西方文明截然分开。他们十分自然地认可哲学多种形态、多种分支的情况，并对非主流的思想传统表示敬重。在18世纪之际，希腊哲学从非西方思想获得过不可否认的决定性影响这一事实尚且广为人知。1738年，主教威廉·瓦伯顿在总结当时流行的学术观点时写道：“希腊人的智慧与学识直接地从埃及引进，关于这一点希腊人众口一词，这成为［西方］古代一项最无可怀疑的事实。”②他指的是毕达哥拉斯在埃及学习，并第一个把哲学带到古希腊的事实。当时出版的哲学史大多纳入了对非古希腊文明遗产的记叙。例如，舒伯特出

---

① Augustine. The City of God. Penguin，1972：311. 本章中从西文翻译过来的中文引文均为笔者所译。引文中方括号之内的词语为笔者所加，使原文之意更加清晰。

② William Warburton. The Divine Legation of Moses Demonstrated：vol 1. New York：Garland Publishing，1978：326.

版于1742年的《哲学史》就包括了迦勒底、波斯、腓力基、阿拉伯、犹太、印度、中国、埃及、塞西亚等古代文明的叙述①。

在19世纪，当黑格尔关于哲学发源于古希腊之说开始盛行之时，对古代非西方文明的赞赏仍然常见诸笔端。例如，史学家布克哈特认为，波斯文明更为古老，其技术与智慧更为完善。他提到埃及文明及印度文明对毕达哥拉斯的影响，把这些民族称为"拥有高度文明的亚洲民族"②。尼采认为，古希腊文明并不是原发（autochthon）的，而在根本上受益于其他文明。他如此赞扬埃及文明："埃及人——而非希腊人——是真正的科学（wissenschaftliche）的民族，是文学事业发达的民族。……亚历山大文化是希腊文明和埃及文明相融合的产物。"③ 希腊人的长处在于善于学习和借鉴这些异族文明。尼采把埃及、波斯等近东和中东文明称为"东方"或"亚洲"文明。在此意义上，他称希腊人为"亚洲的最好的继承者和学生"④，称狄奥尼索斯为转化了"阿波罗希腊文明"的"亚洲"神祇⑤。

在20世纪，少数一些思想史的著作仍然肯定近东、中东文明在古希腊文明发展中所占据的地位。怀斯特在出版于1971年的《早期希腊哲学与东方》一书中考察了早期希腊文明与非西方文明之交汇。他认为，从大约公元前550年到480年，伊朗文明对希腊思想的发展起到了至关重要的影响⑥。

哲学起源于古希腊之说的始作俑者很可能是黑格尔，同时他也是把哲学史当作哲学一个不可或缺的组成部分的第一个西方哲学家。在其《哲学史讲演录》中，黑格尔否认埃及文明的地位，宣扬哲学具有一个唯一的纯粹的起源，这个起源就是古希腊。黑格尔把毕达哥拉斯从埃及和印度把哲学带到希腊之说归结为以前的学者未能有效地区别宗教与哲学所导致的结果；同时，他摒弃了传统上把波斯和印度哲学囊入哲学史的惯例。黑格尔一共讲过四次哲学史，在1825年的哲学史演讲中，他谈了一下中国和印

① Joanne Ernesto Schubert. Historia Philosophiae. Pars Prima：Jena，1742.

② Jacob Burckhardt. Kulturgeschichte Griechenlands. Berlin，1934：593.

③ Friedrich Nietzsche. Sämtliche Werke：Dritische Studienausgabe：Band 8. München：dtv，1980：5.

④ Nietzsche. Beyond Good and Evil：Prelude to a Philosophy of the Future. Oxford：Oxford University Press，1998：238.

⑤ 同③591.

⑥ M. L. West. Early Greek Philosophy and the Orient. Oxford：Clarendon Press，1971.

度文化。他说："以前我没有提到它们，这是因为只是在最近，［客观条件］才允许我们对其加以评判。"①尽管，如一些学者所指出，黑格尔在其晚年，很有可能对其早期的哲学纯属于西方的立场感到怀疑，然而，在公开场合，他仍然坚持认为，在东方世界没有真正（eigentlich）的哲学，哲学的最初起点是古希腊。

伯纳尔在其颇受争议的《黑色的雅典娜：古代文明的非洲—亚洲源泉》一书中详细考察了中期及晚期青铜时代非洲—亚洲文明对古希腊文明的形成和发展所做的贡献，并试图对 18 世纪以来哲学被普遍视为起源于古希腊的说法做出解释②。《黑色的雅典娜》共两卷：第一卷讨论 1785 年至 1985 年关于古代希腊的历史塑造；第二卷揭示相关的考古与文献资料。伯纳尔的著作在 1987 年出版之后，被诸多领域的学者加以讨论。多篇讨论文章在 1996 年集中出版于《重审黑色的雅典娜》③。于是，在 2001 年，伯纳尔又出版了一部类似续篇的著作：《黑色的雅典娜的答复：伯纳尔对其批评者的回应》，进一步论证他的观点④。

伯纳尔认为，18 世纪之前，学人对希腊文化的认识以他所谓的"古代模式"为主。根据这种模式，古希腊文明的形成受到近东文明的巨大影响，特别是埃及文明和腓尼基文明。而 18 世纪之后，"古代模式"被欧洲中心主义的"阿里安模式"所取代。这种模式否认古代亚非文明对古希腊文明所做出的积极贡献。伯纳尔认为，在 18 世纪对于埃及和其他东方文明与希腊之关系的观点转化中，有四个因素起了重要作用：一是基督教与埃及宗教之间的紧张关系；二是现代进步观念的兴起；三是种族主义的生长；四是古希腊文明被浪漫化。在这四个因素中，伯纳尔特别强调种族主义的影响。

在 18 世纪，随着德国社会政治的危机加深，德国知识分子以文明兴国的意识逐渐加强。黑格尔就把教哲学、说德国话视为自己的哲学事业之使命。德国知识分子坚信，他们是诗人的民族，是思想家的民族，与古希腊人具有一种独特的血肉相连的精神关系。在伯纳尔看来，哲学起源于古

---

① G. W. F. Hegel. Vorlesungen über die Geschichte der Philosophie. Hamburg：Felix Meiner，1993：68.

② Martin Bernal. Black Athena：The Afroasiatic Roots of Classical Civilization：vol 2. London：Free Association Books，1987. 伯纳尔最初学习的是汉学研究，曾长期研究中国与西方在 20 世纪之交的关系史。

③ Mary R. Lefkowitz，Guy MacLean Rogers. Black Athena Revisited. Chapel Hill，1996.

④ Black Athena Writes Back：Martin Bernal Responds to His Critics. ed. David C. Moore. Durham：Duke University Press，2001.

希腊之说的兴起与德国的哥廷根大学具有密切的关系。这所大学是培育种族主义和德国民族主义的土壤。其创立者之一——荷伊曼——早在 1715 年就否认埃及文明是哲学，并在贬低埃及文明的同时，注重于塑造古希腊文明的优越性。荷伊曼把哲学定义为“以理性为基础对有用真理的研究和探索”[①]，从而把希腊“哲学”与埃及“艺术与学识”区分开来。这一定义本身就使得古希腊人是最早的真正的哲学家之论调成为毋庸置疑的真理。哲学被限制为古希腊文明的特产。这样，不仅仅埃及与其他非古希腊文明被从哲学的外延中驱逐出去，直到 18 世纪仍被视为哲学的其他形式的智慧也被置于哲学的轩宇之外。

伯纳尔从文化史的角度论证了把古希腊文明遗产视为欧洲所一脉相承的独有的历史传统这种观念的错谬性。但是，淡化或否认埃及等古代文明不可或缺的贡献并不能完全归结为种族主义作祟。笔者以为，以起源论为基础把哲学限制为继承了古希腊传统的西方、欧洲专利，另外还有两个原因。一是笛卡尔以降的理性主义哲学着重于哲学依据理性、不假他求的因素，这一因素比较容易在以亚里士多德为代表的希腊哲学中找到相似的先例。对理性的片面强调，把非西方传统视为神话、信仰、民族精神、世界观，为哲学起源于古希腊之说提供了必要的思想背景。二是随着东方哲学 16、17 世纪以来在欧洲传播，西方哲学家急切地找寻其传统根源，塑造清晰的自我形象。这一过程终至黑格尔把哲学定义为西方所独有：它起源于古希腊，经过辩证发展，在他自己的理念哲学中臻至顶峰。众所周知，莱布尼茨的《论中国的自然神学》即是对中国思想在欧洲的广泛流传之回应。他熟知《论语》《大学》《中庸》的拉丁文译本。需要提及的是，尽管莱布尼茨相信普遍理性，但他对中国文化传统的兴趣更多是出于这样的动机，即找到那些能够最好地使中国人皈依于基督教的哲学观念[②]。

1721 年，沃尔夫在题为《论中国的实践哲学》的一次演讲中赞扬中国的道德思想，同时强调，中国人是没有通过启示的帮助而获得这些道德真理的。在当时，对儒家思想的主要批评并不是说它不是哲学，而是说它是无神论。这反映在这一事实，即仅仅由于他对中国哲学的兴趣，沃尔夫

① Black Athena Writes Back：Martin Bernal Responds to His Critics. ed. David C. Moore. Durham：Duke University Press，2001：334.

② Daniel J. Cook，Henry Rosemont. The Pre-established Harmony between Leibniz and Chinese Thought//Discovering China. eds. Julia Ching，Willard Oxtoby. Rochester：University of Rochester Press，1992：94-95.

被指责为无神论者①。沃尔夫之后，伏尔泰认为第一个哲学家是孔子，而不是任何一个希腊人，尽管承认这一点会“使西方国家羞愧”②。

蒂德曼出版于1791年的《思辨哲学的精神》是18世纪晚期第一部以泰勒斯为开始的哲学史③。他是上文所提到的哥廷根大学的学生。蒂德曼并未试图批评其他样式的哲学史。他对哲学的定义十分严格，不仅仅把哲学限制于用论理的方式获得的知识，而且也限制于个体的哲学家。一个群体或者民族不能说拥有哲学，而只有有哲学著作的单一作者才能被称作哲学家。这样，希腊哲学从其他文明所学到的东西就不再具备重要意义。

另外，伯纳尔只考察了德国学者对哲学史观的激剧改变所起的作用，而忽视了英国学者的影响。德国学者强调德国民族与希腊民族在语言上和精神上的承继性和相似性，同时，英国学者则认为英国与希腊在政治体制上具有很大的相似性。例如，亚当·斯密在一份遗作中表达了这样一个观点：希腊及其殖民地是第一个发展出文明的民族。斯密承认他对亚洲和埃及的学识状况一无所知，但是他相信，在专制政治下，哲学是发展不起来的④。因此他认为他不需要明确的证据来论证其观点，如同德国哲学家一样，英国哲学家也亟须建立民族共同体，培养民族意识。

二、海德格尔对关于哲学希腊特性说的发展

海德格尔是20世纪倡导哲学等同于西方—欧洲哲学的最有影响的哲学家。他的哲学著述从某种角度来说在相当大的程度上是对非西方哲学在西方的传播所做出的回应。这种传播的广泛程度如胡塞尔所描绘：（西方）哲学家面临着“大量的关于印度哲学、中国哲学的著作。这些著作被放在

① Thomas Saine. Who's Afraid of Christian Wolff? //Anticipations of the Enlightenment in England, France, and Germany. eds. Kors, Korshin. Philadelphia: University of Pennsylvania Press, 1987: 118-127.

② Voltaire. Oeuvres Complètes: vol. 20. Paris: Garnier Frères, 1879: 496.

③ Dietrich Tiedemann, Geist der spekulativen Philosophie, Bd 2: Von Socrates to Carneades. Marburg: Neuen Akademischen Buchhandlung, 1791.

④ Adam Smith. Essays on Philosophical Subjects: vol. 3. Oxford: Oxford University Press, 1980: 51. 关于本段落这个观点，以及本节部分引文，笔者参考了 Bernasconi 的 *Philosophy's Paradoxical Parochialism*, in *Cultural Readings of Imperialism: Edward Said and the Gravity of History*, ed. Keith Ansell Perrson et al. London: Lawrence & Wishart, 1997: 212-226。

与希腊哲学同等的层面上，被当作同一个文化概念下的不同的历史形式"①。值得一提的是，胡塞尔也曾提及对哲学为希腊所独有的反对意见，即希腊人从埃及人、巴比伦人等民族那里获益匪浅。胡塞尔对此的辩护意见是：古代亚非文明和中国、印度哲学所代表的是"实践的普遍主义态度"，或曰"宗教—神话的态度"。这些智慧所针对的是自然生活与实践，属于胡塞尔所谓的"自然态度"。这种态度世界上各大文明皆有。而与之相对的"纯粹的理论态度"，胡塞尔宣称，则仅只为希腊人所拥有。这种态度以哲学探讨为最终目的与兴趣，与实践毫无关联，其基础为自觉地对"自然态度"的悬置（epoché)。胡塞尔认为，只有"纯粹的理论态度"才具有现象学所讲求的"意向性深度"②。

尽管海德格尔对《道德经》等古代亚洲经典表示关注，并宣称应当以"思"取代"哲学"③，但是，他全然否认中国哲学或印度哲学的说法，坚持认为哲学在其本质上是属于希腊的，具有希腊性。并且，对于海德格尔来说，"思"是哲学的"另一启始"的代名词。"思"的可能性建立在本质上为希腊的"哲学"基础之上。以下分述之。

在 1943 年关于赫拉克利特的演讲前言中，海德格尔直言：

> [我] 没有使用"西方哲学"这一表述，这是因为这一表述严格地说是同义重复。除了西方哲学之外，没有其他哲学。"哲学"在其本质上具有原发 [ursprünglich] 的西方性。"哲学"这个词语承载了西方世界的历史。④

显然，对海德格尔来说，使用"西方哲学"这个词语暗示着，除此之外，尚有其他类型的哲学。因此，直接使用"哲学"一词也许误解会少一些。依他之见，哲学在本质上纯属于西方。如果我们不把哲学当作一个平凡的词语，而是试图从其根源中来聆听这个词语，那么，哲学是 φιλοσοφία 这个希腊词，海德格尔说，这是西方历史文明的"出生证明"⑤。依其本

---

① Husserl. The Crisis of European Sciences and Transcendental Phenomenology. Evanston: Northwestern University Press, 1970: 279.

② 同①280. 早期的胡塞尔几乎从未提及古希腊传统是否与其现象学工程有一致之处。他对古希腊哲学独特性的标榜很有可能是受到了海德格尔的影响。

③ 关于海德格尔与《道德经》之复杂关系，详见马琳的《海德格尔论东西方对话》第六章。

④ Heidegger. Heraklit. Gesamtausgabe 55. Frankfurt am Main: Vittorio Klostermann, 1979: 3.

⑤ Heidegger. What is Philosophy? Bilingual edition. trans. William Kluback, Jean T. Wilde. New Haven: New College and University Press, 1956: 35.

性，哲学必然地出现在古希腊。存在首先向希腊人显身，西方历史及哲学由此展开。

尽管海德格尔严厉批评传统形上学，但他并不主张完全抛弃传统。相反，本真哲学的开启在根本上依赖于传统哲学。哲学的新纪元只能从同根同源的传统中启始。哲学的唯一主题是存有。正是存有的主题使得哲学区别于其他思想传统。海德格尔写道："所有西方—欧洲哲学——没有别的哲学，既没有中国哲学，也没有印度哲学——的风格，都由存有与存有者的二重性所决定。"①

海德格尔所说的"思"与"哲学"之间有着血肉相连的关系。恰如哲学一般，思也是对存有召唤的回应，是对古希腊思想家的话语的追忆（Andenken）。在思中，人使自身被携领入存有之揭蔽。海德格尔说，"在哲学终结之时，思并未也达到终结，而是转入另一启始"②。"哲学终结"一语中的哲学指的是狭义的哲学，即传统形上学。它把存有当作存有者的存有，而遗忘了存有本身。在传统形上学终结之际，本真意义上的哲学即追忆式的、世界历史性的哲学即将开启。

与黑格尔相比，希腊哲学家在海德格尔的思想体系中占据着至关重要的地位。黑格尔虽然把古希腊当作哲学的开端，但这种开端尚嫌幼稚、单纯，有待进一步的辩证发展。而对于海德格尔来说，古希腊思想家是最具原初性、启始性的哲学家。尤为重要，而尤其少为学者所注目的是，海德格尔把西方哲学的启始与所谓的希腊思想对亚细亚文明的征服相提并论，把二者视为同一件重要的具有存有历史意义的（Seinsgeschichtliche）事件。在1936年讲授谢林的《论人类自由之本质》时，海德格尔断言：

> 西方哲学的伟大启始，也不是从虚无之中创造出来的。它成其为伟大，是因为它必须克服其最大的对手，这个对手从普遍意义上来说是神话式［思维］，从特别意义上来说是亚细亚。［西方哲学在启始之际］必须把其对手置于存有的真理之架构之中，它也确实做到了这一点。③

---

① Heidegger. Was heisst Denken?. Tübingen：Niemeyer，1997：228.

② Heidegger. Überwindung der Metaphysik//Vorträge und Aufsätze. Gesamtausgabe 7. Frankfurt am Main：Vittorio Klostermann，2000：81.

③ Heidegger. Schelling：Vom Wesen der menschlichen Freiheit//Gesamtausgabe 42. Frankfurt am Main：Vittorio Klostermann，1988：252.

在把亚细亚描述为西方哲学“最大的对手”之际，海德格尔并没有赋予二者以一种黑格尔式的内在的层递式有机发展之关系。相反，二者之关系是外在的。亚细亚是作为一种阻碍而被征服。它并没有在其征服者西方哲学中留下任何痕迹。尽管西方哲学在启始之际面临着亚细亚式的神话思维，但是，它完成了从根本上绝对地征服其对手的历史性任务。

海德格尔对古代近东、中东文明对希腊哲学曾起过不可忽略的影响这一说法并非一无所知。在《存有与时间》中，他不时引用约克伯爵讨论历史观念的书信。其中一节曰：

> 我们必须避开这些没有用的废话，诸如柏拉图到了大马士革和塞浦路斯。这些传说没有任何重要性。这种浅薄的捏造最终会遭人怀疑。与荷马、柏拉图，与《新约》等伟大的历史事实相比，这种传说显得毫无廉耻。①

海德格尔对约克伯爵的观点评论道：“约克把历史的基本特性视为‘本质’（Virtualität）。他不是从科学理论所要求的历史研究对象那里得到这一洞见的，而是从对人的此在所具有的存有特性的知识那里所获得的。”② 对海德格尔来说，真正的历史必须在存有的基础上来加以判别，不能由于对无关的经验事实的过分关注而把真正的历史约简为客观的科学理论。

三、哲学起源于古希腊之说是一个谈论因果关系的语言游戏

以上笔者分别从思想史和海德格尔哲学的角度审视了哲学起源于古希腊之说的源起与发展。在本节，笔者援引维特根斯坦的一个思想实验，试图从义理上进一步说明，西方近代以来所建立的哲学纯粹地起源于古希腊之说，其中包含着浓厚的主观因素。

维特根斯坦在写于 1937 年的一份手稿中，对因果式思维方式提出了尖锐的批评。他举例说，设想有两种不同的植物，姑且称之为 A 和 B。它们的种子乍看起来一模一样，即使是通过最为细致的研究，人们仍未能发现它们之间的差异。然而，A 植物的种子总是生长出 A 植物，而 B 植物

---

① Heidegger. Sein und Zeit. Tübingen：Niemeyer，2001：400.

② 同①401.

的种子则总是生长出B植物。在这种情况下，我们唯有知道一粒种子是从什么植物而来的，才能够预言它将会长出什么样的植物。我们预言的依据并不是种子之间的差异，而是种子的前历史。因此，我们可能说，种子的前历史不能被称作植物生长的“起因”。这并不意味着我们不能从种子的前历史来预言植物的生长，而是说，我们不把这种情况描述为因果关系，我们不认为我们是在依据起因来断定结果。

维特根斯坦接着说，如果有人反对，“即使我们没有发现这两种种子之间到底是什么差别，它们之间一定具有差别”。这种说法改变不了事实，而只是说明，我们用起因和结果的模式来看待事物的倾向是如此强烈。设想，有人最终发现了A植物和B植物的种子之间的差别，无疑，他会说：“你看，一粒种子就是不能长出两种不同的植物。”即种子长出什么样的植物是由种子的类型所决定的。维特根斯坦说，对此我可以这样答复：“你怎么知道你所发现的特性就不会是完全没有决定性作用？你怎么知道它与长出什么植物就一定有关系？”①

众所周知，植物的生长受多方面条件的影响：光照、气温、水分、土壤等。种子并不是唯一的决定性因素，也不是绝对的起点。种子本身来自植物，十分明显，如果如此追究下去，是不可能找到一个最终的原初点的。维特根斯坦的思想实验并不是凭空想象，而是与现实生活有着紧密的联系。在大多数情况下，人们是依据长出种子的植物而对种子做出相应的判断的，而不是撇开其他一切因素，纯粹根据种子而对其生长做出空洞的预言。同时，人们也常常对种子给予高度重视，把种子视为植物的起因。这种做法，用维特根斯坦的术语来说，是一种语言游戏，一种谈论因果关系的语言游戏。这种语言游戏十分容易导致把起因单一化、实体化的本质主义，从而遗忘这一事实：在现实生活中，差不多是没有什么绝对的、必然的因果关系的。

哲学纯粹地起源于古希腊的说法与把植物的生长一概归结为种子的特殊性不无相似之处。这种观点包含了太多的未曾明确表明，但又具有有力的说服性的流行偏见。用回溯起源的方法来维护哲学在其本质上即是西方的，这种做法与因果思维方式大同小异。由于古希腊是西方世界，而现行的哲学形态在很多方面与出现在古希腊的思想形态具有相似之处，所以，

① 以上引文参见：Wittgenstein. Philosophical Occasions 1912—1951，eds. James C. Klagge，Alfred Nordmann. Indianapolis and Cambridge：Hackett Publishing Company，1993：373-377。

哲学起源于古希腊，哲学是西方的特产。这种思路完全忽略了希腊文明之产生的历史、地理环境，抹去了古代亚非文明中不同的哲学形态及其对希腊文明之繁荣所起的重要影响，并且，也把哲学当作一种具有不变内核的实体，忽视了哲学概念本身所具有的复杂而多变的历史。

四、哲学起源于古希腊之说是一个神话

十分清楚，哲学起源于古希腊之说，并不是一个亘古即有、颠扑不灭的真理，而掺杂着相当多的人为因素，受制于历史学家和哲学家本人在特定历史时代的哲学观念与偏见。从回溯起源来维护哲学在其本质上即是西方的，这种做法具有十分强烈的迷惑性与说服力。特别是，诸如海德格尔等哲学家以单一的血缘关系来比拟复杂万千的人文历史社会现象，把“欧洲—西方—希腊”描绘为血脉相承的纯粹内在的统一体，把哲学当作俗世世界的西方特产，以此取代圣世世界中基督教的至高无上、绝对仅有的地位。

笔者的论点并非试图否认或贬低西方哲学家所取得的伟大成就。毋庸置疑，众多西方哲学家著述丰富，玄思幽远，灼见真知，莫之能逮。但哲学成就本身并不能成为哲学的本质是西方的不言之证。一部分具有欧洲种族背景的西方哲学家亦认识到哲学起源于古希腊之说的误导性。例如，德勒兹与瓜塔里在出版于 1991 年的《什么是哲学?》一书中指出，哲学并无内在的必然性，把哲学起源于古希腊当作一件奇迹是这种虚假的必然性的一个方面。他们认为，“哲学在希腊的出现是一偶然，而非必然，是文化氛围所促成，而不是一种起源，是一种形成过程，而非［不变的］历史，是地理背景所造成，而非历史记载的史实”①。有的西方学者也开诚布公地谈道：“未加考究地坚持把哲学定义为希腊［起源与性质］，是人为的，同时是压迫性的。在人们日益认识到这种情形的今天，海德格尔对西方哲学史的有选择性的塑造本身即是一个重要的哲学问题。”② 这些西方哲学

① Gilles Deleuze，Félix Guattari. What is Philosophy?. New York：Columbia University Press，1994：100.

② Robert Bernasconi. On Heidegger's Other Sins of Omission — His Exclusion of Asian Thought from the Origins of Occidental Metaphysics and His Denial of the Possibility of Christian Philosophy. American Catholic Philosophical Quarterly，1995，69（2）：333.

家清楚地看到，哲学起源于古希腊之说是一个神话，把哲学当作西方所独有是目前哲学进一步发展，以及不同哲学形态之间对话的最大障碍。

一些西方哲学学会认识到把哲学史等同为起源于古希腊的西方哲学史是一种偏见。美国哲学学会国际合作委员会在 1992 年即提出，需要对"哲学史"、"古代哲学"和"经典"等向来被当作不言自明的术语加以修正，改称为"西方哲学史"、"古代希腊罗马哲学"和"希腊拉丁经典"，"以示对其他传统的尊重"。显然，哲学史如何写本身就是一个如何界定哲学性质的问题。

当然，把中国哲学以及广义上的东亚哲学的外延纯粹地归结为"古代"的经典可能会忽略生活在"当代"学术体制下的中国学者的哲学体验与感受。在当今时代，中国学者同时学习中国哲学史与西方哲学史，受到多维度的思想经验的激发，完全有可能创作出阐发覃思的哲学论著。这种论著熟悉传统中国经典，但不拘泥于经典诠释，同时，注意到经典之外的中国亚传统的思想资源；并且，在问题意识、运思取向、表述方式与旨趣上具有某些典型的中国特征。

堪破哲学起源于古希腊之说的迷障，走出"中国没有哲学"的迷宫，将会有效地祛除中国哲学发展中诸多不必要的束缚与禁忌①。摆脱把哲学当作一个外来的异己之物，把哲学从起源的角度上定义为或等同于西方哲学等等束缚视野与胸襟的偏见，有助于创造一个"海阔凭鱼跃，天高任鸟飞"的宽松自由的学术环境，使中国哲学获得迅速健康的成长。

① 关于"走出'中国没有哲学'的迷宫"，参见张允熠的走出西方中心主义的迷宫（《成都师范学院学报》，2014（3）：1-8）。

第二章　牟宗三与海德格尔论传统转化以及文化会通问题

牟宗三（1909—1995）是当代新儒家的著名代言人，他的思想不仅对新一代儒家学者具有重要影响，并且近年来西方学界也对他的著述愈加关注①。在他那一代的新儒家中，牟宗三的著述被视为最富于论辩性，同时也是最为系统的成果，并且他与西方哲学家的交涉也最为广泛，曾评论过康德、维特根斯坦、罗素、怀特海、黑格尔以及海德格尔。本章讨论一个尤其基本的问题：牟宗三与海德格尔如何看待传统的自身转化以及与之息息相关的文化会通问题？对于这个核心问题，他们分别建构起良知（或者说道德理性）的自我坎陷说与相对于早期希腊思想的第一启始的另一启始（der andere Anfang）说。

我们知道，牟宗三在1968年读到海德格尔的《康德与形上学》与《形上学导论》两部书之时，撰写了《智的直觉与中国哲学》②，在其中，他批评海德格尔摒弃了康德的自由意志与物自身的概念，把存有论误置于时间的范域之中，发展的是康德的内在性的存有论。与此相反，牟宗三认为自己在康德的超越性的存有论基础上发展出了一种道德形上学，而海德格尔恰恰错误地捐弃了康德的超越性的存有论。

牟宗三对康德的挪用以及他与其他西方哲学家的关联曾受到学者们的质疑，我们不拟介入这些讨论，其中一个理由是：我们所要探究的这两个概念都是在60年代末牟宗三直接评论海德格尔之前即发展成熟的。另一个

---

① 近年来所出的关于牟宗三的西文研究专著有：Sébastien Billioud. Thinking Through Confucian Modernity：A Study of Mou Zongsan's Moral Metaphysics. Leiden：Brill，2012；Antje Ehrhardt Pioletti. Die Realität des moralischen Handelns：Mou Zongsans Darstellung des Neokonfuzianismus als Vollendung der praktischen Philosophie Kants. Frankfurt am Main：Lang，1997。还有一部牟宗三的《中国哲学的特质》的法文翻译：Mou Zongsan. Spécificités de la philosophie chinoise. traduit par Ivan Kamenarović et Jean-Claude Pastor. Cerf：Patrimoines，2003。

② 牟宗三. 智的直觉与中国哲学. 台北：联经出版公司，2003：6-7.

理由是：笔者认为，牟宗三与海德格尔的传统转化观及文化会通问题这个论题应当是任何有关这两位哲学家的思想在其他层面的比较研究的前提条件，我们的入手点是对自我坎陷说与另一启始说的思想前提和理论分梳做出剖析，以助于对文化传统转化以及比较哲学问题做出更为深入的思索。

一、牟宗三对中西哲学所做的对比

牟宗三时常把中西文化及其哲学相互对比。据他观之，首先，中国文化的核心是生命的学问，中国哲学所关心的是生命。所谓生命，不是自然意义上的生命，而是道德、理性意义上的生命。"［中国文化］首先把握'生命'，而希腊则首先把握'自然'。［此乃］一个道德政治的把握"①。西方哲学所关心的是自然，是对现象界的客观性的认识。"他们有'知识中心'的哲学，而并无'生命中心'的生命哲学"②。

其次，牟宗三强调，中国文化是"综合的尽理之精神"下的文化传统；而西方文化则是"分解的尽理之精神"下的文化传统。心、性、伦、制乃道德生命之所发，皆是理性生命，故可曰"理"。尽理乃尽心、尽性、尽伦、尽制之统称。"尽心尽性是从仁义内在之心性一面说，尽伦尽制则是从社会礼制一面说。其实是一事。尽心尽性就要在礼乐的礼制中尽，而尽伦尽制亦就算尽了仁义内在之心性"③。尽心、尽性、尽伦、尽制四者"上下通彻，内外贯通"，此谓综合。"其所尽之理是道德政治的，不是自然外物的，是时间的，不是认识的或'观解的'（Theoretical）。这完全属于价值世界事，不属于'实然世界'事。"④ 与此相比，西方文化则可概括为"分解的尽理之精神"。分解具有三义。一曰抽象，二曰偏至，三曰概念。对自然的客观考察需要抽象之原则，而但凡抽象皆具片面性，所以生偏至。偏至于某一面，则形成确定之概念。分解的尽理所囊括的大体是超越而外在之理。具体而言，以逻辑数学科学为主要内容。牟宗三认为基督教精神也是以睽隔、偏至为其主要特征。

中西文化之间的第三个宏观差异在于：西方文化的基本精神是以气尽

---

① 牟宗三. 历史哲学. 台北：学生书局，1988：164.

② 牟宗三. 生命的学问. 台北：三民书局，1984：35.

③ 同①167.

④ 同①167.

理，而中国文化的基本精神是以理生气。以气尽理，谓“顺生命之凸出而尽量用其才情气者”，即以其才情气扑向对象、在具体对象中尽理而成就哲学、宗教、艺术、文学、科学、社会政治形态等文化成果①。然而，西方文化只知顺之理，不知逆之理，逆以呵护、润泽、安顿生命之学问尚付阙如。中国文化之发展则取逆之理，即“以理生气”。此谓“由生命凸出之常情途径转了一念，逆回来先由德性以涵润生命与才情气，而不欲使之多表现”②。中国的儒释道三家皆由逆转中开出，讲究涵养润泽生命之源泉，调护才情气。

从以上牟宗三对中西文化及哲学所做的比较来看，他把二者视为具有恰好相反特征的思想整体，对中国文化做出十分肯定的评断，褒扬之辞颇多；对西方文化则常常以中国文化为参照而加以贬抑。不过，在贬抑的同时，牟宗三仍然主张学习西方的科学与民主。在 1958 年与唐君毅、徐复观、张君劢联名发表的《为中国文化敬告世界人士宣言》中，他在哀叹中国文化“花果飘零”的同时，仍然强调向西方学习。在《道德的理想主义》一书中，牟宗三称，儒学要转入第三期，“端赖西方文化之特质之足以补吾人之短者之吸纳及融摄”③。

问题的关键是，如何向西方学习。牟宗三极为反对以胡适为代表的所谓的“全盘西化论”，对时起时伏，形形色色的“中学为体，西学为用”（最早为张之洞提出）的主张也难以接受。他试图寻找既肯定向西方学习的必要性，又能为中华传统的延续性、一致性和完整性提供保障的理论依据。他找到的解决方案是道德理性自我坎陷说。

二、牟宗三的自我坎陷说与中国传统之转化

牟宗三的道德理性的自我坎陷说是汉语学术界常见争论的话题之一。认同与辩护者认为此说一方面肯定了中国文化传统的基本价值，另一方面

---

① 牟宗三. 道德的理想主义. 台北：学生书局，1992：217.

② 同①220.

③ 同①3. 颜炳罡认为牟宗三对待科学与民主的观点经历了一个历时性的转变。在 20 世纪 40 年代，他的主要论点是把西方的科学与民主当作异质的文化来融合与吸收。从 50 年代起，他开始从中国文化自身生成的角度来理解科学与民主（颜炳罡. 牟宗三学术思想评传. 北京：北京图书馆出版社，1998：88）。笔者以为，这两个不同的论点并非时间上演变的问题，而是一直共存于牟宗三的理论架构的内部，从而给其理论之融洽带来了困难。

揭示了中国文化传统转型的潜能，因而是一套极富开创性、建构性的理论学说。批评与质疑者则或以为此说缺乏现实的可操作性，或以为此说中的内圣与外王的关系不具备逻辑关联的有效性①。下面我们首先来看坎陷这个词语的来源。

“坎陷”一词，可见于《周易》之言“坎，陷也”。高亨注曰，“坎为水，水存于洼陷之处，故坎为陷”。坎卦之卦象，上下两爻为阴，中间为阳，有上下贯通之意。因此，坎陷具有“陷落、开发、开出、自我否定”等意思②。牟宗三在早期著作中把坎陷当作一个认识论的术语来说明理性思维在构成知识过程中的辩证发展。依他之见，良知，又称知体明觉，是一个“天心灵明”，至简至易。“然而它未始不知有险阻。知有险阻而欲克服之，它必须转为知性。故知险知阻中即含有一种辩证的伸展。故其自我坎陷以成认知的主体（知性）乃其道德心愿之所自觉地要求的。这一步曲折是必要的。经过这一曲，它始能达，此之谓‘曲达’”③。牟宗三把良知的自我坎陷视为道德理性的必然要求，视为良知充分实现自身的必经之途，并称“这种必要为辩证的必要，这种曲达是辩证的曲达…… 这样开知性即名‘辩证的开’”④。良知之坎陷，在牟宗三看来，是良知贯彻自己的必经之途。经过坎陷的良知暂为识心，与物相对，之后将会归于良知的天心天理。

李明辉认为，坎陷即是自我否定之义。他认为坎陷不外乎英文 self-negation 的对应词，不一定与《易经》有关⑤。刘述先则明确地把坎陷说的根源归于《易经》⑥。笔者以为，由于牟宗三对《易经》十分熟悉，他的第一部著作《从周易方面研究中国之元学与道德哲学》即是关于《易经》的专著，因而在创构坎陷说时很有可能借鉴了该词在《易经》中的含义。即便牟宗三在使用坎陷一词之际未曾想到上述的语义关联，这并不妨碍研究者参照中国传统经典及牟宗三本人的著作对之加以阐述发挥，借使坎陷之说更为明了。从 50 年代起，牟宗三开始使用此术语来解释中国文化如何实现自身的转化。他认为，以前讲外王，是由内圣直接推衍出来，

---

① 方朝晖的《牟宗三“自我坎陷说”述评》列举了认同与辩护及批评与质疑自我坎陷说的主要代表人物，见 http://confucius2000.com。

② 周振甫. 周易译注. 北京：中华书局，1991：105-106.

③ 牟宗三. 生命的学问. 台北：三民书局，1984：122-123.

④ 同③.

⑤ 李明辉. 当代儒学之自我转化. 台北：“中央”研究院中国文哲研究所，1994.

⑥ 刘述先. 当代中国哲学论：问题篇. River Edge (USA)：八方文化企业公司，1996：53.

以圣君贤相一心妙用之神治为外王的极致。但这只是外王的直接形态。现在讲的外王则是科学与民主。这不能从良知，从内圣中直接推出来，而必须经过一个曲折，间接地实现①。

在60年代出版的《政道与治道》中，牟宗三运用坎陷之说详述中国传统文化之自我转化的理由与模式。据他看来，西方的科学与民主政治是理性之架构表现的成果，而中国文化则是理性的运用表现。理性的运用表现指德性的“智慧妙用”，譬如宋明儒者的“即用见体”之说。此二者，牟宗三称，即是“综合的尽理之精神”（中国）和“分解的尽理之精神”（西方）的别称。牟宗三在此著中强调科学与民主并非和中国传统文化完全没有丝毫关联。相反，二者具有一种辩证的联系。虽然道德理性在其作用表现中并不包含架构表现中的科学与民主，但是，“依其本性而言之，却不能不要求代表知识的科学与表现正义公道的民主政治”②。由于成就科学与民主的理性之架构表现之本性和道德理性的作用表现相反，道德理性必须否定自身，才能实现和其本性相忤逆的科学与民主。牟宗三写道：

> 凡真美善皆为道德理性所要求，所意欲。科学代表知识，也是真之一种。道德理性虽曰实践理性，意在指导吾人之行为，其直接作用在成圣贤人格，然诚心求知是一种行为，故亦当为道德理性所要求，所决定。……既要求此行为，而若落下来真地去作此行为，则从“主观活动之能”方面说，却必须转为“观解理性”（理论理性），即由动态的成德之道德理性转为静态的成知识之观解理性。这一步转，我们可以说是道德理性之自我坎陷（自我否定）：经此坎陷，从动态转为静态，从无对转为有对，从践履上的直贯转为理解上的横列。③

牟宗三的坎陷之说，以反对五四以来流行的全盘西化论为发论背景，意在维护中国文化传统的持续性及其在现代世界的有效性。在此前提下，同时为科学与民主在中国文化领域中的发展提供恰切的理论依据。他试图用坎陷这一辩证原理构造出二者“内在之贯通，有机的统一”，从而将科

① 牟宗三．人文讲习录//牟宗三先生全集：第28卷．台北：联经出版公司，2003：123-124.

② 牟宗三．政道与治道．台北：学生书局，1993：57.

③ 同②.

学与民主的问题内在化为一个独立发展的文化传统的自身更新与转化的问题①。然而，在他思想的出发点上，道德理性与科学民主始终被视为具有截然相反的性质，始终被以二元对立的术语加以描述。这反映在他把上述二者作为中西文化的本质特征而加以尖锐对比之中。思想前提中的相互隔绝与理论所欲达成的贯通给他的论辩带来了难以克服的矛盾。

牟宗三对良知坎陷过程的描述，与黑格尔的绝对精神所必经的主观精神、客观精神和绝对精神三阶段辩证发展历程的思想十分相似。有的学者认为坎陷理论与黑格尔哲学毫无关系②。这似乎难以令人完全信服。尽管由于黑格尔不承认中国有哲学，牟宗三批评他"专横鄙陋"，但这一批评是有限度的。他认为黑格尔关于"东方文化是文化的儿童期"和"东方世界只知一人是自由的"等论断是从文化总体上而下的结论，所针对的重点是政体与法律，从这方面来看，他认为黑格尔的评论"并非全无道理"③。牟宗三"入虎穴得虎子之本领"一语与黑格尔"理性的诡谲"之说精神仿佛。他本人在 1954 年至 1956 年的《人文讲习录》中讨论道德理性坎陷为理性的架构表现而开出科学与民主时，直接引用黑格尔"理性的诡谲"来阐明这一道理。"［道德理性］必须让开一步，把'所'与'物'推出去，凸显出来，与自己成一主宾对列之局，才能转出理性之架构表现。此即要与自己逆，要自我坎陷，不可一味顺。……此逆的意思用到历史文化上，黑格尔有'理性的诡谲'一名词，他说上帝利用人之自私自利以成其道。此即上帝（理性）之诡谲"④。

道德理性坎陷而与物为二的情形，依此论辩，似乎成了道德理性实现自身，或者说（若采用目的论较弱的话语）显现自身的手段和方法。牟宗三写道："坎陷其自己是为了别以从物。从物始能知物，知物始能宰物。及其可以宰也，它复自从坎陷中涌出其自己而复会物以归己，成为自己之所统与所摄。如是它无不自足，它自足而欣悦其自己。此入虎穴得虎子之本领也。此方是融摄知识之真实义。"⑤ 如此，理性坎陷为识心而与物相对，认识事物，便难有本己价值，而只有工具价值。这样，学习科学与民主的目的似乎只有实用价值，而无本己价值。天心灵明，至简至易；坎陷

① 牟宗三．人文讲习录//牟宗三先生全集：第 28 卷．台北：联经出版公司，2003：137－138.

② 刘述先．当代中国哲学论：问题篇．River Edge（USA）：八方文化企业公司，1996.

③ 牟宗三．中国哲学的特质//牟宗三先生全集：第 28 卷．台北：联经出版公司，2003：88.

④ 同①140－141.

⑤ 牟宗三．从陆象山到刘蕺山．台北：学生书局，1979：251－152.

自身，知物宰物；会物归己，摄所归能。此为道德理性自身发展的三阶段，这未免易引起“泛道德主义”的批评。然而，牟宗三的自我坎陷说还存在着一个更大的问题。

与黑格尔不同的是，牟宗三强调作为客观精神的科学与民主的独立性。在上述引文中，牟宗三虽然强调道德理性和科学与民主具有内在的关联，然而，科学与民主的因素并不涵括在道德理性之中。二者的关联仅仅是由道德理性“要求”科学与民主而建立起来的。如此看来，这样的关联很难说是内在的。而对黑格尔的辩证法来说，通过否定而产生的新事物，其构成因素必然已经部分地包含在被否定的旧事物之中。笔者无意于用黑格尔来批评牟宗三，只是提示一下二者所说的辩证法的一个基本区别。

牟宗三写道：“在此［道德理性的］一转中，观解理性之自性是与道德不相干的，它的架构表现以及其成果（即知识）亦是与道德不相干的。在此我们可以说，观解理性之活动及成果都是‘非道德的’（不是反道德，亦不是超道德）。因此遂有普通所谓‘道德中立’之说。”①从这些阐明可以看出，在道德理性坎陷之后，它即转化为（西式的）观解理性。牟宗三对此阶段理性与事物相对从而认识事物、主宰事物的描述与他对西方文化以观解理性为主体的理性的架构表现完全一致。坎陷似乎成了一个中国文化经由西方文化的转折而臻至完美的过程。这一过程的两端是中国文化，其间嵌入了一个西化的阶段。虽然牟宗三声称反对西化，强调中国传统的持存。然而，溯其学说的条理，却难以避开这一悖论。尽管牟宗三借用黑格尔的一些关于辩证法的话语来解释其坎陷说，然而我们的分析表明他的思维倾向呈现得更多的则是康德式的二元论。

三、海德格尔论哲学与技术之西方性

与牟宗三相似，海德格尔也坚信，哲学、文化传统必须由自身内在的转化才能开导出属于自己的新天地。海德格尔的言谈与其对哲学及科学技术独特的观点有着密切的关联。依他之见，哲学在本质上纯属于西方。所谓“西方—欧洲哲学”是一具有绝对真值的套言。这一术语并不意味着除了西方或欧洲哲学之外，尚有其他不同的哲学形态，例如东方哲学、亚洲

① 牟宗三．政道与治道．台北：学生书局，1993：58.

哲学或者中国哲学。哲学这个词语究其起源为希腊词语 φιλοσοφία。这个希腊词语，海德格尔说，是西方历史文明的“出生证明”①。依其本性，哲学必然地出现在希腊。存有首先向希腊人显身，西方历史及哲学由此展开。这一历史事件，海德格尔称为“第一启始”[der erste Anfang]。“启始”一语与“开始”[Beginn] 有着本质上的区别。“开始”多与日常时间意义相关联，而“启始”则特指具有本真时间或历史意义的事件发生。

有关学者通常把海德格尔描述为一位试图以诗化哲思对抗科学技术及其所代表之精神的哲学家。然而，这只是海德格尔思想的一个表面。与牟宗三相似，他试图对属于哲学的理性思辨以及貌似与之忤逆的科学技术做出一个统一的解释，为西方传统的自我转化提供理论依据。在海德格尔看来，西方现代科学技术的兴起与西方哲学理念的发生发展息息相连。科学技术以哲学理念为前提，是理性对存有之反思的具体实现。他写道：“哲学究其本源具有西方性 [abendländisch]。哲学一词涵括了西方世界的整个历史。技术仅只是从哲学中诞生。[世界上] 只有一种技术，它具有西方性。它别的不是，只是哲学的承继。”②

从词源上说，“技术”一词源于希腊语 τέχνε (techne)，意思是“制作某物的方法、技巧”。海德格尔否认这一通常释义，主张其真实含义是“揭蔽”。早在 1924 年至 1925 年讲授柏拉图的《智者篇》时，海德格尔即把 techne 与 a-letheia 相关联。在“克服形上学”中，海德格尔写道：“τέχνε 是以希腊方式经验到的知识，它把存有者带至显现，即它把那在场的如其所是地携带出来，具体而言，把它从遮蔽中带进它在其中显现的揭蔽；τέχνε 从来都不是制作行为之义。”③ 他认为，必须从这一含义上理解希腊人使用 techne 一词既指称技艺，又指称精细的艺术的特别意义。技术的本质就是“揭蔽的命定”[das Geschick der Entbergung]。在现代性纪元中，人们错误地理解和解释其中的揭蔽之义，把自然和存有物当作具有确定特性的、可计量的总体。海德格尔使用“集置”(Ge-stell) 这个词语来表示把所有的存有者都变为完全的可得性与纯粹的可操纵性这

---

① Heidegger. What is Philosophy?. Bilingual edition. trans. William Kluback, Jean T. Wilde. New Haven: New College and University Press, 1956: 35.

② Heidegger. Heraklit 1943//Gesamtausgabe 55. Frankfurt am Main: Vittorio Klostermann, 1979: 3. 在海德格尔的著作中，*abendländisch* 一词常被赋予一种本真的、形上学的含义，有别于普通的地理、政治、文化的意义，因此笔者译为西方性，以示区别。

③ Heidegger. Überwindung der Metaphysik 1936—1946//Vorträge und Aufsätze. GA 7, 2000: 46. 着重号来自原文。

样一种扩张性垄断的现象。现代技术把实在性揭蔽为持存（Bestand），持存或"可计算的资源"等用语表示一切事物的呈现方式都处于揭蔽的促逼支配之下。在技术的持存中，集置作为揭蔽之命运而居有着，它是"所有确定方式的集聚之整体"，这一点与那居有着的揭蔽相一致①。集置比所有的原子能与整个世界的机械工具，比组织、交通与自动化的功能更为真实。

人们遗忘了技术的本质，听不到存有在技术本质中对人发出的召唤，认识不到人的本质从属于时间发生性的揭蔽。这种"险厄"（Gefahr）自身与技术本质密切相关。海德格尔甚至说："揭蔽的命定，即技术的本质，就是这种险厄。这不是一般的险厄，而是一种特定的险厄。"②这一特定的险厄除了涉及以上所说的人听不到存有在技术本质中对人发出的召唤，还涉及技术本身隐藏了其作为存有揭蔽的本质。从更为宽阔的视野来看，可以说，存有在其显身的同时引发了这一遮蔽之险厄。而最大的险厄在于，恰恰是这一遮蔽之险厄本身被遮蔽、掩盖、隐而不彰。克服这一遮蔽之险厄唯有可能在其自身内部实现。海德格尔所谓的险厄是存有得到揭蔽的关键性、必要性的时刻，它是技术的本质性发生，它蕴含着"可能兴起的拯救力量"③。他曾数次引用荷尔德林的诗句：

险厄处于何处
何处就生长着拯救的力量④

海德格尔解释道："拯救"（retten）意为"把某物带回其本质，以便把本质第一次如其所是地带入其所属的显现之中"⑤。拯救的力量在险厄所在之处生根并且增长。当人们思考技术的本质的时候，他们认识到集置即是揭蔽之命运，人的本质则依照其命定必然地从属于揭蔽，必然要向揭蔽自由的召唤敞开。命定（Geschick）一词中的 schick 意思是发送，海德格尔把存有也描绘为发送，于是在技术的多样现象与存有史之间建立起一种内在的关联。

总之，在技术之中，存有者全体得到揭蔽，同时，技术也是存有作为

① Heidegger. Seminare in Le Thor 1969，GA 15，1986：366.

② Heidegger. Die Frage nach der Technik 1953//Die Technik und die Kehre. Tübingen：Neske，1962：5-36，27.

③ 同②33.

④ 同②41.

⑤ 同②29.

真理之揭蔽的原初的意义可以得到恢复的地方。现代世界的救赎唯有通过对使其成为现实性与垄断性的技术与艺术的本质自身进行本源式的思索，使得作为存有之存有敞明开来。如果说遮蔽之险厄是较为诗化的语言，那么海德格尔作于1936年至1938年的第二部哲学巨著《哲学献文》中的第一启始与另一启始则是表述同一意思的独具风格的哲学概念。

四、海德格尔的第一启始与另一启始说

海德格尔区分开启始（Anfang）与开端（Beginn）这两个词语，认为“开端”指早期思想在某个特定时间出现，“启始”指“这一早期思想中将被思考以及所思考的东西”①，海德格尔解释道，这意味着“存有（Sein）即是启始”②。从词源学上讲，德文Anfang由an-和-fangen两部分组成，an-表示“在，趋近”，-fangen表示“攫住，抓住”，海德格尔认为这种词源学分析支持了他的论点：原初性的思想家并不倚赖自身而开创出思想的启始，相反，他们被启始所攫住、所抓住。用他的原话来说，“思想家是被开端所开启的，被启始所启出（An-gefangenen）的；他们被启始攫住，并被聚集于其中。”③ 就狭义而言，第一启始（der erste Anfang）所指涉的是前苏格拉底哲学家原发性思想的发生；就广义而言，第一启始包括到尼采为止的整个形上学传统。海德格尔称，第一启始只会光顾“作为思想家和诗人的西方历史性民族”④。

希腊哲学家对存有之真理的体验是通过phusis和a-letheia这两个中心概念而获得的，即通过对phusis在techne之中的威力增长、对a-letheia的挫败以及对存有与思维之分流（即phusis与logos之分流）等现象的经验而获得的。对存有之真理的原发性体验标志着第一启始开启的决定性时刻，这同时亦是希腊思想诞生之际。这种体验是对从属于存有的在场的体验，对存有作为隐遁之发生的体验。希腊语中关于真理的词语α-λήθεια（a-letheia）即指涉存有之真理在发生的同时亦隐遁这种两面

① Heidegger. Parmenides，GA 54，1982：9-10. Parmenides. Bloomington：Indiana University Press，1992：7.

② Heidegger. Parmenides：11/7.

③ Heidegger. Parmenides：11/7-8.

④ Heidegger. Parmenides：114/77.

性。海德格尔把 a-letheia 翻译为 Unverborgenheit（揭蔽），它包含着揭蔽之前对遮蔽的经验。根据他的观点，尽管希腊人经验到遮蔽，但他们未能认识到本质上它从属于存有之真理，这并不是说希腊思想有缺陷或无能。相反，这种“无能”（failure）源于存有史的必然性，它符合第一启始中存有自我开启的模态。海德格尔宣称：“唯有那独特的（das Einmalige）才是可以加以回溯与重复的。唯有它在自身内承载着返回到它那里并承继其启始性（Anfänglichkeit）的必然性”①。

对于海德格尔来说，“第一启始经验并定立存有物的真理，而没有探究真理本身”，而“另一启始经验存-有自身的真理，并探究真理之存-有，以便首先为存-有的生成式摆动（Wesung des Seyns）奠基，使存有物作为原初真理之真而跃发出来”②。我们应当注意，第一启始与另一启始二者均是唯一的，均是单数，二者均由彼此的本质性关联而获得其意义，而在其中，海德格尔似乎更多地强调第一启始的先行地位。在《哲学献文》开篇第一节，海德格尔写道：

> 思想的“另一”启始之所以如此命名，不是因为它的形成与迄今存有的哲学中随意挑出来的任何一种有所区别，而是因为它一定是依照与那唯一的第一启始之关联而成其为唯一的另一启始（er der einzig andere aus dem Bezug *zu* dem einzig einen und ersten Anfang sein muss）。从一个启始跨越到另一启始中的思之风格亦已然由一个启始给另一启始之派定所决定的。③

十分清楚，海德格尔的另一启始（der andere Anfang）之所以称为“另一”，这并不是将它区别于其他任何哲学流派，而是强调它是从与第一启始的内在关联中获得有效性的。并且，从第一启始跨越到另一启始的思之风格亦是由第一启始给予另一启始之“派定”（Zuweisung；allotment）所决定的。

从第一启始到另一启始的运动，海德格尔称为“跃出”或“跨越”［Übergang］。这一过程是一否定的过程。海德格尔所使用的“否定”一词，与一般意义上的“否定”不同。一般意义上的否定含有摒弃、贬低、消

① Heidegger. Beiträge zur Philosophie 1936—1938：Vom Ereignis. GA 65，1989：55. 着重号来自原文。

② 同①179. 着重号来自原文。

③ 同①5. 着重号来自原文。

除、置于一边之义。这只是外在的否定。从第一启始到另一启始的否定，海德格尔说，是一“跃离”（Ab-sprung）。这一跃离同时又是跃入，它肯定它所跃离的第一启始，同时又撑开这一跨越运动本身。如此，否定是一种超越了一般意义上的肯定的运动方式。这种生成性式（ursprüngliche）否定的跨越运动源自第一启始的独特性。由于其本质上的揭蔽中的遮蔽，第一启始呼唤着另一启始。生成性式的否定运动并不把第一启始置于后，相反，否定运动之展开恰在于“凸显第一启始及其作为启始的历史，并把在第一启始中所显现的置回启始之占有之中”①。

以上是海德格尔对另一启始之否定的跃出运动的独特的解释②。他用复杂而独特的思辨语言所表述的传统转化观较之牟宗三的具有更为强烈的保守意蕴。西方哲学的启始，在他看来，源于对本真存有的召唤做出回应。在之后的发展中，存有自身被人遗忘，但这种遮蔽之所以可能，技术世界之所以发生、发展，正是由于存有在第一启始之时的自我显身。人们与所承继的文化传统息息相关，不可能丢弃自己的传统。因此，人们不能单纯地诅咒技术世界为恶魔的创造而加以摒弃。相反，人们必须追问被遗忘的、从未提出过的技术本质的问题，从中经验到其作为存有揭蔽的命定的本质，以及人类作为对存有揭蔽的回应者的本质。对传统的更新，只有一道可行，即回溯与激活在第一启始中已经显现的真理，即存有自身的显现。这一回溯与激活的运动，海德格尔称为“另一启始”，或就其方式言之，是“生成性式的否定”。海德格尔写道：

> 另一启始所以称为此，不是因为它的构成方式有别于其他任意选择的哲学，而是因为它必然地是根据它与同样是唯一和仅有的第一启始之［内在的特定的］关联的唯一的另一启始。从第一启始跨越到另一启始的思想风格也是已经由第一启始给予另一启始的馈赠所决定的。③

另一启始具有与第一启始同样的唯一性和排他性。二者之间具有同源

① Heidegger. Beiträge zur Philosophie 1936—1938：Vom Ereignis. GA 65，1989：178. “跃离”（Ab-sprung）中的 Ab 在原文中为斜体。

② 海德格尔所谓的“跨越［überwinden］形而上学”是针对具体的哲学形态，对这一否定运动所做出的更为具体的说明。形上学是第一启始所凝结，所规范化、固定化的产物。对这一传统的更新，赋予其新的活力，只能通过对传统本身进行否定，任何其他异质的文化传统不可能对其起到关键性的作用。

③ 同①5.

同构的内在关联。就回溯与激活在第一启始中显现的存有之真理而言，海德格尔并不认为东方思想或其他异质文化能起任何推进作用。另一启始几乎没有为东西文化会通留下任何余地。这样，不管“生成性式的否定”运动被刻画得如何灵动飘逸，如何富有化凝固僵滞为洒脱豁达的点睛之力，它的灵动与活力始终限制在第一启始与另一启始之间的不可替代或补充的亲族承接关系的范围之中。

五、牟宗三与海德格尔论文化会通问题

牟宗三与海德格尔在年纪上只相差二十岁，可以说是同代人，具有很多相似之处。两位哲学家都生活在世界激剧变化，本土国家政局动荡，传统所珍视的人文价值体系日趋颓败，虚无主义盛行的年代。他们的思想充满魅力的地方首先在于其思想的勇气，在于其持守自我信念的精神。他们具有相似的时代焦虑和对哲学思考出发点与目的的选择。他们都一致认为传统文化必须由内部转化自身，才能获得在现代世界更新与发展的原动力，并十分重视从理论建构的高度为传统的转化提供依据与导向。他们都试图协调思想传统与现代科学之紧张关系，揭示二者可能存有的关联，虽然二者对于这个问题的思路呈现出较大的差异。

然而，在文化会通问题上，二者的立场非常不同。牟宗三对于哲学的界定甚为宽泛，包括了文化传统中的一切反思与理解。希腊哲学只是哲学的一种风格，不能被当作其他文化传统中是否具有哲学的标准。牟宗三表面上似乎比海德格尔更看重东西方文化会通问题，然而，他是运用康德的二元论哲学来证成向西方学习的必要性与可能性的。他认为，只有康德的经验的实在论和超越的观念论才能提供使东方哲学与西方哲学相会通的间架。这个间架符合《大乘起信论》所说的“一心开二门”。二门，即真如门和生灭门。牟宗三把真如门比作康德所说的智思界（noumena），把生灭门比作康德所说的感触界（phenomena）①。中国哲学长于智思界，即超越界，而短于感触界。西方哲学则相反，长于感触界，而短于智思界。二者各擅之胜场恰好相反。只有厘清智思界与感触界这两个世界才能讲中西

① 牟宗三. 中西哲学之会通十四讲//牟宗三先生全集：第30卷. 台北：联经出版公司，2003：230，95.

哲学之会通。由于中国哲学短于感触界，它应当向西方学习，开出科学与知识论。相应地，西方哲学短于智思界，没有心性之学，应当向中国学习，开出生命之学和综合的尽理之精神。牟宗三说：

> 在 noumena 方面，中国哲学很清楚而通透，康德则不通透，那就以我们通透的智慧把它照察出来，使康德哲学能再往前进。……在知识方面，中国哲学传统虽言闻见之知，但究竟没有开出科学，也没有正式的知识论，故中国对此方面是消极的，消极的就要看西方能给我们多少贡献，使我们在这方面更充实，而积极地开出科学知识对这方面的发展。这样中西哲学的会通，才能使两方更充实、更向前的发展。①

对于中国哲学如何开出科学，牟宗三提供了一套详尽的道德理性自我坎陷说，而对于西方哲学如何从观解理性开出心性之学，除了“再从根上消融一下”一类比较含糊的说法以外，牟宗三并没有在理论上充分地说明西方哲学能否通过观解理性自我坎陷，或者说自我提升和超越（因为观解理性次于道德理性），而转出以中国心性之学为范本的生命之学。

如果我们把牟宗三所叙述的文化会通图景与他的自我坎陷说进一步联系起来，就可以看出道德理性实现自我坎陷之后的情况——在其中理性与物相对从而获取知识——与牟宗三对以理论理性的架构表现为特征的西方文化的描绘两相吻合。自我坎陷的过程似乎同时成为中国文化经由西方文化的旁道而最终成就自身的历程。中国文化处于这一历程的两端，中间陷入一个西化的阶段。我们在本章第二节已经看到，牟宗三所描绘的科学与民主通过坎陷而现身的图景是相当机械的，犹如希腊戏剧中突然被推出来解围的神一样（deus ex machina）。因此，牟宗三并没有真正地解决中国传统与西方传统究竟是如何通过坎陷而融汇在一起这个问题，二者更像是外在地联结在一起的。尽管牟宗三坦言反对全盘西化，然而他的坎陷说却并没有提供一个真正的出路。

牟宗三的辩护者认为坎陷之后的良知和科学与民主仍具关联。大体而言，良知隐退于后，并不干预科学与民主。倘二者发生冲突，良知即发挥作用以矫偏②。然而，即使道德理性在坎陷之后至会物归己之前仍然时隐

① 牟宗三．中西哲学之会通十四讲．牟宗三先生全集：第 30 卷．台北：联经出版公司，2003：84.

② 王大德．牟宗三先生良知坎陷说之诠释//李明辉．牟宗三先生与中国哲学之重建．台北：文津出版社，1996：411.

时显地对科学与民主起导引作用的话，道德理性与科学民主的二元对立也并没有被消融，因为按照牟宗三的思路来看它们具有根本相异的精神。牟宗三把在西方文化中集中体现的科学与民主归结为“用”，把在中国文化中集中体现的道德理性归结为“体”，而在坎陷之后的这一阶段，此二者彼此对立，就此格局而言，牟宗三的理论与中体西用之说似乎也相去不远。因而，牟宗三的道德理性自我坎陷说并未能提供一个在理论上融洽的文化传统自身转化的范式。

显然，牟宗三是运用康德的二元论来建构起中西传统的对比性的，从而他关于向西方学习的话语存在着不少问题，其中一个是：他把科学与民主视为非历史性的、可以未加改变地输入中国的具有特定的规定性的实体。相比而言，海德格尔的思考显得更加深刻。我们知道，海德格尔把哲学限制于希腊/西方传统，这显示出浓厚的文化本位主义的倾向，然而不可否认，他关于第一启始与另一启始的话语比牟宗三的说法在义理上更加圆融。关于与东方进行对话的问题，海德格尔的基本立场是西方传统应当首先不依赖于东方因素而实现自身转化。在 1966 年与《明镜》杂志记者的访谈中，他表示，

> 我相信，只有在现代技术世界起源的同一个地方，［西方传统的］转向［Umkehr］才能做好准备［sich vorbereiten］。这种转向不能通过采纳禅教或其他东方的在世经验而发生。思想只能通过与其具有同一起源、同一特性的思想才能转化。①

在本章第四节我们也看到，海德格尔认为西方传统的新启始只能从自身内部开启出来。由于他珍视西方哲学传统的独特性，强调思想的同根同源在传统转化中所起的决定性意义，故每当他论及东西方对话问题，他总会提到其前提条件是西方世界在没有异质文化因素的干涉的情况下首先通过与希腊世界进行对话而获得自我转化。在《科学与反思》一文中，他写道：

> 无论是哪一位在当今时代敢于问询地、反思地（由此他已经积极地介入了相关问题）对我们每一小时都在经历的震惊世界的大事之深刻性做出回应的人，都必须不仅仅关心现代科学的知性欲求完全主导着我们的当今世界这一事实，他必须同时考虑，对当今世界之存有物

① Heidegger. Spiegel-Gespräch mit Martin Heidegger//Gesamtausgabe 16，2000：679.

> 的反思，只有通过借与希腊思想家及其语言的对话而触及我们的历史存有之本源，才能［真正地］发生与持续。这一对话尚在等待其启始。它几乎还根本没有准备好，然而，它是我们与东亚世界不可避免的对话的前提。①

从另外一个角度来看，海德格尔坚持西方传统的自我转化同时亦是对现代性与技术的来源的反思与检讨，他的思考维度比牟宗三宽广许多。他洞察到科学与技术中所包含的现代性思维的危机。由于哲学与技术具有内在的关联，为了拯救西方传统，我们必须思考现代技术的源泉，并且我们也不可能把现代技术抛掷一边。海德格尔试图通过阐发古代希腊世界中关于 techne 的不同观念，从技术内部寻求到“转向”（Kehre）的可能性。

此外，我们应当注意，海德格尔关于第一启始与另一启始的话语是在20世纪30年代表述的。另一启始着重于哲学的更新的问题，而“转向”则着重于对现代技术的反思的问题，但二者都涉及西方传统的自我转化。尽管海德格尔并没有改变他对东西方对话问题的基本立场，但在第二次世界大战之后，由于集置的不断扩张与膨胀，他开始考虑东方思想资源能否对克服集置助一臂之力。然而，海德格尔始终把东方的作用局限于实存层面（参见本书第五章）。

在现代世界，对自身文化传统进行回溯与重新阐释，应无可非议。但是我们绝不应当因此而回避其他文化（即便这一回避是暂时性的、策略性的），偏守自家传承之一隅，等待遥遥无期的本土文化获得完全复兴的时刻。

六、超越康德式的二元论哲学

通过比较牟宗三的自我坎陷说与海德格尔的另一启始说，我们可以看到，牟宗三的自我坎陷说旨在为吸纳科学与民主提供理论框架。出于某种考虑，他把坎陷呈现为道德理性自身的内部运作。然而，由于他毫无疑虑地把科学与民主当作西方的特产，无论是从其起源还是从其发展来说，坎陷的过程似乎同时亦是中国传统向西方开放的过程。因此，即使牟宗三在有些地方把坎陷描绘为某种准辩证的运作过程从而为其披上一层黑格尔式

① Heidegger. Die Frage nach der Technik 1953//Die Technik und die kehre. Tübingen: Neske，1962：41.

的哲学外衣，但是，他所谓的坎陷的两个阶段实际上与康德所区分的智思界与感触界、超越界与知识界更加吻合。换言之，尽管牟宗三强调坎陷是道德理性的自身展开，但是坎陷的两个阶段——坎陷之前与坎陷之后——却呈现出二元对立的特征。同样的二元对立也体现在他对中西传统的对比之中。

牟宗三关于文化会通问题的康德模式始终是外在的，一方面，他预设了在输入（西方的）科学与民主的同时，（中国的）道德理性——严格地说只能称之为良知，因为道德理性这个概念来自康德哲学——可以保持其内核与特性；在另一方面，无论牟宗三如何严厉地批评西方文化的主客观对立、偏至与片面性，他仍想当然地把这种模式当作获取知识、最终实现科学与民主的唯一道路，因为科学与民主具有普遍的形式与意义。值得怀疑的是，知识的赢获能否有另外一种（非西方的）模式，究其本源，通常被视为理论性的科学是否实际上从通常被视为实用性的技术所派生而来（参见本书第四章）。李约瑟曾明言，他编纂卷帙浩繁的《中华科学文明史》的一个基本动机即是展示：出于其重视与自然界事物的和谐关系，道家思想在长远的中国历史上一直对科学的发展起着有效的推动作用，这种科学尽量避免对自然的损害，而对中国式科学的发展起着阻碍作用的则是儒家思想①。

更加值得追问的是：中国能否直接地移植西方的民主制度？在这个问题上，章太炎（1869—1936）的思想为我们提供了一个很好的例子。章太炎反对直接采纳西方的政治制度，他认为，民主宪政起始于法国，美国对它进行了修订，当前中国应当创造出第三种民主宪政，没有某种普遍有效的政治制度，政治制度应当适合中国的民情②。

我们不禁感到，牟宗三的运思方式未免受到海德格尔所描绘的集置这个魔障的操纵，尤其是受到在康德哲学那里达到顶峰的西方二元论哲学的影响。牟宗三的坎陷所产生出来的是与道德理性相异的东西，与此相比，海德格尔关于西方传统的自我转化的话语在理论上更为严谨、更具备说服力，因为另一启始植根于古希腊现身的第一启始之中。同时这种话语的一个薄弱之处是：我们对哲学史的考察说明，所谓的哲学在希腊从零开始、

---

① Joseph Needham. Science and Civilization in China. Cambridge: Cambridge University Press, 1954. 该书从1954年起出版。李约瑟请冀朝鼎题署的中文名为《中国科学技术史》。上海人民出版社曾于2001年推出过一版五卷本，题为《中华科学文明史》。

② 章太炎政论选集. 北京：中华书局，1977：537.

从虚无中诞生的说法是一种神话，历史上并没有纯属于希腊的哲学的绝对的开端，希腊人从诸多其他民族（包括埃及和中亚民族）那里吸收了丰富的哲学资源（参见本书第一章）。在我们现在界定为西方哲学的整个历史发展中一直都有相似的与其他文化互动的现象。

在本章开头，我们曾提及牟宗三批评海德格尔错误地把存有论置于时间与内在性范域之中，或称“形上学的误置”。笔者认为，海德格尔从存有物、现象世界与人类有限性出发的实事性的现象学更加适合于当今这个祛魅的世界中人类的生存状态。这种实事性的现象学的问题在于海德格尔认为某些实存层面上的（西方）因素具有绝对的存有论意义，从而排除了其他的实存因素的存有论意义。牟宗三主张一种置于智思界的康德式（或者也可以说儒家式）的超越形上学，这一版本的超越形上学的构成因素可见于第一节中他对中国传统的描绘中。牟宗三强调中国传统重视生命的学问，这种生命与作为科学研究对象的自然物相对，被界定为儒家的道德与政治生活。因此，牟宗三所谓的“生命”是人类中心的、与物相对的，并且，他的以儒家为中心对中国传统的诠释没有真实地反映出中华传统发源于不同历史阶段的所有思想源流。这是新儒家所具有的普遍弊病，已经受到一些学者的批评。例如郭齐勇批评他们（包括牟宗三）“过分抬高了儒家，特别是儒学中心学一系的价值，相对贬抑了中华文化多样发展中的其他资源的作用，相对贬抑了外来文化对中华文化发展中的多重作用”①。

当前，值得我们思考的是如何超越康德式的二元论哲学，把中国关于生命的学问真正地置诸与物相交融的实事性之中，从多元的文化和哲学观出发来谈中西会通，从具体的层次上来观看中西对相似问题的回答，这是当今多元文化、多元哲学时代的大势所趋。

---

① 郭齐勇. 熊十力思想研究. 天津：天津人民出版社，1993：366.

第三章　列维纳斯的蕴义观及其与亚非文明的关系

意义问题在西方哲学史上是一个古老的论题。在现代哲学之前，柏拉图主义①的观点长期占据着主导地位。现当代哲学家，无论是黑格尔、柏格森，还是各种各样的现象学流派，都有反对柏拉图意义理论的倾向。法国哲学家列维纳斯（Emmanuel Levinas，1906—1995）却试图矫正这种倾向所隐含的多元文化主义与平面主义，复兴超越的主题和他者的观念。在此同时，列维纳斯也对这种思潮中的基本论题进行了思考，把一些相关话语与关切融入其哲学体系之中。本章探讨列维纳斯思想中少为学者所注意的一个维度：他如何看待亚非文明与西方传统之关联？首先，笔者阐释列维纳斯发表于1964年的论文《意义与蕴义》中“蕴义”的含义。蕴义是抽象与绝对的，超越于所有被给予的文化意义。但在同时，蕴义与意义之间又有相互叠合之处。其次，笔者讨论列维纳斯在一些文章和访谈中关于亚非文明的言论。他表示，亚非文明与以犹太—希腊传统为主干的西方文化之间具有本质性的区别。最后，笔者探讨列维纳斯的意义理论在他对亚非文明与西方文化间关系的思考中所扮演的重要角色。在某种程度上，列维纳斯的论点是对当代多元文化主义的意义理论的回应。对于他来说，多元文化主义意味着混乱和无序，唯有绝对超越的蕴义才能提供理解和评价多种文化的尺度。

一、列维纳斯独特的蕴义观

柏拉图主义认为，意义与思维属于分离的两个领域。而以梅洛-庞蒂

① 由于晚期柏拉图对其型相理论做出修改，并且，近年来西方学界出现更多对柏拉图的著作各种见仁见智的解释，笔者使用“柏拉图主义”一词以代表传统上占主导地位的对柏拉图思想的解说。

(Maurice Merleau-Ponty，1908—1961）为代表的受到列维-斯特劳斯等人类学家思想影响的当代法国现象学家则反对意义与思维的二元对立，强调二者之间的相近性、相属性或者毗邻性，这种毗邻性意义与思维二者被携入同一领域之中。于是，柏拉图主义所严格区分开来的意义与思维被赋予一种几可比拟为同宗血缘的关系。这种关系诞生于与思想不可分割的语言论说之中，而人们的社会性、政治性、文化性和身体性的特定存有成为认知与理解的先决条件。

从柏拉图主义的视角来看，意义是可以通过思维而达至的真实存有；它外在于其生成过程而具有独立存有。意义先在于表述它的语言和文化而对后二者具有决定作用。柏拉图式的心灵可以通过超越具体的历史性和身体性的存有而达到沉思理念的高度。与此相反，在当代现象学家看来，不存有思维可以跨越感性实在而达至的自足的意义。意义并不外在于其生成过程，它与其历史表述不可分离。人们必须通过实际的历史、生活场景，以特定的感知与凝结于其中的语言为基础，来获得意义。丰富多彩的历史、文化并不阻离人们与本质和意义的接近。恰恰相反，它们成为人们获得意义的唯一可能的不能替代的途径。同时，历史、文化因素自身也凝聚于意义之中，通向意义之渠道是意义不可或缺的组成因素。用维特根斯坦的句式来说即是：通向意义的楼梯永远不会被收起①。

这种思潮与文化多元论（cultural pluralism）思想息息相关。根据这种思想倾向，存有不再是凝结成巴门尼德式的圆球的自身同一，也不是业已完成的创造物；不再可能有存有的单一总体性，而只能有多元的、不可能囊括在某一种统一性之下的总体（复数的总体）；不再可能有任何终极判断，而只能有适时适地的专项判断。这些哲学家坚持，存有是历史性的；存有的统一性在于人们相互理解，在于不同文化之间的互相穿透。这种穿透不是通过某种独立于相关文化、能够顺利传达理想意义的共同语言之中介而实现的。

用梅洛-庞蒂的术语来说，这种不同文化之间的互相穿透即是普遍性，它只能是“切边”（latéralement）发生的。普遍性在于用一种文化来穿透

---

① 在列维纳斯看来，这种思潮特别地反映在梅洛-庞蒂“基本历史性”这一概念之中。在《别于存在或在本质之外》中，列维纳斯曾四次提及梅洛-庞蒂，每一次都提到他的重要术语“基本历史性”（Emmanuel Levinas. Otherwise than Being or Beyond Essence. trans. Alphonso Lingis. The Hague：Martinus Nijhoff Publishers，1981：45，70，160，167）。

另一种文化，就如人们是通过自己的母语来学习一种语言的。人们必须摒弃普遍语法的理想及建立在此基础上的理想意义的观念。文明的进步不再倚赖于对语言中所谓的幼稚因素的清除，不再倚赖于从文化的特殊性中剥离出真理与意义。西方文明本身也是由历史与文化所决定的。哲学必须与民族学相结合，以克服柏拉图主义。各种不同的文化处于同一层面上。多元的文化意义并没有背弃存有，相反，人们正是通过这种多元性臻至存有的尺度和本质，即臻至存有的方式。

列维纳斯坚决反对多元主义的存有观和文化多元论，反对取消意义的超越性而赋予其以平面主义的、内在性的解释。在写于 1964 年的《意义与蕴义》这篇文章中，列维纳斯严厉批判意义平面主义和多元主义文化思想。他认为，这种文化、历史的转向是一种失向（désorientation），是现代无神论的表现[①]。针对这一思潮，列维纳斯提出了先在于文化表述的蕴义（sens）概念。他坚持，必须把存有于多元文化的意义（signification）与具有超越性的蕴义（sens）区别开来。蕴义是“所有思维步骤与存有的历史性生命所植根其中的本原事件（évenement primordial）”[②]。它已经在人们的切身存有中被经历到；它是一种最为基本的伦理运动，是纯粹的携领和绝对的导向。在提出蕴义概念的同时，列维纳斯对意义也做出相应的独特解释。他把意义与文化表述相区分，意义并非随意的总体（复数的总体），不能随意地把意义赋予文化表述。意义的产生在于与他者（即指示自身之物）的对话。意义在文化之前即处身于伦理之中。它不属于文化，相反，它使人们能够评判文化。文化多元论者把文化意义认定为终极之所在；然而，他们所描绘的文化意义实际上只是统一理想意义破裂之后的残渣碎片。在列维纳斯那里，“意义”一词似乎有两种含义：一种是为蕴义所携领和导向的本真的意义，它具有必然性和超越性；另一种则是文化多元论者所谓的意义，它内在于文化，具有多元性和随意性，没有也无须一种统一的理想意义。

列维纳斯认为，荒谬的事并不在于无意义，而在于无数的意义总体之间的相互隔绝，在于引导意义的蕴义之阙如。意义倚赖于从蕴义中获得其指示。列维纳斯把蕴义比作谚语“条条道路通罗马”中的罗马[③]。套用尼

---

① Levinas. La signification et le sens//Humanisme de l'autre homme. Montpellier: Fata Morgana, 1972: 36. 以下简称 SS。

② 同①.

③ 同①37.

采的名言，统一蕴义的丧失即上帝之死。蕴义的危机也即是一神论宗教的危机。列维纳斯宣称，从文化意义到蕴义的导向是一种走出自我、朝向他者的跃动。它与历史无关。反之，历史的向度使这种跃动失去意义。

列维纳斯的蕴义概念与其面向他者的哲学体系具有密切联系。他认为，当代哲学注重剖析具体的社会、历史、语言的诠释结构以及凝聚于意义之中的文化积淀，但却缺乏面向他者的向度。他者不仅是文化表述的参与者，而且更是语言表述向其倾诉的对话者。文化表述在成为存有之赞词之前即与向其表述的他者关联在一起。他者的在场是文化表述之可能性的前提。他者不可能被囊括入被表述的存有之总体之中。他在存有之聚集背后作为表述之对话者显露。他者既非文化意指，也不是纯粹的所与。在其本质上，他者即是蕴义。他者赋予表述以意义，正是通过他者，现象作为意义才被引入存有①。

列维纳斯断言，他者的显露过程与意义的生成过程是一致的。尽管他者是在意义的语境全体中所给予的，是在人们的文化、语言、艺术与身体的体现形式中所表达与揭示的，然而，他者的显露（épiphanie）只与独立于从世界所获得的意义而属于其自身独有的蕴义相关联。他者从零语境中莅临人们，他者不倚靠中介而指示自身。与之相对，文化意义则属于平常的历史世界。它从历史世界中被揭示出来，同时，用现象学的术语来说，它揭示世界的视域。文化意义是在“平面上”（horizontalement）被揭示同时揭示着的②。蕴义是抽象与绝对的，没有与平常世界相融合。蕴义的显露击裂了文化意义的平面性。蕴义的显露也即是他者的显露。列维纳斯写道：

> ［他者的］在场在于其向我们走来，在于其莅临（faire une entrée）。换言之：他者之显露这一现象同时也是面容。或者说（为了彰显其迈入现象的内在性和本质历史性的时时常新的莅临）：面容的显露是一种光顾（visitation）。……显露自身于面容的他者穿透了其自身流动的性质，正如打开了一扇窗子，在这扇窗子上，其面容已在成形。［他者的］在场在于脱弃已然揭示他的形相。他者的显示对这一显示的必然废弃来说是一种过剩之流溢。这是

① SS：47.

② 同①. 着重号来自原文。

> “面容言说”这一句式的含义。面容的显示是最重要的话语。言说在根本上就是这种从外貌、从形相之后的显露，它是敞开之中的敞开。①

列维纳斯笔下的他者常常被描述为面容。面容的光顾不是对世界的揭示。与世界的具体性相比，面容是抽象、无遮的。面容脱弃了显示它的形相，没有任何文化装饰。它在其形相的生成之中脱离其形相。面容对于世界而言是绝对的、终极的陌生性。它降临于世，而其指示性又绝对出于世界。蕴义诞生于他人的面容的显露，他人的面容使人们可以对先在于历史的蕴义加以肯定。蕴义超越于所有的意义。它是绝对的无蔽，但并非意义世界后面的另一个世界。

列维纳斯把蕴义的给予与蕴义的显露区别开来。蕴义总是在具体的文化、语言中所给予的，在此意义上，我们可以说列维纳斯的蕴义概念与（本真）意义概念是近义词，反映了他思想中反对西方传统的总体主义，注重切实的生活世界，注重与他人面对面相遇的实际体验这一倾向。然而，列维纳斯同时又坚持蕴义的显露是绝对的，与俗世了无挂涉。这一显露是在揭示中的揭示，在敞开之中的敞开。海德格尔讲求存有在敞开之中的显现，但常常把敞开本身当作存有。这从列维纳斯的观点来看是一种平面主义倾向。他强调，蕴义的显露必然脱弃揭示他的任何形相。蕴义是普遍的，其普遍性要求任何具体性都不能对之有碍。反之，具有统一性和普遍性的蕴义赋予任何具体性以意义。蕴义的绝对性恰恰体现在它与具体性之间的这种不对等的关系。蕴义不挂属于具体性，而具体性有待于蕴义给予其存有的正当性。

蕴义是一种源于自体丰饶的流溢；它莅临于内在性和（俗世）历史性之中，挠乱了内在性，而又不局限于世界的视域之中。在此意义上，列维纳斯在强调蕴义的绝对与超越的同时，又说它不是意义世界后面的另一个世界。也是在此基础上，我们可以说蕴义和意义之间有一种交叉性。在蕴义被给予的层次上，意义可以说是它的近义词；而在蕴义的显露这一层次上，蕴义不能被约简为意义。因为在此层次上，意义相对于蕴义来说更接近于文化多元论者所理解的文化意义。

列维纳斯的哲学运思与他对亚非文明进入西方文化视野的社会历史现象的思考密切相关。他的以蕴义之统一性和超越性为基础的意义理论可以

---

① SS：46-47.

说是以对抗多元的存有观和多元文化主义为宗旨的。

二、列维纳斯论亚非文明与西方文明之关系

列维纳斯从未在其专著中讨论亚非文明及其与西方文明的关系。但在一些文章和专访中，他不可避免地论及亚非文明。在1960年发表于《精神》杂志的题为《俄罗斯—中国之争与辩证法》的一篇短文中[①]，列维纳斯在提出具有不同历史的国家之间是否能够相互理解的问题时写道："在抛弃西方之际，难道俄罗斯不担心淹没于亚洲文明吗？这一文明仍然存有于具体的、从辩证法发展出来的现实表层之后。"[②] 列维纳斯认为，在所谓的平等、无阶级差异的共产主义社会实现之后，某些亚洲文明的"文化特殊性"仍将继续存有。他接着说：

> 黄祸！这不是种族上的黄祸，而是精神上的黄祸。它与价值观的不完善无涉，而是有关于一种根本的陌生性。这种陌生性与其悠久的历史无涉，从历史的悠久中没有任何具有熟悉的语法屈折的声音能够穿透出来：这种陌生性来自月球式或火星式的过去。[③]

列维纳斯可能是有意避开"苏联"一词而使用更具有文化意味的"俄罗斯"一语。根据列维纳斯，俄罗斯在传承上属于亚洲文明，使得俄罗斯免于淹没于亚洲文明的是希腊—犹太—基督教的圣史。在列维纳斯关于犹太教的著作中，常常触及这一主题：希腊—犹太—基督教的圣史是构成欧洲优越性的核心，必须在当今历史、政治变迁的形势下加以发扬；而亚洲则是亚伯拉罕、以撒和约伯的陌路人，亚洲俗世时间意义上的悠久历史与圣史截然不同。俗世的历史缺乏超越性，而唯有圣史是具有本真意义的历史。

在发表于1961年的《当今犹太思想》一文中，列维纳斯列举出当今世界影响犹太思想的三大事件：一是反犹太主义的兴起和国家社会主义屠

---

① 在克吉尔看来，《俄罗斯—中国之争与辩证法》这篇文章的题目本来使人期盼列维纳斯谈论一下东方传统中的普遍性与自由观如何能够启发欧洲摇摇欲坠的形上学。然而，他却没有做到这一点。Howard Cagill. Levinas and the Political. London：Routledge，2002：183.

② Levinas. Le débat russo-chinois et la dialectique. Paris：Éditions Albin Michel，1976：226. 此篇文章未收入《困难的自由》英文版。1960年，苏联与中国的政治纷争变得公开化。

③ 同②.

杀了三分之一的犹太人；二是犹太复国主义的复活与以其为理论依据的以色列国的建立[①]；三是“未发展的亚非群体在历史舞台上的出现，它们对构成犹太—基督教核心的圣史来说是陌生人”[②]。对于这些“未发展的亚非群体”来说，圣史、亚伯拉罕、以撒和约伯没有任何意义。在列维纳斯看来，亚非大众所需求的主要是物质生存方面的满足。在肯定这种需求无可厚非的同时，他担心这些大众的出现会危及新建立的以色列国的本真性，会把犹太教徒和基督教徒排挤到历史的边缘，会淡化天主教、基督新教与犹太教的分歧而把它们的分歧嘲讽为对几部经书的阐释之争[③]。

在一次访谈中，列维纳斯表示，“我常说，尽管在公开场合说这样的话是危险的，人的本性是由《圣经》与希腊人所构成的。其余一切都可以翻译过来：其余一切，一切异邦之物，都是舞蹈”[④]。如何理解其余一切都是舞蹈之说？列维纳斯在另一次访谈中重复这些论断时，除了补充说明“这不是种族主义”，还为舞蹈之说提供了一个例子：当非洲人埋葬死者时，他们跳舞。当访谈者评论说这毕竟是一种表达悲哀的方式之时，列维纳斯回应道，“是的，既然我是哲学家，应该用这样的眼光来看。但他们这种哭丧的方式给人以如此印象，似乎他们的文明是舞蹈文明”[⑤]。在这些言谈中，列维纳斯把人性等同于《圣经》与希腊人。《圣经》与希腊人讲求真正的、严肃的超越性，这与在他眼中显得浅薄、轻漫的非洲文明截然相反。

列维纳斯把犹太—基督教传统当作西方文明的内核，同时又赋予这种本来是众多文明传统之一的传统以绝对性和普遍性。他说，“做犹太人并不是一种特殊性，而是一种模态性”，在此意义上，“人人都有一点犹太人

① 如一些学者指出，列维纳斯反对犹太复国主义，但却从不反对以色列国。参见：Rudi Visker. The Inhuman Condition：Looking for difference after Heidegger and Levinas. Dordrecht：Kluwer Academic Publishers，2004：35。

② Levinas. Jewish Thought Today//Difficult Freedom：Essays on Judaism. ed. Seán Hand. London：Athlone Press，1990：160.

③ 同②165.

④ Raoul Mortley. French Philosophers in Conversation. London：Routledge，1991：18.

⑤ Levinas. Intention，Ereignis und der Andere：Gespräch zwischen Emmanuel Levinas und Christoph von Wolzogen am 20. Dezember 1985 in Paris. Humanismus des anderen Menshcen. Hamburg：Felix Meiner，1989：140.

的特性。如果火星上有人类，那就一定有犹太人”①；“每当涉及犹太人，就涉及某种普遍性的问题”②。这种说法貌似对其他民族持开放容纳的态度，然而，其前提是把做犹太人的特殊性当作普遍性。有关火星的譬喻使人联想起在《俄罗斯—中国之争与辩证法》一文中列维纳斯把亚洲文明的陌生性描述为来自月球式或火星式的过去。“如果火星上有人类，那就一定有犹太人”一语意味着，以希腊、犹太传统为核心的西方文明具有赋予其他文化以意义的阐释能力，而其他文化自身则并不具备理解其传统所可能包含的本真意义的阐释能力。

西卡对于列维纳斯言必称犹太的话语提出了尖锐的批评。她认为，列维纳斯在《超在或本质的彼在》的献词中把所有的对他人的憎恨称作“反犹太主义”，这种言辞抹去了非犹太人的他人的具体特性，把所有的具体特性都囊括入一种被宣称为具有普遍意义的同一性中。把所有的伤害都称为“反犹太主义”，这否认了受伤害者就其所受到的具体伤害得到认可的愿望。例如，英国军队在阿姆里沙对印度人的屠杀就不能被万事归一地称为“反犹太主义”③。

确实，列维纳斯一方面高扬他者的绝对超越性，另一方面则把他者哲学的根源归于以犹太—基督教传统为核心的西方文明；一方面强调犹太—基督教传统高于一切其他文明的特殊地位，另一方面又赋予这种特殊性以唯一的普遍意义。这构成了其哲学体系中难以调和的不连贯性。尽管对于多数具有宗教倾向的哲学家来说，连贯性并不属于哲学构思的基本要求，然而，如果这种哲学所要求于人的不是思辨，而是皈依，如果能够聆听到这种圣言哲语的只是某些选民，那么，这种哲学很难说具有普遍意义。

列维纳斯对待亚非文明的态度也反映在他对待中东问题的政治立场上。在国际学界，列维纳斯的政治理论削弱了其伦理学的力量这一观点为大多数学者所接受。《列维纳斯与政治》一书的作者克吉尔（Howard Cagill）在谈到他写作此书的动机时说，1982 年在以色列占领的黎巴嫩

① Levinas. Entretiens avec Le Monde. I. Philosophies. Paris：Editions La Découverte，1984：147.

② Levinas. Ideology and Idealism. The Levinas Reader. ed. Seán Hand. Oxford：Blackwell，1989：242.

③ Sonia Sikka. How Not to Read the Other? All the rest can be translated. Philosophy Today，1999，43（2）：196-197.

发生屠杀之后，他在广播上听到列维纳斯的评议讲话。在其讲话中，列维纳斯持一种冷酷的政治裁定的态度，对暴力和权力控制表现出一种马基雅维利式的无动于衷，令人想到他的名言“在他者中我们可以遇到敌人”。克吉尔说，他感到这不是自己所熟悉的那个倡导伦理他者的思想家和大量同情式理解的评论著述所研究的对象。这种迷惑促使克吉尔开始重新阅读列维纳斯①。列维纳斯支持犹太复国主义，这一点也一直为许多学者所诟病。

三、蕴义是翻译非西方文化之必要媒介

列维纳斯认为，无数被视为平等的文化形成了非西方的世界，但同时也带来了无序。把人当作抽象的脱离了文化具体性的人，在对人无遮护的面孔的注视中来找寻他者的启示（这同时也是伦理的起源），找寻先在于文化的情景，这使人们得以在伦理的基础上来对各种文明进行裁定。蕴义是存有在非历史的纯一性中的显露；它显露在存有的绝对的、不可限定的、不可约减的无遮护之中。它的基础不在于历史与文化之中，它甚至不能被说成是“从历史与文化中升起来的岛屿”②。蕴义使所有的意义成为可能，使得评判文化成为可能。

列维纳斯的意义理论提供了他对亚非文明与西方文化间关系的思考尺度。他反对多元文化主义把所有的文化都一视同仁的做法。他认为这样一来，就不可能从无数的文化中区分出统一的意义来，因而就不可能对这些文化做出评判。他写道：

> [根据以梅洛-庞蒂为代表的当今哲学潮流的话语] 似乎文化的平等性、异种文化的多样与丰富性并不是这种导向和一种明确的蕴义的结果，这种导向和蕴义是人类生存的氛围；似乎文化的多样性从一开始便植根于解殖民化的时代，似乎误解、战争与征服并不是 [与文化的多样与丰富性一样] 自然地从存有的多种表述（即存有在不同的文明中的无数集聚与模式）中派生而来；似乎和平的共处并不是以此

① Howard Cagill. Levinas and the Political. London：Routledge，2002：1.

② SS：56.

为前提：在存有中有某种赋予存有以蕴义的导向。①

在列维纳斯看来，文化的平等、多样与丰富性倚赖于他所谓的统一的蕴义，蕴义是人类生存的无根的基础。文化的丰富多样从来都不仅仅具有正面含义。历史上和当今的误解、战争与征服同样也是存有多元观和文化多样性的必然后果，而以梅洛-庞蒂为代表的当今哲学潮流却忽视了这些负面含义。和平相处是以蕴义的导向为前提的，这种导向是自我向他者的敞开，它给予不同文化以意义。

在强调蕴义的超越性与抽象性的同时，列维纳斯同时关注到多元文化主义者所强调的文化具体性问题。与多元文化主义者不同的是，列维纳斯似乎只把西方文化的历史具体性纳入其思考之中。他认为，西方文化的优越性可以说是由其文化历史特性所决定的。多元文化主义者用来克服二元对立的柏拉图主义的思想资源恰恰来自柏拉图主义本身。只有柏拉图主义认识到意义的绝对和普遍性。在 1980 年的一次访谈中，当采访者提及文化的多样性，除了犹太和希腊文化之外，也有蒙古和印度文化时，列维纳斯说：

> 当然，但却只是欧洲，尽管有屠杀的历史，发明了“非欧洲化”(déseuropéanisation)的概念；这是欧洲的慷慨性的胜利。对我来说，当然，《圣经》是优越的典范；不过，在说此话时，我对佛教一无所知。②

列维纳斯补充最后一句似乎是为了预先使其言论免于欧洲中心主义的批评。这类似于上一节他在评论非洲文化时所做的补充“这不是种族主义”。从某种意义上来说，这样的补充可以说是许多西方哲学家的哲学巨著的脚注：我的思想体系没有考虑到亚非文明，因为我对其一无所知，不要把我当作欧洲中心主义者或者种族主义者。在宣称无知的同时，列维纳斯又对欧洲的优越性和慷慨性大加赞赏。西方文明虽然受到激烈批评，但是克服其弊病的仍然是西方文明本身。只有这种传统具有普遍意识和阐释的慷慨性与潜能，因而能够理解其他文化，而这些文化自己却从未真正理解过自身③。在另外一个场合，列维纳斯表达了用希腊语来解释佛教的绝

① SS：37.

② Levinas. Entretiens avec Le Monde. I. Philosophies. Paris：Editions La Découverte，1984：147.

③ 同①55.

对信心："你可以用希腊语表达任何事物，例如，你可以用希腊语谈论佛教。欧洲将继续讲希腊语——那是我们普遍的语言"①。

为了防止混乱无序之虞，列维纳斯把西方文化的特殊意义当作普遍和绝对的意义，由此而发展出蕴义的概念。蕴义是一切文化形态的中介，是赋予文化以意义的先验条件，是促使人去理解、翻译与掌握其他文化的动力。在最后一层意义上，列维纳斯把蕴义称为导向。他举法国人学习中文为例：

> 我们应当承认，法国人有可能不通过某种世界语中介（这种中介将扭曲与它有关的两种语言）的帮助而学会中文，因而从法国文化跨入中国文化。然而，以下问题尚未被思考过：这样的过程需要如此的导向（orientation），这种导向使得法国人选择学习中文，而不是断言其为蛮荒之言（即认定它缺乏语言应当具备的优点）；这种导向使得法国人选择学习语言，而不是选择发动战争？②

列维纳斯的表层话语之后隐含着一些难以觉察的思想预设：其一，有一些语言是蛮荒之言，缺乏语言应当具备的优点。至于中文是否蛮荒之言，列维纳斯避而不论。这似乎依赖于法国人对其选择面向他者的导向之态度。其二，诚然，学习他种语言依赖于面向他者的导向，但是，这种语言本身则并不能提供这种导向。

从上一节列维纳斯关于亚非文明所做的评论中可以看出，他认为，亚非文明与西方文明具有本质性的差异。这种差异不是平面上、文化意义上的差异，而是深度上、蕴义上的差异，或者更确切地说，是绝对的差异。只有西方文明具有本真性，而亚非文明则局限于俗世的内在性，缺乏圣史的观念和超越的向度。在此意义上，它们对于西方文明来说是根本的陌生人。对列维纳斯来说，两种文明之间唯一的协调只能来自超越的他者，来自使一切文化具有意义和可理解性的蕴义。

我们在本章第一节看到，列维纳斯对蕴义的显题化与他对他者的显题化十分相似。他把蕴义的显现与蕴义的被给予性区分开来，这似乎给予了历史、文化的具体性一个正当的位置。蕴义的显现突出了其超越层面，而

---

① F. Rotzer. Conversations with French Philosophers. trans. G. Ayelsworth. New Jersey: Humanities Press, 1995: 63. 孙向晨. 面对他者：莱维纳斯哲学思想研究. 上海：三联书店，2008：260.

② SS: 55.

蕴义的被给予性则指向历史、文化的具体性。列维纳斯考虑到的仅是西方传统的具体性。这正如对于他来说，犹太人即是他者的原型，并非所有的传统都可以是他者，他者的面容是与特有的犹太教传统绑定在一起的。因此，列维纳斯的他者话语不能简单地等同于文化的他者；文化的他者对以犹太—基督教传统为基础的他者话语来说是根本意义上的陌生人。在《总体与无限》中，列维纳斯写道："被否弃的世界的他者性不是陌路人的他者性，而是欢迎与保护的父国的他者性。"① 非西方文明不可能从自身中发掘出绝对、超越的本真性，而只能依赖于源自西方文明的纯一的蕴义来加以把握、理解与获得秩序。列维纳斯也许以为他所宣称的"其余一切都可以翻译过来"代表着西方文明最大程度上的慷慨性，但这种慷慨性是以非西方文明的非本真性为预设的，以唯有西方文明可以提供"选择学习语言，而不是选择发动战争"的导向，或曰蕴义为前提的。

在质疑列维纳斯的西方中心主义时，伯纳斯科尼对列维纳斯关于面容的话语提出了批评。列维纳斯宣称面容是抽象的，或者更严格地说，是绝对的，没有任何文化装饰，伯纳斯科尼怀疑这种言论是否与西方启蒙运动以来具有总体主义倾向的抽象的人文主义相一致，是否在重复着这种人文主义剥离他人的文化特殊性而导致的暴力②。确实，列维纳斯的西方中心主义与现代以来追寻普遍有效性的倾向不无关联。文化多样性与存有多元观对他来说意味着混乱和无序，唯有西方文明能够理解其他从未理解自身的文化。对于列维纳斯而言，不仅仅"其余一切都可以翻译过来"③，并且我们可以说，其余一切都必须翻译过来。只有这样，世界上才能有可理解性的统一，超越才能得到维护。以蕴义作为指南来翻译其他文化可以是一种有效地避免不必要的战争与冲突的途径。这个观点与列维纳斯关于哲学的基本立场是息息相关的，与海德格尔一致，他认为哲学在其本质上只属于古希腊。在一次访谈中，他讲道："哲学的本质特性是一种必然的、非常希腊化的思想和言说的方式。"④

---

① Levinas. Totality and Infinity. trans. Alphonso Lingis. Pittsburgh: Duquesne University Press, 1969: 41.

② Robert Bernasconi. Who is My Neighbor? Who is the Other?: Questioning "the Generosity of Western Thought" //Emmanuel Levinas: Critical Assessments of Leading Philosophers: vol. 4. eds. Claire Kats, Lara Trout. London: Routledge, 2005: 17.

③ Raoul Mortley. French Philosophers in Conversation London: Routledge, 1991: 18.

④ Face to Face with Levinas. ed. Richard Cohen. Albany: State University of New York Press, 1986: 18. 孙向晨. 面对他者：莱维纳斯哲学思想研究. 上海：三联书店，2008：260.

列维纳斯对待亚非文明的不对等态度并不意味着他的哲学思想毫无价值。如果抛开他思想中的意识形态倾向，把亚非文明当作他笔下的他者，这一他者不是抽象的、脱离了文化具体性的他者；如果把与文化的他者的相遇作为面对面的相遇来思考，把意义的生成与显露真正放在具体的与他者面对面的相遇之中，这些面容不是千篇一律的符号，而是带有不同肤色、轮廓和五官的面容，那么，我们或许可以从列维纳斯的哲学中发掘出思考跨文化沟通的丰富资源。不过，在当今的全球化语境中，对于中国学者而言，更为重要与急迫的是在学习与批判列维纳斯哲学的基础上发挥东方哲学资源。笔者将在本书的第七章中就女性/雌性的主题与列维纳斯做一交涉。

第四章　海德格尔论科学与技术之“同一”的思想

1976年5月26日，即海德格尔辞世之前两个星期，北美海德格尔学会在芝加哥的德堡大学召开了第十届年会。海德格尔给这次会议写的致辞是他最后的手稿。在这封致辞函中，他建议与会者以这样一个问题作为讨论的激发点（Anregung）：

> 现代自然科学究竟是现代技术的基础［Grundlage］，如同通常所认为的那样？抑或本已是技术之思的基本形式［Grundform］，本已是技术之表象方式的决定性的前概念［Vorgriff］，及其对已实现、已建立起来的现代技术之机械制度的不断侵入［Eingriff］?①

通过问题的形式，海德格尔对通常认为科学是技术之理论基础的观点进行了颠覆，主张科学从技术之本质获得其基本形式，并且是其功用。尤其令人迷惑的是，海德格尔把科学与技术的关系问题当作“追问存有的问题”不可或缺的线索。在这封信的结尾，他提出，对科学与技术之关系的有效反思有助于转化人在世界中的栖居之道，而后者则是存有的问题在其真理中之所是。

海德格尔对待科学与技术的态度经常被误认为是一味贬斥，然而，这只是其中的一个面相。确然，海德格尔时或忧虑现代科技将会带来人类自我毁灭的悲剧，但这类言辞之后他总是有一个补充，“这并非对科学本身的仇视”②。他时常强调科学本身是正面的本质性的东西，并且指出我们

---

① Heidegger. Neuzeitliche Naturwissenschaft und moderne Technik//GA 16：747. Modern Natural Science and Technology. Research in Phenomenology，1977（7）：3.

② Heidegger. Gesamtausgabe 89：Zollikoner Seminare，Protokolle-Gespräche-Briefe. Herausgegeben von Medard Boss. Frankfurt am Main：Vittorio Klostermann：124. Zollikon Seminars. Protocolls-Conversations-Letters. trans. Franz Mayr，Richard Askay. Evanston：Northwestern University Press，2001：94. 以下简称ZS。

对待技术的态度应当是肯定与否定同时具备，“我们可以运用技术设备，倘若我们恰当地运用的话，也可能使得我们与之保持一种自由的关系，可以随时摆脱它们”①。

有的学者认为海德格尔并未从具体的经验层面上探究过现实世界中的技术，因此，他关于科技的思想缺乏坚实的基础，这一批评对海德格尔并不公平。从他大量的工作笔记、谈话以及演讲中，我们可以看出，他对传统类型以及新类型的技术都有所了解。并且，他很关心技术的使用以及人类对其经验的总体氛围。

本章第一节追溯海德格尔从 30 年代末开始的对于科学与技术之逆转关系的根本性的反思，阐解主要的相关原文著述，其中包括不少来自出版于 2009 年的《海德格尔全集》第 76 卷中《关于形上学、现代科学与技术之诞生的引导性思索》的一手材料，这些材料大多是为相关话题的公开演讲所撰写的准备性笔记。海德格尔在 1938 年确立了关于科学与技术之逆转关系的主要思想“路标”，之后直至他辞世之际，他接续不断地探索着这个主题。

本章第二节以写于 1944/1945 年的一份文本为线索展示海德格尔思考的三重论辩结构，从中可见海德格尔为何推崇理论物理学，何以理论物理学是技术的应用，并且是最为纯粹、最为本真的技术。本章第三节讨论海德格尔的“纪元”概念，提出纪元的意义有时是存有论层面上的，有时是存有者层面上的。对于海德格尔而言，现代性是存有史上的一个独特的（大写的）纪元，而在此纪元中有数个存有者意义上的（小写的）纪元。之后，我们讨论海德格尔与量子力学的关联。我们认为海德格尔的思想不仅仅是逆转科学与技术的关系，他关于科学与技术为“同一”的观点是其“科学是技术之应用”诸种言论的根基；而科学与技术为“同一”则关涉到对科学与技术之本质的存有史意义上的全新阐释。

一、逆转科学与技术的衍生次序

海德格尔关于科学与技术之逆转关系的颠覆性的思想并非在他生命的最后才形成，而是发端于 1938 年，并且在之后的大量著作及遗稿中，他

① Heidegger. Gelassenheit//Gesamtausgabe 16：526. Memorial Address//Discourse on Thinking. trans. John M. Anderson，E. Hans Freund. New York：Harper & Row，1966：43－57. 以下简称 G。

多次表述了科学奠基于技术之本质的思想，并且指出：纯粹自然科学是技术之本质的完满实现。

1938年6月，海德格尔在弗莱堡作了《关于科学的沉思》的演讲①，之后他在笔记中不乏遗憾地感叹：“作为‘技术’的科学——这一步在1938年的演讲中尚未迈出，尽管一切条件都准备好了。”② 不久海德格尔就迈出了这样的一步。在写于1940年的一份题为《哲学与科学》的手记中，他直接把科学等同于技术，“何谓现代科学？［即］‘技术’；何谓‘技术’？——形上学之完满实现”③，并进一步说明：现代技术在时间上较后出现，但在其本质上从最初已然起着决定性作用；而纯粹自然科学则是技术之本质的完满实现。他甚至写下这样的表述：“现代科学作为技术而成就其统一性”④。

在写于40年代之后的其他文本中，海德格尔更为明确地提出科学的本质即是技术。在1943年的《尼采的话“上帝死了”》中，他说：“科学愈是明显地为其事先决定的技术本质及其典型的形式所推动，有关技术的知识可能性的问题就得到愈为明确的解决。”⑤ 在1944/1945年的《导师在灯塔楼梯门口与守塔人偶遇》中，海德格尔谈道：“现代科学来源于技术之本质。”⑥ 在1949年的《不来梅演讲集》中，海德格尔称：“现代科学是技术之本质的应用。”⑦ 在1951年的《何者呼唤思?》中，海德格尔提出，“现代科学奠基于技术之本质”，并称“我们似乎仍然畏于直面那令人激动的事实，即当今之科学归属于现代技术之本质的境域，而非其他任何地方”⑧。在1953年的《科学与沉思》的一则附记中，海德格尔写道：

---

① 在《海德格尔全集》第16卷中有一份这次演讲的概要，其最后一句话是：“现代科学［是］技术的一种形态”（Gesamtausgabe 16：Reden und andere Zeugnisse eines Lebensweges 1910-1976：349）。这份文本有时也被称为1938年6月9日的题为《现代世界图像通过形上学而获得的奠基》的演讲，它是后来出版于1950年的《林中路》的《世界图像的时代》的原始文本。

② Heidegger. Gesamtausgabe 76：Leitgedanken zur Entstehung der Metaphysik，der Neuzeitlichen Wissenschaft und der modernen Technik：126. 以下简称MWT。

③ MWT：126f.《海德格尔全集》的编辑说明这一批笔记出自1936年至1946年，但并未给出每一份笔记的具体年代。我们所引用的这份笔记很可能是出自1940年。

④ MWT：127-128. 在本章出现的海德格尔引文中，着重号皆来自原文。

⑤ Heidegger. Gesamtausgabe 5：Holzwege：211. Off the Beaten Track. trans. Julian Young，Kenneth Haynes. Cambridge：Cambridge University Press，2002：159. 以下简称HW。

⑥ Heidegger. Gesamtausgabe 77：Feldweg Gespräche，1982：179. Country Path Conversations. trans. B. W. Davis. Indiana University Press，2010：116. 以下简称FG。

⑦ Heidegger. Einblick in das was ist. Bremer Vorträge//GA 79：43. 以下简称BV。

⑧ Heidegger. Was heisst Denken? //Gesamtausgabe 8，2002：140，16. What is Called Thinking? trans. John Glenn Gray. New York：Harper & Row，1968：135，14. 以下简称WhD。

“如今，现代科学在其最为隐秘的本质中所推动的东西，我们仅能通过将其命名为‘技术’而对之做出不完备的描述。”① 在 1962 年的演讲《技术语言与传统语言》中，海德格尔称：“现代技术是现代自然科学的支撑性的根本特质［tragende Grundzug］。”② 在 1966 年的《哲学之终结与思想之任务》中，海德格尔论及：“科学态度的根本特性是其模控学的，也即其技术的特性。”③ 另外一则相似的言论是：“出于一种内在的驱动，研究者努力进入其本质上为技术员所占有的区域。”④ 在 70 年代早期写下的大量笔记中，海德格尔有这样的表述：“现代技术的本有性［das Eigene］以及在其中已得以奠基的各门科学：［我们称为］集置束［die Gestellnis］”⑤。

人们通常的看法是：现代技术是现代科学的派生，其出现是现代科学应用于各种领域所产生的结果。而海德格尔却提出与此截然相反的观点，把技术尊为主宰，而把科学置诸从属地位，认为科学的本质是技术，人们应当从其技术之本质来考察科学。我们应当如何理解他的观点？

科技史家福曼指出，直至 80 年代，无人能够领会海德格尔不间歇的呐喊：“技术优先于科学”。他认为，这是因为在那之前，科学涵括着、制约着技术这样的现代性思想范式一直居于主宰地位，以至于即便是研究海德格尔的学者都未曾听到他的呼声。而随着后现代范式的奠立，尤其是随着“对技术的文化地位的跨纪元的提升”，才使得关于科学与技术的主从关系的观点在 1980 年左右发生逆转⑥。

福曼似乎过于轻易地把海德格尔的思想等同于后现代的思维范式，未能进一步探讨他究竟何以要把技术本质冠于科学之上。我们应当从海德格尔的存有史之哲学高度来把握其思想。海德格尔的独特之处是把技术从其

① 这则附记仅仅在《海德格尔全集》第 7 卷才面世。Heidegger. Gesamtausgabe 7：Vorträge und Aufsätze：62. 以下简称 VA。

② Heidegger. Überlieferte Sprache und Technische Sprache. St. Gallen：Erker，1989：18. Traditional Language and Technological Language. trans. Wanda Torres Gregory. Journal of Philosophical Research，1998（23）：137. 以下简称 ÜTS。

③ Heidegger. Das Ende der Philosophie und die Aufgabe des Denkens，Zur Sache des Denkens//GA 14，2007：72. The End of Philosophy and the Task of Thinking//On Time and Being：58. Chicago University Press，1972：58.

④ Heidegger. Die Zeit des Weltbildes//*HW* 85/64. 以下简称 ZWB。

⑤ Heidegger. Gesamtausgabe 81：Gedachtes：349. 关于 Gestellnis，参看本书第一章。

⑥ Paul Forman. The Primacy of Science in Modernity，of Technology in Postmodernity，and of Ideology in the History of Technology. History and Technology，2007（23）：1-152.

词源上解释为一种形上学意义上的与存有之关联。海德格尔把“技术”一词追溯到希腊词语 τέχνε（techne)，并且赋予其存有史的特殊意义。他把 techne 解释为“把存有者从遮蔽中带出并带入其显现的揭蔽中”①。可见，“技术”的重要意义恰在于它指涉着存有之揭蔽，正是基于这样一种独特的新释，海德格尔尤其强调技术的首要地位。到了现代性纪元，由于存有本身被遗忘，技术的揭蔽方式使得自然界中的存有者变为可度量的数学化客体，而现代科学之兴起正是技术之本质的施用。在技术与践行相关联的意义上，我们可以说海德格尔的思想与后现代主义主张实践优先的观点相契合。然而，海德格尔的思想不仅仅局限于逆转科学与技术、理论与实践的经典次序。

在自然科学各门类中，海德格尔最为看重的是理论物理学，认为它是所有自然科学的基础与根源。在 1963 年 8 月 18 日致小岛武彦的信中，海德格尔说：“现代数学性科学的根本特质在于技术性，这种技术性通过现代物理学而在其新的本质性的格式塔之中首次出现。”② 科学的本质是技术性，这一点首先在物理学中得到反映。在 1953 年的《追问技术的问题》一文中，海德格尔说：“现代物理学是集置的先驱［Vorbote］，这一先驱之起源尚未得知。”③ 在下一节中，我们将看到海德格尔是如何论证理论物理学是纯粹的技术的。

二、《田间路对话》中的三重论辩结构

《田间路对话》作于第二次世界大战即将结束之际，在其中的《一位导师、一位科学家与一位学者之间的三联谈话》一文中，海德格尔对科学与技术之逆转关系做出了比较清晰详细的论辩。其论证的步骤如下：

第一步，实验物理学借助于“分裂原子的机器”等技术设施。因

① Heidegger. Überwindung der Metaphysik//VA 46. Overcoming Metaphysics//The Heidegger Controversy. Ed. Richard Wolin. Cambridge MA：MIT Press，1993：35.

② Heidegger. Brief an Takehiko Kojima//Gesamtausgabe 11：Identität und Differenz：156.

③ Heidegger. Die Frage nach der Technik//VA，23. The Question Concerning Technology//Basic Writings. ed. David F. Krell. trans. William Lovitt. London：Routledge，1993：303. 以下简称 FT。

此，技术施于运用而产生了实验物理学，而非由于实验物理学施于运用而产生技术。在 1936 年至 1938 年的《哲学献文》中，海德格尔谈道，"对所有科学的机械—技术之本质的不断强化。……自然科学将成为机器技术及其运作的一个部分"①。他似乎预知到后来出现的"技科学"（technoscience）思想。在写于同一时期的另外一篇文章中，他似乎还意识到现在所谓的"知识经济学"的思想："关键不再是哪一个国度占据着最为富饶的自然资源（诸如矿产等），而是哪一个国度在技术革新方面最为成功。"②

第二步，理论物理学是"所有自然科学的'基础研究'之根柢"③，它并不使用任何工具或仪器，在此意义上，它区别于从技术之运用中产生出来的实验物理学。然而，在另外一个意义上，理论物理学亦是技术的应用，并且它是最为纯粹、最为本真的技术。海德格尔称，"物理学必然是技术，因为理论物理学即是那本真的、纯粹的技术"④；"物理学的技术本质恰在于它是理论物理学"⑤。何以如此？

第三步，技术性与理论性是"同一"（das Selbe）的，这是因为"[在理论物理学以及所有自然科学之中的] 思想都把自然当作由运动着的点质量所构成的在时间、空间中获得其秩序的多样性……自然过程被表象出来 [vor-gestellt]，[以这种方式，] 自然变成了被生产出来 [Hergestellt] 的东西……自然成了与人相对峙的东西……这种生产性成了自然被客体化的基本特征……成了可被提供给数学性表象的客观性"⑥。

我们可以征引海德格尔在 1935 年至 1938 年关于科学本质的讨论来领会以上的段落。他认为，诸如现代科学具有实在性、实验性及可量度性的言论忽视了科学两方面的根本性特征。其一有涉于它与物打交道的方式。科学运用公理与可运算性前在地把物置于属于其自身的基础之上，换言之，物或者说存有者，是人为构成的；另一方面，科学运用形上学的投射

① Heidegger. Gesamtausgabe 65：Beiträge zur Philosophie：Vom Ereignis：155. Contributions to Philosophy：From Enowning. trans. Parvis Emad，Kenneth Maly. Bloomington：Indiana University Press，1999：107. 以下简称 Beitr。

② Heidegger. Die Bedrohung der Wissenschaft//Dieter Papenfuss & Otto Pöggeler (Hrsg.). Zur philosophischen Aktualität Heideggers. Band 1. Philosophie und Politik. Frankfurt am Main：Klostermann，1991：9.

③ FG：8f/4.

④ FG：8/5.

⑤ FG：11/6.

⑥ FG：11/7.

方法来设立物之物性。这种投射的方法“事先就勾勒出自然界中的每一物体之构造以及它与其他物体之关联的蓝本”①，其结果是：一种特定的范域得以开启，在这种范域里，唯有某种特定种类的事物才能显现自身。换言之，科学的任务是确认什么东西可以被接受为科学事实。例如，伽利略提出了自然必须符合的前设条件；而牛顿的自然观则是以时间—空间方式相联系在一起的点质量之运动的总体。

海德格尔独特的科学观使得他对科学中的常用概念做出了符合其思想道路的阐释，如实验、实验工具、精确性、规律、运算及数学，以及在现代新近出现的名词，如研究工程、专业化、体制化等②。例如，运算的意思是：把某物设立成为可预测的对象而加以考察。他认为，现代科学与中世纪以及古代［西方］科学完全不同。早在1912年的一份文本中，他就提到“自然科学不可避免的划纪元的事实”③。此外，人们在其中对于自然的经验亦是大为迥异。因此，诸如现代科学更为精确，或是牛顿的理论正确而亚里士多德的观点错误等言论是没有意义的，因为它们都局限于肤浅的比较。

现代科学的精髓在于其前运算性以及对物之物性的形上学的投射。在《通向语言的途中》中论及尼采的时候，海德格尔说，方法比结果更重要，科学方法并不仅仅是一种工具，“它使得科学为之所用”④。在1965年召开的一次泽利根研讨班中，海德格尔亦有相似的议论，例如，科学之本质是“可量度性与方法之关联”⑤，此处的“可量度性”与前运算性是同义语。科学的方法即是，保证自然的可运算性。“关键在于控制与掌握自然的进程”，恰如笛卡尔所言：“我们成为自然的主人与占有者”；与此同时，思维被约简为“从事运算的技工”⑥。

---

① 此处引用的是科克尔曼斯的陈述。Joseph J. Kockelmans. Heidegger and Science. Washington D. C.：Center for Advanced Research in Phenomenology & University Press of America，1985：150.

② 我们可以说海德格尔预见到了现代科学的研究方式：研究小组，精神科学与自然科学之界限的取消，与工业的结合，以及建立自己的产业。ZWB. Joseph J. Kockelmans. Heidegger and Science. Washington D. C.：Center for Advanced Research in Phenomenology & University Press of America，1985：152-162.

③ Heidegger. Das Realitätsproblem in der modernen Philosophie//GA 1：4.

④ Heidegger. Das Wesen der Sprache//Unterwegs zur Sprache 178. Stuttgart：Günther Neske，1959. The Nature of Language//On the Way to Language. trans. Peter D. Hertz：74. San Francisco：Harper & Row，1971.

⑤ ZS：134/103.

⑥ 同⑤135/105，136/105，139/107.

我们现在返回到《田间路对话》，科学家总结道：

> 从而，严格地讲，“技术”指涉的是一种表象方式，也即一种认知方式，因而亦指涉一种理论姿态。技术之本质及其支配地位正在于这一事实：通过技术，自然变成了一种客体。自然被人类所定立起来，停顿下来，从而使得它可以对人及其计划提供依靠。技术是对自然的客体化。①

由于“词语在自身之中……包含着它所命名的事情的指称（Deutung）”，海德格尔以“导师”的身份解说 techne 的现代意义：“现代技术即是让看见、使架置出来，通过它，自然以一个数学客体而显现。”②从这个意义出发，海德格尔说，他别出心裁的命题“物理学是技术之应用”与通常的观点“技术是物理学之应用”并非相互矛盾，这是因为：“在这两个陈述中，‘物理学’、‘技术’和‘应用’指涉不同的东西……根据希腊词语 τέχνε 的意思，物理学是技术之应用，而通常意义的‘技术’才是且必须是物理学的应用。”③

在《追问技术的问题》和《技术语言与传统语言》中，海德格尔借用集置的本质来解释他稍早时期对科学之本质的陈述和后期对技术之本质的陈述之间的关系：它们的本质是同一的。使得理论性（即科学）与技术性相统一起来的是把事物设立为有用客体的形上学投射。

1953 年，海德格尔在两个文本中称，根据时间的顺序，现代技术是后来者，然而，就在其中占据主导性的本质而言，即存有史的意义上，它是先出现的④。关于自然的现代物理学理论为现代技术之本质准备了道路，这是因为那挑衅的集聚一致而入规置的揭蔽在现代物理学中占据主导地位，尽管它并非立即达至显现。这样的揭蔽把自然当作持存的能源的贮存仓库。“对于物理学而言，自然是能源与物质的持存（Bestand）”⑤。人们对待自然的规置性的态度及行为在现代物理学作为精确科学而出现的过程中已经表现出来。

---

① FG：12/7.

② 同①12/7，13/8f. 海德格尔显然知道自己的辞源学分析非同寻常，通过学者的角色，他自我批评道：“我不能摆脱这样的怀疑：你是在用你自己教条般地断定的对现代‘技术’之本质的定义来诠释希腊词语 τέχνε。”（FG：14/9）

③ 同①15/10.

④ FT：303－304/21－22. BV：43.

⑤ BV：42.

海德格尔进一步解释，作为纯粹理论，现代科学的表象方式把自然架置起来而作为事先可运算的各种力量的一致性而显现出来，物理学把自然作为可事先运算的东西而规置起来。科学实验的目的即是确定当自然如此被架置起来之际它如何应答。在1962年的《技术语言与传统语言》中，海德格尔说，科学家与技术员都认为科学与技术具有某种“相互支持”的关系，例如，在原子物理学中，技术仪器参与确定什么现象可以被观察到，从而参与确定认知的过程。然而，他们没有提出关于二者共同的起源这一问题。科学与技术是在什么东西中获得其相互共济（gleichgeordnet）的？二者皆分享着对待物的挑衅式的架置（herausfordernde Stellen）姿态。科学与技术的本质并不关涉于某种手段—目的的结构，而关涉于某种非人的力量提出一种迫使人们把自然挑衅出来的命令（Anspruch）[①]。

三、“纪元”的两种含义

有的学者提出，如今我们不再生活在海德格尔的集置“纪元”，因为在他去世之后，科学与技术发生了革命性的变化。例如，唐·伊德评论道，“如今的技术展示出与海德格尔时代不同的风格”[②]，我们进入了一个新的存有之纪元，即技科学与量子力学的纪元，因此，海德格尔关于技术的评论已经过时。这种说法对海德格尔不太公平。确实，在他过世之后，新类型的技术层出不穷，然而，海德格尔的哲学思想中包含着一种宽泛的对于未来技术的展望。他多次强调，“现代”并未终结，由于科学的本质是前在地被决定的，我们应当考虑到“科学在未来的巨大迈步”[③]。

此外，伊德所举出的他认为海德格尔未可得知或错误地描述的几个技术门类的例子亦似不妥，特别是量子力学与生物物理学。1969年在多尔召开的研究班中，海德格尔说，生物物理学“意味着根据某种确定的计划，人类也可以被生产出来，正如其他任何技术产品一般”[④]。另外一则

---

① ÜTS：19/137。

② Don Ihde. Heidegger's Technologies. Postphenomenological Perspectives. New York：Fordham University Press，2010：5.

③ Beitr：156/108.

④ Heidegger. Gesamtausgabe 15：Seminare in Le Thor. 358. Four Seminars. Le Thor 1966，1968，1969，Zähringen 1973. trans. Andrew Mitchell，François Raffoul. Bloomington & Indianapolis：Indiana University Press，2003：55. 以下简称 Sem。

相似的言论是：“有时似乎现代人类正在朝着这种技术性地生产自身的目标而急遽前行。”① 伊德注意到前一则言论，认为这最多只是反映了纳粹的优生学工程尚有思想上的遗孽②。然而，伊德的断言并无切实的依据。海德格尔更多地参考的是当时科学家的预言。

在1955年的《泰然任之》中，他引用1946年诺贝尔奖获得者美国化学家斯坦尼的预言：“生命被置于化学家之手的时间即将来临，化学家将能随意地综合、分裂或变更有生物。”③ 斯坦尼是在海德格尔写作这篇文章前几个月在一次会议上讲这番话的。在1966年3月举办的一次泽利根研讨班上，海德格尔征引两年前出版的一部科学著作来论及“当今有关人类的基因变异的技术”④。显然，直至其生命的后期，海德格尔仍然在孜孜不倦地获求当时科学与技术的最新进展。

海德格尔时常在不同的意义上使用“纪元”一词，有时是存有论层面上的意义，有时是存有者层面上的意义。由于在德文中所有的名词都是大写，因而德文的Epoche总是大写，这引起更多的混淆（并且，德文通常使用的是诸如Zeitalter等其他同义语，Epoche一词不如在英文中那样常用）。有的学者误以为海德格尔基于现代科学的发展亦区分出不同的存有论意义上的“纪元”，我们认为，现代性是存有史上的一个独特的（大写的）纪元，而在此纪元中有数个存有者意义上的（小写的）纪元。尽管海德格尔本人从未直接使用过“现代性纪元”这一表述，但它是符合其思路的。

在海德格尔的著述中很少出现对应于英文modernity的德文词语Modernität，他经常使用的词语是Neuzeit，英文通常翻译为modern age（现时代），我们认为这一词语与“现代”是同一个意思。例如，海德格尔曾列举现时代的五个本质性特征，其中除了现代科学技术的出现之外，还包括“诸神之消逝”、艺术为美学经验所取代、文化教育的同一化等，而现时代最为根本的事件是把世界作为图像而征服，这一事件是现时代最为本质性的特征⑤。这些特征与其他学者归诸现代的基本特征是一致的。

---

① Heidegger. Gesamtausgabe 9：Wegmarken：257. Pathmarks. trans. William McNeill. Cambridge：Cambridge University Press，1998：197.

② Don Ihde. Heidegger's Technologies. Postphenomenological Perspectives. New York：Fordham University Press，2010：111.

③ G：525/44.

④ ZS：177/135. 在此书中给出海德格尔征引的这部著作是 Friedrich Wagner 的 *Die Wissenschaften und die gefährdete* Welt，225ff，462ff。我们现在能找到的版本是：*Eine Wissenschaftssoziologie der Atomphysik*，München，1964。

⑤ ZWB：75f/57f.

“当前的世界历史纪元［Epoche］”，“集置之纪元”，以及现时代作为“其历史至今最后的纪元”，海德格尔的这些表述所指涉的应当都是现代性纪元（或者称现时代纪元）①。因此，我们可以把这样的观点归于海德格尔：现代性是全球化技术的纪元，是世界图像的纪元，现代性是一个独特的历史纪元，等等。

海德格尔有时使用“纪代”（Era）或“革命”（Revolution）来指涉存有者层面意义上的纪元，即人们通常以为是单线条发展的现代性纪元中不同的阶段或形态。例如，从古典物理学到量子力学，从前工业技术到工业技术再到后工业技术，从现代早期个体的科学家到体制化的研究企业等突飞猛进的演进，但我们不能错误地代表海德格尔而赋予它们以存有论层面上的“纪元”意义。

就现代技术而言，海德格尔区分了动力机械、电子工程技术、原子能技术等递进的发展阶段。他认为，“倘若人们能够成功地驯服原子能——我知道这一定会成功——那么一个全新的技术发展的纪代就开始了”②。尽管海德格尔也曾提到“自称为原子能时代［Atomzeitalter］的当代世界历史纪元［Epoche］”，但我们不能从这样的陈述出发而误认为海德格尔断言原子能的使用标志着存有的另一个新纪元的开端③。在另外一则 20 世纪 50 年代的手记中，海德格尔论及“第二次工业革命”，它包括“把决策过程带入机器之中”，这将是“第三次世界大战之后的自动化时代［Zeitalter］”④。这些言论并不表示海德格尔在宣告在现代技术/技科学纪元之后一个存有论意义上的新纪元的出现。

海德格尔把牛顿的第一运动定律称为“人类思想中最为伟大的革命之一”⑤。这个革命是促成现代纪元之启始的一个重要因素。迪亚恰切地解释：“在牛顿之前，科学家借之理解自然的前理解包括对个体存有者的兴趣，从而涵括了对存有的诠释学之敞开；而在牛顿之后，由于科学家把个体存有者视为普遍规律的中性的体现的前理解，其诠释学视域受到了限制。”⑥ 在现代性纪元之内，海德格尔区分出数个低层的革命或变更事件，

---

① Heidegger. Brief an Takehiko Kojima//Gesamtausgabe 11：Identität und Differenz：121，155.

② FT：23/303.

③ 同①11.

④ MWT：368，376.

⑤ FD：89/257.

⑥ Shannon Dea. Heidegger and Galileo’s Slippery Slope. Dialogue，2009（48）：54.

在1969年的多尔研讨班上，他说，如今不复存有18、19世纪科学家所认定的客体：“现代技术愈是发展，客观性就愈是转化为持存性[Beständlichkeit]。”① 在1973年的查林根研讨班上，他重申：“人类已从客观性的时代（Epoche）进入规置性（Bestellbarkeit）的时代（Epoche）。”② 这一转换与科学转换为“研究”同步共时。海德格尔认为，自从20世纪30年代以后，科学受到了某种威胁，这种威胁不仅仅根源于科学沿用一种事先给定的方法，而且根源于科学变成“研究”，即变成某种由外来渠道资助的机构或企业，正如工业一样。海德格尔问道：“是什么样的对存有的理解以及什么样的真理概念处于科学向研究的转化之中?”③ 20世纪下半叶学术研究的体制化特征的出现与不断强化证实了海德格尔的洞见。然而，客观性的时代与规置性的时代不能被视为两个不同的纪元。

四、海德格尔与量子力学之关联

在一些学者看来，对于海德格尔而言，从古典物理学到现代物理学的转换是一个非常激进的范式转换，以至于开启了存有的一个新纪元。例如，伊德提出，在20世纪50年代中期，海德格尔认识到“量子力学完全改变了早期现代的主客体对立的情形”④。但我们对海德格尔的著作的研究证明他并不是这样看。科克尔曼斯正确地指出，随着量子力学的出现，“自然仍然必须事先就被确立，以供科学——作为实在之物的理论——所实现的客体化与保障的过程之用”⑤。量子力学旨在于划出“那唯一的基本的等式，从其中能够推导出所有基本粒子的功能，以及所有物质事物的活动”⑥。尽管海德格尔有所谓的“现代物理学的时代[Epoches]”的说法，

---

① Sem：367/61.

② 同①388/74.

③ ZWB：86/65.

④ Don Ihde. Heidegger's Technologies. Postphenomenological Perspectives. New York：Fordham University Press，2010：109.

⑤ Joseph J. Kockelmans. Heidegger and Science. Washington D. C.：Center for Advanced Research in Phenomenology & University Press of America，1985：169.

⑥ 这是海德格尔引用海森堡的话。Heidegger. Wissenschaft und Besinnung 1953//Gesamtausgabe 7：Vorträge und Aufsätze：54. Science and Reflection//The Question Concerning Technology and Other Essays. trans. William Lovitt. New York：Harper & Row，1977：172. 以下简称 W&B。

但是从他的观点来看，量子力学对待自然所取用的姿态与古典物理学是同样的[①]。在同一文本，即《科学与沉思》中，海德格尔写道：

> 于是，主体—客体关系首次获得其纯粹的“关系”的（即规置的）性质。主体与客体皆被吮入其中而成为持存，这并非意味着主客体关系消失了，而恰恰相反：它达到其最为极端的统治地位，这是事先被集置所决定的。[②]

1935年，海德格尔曾在他的托特瑙小木屋里与海森堡交谈，海森堡给他提供了关于量子力学的第一手资料。卡森认为，在海德格尔1935年秋季对科学持贬斥态度的演讲中，量子力学被免除于外；但从1936年起，海德格尔把所有的科学，包括量子力学与人文科学，都视为技术之意志的延伸[③]。卡森还注意到，从1949年至1953年，海德格尔一直在试图寻找一个与海森堡公开辩论的机会，这段思想交锋最终在1953年持续一周的题为“技术时代的艺术”的专题讨论会上展开。海森堡在会上发表了《现代物理学的自然图像》[④]，而海德格尔则发表了《追问技术的问题》[⑤]。

在1937年爱因斯坦与玻尔关于对量子力学如何解释这场辩论发生之后，海德格尔写下了好几页有关他所谓的“数据物理学”与测不准原理的笔记[⑥]，其中他思考：“我们能否同意玻尔的说法，‘此处[指测不准原理]，被观察的客体与观察的主体的区别开始消失’？——不。”[⑦] 接着，海德格尔列举出几条为什么玻尔错了的理由，他认为不能完全依赖测不准原理来建立一种“新认识论”[⑧]，在每一个实验中，原因与规律都是事先确定好的。在1953年10月28日致伯斯的一封信中，海德格尔写道：“我

---

① W&B：54/172.

② 同①55/173.

③ Cathryn Carson. Science as instrumental Reason：Heidegger，Habermas，Heisenberg. Continental Philosophical Review，2010，42（4）：483－509.

④ Das Naturbild der heutigen Physik，Hamburg，Rowohlt，1955.

⑤ 在会议召开之前，海德格尔递交了后来以《科学与沉思》为题出版的一份手稿。

⑥ 在海德格尔所征引的海森堡1927年的名作《量子理论运动学和力学的直观内容》中，海森堡一直使用的都是Unbestimmtheit（indeterminacy），只是在一个注释中才出现Unsicherheit（uncertainty），在现在的英文文献中，一般所使用的都是后一个表述。中文则有“不确定性原理”、“不确定原理”以及“测不准原理”等翻译，从德文原文来看，当以最后一个翻译为妥帖。

⑦ MWT：175－181.

⑧ “新认识论”这个表述出自爱丁顿（Sir Arthur Stanley Eddington）1928年的名著《物理世界的性质》。

正忙于慕尼黑演讲［指《追问技术的问题》］与一份与海森堡的通信，在小木屋中我写了一份内容广泛的大纲，深入拷问因果关系。”① 海德格尔思考的最终结论是：

> 倘若现代物理学必须不断地屈服于这一事实，即其表象的区域是不可捉摸、不可见的，它仍然被那要求自然作为持存而具有可被规置性的集置的统治所挑衅出来。因此，在它从仅只针对客体的表象方式不断地退却出来的过程中，物理学永远不能放弃这一件事实：自然总是通过这种或那种可能经由运算而被确定的方式来报告自身，自然总是可以被规置为信息系统。②

在1949年的《对那“是”的东西之一瞥》中，海德格尔说：“尽管原子物理学是不同的类型——它只认可统计的而非确定的可运算性——它仍然是同一种物理学。”③ 在《科学与沉思》中，他提出，“原子物理学只承认具有统计性质的客观融贯性的有效性”④。

海德格尔还数次提到原子物理学的技术因素：原子弹、原子能发电站。在写于1955年的《泰然任之》中，有几页讨论原子科学，笔者已经引用过。在《科学与沉思》结尾处，海德格尔说，通过海森堡的测不准原理，人类被明确地揽入了工具的人工性之中，成为其中一部分。“从这个角度来看，人类在所有的客体中只能与他自己相遇——但‘他自己’在这里意味着：工具化！”海德格尔接着引用歌德对当时的物理学的评论，说它把关于自然的知识约简为人工的仪器所显示的东西⑤。海德格尔似乎要认可“新认识论”，然而，即便是对于量子力学与原子能技术而言，科学与技术仍然为“同一”所主宰着，即可计量性、规置性及可预测性。

在1966年夏季的一次泽利根研讨会上，当与会者反对海德格尔运用古典物理学作为对科学的一种总体性描绘时，他重申，测不准原理并没有使得因果律与可预测性失去其有效性⑥。海森堡在1927年的《量子理论

---

① ZS：246f/310. 从一个月前的另外一封信来看，海德格尔花了不少时间来准备这些东西。这些笔记和手稿可能至今还没有出版，参见GA 76。

② FT：24/304.

③ Heidegger. Einblick in das was ist. Bremer Vorträge 1949//Gesamtausgabe 79，Bremer und Freiburger Vorträge，2005：43.

④ W&B：54/172.

⑤ GA：7：57.

⑥ ZS：177/134-135.

运动学和力学的直观内容》中论及非因果关系，海德格尔承认测不准原理使得因果律发生了变化，然而，真正发生变化的是人们认识到不可能有完全精确、毫无含混的可预测性。倘若测不准原理使得因果律与可预测性失去其有效性，则不可能有任何技术工程，“原子弹的生产，以及任何原子能技术都不可能”；测不准原理意味的仅仅是：“当一颗原子弹爆炸时，唯有其爆炸维度的上限及下限是可预测的”①。海德格尔所讨论的问题实际上亦是 20 世纪 30 年代玻尔与爱因斯坦辩论的基本问题：如何理解量子力学中的维度的测量问题？此即所谓的“测量问题”。在科学界已经出现了关于量子力学的各种诠释，但它们都未超出这一个经典问题，有关这一问题的实质，至今也未能有一个一致的共识。因此，量子力学是否要求一种“新认识论”仍无定论，而海德格尔有关可预测性的半工具主义的立场仍可为一种选择。不过我们看到，海德格尔并不认为量子力学的出现带来了一个与以往在本质上全然不同的新纪元。

五、科学与技术之逆转的存有史源泉：“同一”

在 1944/1945 年的《田间路对话》中，海德格尔称：“技术的与理论的是同一的。”② 在 1959 年的《工作室札记》中，他一开篇就说：“科学与现代技术之统治［Walten］是同样的［identisch］”③。在 1962 年的《技术语言与传统语言》中，他写道：“自然科学与技术之间的交互关联［Wechselverhältniss］只有当二者互相协调［gleichgeordnet］之时才能保持……现在的问题是，自然科学与技术在什么事物中相投合从而是同一［das Selbe］的？”④

从表面上看，海德格尔的“现代科学是技术之本质的应用”等陈述似乎确如福曼所言是对科学与技术相互关系之逆转的一个早熟的预言。唯有当后现代来临之际，据其思想模式技术优先于科学，科学服务于技术，海德格尔的声音才能被倾听到。然而，我们必须注意到，海德格尔的这些言论皆是在存有史的思考框架之中所提出的，他的关切超越了后

① FT：24/304.

② FG：11/6.

③ Heidegger. Gesamtausgabe 13，Aus der Erfahrung des Denkens 1910—1976：151.

④ ÜTS：16/136.

现代式对科学与技术相互关系的颠覆，而进一步探索其“共同起源”。这一“共同起源”的秘密即在于对科学与技术之本质做出全新的阐释。

人们熟知，海德格尔把“技术”一词追溯到希腊词语 techne。在《技术语言与传统语言》中，海德格尔赋予 techne 一词以知识的含义，techne 即“在某事中尤其是在制作某物中熟知其道”①。在希腊时期，知识相关于“把在场的东西作为在场的某物而开启与显示”②。这一层含义与德文词语 herstellen 的字面意义相同。海德格尔强调 techne 的知识含义，他说，“techne 不是一个关于制作的概念，而是一个关于知识的概念”。依此类推，知识亦是技术的决定性的特性。因此，当与此特性相呼应的科学展露与呈现自身之际，这种知识需要立刻发展起来。“这发生在，并仅只一次性地发生在我们称为现代性的纪元。”技术是一种知识，这已为原子物理学的发展所证实。恰是出于技术的知识特性，它才在实验室的实验中显示为“知识的一种决定性因素”③。

在另一方面，海德格尔指出，现代科学已经嬗变为技术的一种类型，这是因为科学包含着与技术相同的存有观，即把存有视为可被量度的东西，从而把自然设立为某种可加以运算的客观性。并且，和技术一样，科学亦视方法与前定的标准为优先。这似乎意味着逆转科学与技术的地位，但海德格尔立即解释，“尽管逆转的说法接近于事情，但这并未触及其内核……那对于二者最为特殊的东西——即其共同起源——隐藏在那挑衅出来的我们称为设立的东西中”④。海德格尔进一步把这种“共同起源”确定为“表象”。海德格尔曾在几种文本中讨论过“表象”的意思。在《世界图像的时代》中有一则较为集中的论述：

> 表象在此意谓：从自身而来而把某物摆置到面前来，并把被摆置者［das Gestellte］确证为某个被摆置者。这种确证必然是一种运算，因为只有可运算状态才能担保要表象的东西预先并且持续地是确定的……表象不再是“为……自行揭蔽”，而是“对……的把捉和掌握”。在表象中，并非在场者起着支配作用，而是进攻（Angriff）占

① ÜTS：15/135.

② 同①.

③ 以上引文皆出自 ÜTS：16/136。

④ 同①18/137.

> 着上风。……存有者不再是在场者，而是在表象活动中才被对立地摆置的东西，亦即是对象（Gegen-ständige）。表象乃是挺进着、控制着的对象化。由此，表象把万物纠集于如此这般的对象的统一体。①

海德格尔在此描述的表象方式是现代性纪元的一个标志性特征，它随着现代科学的兴起而显现出来。在集置的时代，科学变成了“研究企业”，并且出现了全球化，这些都体现了表象摧枯拉朽的毁灭性力量。正如罗杰维兹评论的：“科学使用实验来侵害自然，这并非真正的强制性，首要的强制性是对自然的表象。”② 现代科学与现代技术都包含着这种特别的表象形式，其最为重要的特征可以总结为三点：

1. 自然的过程被带向前来，被摆置出来（此即表象的德文词 vorgestellt 的字面意思），被客体化，被控制，被支配。这种挑衅出来的架置（herausfordernde Stellen）把自然变成可被规置的持存。

2. 物被事先置入特定的概念构造之中，从而被确立为可用的客体。物之物性处于形上学之投射的制约之下，因而唯有某种特定种类的物才能显现自身。

3. 人类自身亦被挑衅出来，变成“人力资源”。人类同时被迫求把自然挑衅出来，使其变成可加以运算的、可供配置的资源。

我们必须从存有史的宽广视域来考察使科学与技术在其中得以保留并且相互统一的“同一”。在其他著作中，海德格尔曾经在不同意义上使用过“同一”这个术语③。“同一”时或表示存有与思想之“共属”（Zusammengehören）④，它使得存有与思想相互关联，相互交涉。“同一”之说并非试图令两个相关者同化成为一个单一的整体，如同那种简单化的同一（Gleichheit）律所规定的。事情的关键在于体验“属”（gehören）这个词语所诉说的相契。“同一”即是思想之“事情”、思想之使命，以及思想之方式。正如海德格尔在《命运》中写道：“静默地隐藏在谜一般的词

---

① ZWB：108/82. 此处的中文翻译引用《林中路》（修订本）. 孙周兴译，上海：上海世纪出版集团，2008：95。

② Richard Rojcewicz. The Gods and Technology. A Reading of Heidegger. Albany：State University of New York Press，2006：114.

③ 马琳. 海德格尔论东西方对话. 北京：中国人民大学出版社，2010：264-283.

④ Heidegger. Identität und Differenz. Identity and Difference. Bilingual edition. trans. Joan Stambaugh. New York：Harper & Row，1969：92/29.

语 τό αὐτό［同一］之中的是揭蔽的赠予（entbergende Gewähren），它是二重及在二重中显现的思想之同一的赠予。”①

从这一视野来看，当我们考究海德格尔所谓的科学与技术为同一的说法之际，应当首先思考其共有的本质，而在思考其本质之际，我们应当思考其共属。此种共属是一种聚集，在这种聚集中，科学与技术显现自身并得以保存。海德格尔把原初的“同一”确定为存有与思想的共属，相似地，科学与技术的同一不可避免地要求我们思考它们跟存有史的关联。由于存有被遗忘，techne 的本义，即在揭蔽意义上的“本源地带出”，演变成为对需要被规置、被挑战的持存的生产与表象。总之，我们不能把“科学是技术之应用”仅仅当作一种具有后现代韵味的对科学与技术之地位的倒转，而是应当深究海德格尔所谓科学与技术为同一的存有史意义。

六、追问是思之虔诚

海德格尔对于现代自然科学与技术之关系问题实际上似乎已经有了一个清楚的解答。那么，为什么在他去世之前，他仍然把这个问题提出来，并建议把它作为海德格尔会议的中心议题呢？或许这是因为问题的提出比给予答复更为重要。在 1973 年 9 月 7 日的查林根研讨班上，海德格尔有这样的说法：

> 迈入这一境域［此即这一现实迫求我们所做出的最终决定］并非海德格尔的思想所产生的。以为思想能够改变人的位置，这是把生产的模式套用在思想上，因此？因此，让我们谨慎地说，思想开始为这一迈入准备条件。②

现代科学与技术的本质性源泉应当通过追问来找寻，但这绝非易事。这是因为：“一股迷雾依旧笼罩在现代科学的本质之上。”③ 与此相似，

① Heidegger. Moira Parmenides，Fragment VIII//VA，46. Moira Parmenides，VIII//Early Greek Thinking. trans. David F. Farrell，Frank A. Capuzzi. New York：Harper & Row，1975：95.

② Sem：390/75. 海德格尔本人审读过这份会议记录。

③ WhD：16/14.

"现代技术的本质甚至比科学的本质更为幽暗——它是如此幽暗，以至于我们可能甚至尚未有一次成功地以合适的方式来追问现代技术"[①]。在1969年致孟尼尔（Roger Meunier）的一封信中，海德格尔感叹道："我们尚未获得关于现代科学与技术之关联的具备充足基础的洞见。"[②]

对科学与技术之"同一"的浅层次理解是：它们共同包含对自然的运算、表象、挑战与控制；而在其深层次上，科学与技术之"同一"则是关涉到存有史意义上的"同一"，关涉到科学与技术在存有史意义上的共同源泉这一问题。只有通过思考它们的关系问题，人们才能够获得与技术世界适合的关系。

① VA：62.

② Sem：416/88.

第五章　如何走出集置？亚洲思想传统在海德格尔“另一思想”中的地位

现代技术构成了现代世界这架巨型机器上永无歇止地旋转的众多齿轮，后期海德格尔对这一前所未有的历史现象做出了长期的深入探讨。在随着科技研究域的经验转向而出现的“技术哲学”（Technikphilosophie）领域中，海德格尔是讨论最为频繁的20世纪欧洲大陆哲学家，在技术思想史上，他也是第一位赋予技术以哲学意蕴的哲学家。关涉于海德格尔的“技术哲学”思想，大多数学者着重于其1949年发表的《集置》、1953年出版的《追问技术的问题》以及其他一些同一时期的文本。有的学者追溯到《存有与时间》中的器具（Zeug）与使用上手（Zuhandenheit）这两个概念。不过，这两个概念的语境是时间—历史的向度尚未展开，并且，吞噬了一切的现代技术把此在也完全控制在其魔爪之下，使其存有模式与之同化，成为现代技术机制的一个组成部分。而器具与使用上手这两个概念则与在世界中而在的此在密不可分。此外，现代技术与前现代的技术形态以及非西方传统中产生的技术设备也具有根本性的区别。因此，我们没有把《存有与时间》列入考察海德格尔关于现代技术的思考的相关文本之中。我们认为，海德格尔关于技术、科学、形上学以及现代世界之本质性关联的集中性思考始于20世纪30年代，之后持续了40年，即从1936年直至1976年海德格尔去世。2009年出版的《海德格尔全集》第76卷把海德格尔的大量笔记、短文等原手资料公之于世。

某些技术哲学领域的学者把海德格尔的技术观形容为铁板一块的（monolithic）、决定论的、悲观的甚至宿命论的。然而，海德格尔的思想比这种模式化的解释更为复杂深刻，具有多种面相。他关于技术的思考从来都不是把他的哲学基本立场运用于通常设定为实践领域的技术。与之相反，海德格尔在现代技术与西方形上学传统之间熔铸起了不可分割的纽带。他宣称，“技术是‘形上学’真正的完成”①；“在我们的世纪，[形上学] 作为现代机器技术获得了最为重要、最为彻底的胜利”②；“技术即是西方形上学本身”③；“到目前为止，机器技术是现代技术之本质最为显著易见的产物，而现代技术之本质与现代形上学之本质是完全同一的”④；“唯有一种西方技术；它是‘哲学’的继承者，仅此而已”⑤。

在海德格尔看来，现代技术的兴起是存有史发展的不可避免的结果，而存有的历史在其本质上亦是存有被遗忘的历史。正如海德格尔所称：“技术是不容置疑的存有被遗忘 [的事实] 之确立，这一确立在其自身中是永远不可企及的，[存有被遗忘] 亦即：对存有者全体之存有的忽视 [Ver-wahr-losung]。”⑥ 作为一个普通的德文词语，Verwahrlosung 的意思是“忽视”，海德格尔在此通过这个词语中间指涉“真理、是真的”的词素而提示着另外一层双关义，即“失去真理”的隐含意义。毋庸置疑，海德格尔对西方传统形上学的批判如影随形地伴随着他对现代技术的批判。在现代技术莅临之后，存有者受制于一种横扫一切的全体化的威力，其后果是所有的事物都变成了可供操纵的、中性的客观性“资源”。存有本身从存有者中隐遁，而人类则失去了与存有恰当的关系。海德格尔使用“集置”（Ge-stell）这个术语来命名现代技术的本质。集置承西方形上学传统之衣钵，把存有者视为纯粹的在场，并在当今世界的毁败中直接地显现着自身。

为了克服这种情况，海德格尔从 20 世纪 30 年代中期开始考虑从集置内部培植转化所需要的“准备就绪状态”的种种可能途径，从而促使人们

① Heidegger. Τέχνη und Technik 1940f//Leitgedanken zur Entstehung der Metaphysik, der neuzeitlichen Wissenschaft und der modernen Technik. Gesamtausgabe Bd. 76. Frankfurt am Main：Vittorio Klostermann，2009：294.

② Heidegger. Hölderlin's Hymne “Der Ister” 1942//Gesamtausgabe Bd. 53. Frankfurt am Main：Vittorio Klostermann，1983：66. Hölderlin's Hymn “The Ister”. trans W. McNeill，J. Davis，Bloomington：Indiana University Press，1996：53.

③ Heidegger. Besinnung 1938/39//Gesamtausgabe Bd. 66. Frankfurt am Main：Vittorio Klostermann，1997：176. Mindfulness. trans. P. Emad，T. Kalary. London：Continuum，2006：153.

④ Heidegger. 'Die Zeit des Weltbildes 1938//Holzwege. Gesamtausgabe Bd. 5. Frankfurt am Main：Vittorio Klostermann，1977：75. The Age of the World Picture. trans. J. Young，K. Haynes//Off the Beaten Track. Cambridge：Cambridge University Press，2002：57.

⑤ Heidegger. Heraklit 1943//Gesamtausgabe Bd. 55. Frankfurt am Main：Vittorio Klostermann，1979：3.

⑥ 同①311.

获得“与技术世界的一种自由关系”①，他使用与传统形上学相对照的“另一思想”（das andere Denken）来表述其哲学中的这一面相。这条思想道路的行憩驿站（Aufenthalt）包括他对技术之本质、对语言之本质以及对艺术与诗歌之本质的思考。

海德格尔对现代技术的沉思与他对语言和存有的长期探索密切相关。在1962年的《技术语言与传统语言》中，他提出，语言、技术与传统这三个词语“应和于当今之是（ist）者”②。更为明确地说：“言说被挑衅着要在每一方面都符合于集置，在其中，所有现成的存有者都可以被强取。”③ 探索语言之本质是培育可望拯救技术世界的另一思想的一个明显的行憩驿站。海德格尔对技术的思考与对语言的思考采用了非常相似的措辞。集置与语言皆是“所有险厄之险厄”④。技术的本质之中蕴含着拯救的种子，相应地，“隐藏在语言之神秘之中的拯救力量”也存在着⑤。我们必须走向险厄，也即直面集置，冒着弑父的危险追问语言之本质，因为恰是在险厄之处生长着拯救的力量⑥。诗化的语言（poiesis）与技艺（techne）两个词语皆与意味着揭蔽的希腊词语 φύσις（phusis，或 physis）具有语义关联。

至于艺术与诗歌这一行憩驿站，海德格尔在谈到尤其是荷尔德林的“诗化思想”之时将其关联于“另一思想”。艺术经常被视作针对集置的一

① Heidegger. Spiegel Gespräch mit Martin Heidegger 1966//Reden und Zeugnisse：677. Spiegel Interview with Martin Heidegger. trans. M. P. Alter，J. D. Caputo. Philosophy Today 1976（20），1993：281.

② Heidegger. Überlieferte Sprache und Technische Sprache 1962. St. Gallen. Erker，1989：9；Traditional language and technological language. trans. W. Torres Gregory. Journal of Philosophical Research，1998（23）：132.

③ Heidegger. Der Weg zur Sprache 1959//Unterwegs zur Sprache. Stuttgart：Neske，1959：265. The Way to Language. trans. P. D. Hertz//On the Way to Language. San Francisco：Harper & Row，1971：132.

④ Heidegger. Hölderlin und das Wesen der Dichtung 1936//Erläuterungen zu Hölderlins Dichtung. Gesamtausgabe Bd. 4. Frankfurt am Main：Vittorio Klostermann，1996：36. Elucidations of Hölderlin's Poetry. trans. K. Hoeller. Amherst NY：Humanity Books，2000：54. Frage nach der Technik：29f/309f.

⑤ Frage nach der Technik：30/310；Technische Sprache：28/142.

⑥ Cf. Heidegger. Aus einem Gespräch von der Sprache：Zwischen einem Japaner und einem Fragenden 1953/54//Unterwegs zur Sprache. Stuttgart：Neske，1985：113. A Dialogue on Language：Between a Japanese and an Inquirer. trans. P. D. Hertz//On the Way to Language. San Francisco：Harper & Row，1971：23.

种对抗手段①。海德格尔认为，作为揭蔽的艺术具有最为深厚的揭示存有之意义，并使得神圣与人类命运相遇的潜力，不过，“无人能够预料在这种极端的险厄之中，这样的本质的最高可能性是否可能被赋予艺术”②。值得注意的是，海德格尔并非总是把艺术、诗歌与技术对立起来，有的时候，他宣称艺术与技术的原义都是表示“带出”的 techne。

在 20 世纪 70 年代，海德格尔开始使用“集置束”（Gestellnis）这个术语。本章将着力揭示并澄清海德格尔思想的这一维度。集置束与那未来性的本己事件（Eignis，此乃本成事件的近义词）具有内在关联，“集置束”指向本己事件之“前院”，本己事件则由另一启始所承载，通过这种本己事件，人类获得与技术恰当的关系所需要的疏朗（Lichtung）将会揭示自身。通过使用“集置束”，海德格尔试图强调三重意思：首先，集置是存有之命运的直接后果。其次，在当前，思想最为紧迫的任务是认识到集置的历史必然性，并去倾听隐藏在集置中的尚且无人留意的存有的声音，而非天真地试图摆脱集置，或盲目地享受技术革新所带来的肤浅的便利。再次，在反思集置之本质的时候，我们必须向前（同时亦向后）思考，以便把本己事件或本成事件纳入眼帘。通过集置束这个术语，集置“被如其所是地思索”，因而，沿着海德格尔的思路，我们可以说，如果说集置所命名的是技术的本质，那么集置束则命名集置的本质。

在技术、语言与艺术这三个可能导向另一思想的行憩驿站中，海德格尔均不断地征引、挪用来自东亚的思想资源，特别是征引《庄子》中的无用之说来解释这种非占有性、非压迫性、准备性的、“无用的”的哲思，并且考虑是否可以借助非形上学的东亚艺术形式来克服全球化所带来的危机。本章后半部分探讨“东方”在对抗肆虐的技术—形上学的思维模式，并且开启与技术世界的自由关系方面所可能扮演的角色，尤其是东方思想资源在后期海德格尔所谓的“另一思想”的产生与发展中所起到的作用。

---

① F. -W. von Herrmann，Kunst und Technik bei Martin Heidegger//Wege ins Ereignis. Zu Heideggers “Beiträgen zur Philosophie”. Frankfurt am Main：Vittorio Klostermann，1994. R. Rojcewicz. The Gods and Technology. A Reading of Heidegger. Albany：State University of New York Press，2006.

② Frage nach der Technik：315/35.

一、现代技术的本质是集置（Ge-stell）

海德格尔在1949年的不来梅演讲之一《集置》以及1953年的《追问技术的问题》中开始使用集置这一术语，在此之前，他使用了一系列家庭相似概念，诸如“谋制”（Machenschaft）、“可控制性”（Beherrschbarkeit）等等[①]，它们可被视为集置之前身。并且，在他生命的最后阶段（即20世纪70年代），海德格尔还使用了“集置束”（Gestellnis）一词来强调从集置自身出发从而走出集置的可能性。

在1936年开始写作的《克服形上学》中，海德格尔解释道，他所使用的“技术”一词并非狭义上的技术，而是涵括了“组成存有者全体的所有领域：被客体化的自然、文化产业、制作性的政治以及涂抹在一切事物之上的理想的光彩”[②]。在20世纪30年代后期及40年代早期，海德格尔使用了“谋制”一词，谋制意味着操纵与恶毒（Bösartige）。在秘密写作于1938年的《沉思录》中，他写道：

> 谋制在此的意思是产生并构成一切的存有者之可生产性（Machbarkeit），唯有在此可生产性中，被存-有（Seyn）及其真理的奠基活动所摈弃的存有者之存有规定着自身……一切事物皆符合于可生产性，如此以致对于一切事物的无休止的、无条件的估算都是事先确定方向的……谋制即是不断持续的毁灭……最终侵害了所有的决定。[③]

谋制的专横在这样的情况下最为突出地表现出来：它占有思想，并且“被谋制确定的存有者被存有所摈弃”，而存有则变成了制造、安排、竖立自身的一种东西[④]。对地球的摧毁以及对人类本质的灭绝不再给予存有者在其存有之中敞开以任何可能性，如海德格尔所言，“它不再容许任何存有者［的存有］”，“技术宛若没有存有的存有者而存在着”[⑤]。

① Heidegger. Beiträge zur Philosophie: Vom Ereignis 1936—38//Gesamtausgabe Bd. 65. Frankfurt am Main: Vittorio Klostermann, 1989: 494. Contributions to Philosophy: From Enowning. trans. P. Emad, K. Maly. Bloomington: Indiana University Press, 1999: 348.

② Überwindung der Metaphysik: 78/74. Cf. Τέχνη und Technik: 309f.

③ Besinnung: 16/12.

④ 同③19/15.

⑤ Τέχνη und Technik: 290. 着重号来自原文。

Gestell（亦写为Gestelle）是一个普通的德文词语，意思是某种具有框架的用具，例如书架。在1935年的《艺术作品之起源》中，Ge-stell（注意：海德格尔添加了一个分词符）一词已经出现，它的意思是“各种方式的置放（Stellen）之集聚”，但尚未作为一个术语而被使用①。在作于1941/1942年的《本成事件》中，Ge-stell被称为对“作为谋制的存有”的简写②。在1949年的不来梅演讲中，海德格尔开始把它当作一个术语来使用，Ge-stell被界定为“对于置放的集聚在一起的集聚，在这种置放中，所有可订造的东西皆在其持存中达至在场”③。

在英文海德格尔研究资料中，Ge-stell有若干种译法：frame，framing，enframing，enframement，construct，exposition，universal imposition等。中文版海德格尔著作中Ge-stell通常被翻译为“架置”，这个译法恰切地传达出Gestell“架子”的基本意义；但笔者以为，既然海德格尔增添了分词符，那么前缀Ge-的“集聚”的意思应当在翻译中体现出来，因此翻译为“集置”。此外，Ge-stell与其他包含词根-stellen的词语相呼应，例如：bestellen（Bestellung，bestellbar）订造，herstellen制造，abstellen放一边，verstellen调整，nachstellen重建，hinstellen放下，等等。此外，在1935年的《艺术作品之起源》中，海德格尔使用了aufstellen建立、herstellen制造、darstellen表象、feststellen发现、zurückstellen置回等词语④。在其著作《诸神与技术》中，罗杰维兹用以下词语来表述集置的内涵：imposition强求，compulsion强制，constraint约束，disposables-look可处理品的面貌，force力量，ordering订造的，challenging挑衅的，ravishing摧毁性，hoarding积敛的，exploiting剥削的，transforming转化的，storing储藏的⑤。

---

① Heidegger. Der Ursprung des Kunstwerkes//Holzwege，GA. 5. Frankfurt am Main：Vittorio Klostermann，1977：1－74；The Origin of the Work of Art. trans. J. Young，K. Haynes//Off the Beaten Track. Cambridge：Cambridge University Press，2002：1-56. 参看海德格尔1956年撰写的“附记”。

② Heidegger. Das Ereignis 1941/42//Gesamtausgabe Bd. 71：11.

③ Bremer und Freiburger Vorträge：32.

④ 关于Ge-stell及stellen的两种不同含义，参看海德格尔1956年所写的“附记”：Der Ursprung des Kunstwerkes：72/54，以及G. Schufreider的Stocking Heidegger with a Stella：Lacoue-Labarthe，Art and Politics'，in D. Pettigrew and F. Raffoul eds.，*French Interpretations of Heidegger. An Exceptional Reception*，Albany：State University of New York Press，2008。

⑤ Rojcewicz. The Gods and Technology. A Reading of Heidegger. Albany：State University of New York Press，2006：part II.

作为海德格尔哲学的一个术语，集置意指那种横扫一切、把一切存有者皆转化为全然的可取性及纯粹的可操纵性。这种无所不包的力量在现代技术中得到最为集中的体现，正如海德格尔所言，“集置一词命名着技术之本质”①。尤为重要的是，集置在其本质上与存有相关联，它是存有者之存有在现代技术世界中所获得的意义，它具有把存有者当作纯粹的在场（Anwesenheit）这样一种姿态②。这种姿态来源于在形上学的历史中存有被遗忘，而人类亦被存有所遗弃的事实。正是由于在这种对待存有者的技术姿态中存有付诸阙如，集置意味着诸多否定性的因素：世界之非世界（de-worlding），大地之非大地（de-earthening），人性之非人性（de-humanization），存有者之非神性（de-deification）③。

在其著作中，海德格尔频繁地表述他对于集置肆虐一切的力量的忧虑。在《克服形上学》中，他如此描绘世界形势：“技术把地球从其可能性的范围驱逐到不可能的事物之中。”④ 在《田间路对话》中，他强调，“对技术的发现释放出自然的力量，这种力量已然在一种囊括了地球的毁灭性过程中宣泄出来”⑤。这段话令人联想到 1945 年第二次世界大战中对原子弹的首次使用，此乃技术毁灭性力量得到宣泄的巅峰。1959 年，赫鲁晓夫称，苏联成功地“在天空中炼造出一条从地球通向月球的道路”，海德格尔反唇相讥地说，如今再也不存有诗意栖居意义上的地球或天空了⑥。

为了克服这种情况，海德格尔从 20 世纪 30 年代中期即开始考虑从集置内部培植转化所需要的“准备就绪状态”的种种可能途径，而“集置束”这个术语则是海德格尔思想这一侧面的一部分。

二、集置束是集置的本质

集置束（Gestellnis）一词出现在海德格尔 20 世纪 70 年代写下的一些

① Bremer und Freiburger Vorträge：65.

② 与海德格尔对存有、存有者与存有性（Sein，Seiende，Seiendheit）的区分相仿，在其著作中我们也可以发现这样一个三重区分：1. 在场（Anwesen，An-wesen），或者说，在不在场中在场或达至在场（Anwesung）；2. 所在场的东西（Anwesende）；3. 在场性（Anwesenheit）。

③ Τέχνη und Technik：297.

④ Überwindung der Metaphysik：96/89.

⑤ Feldweg-Gespräche：18/11.

⑥ Heidegger. Aufzeichnungen aus der Werkstatt 1959//Aus der Erfahrung des Denkens 1970—1976. Gesamtausgabe Bd. 13. Frankfurt am Main：Vittorio Klostermann，1976：152.

笔记和短文中。他把这个词语的来源归于中世纪神学家埃克哈特，后者用Gestellnis来翻译拉丁词语forma。海德格尔用他自己独特的语言来如此解释forma："处于在场之物（物质，hyle）中的在场之集聚着的规置。"①在一些情况下，Gestellnis似乎与Ge-stell并无重要的区别，二者皆指涉由于存有被遗忘而带来的后果。例如在1974年的《神圣之名的缺失》这篇文章中，海德格尔写道：

> 倘若技术时代能够经验到集置束的力量，后者如此地规定着前者，以至于显示出这种"缺失"如何——以一种扭曲的方式——统治着它，那么，人的此在就可以被允许参与那拯救的敞开境域。②

以这样的段落为依据，一些学者认为集置束与集置的意思是完全重合的，因而没有必要专门去推究集置束有无特别的含义。例如，希恩称，海德格尔的术语Ge-stell来自埃克哈特的Gestellnis，而Gestell则始终是一个普通的德文词语。《神圣之名的缺失》的英文版译者拉德洛夫则把Gestellnis翻译成Exposition，显然，他以为它与Ge-stell的意思并无二致。

然而，海德格尔的另外一些文字则表明这两个术语之间具有相互关联的微妙区分。有一次，海德格尔说，集置束被用来命名集置是在这样的前提下："集置被如其所是地思索，也即从对那所需要的本己事件（Eignis）之境域的瞥视中被命名；从那另一启始出发而被思索。"③ 这段话表明，集置承西方形上学传统之衣钵，把存有者视为纯粹的在场，并在当今世界的毁败中直接地显现着自身；而集置束则与那未来性的本己事件（此乃本成事件的近义词）具有内在关联，本己事件由另一启始所承载，通过这种本己事件，人类将获得与技术恰当的关系。

我们知道，海德格尔从20世纪30年代就开始使用本成事件（Ereignis）这个术语。在《哲学献文》中，他用"退隐"（Ent-eignis）来表达本成事件的奠基是一个深渊般的开敞，退隐则指涉存有的本源性的隐退与

---

① Heidegger. Gedachtes//Gesamtausgabe Bd. 81. Frankfurt am Main：Vittorio Klostermann，2007：286.

② Heidegger. Der Fehl heiliger Namen 1974//Aus der Erfahrung des Denkens：232. The Want of Holy Names. trans. B. Radloff. Man and World，1985（18）：264.

③ 同①47.

遮蔽；ent-这个前缀有离开某物移向其反面的意思。海德格尔说：“在这个纪元，‘存有者’被存-有所居有。”① 这个纪元即是集置的纪元。人们首先需要做的是去体验存有的被摈弃，只有从这样的体验出发，本成事件才会发生，在这种语境中，本成事件命名着当存有在居有人类、揭示自身的同时另一启始中一种历史性的事件发生；对于这种事件发生，我们只能够有一种预感。

在20世纪70年代，海德格尔开始使用与“本成事件”词义接近的“本己事件”(Eignis) 这个术语，原因在于Ereignis太过经常地被误解为Geschehnis，即“事件”，而Eignis则首先传达出一种“拥有、本己”的意思（与动词eignen相关联)②。去掉了前缀er-（意思是使某事发生)，本己事件似乎指向一种更为祥和、静谧的拥己方式，通过它，人类让自身为存有所拥有，由此获得对存有恰切的理解，而存有亦通过让自己的声音被倾听到而揭示自身。

我们知道，海德格尔在集置与本成事件之间构建起一种内在相关性。在1959年《荷尔德林的大地与天空》的一篇序言中，海德格尔写道，在倾听荷尔德林的诗歌时，人们必须“从集置（Ge-stell）出发——而集置则是四元（Geviert）自我伪装着的本成事件（Ereignis）——而转入对无限关联之中心的思想经验”③。此处，集置被等同于本成事件隐藏着的模态。由于与本成事件的这种内在相关性，有的学者提出，集置是“本成事件的一种预备形式”④。这种说法道出了集置与本成事件以及与存有之揭示的密切关联。“集置束”一词的特别之处在于，它显明了集置与本成事件之关联的这一层意蕴。

总而言之，海德格尔在20世纪70年代借用“集置束”一词想要强调三重意思：首先，集置是存有之命运的直接后果。其次，在当前，思想最为紧迫的任务是认识到集置的历史必然性，并去倾听隐藏在集置中的尚且

---

① Beiträge zur Philosophie：170/120.

② Gedachtes：47.

③ Heidegger. Hölderlin's Erde und Himme 1959//Erläuterungen zu Hölderlins Dichtung. Gesamtausgabe Bd. 4. Frankfurt am Main：Vittorio Klostermann，1996：153. Elucidations of Hölderlin's Poetry. trans. K. Hoeller. Amherst NY：Humanity Books，2000：176. 此处的无限关联是四元的近义词，而四元之间镜射般的游戏则是可能引向那拥己的本成事件之发生的一种方式。

④ D. Vallega-Neu. Ereignis：the Event of Appropriation//B. W. Davis. ed. Martin Heidegger：Key Concepts. Cambridge：Cambridge University Press，2010：149.

无人留意的存有的声音，而非天真地试图摆脱集置，或盲目地享受技术革新所带来的肤浅的便利。最后，在反思集置之本质的时候，我们必须向前（同时亦向后）思考，以便把本己事件或本成事件纳入眼帘。通过集置束这个术语，集置“被如其所是地思索”①，因而，沿着海德格尔的思路，我们可以说，如果说集置所命名的是技术的本质，那么集置束则命名集置的本质。海德格尔下面的诗句所表达的即是最后这一层意思：

转化的时代
走出存有之命运的最后纪元
走出集置（Ge-stelle）的纪元（即那作为在场的规置性的纪元）
来到本己事件之前院，也即集置束 ②

此处，海德格尔把集置束说成是本己事件之前院（Vorhof，forecourt）③。在另一个段落，海德格尔吟咏道：

最终被抛弃了
人急急地
路过那拯救的转折（Wende）
走出那逼迫的集置
来到那需要为之准备的集置束 ④

根据海德格尔的思想，我们可以说，集置对应于形上学在其中终结的最后一个纪元，而集置束——作为从其本质而思的集置——则是通向本己事件的不可避免的一步，或者说，它是那等待着人类为之准备的本己事件之发生的前院。不幸的是，人们对于在集置中隐藏着存有之命定这一真理习惯性地置若罔闻。因此，他们太过频繁地错过了走出那猖獗的对存有的规置性——即集置——而来到那殷勤的本己事件之发生的前院——即集置束——的转折之处。与此同时，迈向本己事件的步伐同时也是迈回到集置威力之源泉的步伐，此亦即迈出形上学传统。

① Gedachtes：47.

② 同①290. 括号中的文字出自原文。

③ 参见《同一与差异》中有关“本成事件的序曲”的讨论。Heidegger. Identität und Differenz 1955—57；Identity and Difference. trans. J. Stambaugh. New York：Harper & Row，1969：36/101.

④ 同①301.

三、对比海德格尔的集置与艾吕尔的技艺（technique）

如果我们把海德格尔关于现代技术与存有史具有内在关联这样一个宏大的史诗般的话语暂时搁置一边，我们可以看到他对严峻的世界形势与法国技术哲学家艾吕尔（Jacques Ellul，1912—1994）对当前全球化、技术化的世界所做出的诊断具有惊人的相似之处。艾吕尔对法文词语 la technique 重新做出定义，将其构建为其技术哲学的核心术语。他说，technique 指涉的是“通过运用理智而达到的、并且（在某一个发展阶段）对人类活动的一切领域都具有绝对有效性的方法之全体”①。以下是艾吕尔在其著作《技艺，抑或世纪之枢纽》中所阐发的有关技艺的五个基本特征。

1. 技艺是指向自身的。技艺总是规定着事物中那种最为有效的方法，以至于人类的干预都变得无效或不可能。

2. 技艺是自我扩张的。技术的解决成果导致自身愈加强化的循环过程，技艺的增长是自动的、不可逆的。

3. 技艺是一元的。技艺自动的循环产生出所有的可能结果。不可能在保留一些认为是好的技术设施的同时排除另外一些认定是坏的技术设施。

4. 技艺是整体性的。各种领域中的技艺形式相互依赖。经济的“技艺”需要政治的“技艺”，而政治的“技艺”则需要宣传的“技艺”，如此反复，以至无穷。

5. 技艺是自主的。技艺已经成为人类文化的一种普遍语言与普遍决定因素，它是一种封闭的系统，社会、政治、经济的变化都依赖于它。

艾吕尔对技术世界的剖析可以帮助我们更好地把握海德格尔更为简略、更难捉摸的关于集置的言论。他们之间的一个区别是，对于海德格尔而言，集置是存有史的最后一个阶段，它具有必然性；而对于艾吕尔来说，技艺是历史中经验事件序列中的一种偶然性的事件。

在他后来的著作《技术的把戏》中，艾吕尔认为，随着极权式技术体

---

① J. Ellul. La Technique ou l'enjeu du siècle. Paris：Armand Colin，1954. The Technological Society. trans. J. Wilkinson. New York：Knopf，1964.

系的全球化发展，有可能会出现这种情况：技艺使得任何改革技术、重新建立人类自主的尝试都变得虚妄①。所谓“技术的把戏”指的是掩盖了技术本质的某种新机制。人们在技术世界中变得自在，那种完全沉浸于技术之中的生活变得自然而然，并且为人所希求；而没有技术的生活简直无法想象、毫无吸引力。海德格尔亦有相似的言论，“从对匮缺的掩盖中产生出庞大固埃（the gigantic）”②；“所有的现代性对技术的掌控，所有欲成为其主人的诉求，因而只是一种幻觉——一种相当糟糕地掩盖了技术［对人们］的形上学意义上的奴役的幻觉”③。

四、朝向“另一思想”（das andere Denken）

在技术哲学界，海德格尔关于现代技术的思想屡遭批评。多数学者认为他的思想是本质主义的、悲观主义的，芬伯格（Andrew Feenberg）即是其中一位批评者④。他指出，海德格尔没有考虑到技术设备的多样化以及技术发展的具体历史，尽管我们可以将其集置的概念解释为使得一切事物变得可供控制的一种文化形式，然而这个概念把技术看作某种具有不变亦不可变的本质内核的东西。芬伯格认为，海德格尔未能给我们展示出一种更好的技术社会的未来，他所谓的从人类任意行动转向接受式的“泰然任之”亦不能有所帮助⑤。总而言之，我们可以把海德格尔的立场描述为“敌托邦”（dystopian）或者说“反面理想国”，它不能把我们引向任何未来。“敌托邦”一词是相对于乌托邦（Utopia）而虚构出来的一个国家，在那里一切皆是丑恶的，这尤其体现在极权主义与环境恶化上。在对海德格尔进行批评的基础上，芬伯格提出，我们可以“自由”地选择不同种类的技术设备。

① J. Ellul. Le bluff technologique. Paris：Hachette，1988. The Technological Bluff. Grand Rapids：Eerdmans，1990.

② Beiträge：137/96.

③ Besinnung：173/152.

④ A. Feenberg. Questioning Technology. London：Routledge，1999. Feenberg. The Ontic and the Ontological in Heidegger's Philosophy of Technology. Inquiry，2000（43）：445-450.

⑤ 应当注意，海德格尔所谓的对待事物的泰然任之（Gelassenheit zu den Dingen）具有双面性，它对技术世界既有肯定亦有否定。运算型思考与沉思型思考皆需要，但比可能发生的第三次世界大战更为危险的事情则是运算型思考成为唯一类型的思。Heidegger. Gelassenheit 1955//Reden und Zeugnisse：527；Memorial address. trans. J. M. Anderson，E. H. Freund//Discourse on Thinking. New York：Harper & Row：54.

倘若我们选择了一种更为恰当的类型，那么世界也会变得不同。处于技术世界之中的人类并非完全是被动的，通过选择，他们可以使得世界发生变化，因此，“进步即是我们之所愿”①。这句话原出自1968年巴黎学生运动的传单。芬伯格说，正是那个历史事件促使他开始对技术进行反思。

我们并非刻意为海德格尔辩护，然而芬伯格的批评与海德格尔的文本确实有一些差池。第一，尽管海德格尔一再强调集置笼罩着一切，促逼着所有事物成为可用性，但他并非没有看到现代技术所带来的诸多便利以及人们对贮存与开发能源方面所做出的改进。这是在1944/1945年撰写的《一位导师、一位科学家与一位学者之间的三联谈话》一文中海德格尔本人以导师的身份所指出的②。

第二，集置即是人类的命运，这并不意味着人类完全束缚于某种盲目的命运之中。海德格尔在《明镜》访谈录中说：“我并没有把居于全球化技术世界中的人类的处境看作一种不可逃脱或不可解脱的命运。”③ 不过，因为海德格尔确实用了大量篇幅来书写处于集置的钳制之中那种令人窒息的人类处境，所以许多学人都把他当作一位悲观主义者。然而，同样也是在《明镜》访谈录中，他说：“悲观主义，非也。悲观主义与乐观主义是我们在考虑的态度，它们相去不远。”④

第三，海德格尔并没有否认芬伯格所提到的在不同类型的技术设备之间进行选择的可能性。与艾吕尔相似，他认为这些所谓的“自由”选择总是已然裹挟在集置之中。技术哲学家伊德批评海德格尔说他只关注到技术之本质，而无视于“技术的不同语境与多重向度，而一种实用主义—现象学的理论可以更好地思考这些方面”⑤。海德格尔对此可能也会给出与上面相似的答复。芬伯格认为设计过程可以被深刻地“民主化”，而海德格尔与艾吕尔则会回答：使得人们可以直接接触技术设施比某种需要不断被重复的技术专家的设施更为有效。

第四，海德格尔的“泰然任之”不能被等同于退让或被动。在英文中它有好几种翻译：letting-be 任其自然，releasement 释然，equanimity 泰

① Feenberg. Questioning Technology London：Routledge，1999：22.

② Feldweg-Gespräche：20/13.“导师”的德文原文是 der Weise，它不仅可以指涉一位智者，也可以指涉一位引路人、向导。

③ Spiegel Gespräch：677/280.

④ 同③669/276.

⑤ Don Ihde. Heidegger's Technologies. Postphenomenological Perspectives. New York：Fordham University Press，2010：115.

然，composure 镇定[①]。我们应当把“泰然任之”和人们应当倾听存有从技术之本质中发出的声音这个建议以及海德格尔的“愿无愿”（ich wolle das Nicht-Wollen）的概念联系起来加以理解。“愿无愿”见于《田间路对话》：“在我们关于思的冥想中，我真正所愿的是我愿无愿。”[②]

第五，海德格尔并没有否认思想可以起到中介作用，虽然这种作用只能间接地产生，但它会有影响。正如他在《明镜》访谈录中所说：“另一思想可能带来某种中介效应，但并不是那种通过因果律而改变世界形势的直接的效应。”[③] 因此，海德格尔并不认为他关于技术的观点是一种反面理想国。

尽管海德格尔关于如何走出集置的路径这个问题所表现出来的态度通常含混不清，令人难以捉摸，但在某些场合，他还是给出了些许线索。例如在接受《明镜》采访时，记者一再要求他给新闻界、政治家以及普通市民就如何拯救现代技术世界提供明白晓畅的解释。

> 《明镜》：您并没有把自己列在那些——如果他们的声音能被听到——能够指点出路的高人之中？
>
> 海德格尔：没有！我不知道任何可以直接改变世界现状的出路，假设这种改变在人类世界真的可能。但在我看来［我所］尝试的思想可以——通过思与诗——唤醒、澄清、加强那种……为神之出现或为在衰败时期神之消逝有所准备……我称之为“另一思想”。[④]

对于海德格尔而言，谈论可以带来全面革新的捷径是荒谬的。那种自以为具有这种能力的思想与意识形态异曲同工，它与那种把存有者当作存有者，而非从存有之光来对存有者加以考量的形上学—技术之思也相去不远。另一思想不再束缚于形上学之思的藩篱之中。有的学者可能会把它与海德格尔作于 30 年代的《哲学献文》中相对于“第一启始”（der erste Anfang）的“另一启始”（der andere Anfang）混为一谈。然而，我们应当

---

① 罗杰维兹认为海德格尔的“泰然任之”囊括了下列含义：letting go，detachment，contemplation；making ready，inducing，abetting，releasing，encouraging，nudging，nurturing，preserving，guarding，bringing forth，actively awaiting；revealing，unveiling，freeing，unconcealment；openness to the mystery，pious attitude，hasten the arrival of a third epoch (a gift of the gods)。See The Gods and Technology. A Reading of Heidegger. Albany：State University of New York Press，2006：part II. passim.

② Feldweg-Gespräche：60/38.

③ Spiegel Gespräch：673/278.

④ 同③674－676/279－280.

区别对待它们。“第一启始”是随着早期希腊思想家被存有所攫住而开启的，“另一启始”与它具有断裂中的延缓性。

与此相比，尽管“另一思想”仍然保留了西方传统应当首先实现自我转化这个前提条件，但海德格尔似乎给予它更多一些的开放性，并且，每当他或多或少地论及与东方思想的相遇之际，所使用的常是“另一思想”一语。不过，在二战之后海德格尔不时把“另一思想”与“另一启始”相提并论①。或许他是把后者当作前者的同义词来使用，也或许每每论及与东方思想的相遇，海德格尔总是念念不忘西方传统应当首先实现自我转化这种急迫性。

“另一思想”在海德格尔的著述中出现的次数不多②，在作于1941年至1942年的《本成事件》中，有这样一些表述：相对于平常思想的有所思之思（denkerisch）；相对于形上学思想的存有—历史性之思（seynsgeschichtlich）；另一种转换的（überganglich）启始之思；纯粹的、本质性的思③。在此阶段，这些表述有可能与“另一启始”的思想关联较为密切。“另一思想”其他的表述形式还有：准备性之思（vorbereitende）④，未来性之思⑤，反思之思（sinnende）⑥，这些思与形上学或运算型之思都是相反的，在某些场合，海德格尔曾说另一思想是非概念性的⑦。我们在庄子一节再进一步探讨另一思想。

---

① 例如：Gedachtes：309. Cf。“ein anderer Anfang des Denkens”（M. Heidegger. Zur Frage nach der Bestimmung der Sache des Denkens 1965//Reden und Zeugnisse：620－633).

② Feldweg-Gespräche：187/122；Spiegel Gespräch：673/278；Ereignis：259. Heidegger Das Ende der Philosophie und die Aufgabe des Denkens 1964//Zur Sache des Denkens. Gesamtausgabe Bd. 14. Frankfurt am Main：Vittorio Klostermann，2007：74；The End of Philosophy and the Task of Thinking. trans. J. Stambaugh// On Time and Being. Chicago：The University of Chicago Press，2002：59.

③ Ereignis 1941—1942，43－44，246－247，259－260，309－311，250.

④ Ende der Philosophie：75/ 60；Heidegger. Nietzsche's Wort：“Gott ist tot” 1943//Holzwege. Gesamtausgabe Bd. 5. Frankfurt am Main：Vittorio Klostermann，1977：212；Nietzsche's Word：“God is dead”. trans. J. Young，K. Haynes//Off the Beaten Track. Cambridge：Cambridge University Press，2002：159.

⑤ Heidegger. Brief über den “Humanismus” 1946//Wegmarken. Gesamtausgabe Bd. 9. Frankfurt am Main：Vittorio Klostermann，1976：360；Letter on humanism. trans. W. McNeill//Pathmarks. Cambridge：Cambridge University Press，1998：273.

⑥ Aufzeichnungen aus der Werkstatt：152.

⑦ Gedachtes：306；Gespräch：86/2；Heidegger. Zeit und Sein 1962//Zur Sache des Denkens. Gesamtausgabe Bd. 14. Frankfurt am Main：Vittorio Klostermann，2007：5；Time and Being. trans. J. Stambaugh//On Time and Being. Chicago：The University of Chicago Press，2002：2.

五、集置向东方的全球化扩张

海德格尔认为："通过技术，整个地球而今都是以西方的方式来经验的，都是以欧洲形上学与科学的认识论模式来加以表象的。"① 随着技术变得全球化，集置以及与之相应的对于存有的形上学理解扩展到了整个地球。在《时间与存有》中，海德格尔如此描述集置的扩张：

> 存有作为持存物，即可被运算的材料，以同样的方式支配着地球上所有的居民，而欧洲之外的居民对此并没有清楚的认识，甚至没有能力或不愿意知道这种存有之规定性的起源。（显然，最不希望有这一知识的是那些忙碌的开发者，而今，他们把所谓的不发达国家挤入倾听从现代技术的核心中发出的存有之召唤的范域之中。）②

把存有理解为在场是规定着集置的奠基性思想，这种思想必然地传播到了全球。集置如同纤维一般渗透到非欧洲居民的生活形式之中，而他们对此甚至没有任何感觉。在《关于语言的对话》中，海德格尔描绘了一幅东亚学者竞相追逐于采纳欧洲概念框架的图景，这样的情况产生了各种各样有害的"同化"（Angleichungen；assimilation）与"混合"（Vermischungen；intermixtures）③。

在论及集置向东方的扩张之际，海德格尔经常使用"全球化"（planetarisch）一词来描绘实在世界的总体化。他在 30 年代后期、40 年代早期即开始使用这一用语，例如："被技术式地组织起来的人们的全球化帝国主义"④；"这种欲求全球化规置的意志"⑤。这种全球化扩张的结果是："整个星球［即地球］被当作一个权力的产物"⑥，因而"这个星球［即地

① Heidegger. Logos：Heraclitus，Fragment 50，1951//Vorträge und Aufsätze. Gesamtausgabe Bd. 7. Frankfurt am Main：Vittorio Klostermann，1975：232；Logos：Heraclitus，Fragment B 50. trans. D. Farell，F. A. Capuzzi//Early Greek Thinking. New York：Harper & Row，2000：76.

② Heidegger. Zeit und Sein 1962//Zur Sache des Denkens，GA 14：11，Time and being//On Time and Being. New York：Harper & Row，1972：7.

③ Gespräch：87/3.

④ Die Zeit des Weltbildes：111/84.

⑤ Der Ister：59/48.

⑥ Besinnung：18/14.

球］处于熊熊火焰之中，而人的本质则脱了臼”①。在 1957 年的《思想的基本原则》中，海德格尔悲叹：“欧洲思想也威胁着变成全球化，这表现在此：当代的印度人、中国人和日本人通常只能带给我们通过欧洲思维方式经验到的东西。”② 在集置不可抵挡的威力下，亚洲思想面临着即将被蒸发掉的危险。

对于集置的焦虑是海德格尔在和他的日本友人联络的时候时常表达的一个话题。在 1974 年致日本期刊《思想》的一封信中，海德格尔写道：

> 技术—工业文明的时代蕴含着一种稳定增长的险厄，这种险厄的根源几乎从未被思及。…… 或许现代世界文明正在转入存有之时代性命运的最后阶段，即存有被确定为包括人类在内的无条件的可规置性。③

在致 1974 年 11 月于贝鲁特召开的一次海德格尔会议的贺信中，海德格尔亦有类似的表述④。显然，在这些言论中，所谓的“文明”或“世界文明”指涉的是集置。由于集置的垄断，每一种“民族文化”都被剥夺了个体特性，存有者被当作可以被无条件地加以规划与分配的中性存有物，这导致了一种笼罩着整个地球包括东亚的“世界文明”。集置穿着建立在西方—欧洲思想基础之上的“世界文明”的外套，正在阔步驱向“形上学之完满”的最后阶段。在 1969 年梅斯镇举办的庆贺海德格尔八十周岁诞辰的晚会上回复辻村公一（Tsujimura Kōichi）的致谢辞中，海德格尔说：“这个世界文明已经传播到了整个地球，因此我们的忧虑［Not］，辻村先生，与你们是同样的。”⑤

在 1963 年致小岛武彦（Kojima Takehiko）的一封长达 5 页的信中，海

---

① Heraklit：123.

② Heidegger. Grundsätze des Denkens. Freiburger Vorträge 1957//Bremer und Freiburger Vorträge. Gesamtausgabe Bd. 79. Frankfurt am Main：Vittorio Klostermann，1994：145.

③ Reden und Zeugnisse：744.

④ Heidegger. Ein Grusswort für das Symposion in Beirut 1974//Reden und andere Zeugnisse eines Lebensweges 1910—1976. GA 16：742−743. A greeting to the symposium in Beirut//Martin Heidegger and National Socialism. eds. Günther Neske，Emil Kettering. New York：Paragon House，1990：253−254.

⑤ Heidegger. Aus der Dankansprache Martin Heideggers 1969//H. Buchner. ed. Japan und Heidegger. Gedenkschrift der Stadt Messkirch zum hundertsten Geburtstag Martin Heideggers. Sigmaringen：Thorbecke，1989：166；From Martin Heidegger's Reply in Appreciation. trans. R. Capobianco，M. Göbel. Epoché：A Journal for the History of Philosophy，2008，12（2）：356.

德格尔再次对集置进行了深入的讨论，并且论及拯救的可能性①。他指出，在集置最近的一个纪元中，世界的欧洲化无情地从日落之国——即西方（Abendland）——扩张到了全世界，集置成就了全球化的垄断，就连人类也被纳入被规置、被发配的运算型系统之中，而这种情形被信息化、娱乐以及旅游等产业掩盖起来。那种起着决定性作用的险厄既不能被等同于一种世界性的灾难，也不能被等同于人类个体性的极度膨胀，因为二者实际上皆是存有史的命运所带来的后果，这种命运把人类置于规置性的威力之下，并使得他们投身于不断地把可规置的货物规置起来的事务之中。在 1963 年，第二次世界大战所带来的恐慌对于人们来说仍然记忆犹新，而美苏冷战则日益加剧，从这种时代背景出发，海德格尔说，世界性的灾难以及军国主义的人格皆是集置所导致的恶果。如果说集置的威力控制着整个世界，那么没有任何地域有可能逃避它。这样的情况使得人类被推入虚空之中（ins Leere）。

在 1963 年的这封信中，海德格尔并没有止于“虚空”，他接着谈道：鉴于人类完全处于非人的集置的操纵之下，那么世界似乎没有希望了。我们从哪里可以找寻到通往人类独特的本质性（Eigenheit）的道路呢？与他在《追问技术的问题》中断言正是在技术之本质性展开中隐藏着“拯救之力量的可能兴起”相似②，海德格尔建议，只有当我们把目光转向集置的统治性威力之后，人类才有可能获得其本质性。在信的结尾，海德格尔以一个令人迷惑的句子作结：

> 这样的反思再也不能为西方—欧洲哲学来完成了，但是没有它[即西方—欧洲哲学]亦不能完成——也即，除非其被更新的再次被居有的传统引到一条合适的道路之上。③

海德格尔在这句话中所表达的思想是复杂多面的。一方面，他从来也不能忘记，克服集置绝对不在于简单化地把西方—欧洲哲学抛到一边，相反，如果要拯救世界危机，必须首先再次更新、再次居有西方传统，因为它是集置发端的场所与根源。然而在另一方面，他对发展出集置的西方—欧洲哲学

---

① Heidegger. Letter to Kojima Takehiko 1963；Ein Briefwechsel 1963—1965//H. Buchner. ed. Japan und Heidegger. Gedenkschrift der Stadt Messkirch zum hundertsten Geburtstag Martin Heideggers，1989：216-227.

② Frage nach der Technik：33/337.

③ Letter to Kojima Takehiko 1963；Ein Briefwechsel 1963—1965//H. Buchner. ed. Japan und Heidegger. Gedenkschrift der Stadt Messkirch zum hundertsten Geburtstag Martin Heideggers，1989：220.

感到失望，而对日本友人说的这番话似乎也在暗示着他有时默默地期待东方传统能够有所帮助。在70年代，海德格尔有时似乎变得更加悲观，例如在1974年的《神圣之名的匮乏》中，他说：“如今我们比任何时候都未能把这种事态［即在场之疏朗的自我否定］带入思之中，并且明确地认可它。”① 那么，东方思想能否、又如何对抗拒集置助一臂之力呢？

六、东西方合力对抗集置

1950年之后，海德格尔数次论及“东西方对话这个本质性的问题”②，而每次提到这个问题的时候，其语境都是表述他对于集置的焦虑以及强调首先与早期希腊思想家进行对话的必要性；当涉及东方，他的措辞每每是“可能的对话”或是“不可避免的对话”③。在《明镜》访谈录中，海德格尔对待与东方进行对话这个问题的含混态度表现得最为明显，在其中甚至有赫然相互矛盾的言论并列出现。西方学者经常引用下面这段话来证明海德格尔全面否认东方可以做出重要的贡献：

> 我相信，转向（Umkehr）的准备只能在与现代技术世界起源同样的地方进行，这种转向不能通过对禅宗或任何东方对于世界的经验之采纳（Übernahme）而发生。④

然而，这些学者几乎没有注意到，在这段话发生的三轮交谈之前，海德格尔表示：

> 我们谁能够肯定是否有一天在俄罗斯和中国，某种“思”的古老传统（uralte Überlieferungen）会苏醒过来，帮助人们获得与技术世

① Heidegger. Fehl heiliger Namen：266/235.

② 马琳. 海德格尔论东西方对话. 北京：中国人民大学出版社，2010：第三章，第七章.

③ 关于“可能的对话”，参见：Heidegger. Zur Seinsfrage 1955//Wegmarken. Gesamtausgabe Bd. 9. Frankfurt am Main：Vittorio Klostermann，1976：424；On the Question of Being. trans. W. McNeill// Pathmarks. Cambridge：Cambridge University Press，1998：321。关于“不可避免的对话”，参见：Heidegger. Wissenschaft und Besinnung 1953//Vorträge und Aufsätze. Gesamtausgabe Bd. 7. Frankfurt am Main：Vittorio Klostermann，1977：41；Science and Reflection. trans. W. Vernon//The Question of Technology and Other Essays. New York：Harper & Row，2000：158。

④ Spiegel Gespräch：679/281.

界的自由关系?①

这两段言论表述了对待东方思想的两种不同的态度。第一种态度关涉于对待存有者的形上学—技术的姿态，而第二种态度则关涉于非强制性的另一思想。海德格尔认为，对“禅宗或任何东方对于世界的经验”的简单直接而肤浅的“采纳”根本无助于世界形势的转向，这是因为这样的“采纳”方式本身即处于集置的影响之下，并且是诸种有害的“同化”与“混合”之起因。由于当前的西方思想家深陷于形上学思维框架之中，他们尚未做好介入东方经验的准备。正如海德格尔在《思想的基本原则》中所言：“西方思想的逻各斯性质要求：如果我们竟然敢于触及那些古老的世界［即印度、中国和日本］，我们必须首先自问是否能够听到在那里所被思想的东西。”② 与此同时，研究东方思想的学者——包括学术背景来自东方的学者——也处于集置的控制之下，也只能透过西方形上学的概念系统来呈现其古老传统。因而，海德格尔反对对于东方思想的直接采纳实际上与他反对集中体现于集置之中的那种对待存有者的姿态是一致的。

海德格尔所表现出来的第二种态度则与另一思想对待存有者的那种非强制性的姿态相符合。人们需要有耐心来等待“‘思’的古老传统”有可能的苏醒。它们的苏醒是没有保障的，人们只能期待疏朗之可能发生。这种柔顺的非强制性的态度与海德格尔在 1953/1954 年和手冢富雄（Tezuka Tomio）的会晤以及在 1958 年和久松真一（Hisamatsu Hōseke Shinichi）的交谈中所谓的深层次的相遇是一致的③。但这种深层次的相遇有可能成为本真的对话吗?

在 1968 年海德格尔的演讲《关于确定思想之物的问题》日文翻译出版之际，他写了一篇序言，其中讲道：

① Spiegel Gespräch：677/281.

② Grundsätze des Denkens：145.

③ 参见：T. Tezuka Kaisetzu “Kotoba ni tsuite no taiwa”，Haidegga to no ichi jikan//Haidegga zenshu（The Complete Works of Heidegger），Tokyo，Risō，1968：137－166；An Hour with Heidegger'（trans. R. May and G. Parkes）//Heidegger's Hidden Sources. East Asian Influences on His Work，London，Routledge，1996：59－64（62）。其日文原文为：“東と西とは、ごういう深 処において話し会わなければならない”。S. Hisamatsu and Heidegger［1958］，Wechelseitige Spiegelung. Aus einem Gespräch mit Martin Heidegger//H. Buchner（ed.）. Japan und Heidegger. Gedenkschrift der Stadt Messkirch zum hundertsten Geburtstag Martin Heideggers. Sigmaringen，Thorbecke，1989：189－192. 海德格尔说：“我们必须从一个更为深入的地方（von einem tieferen Ort）开始［东西方相遇］。”

> 通过对疏朗的思考，通过对它恰切的描绘，我们达到这样的境域，在其中，经过转化的欧洲思想被带入与东亚之“思”富有成效的交涉(eine fruchtbare Auseinandersetzung mit dem ostasiatischen “Denken”)之中。这样一种交涉可能有助于(könnte mithelfen)把人类的本质从极度的技术运算以及对人的此在之操纵的威胁中拯救出来。①

此处我们先对“疏朗”(die Lichtung；clearing)做一点解释。正如卡波卞科(Richard Capobianco)正确地指出的，海德格尔对 Lichtung 的用意在前后期出现了重要的变化②。在 20 世纪 60 年代之前，Lichtung 一词中的 Licht(光)在大多数情况下都是中心词根，例如 1946 年的《关于人文主义的通信》中的 die Lichtung des Seins 一语。由于“光”的指涉提示着柏拉图把真理比作光照的著名比喻，在这些情况下，把 Lichtung 翻译为“澄亮”更为合适。在 60 年代之后，居于中心地位的则是与 leicht 相关联的词义，即使某物变得明朗、开敞、通畅，例如伐去森林中某一处的树木而使其开敞，由此 Lichtung 获得了“生发着的自由空间”的衍生义。与此同时，海德格尔坚决地否认 Lichtung 与“光”的任何关联，他说，“表示自由与开敞的 Lichtung 无论在语言学上还是在实际意义上都与表示‘明亮’的形容词 licht 无关”③。他强调我们必须“跟随希腊人”来理解 Lichtung，并把它和希腊概念 aletheia 联系起来，要注意，“被疏朗的是遮蔽着自身的东西”④。在疏朗之中逗留的东西不仅是光与火，而且也有黑暗与遮蔽，“事情在于把揭蔽作为疏朗来加以体验”⑤。存有通过揭蔽——某种保留着遮蔽的揭蔽——来揭示自身。不过，Lichtung 中所隐含的“光”之义似乎也不能完全否认，我们熟知，海德格尔惯常借用同一词语的字面意义与所获得的哲学意义相互指涉。因此，把 Lichtung 翻译为“疏朗”或许是一个不错的选择。疏即通，而朗则依然隐含有“光”之义。

在上面提到的 1968 年的序言中，海德格尔强调对于疏朗的恰切思考，并且期待使人们能够介入“与东亚之‘思’富有成效的交涉［Ausein-

---

① Reden und Zeugnisse：695.

② Richard Capobianco. Engaging Heidegger. Toronto：University of Toronto Press，2010：87－103.

③ 本段的引文来自 Ende der Philosophie：72/58。

④ Heraclitus Seminar 1966/67：Martin Heidegger and Eugen Fink//trans. C. H. Seibert，Alabama：University of Alabama Press，1979：161. Gesamtausgabe 15：262.

⑤ 同④.

andersetzung；confrontation，discussion］”的境域得以敞开。这样一种交涉能够引向人类的本质特性。“境域的敞开”这一用语看上去暗指疏朗，此外，海德格尔或许在考虑他是否可以借鉴东方资源来发展其“疏朗”的概念。在1962年的希腊之旅中，海德格尔似乎曾考虑过早期希腊与亚细亚的对抗是否可以通过欧洲哲学与东亚思想之间的交涉这样的形式来加以重复，考虑这是不是一种宇宙论意义上的必然性①。

海德格尔对待东方思想的这两种姿态的区别，即采纳与深度相遇，以及形上学思想与另一思想的差异，与《关于语言的对话》中从日本电影《罗生门》到日本戏剧能乐的转向大致相仿。在那篇文章的开始，对日本概念与日本艺术的讨论被置诸集置无所不在的险厄的背景之中。在“这个把我们横卷起来的技术世界之中”，某种险厄无时无刻不在威胁着，这种险厄即，“我们用以交谈的语言在不断地摧毁着言说我们正谈论的东西［即日本概念］之可能性”②。当观看电影《罗生门》之时，探问者“体验到日本世界的迷人”，而日本访问者则认为这部电影把日本生活世界“捕捉到并囚禁到……摄像的客观性之中”，它是“人类以及地球的欧洲化如何从根源处侵袭着具有本质性的事物”的一个例子③。因而，有两个世界并存于《罗生门》之中：被拍摄下来的日本世界全然是欧洲化的或者说是美国化的，而处于这个世界后面的日本世界，或者说世界本身，则是探问者在能乐中所体验到的。而能乐所呈现出来的则是现象与本质之间的一种源发性的关联，这从属于另一思想。

七、“另一思想”与庄子的无用之说

除了把另一思想与西方传统形上学思想加以对比来对它加以理解之外，我们可以从下列线索出发来对它加以把握。

其一，另一思想是非强迫的、非强制的，它主要关涉于“唤醒人类对某种可能性的准备，这种可能性的轮廓仍是模糊的，其来临仍是不确定的”④。其二，另一思想在其本质上是预备式的，它首先必须学习促使思

① 马琳. 海德格尔论东西方对话. 北京：中国人民大学出版社，2010：第五章.

② Aus einem Gespräch：89/5.

③ 同②105/16.

④ Ende der Philosophie：75/60.

想开始关涉的那些保留着、隐藏着的东西。其三，另一思想并不提供任何有关光明未来的确定性。正如海德格尔所言，“预备式的思想并不意图，也不能够预告未来。”[①] 倘若人类获得对于看待存有者的一种崭新的姿态的准备性（这种准备性隐藏在人类的命运之中），那么就有可能克服技术世界。但这种可能性与可能性之流的另外一端的可能性同样不可预告、没有保障，那另外一端的可能性即当前的世界局势在一系列新潮流中继续如此。对于另一思想，我们只能耐心地等待。

另一思想最后一个也是最为重要的特征是：无用性（Nutzlosigkeit）。海德格尔对通行的有用性的标准进行了反思：“如果我们把‘有用的’认定为只是那具备有效性的东西，并且安适于其有效性，那么一切‘无用的’皆是可惧的。不过，有用的东西究竟对什么有用？”[②] 他提醒我们那些“与有用的、实际的智慧遥不可及的反思”[③]。海德格尔通过运算型思想（rechnendes Denken）与沉思型思想（sinnendes Denken）的对比来描绘另一思想的无用性。这两种思想都是可证成的、都是需要的，但运算型思想总是忙于规划、调查，以使得事物服务于特定的目的。它“从不停步，从不反思”，“从来不思考在一切事件中占据主导地位的意义”[④]。而沉思型思想则要求“更为精细的用心”以及“更多的实践”。为了阐明另一思想最为基本的特征——无用性，海德格尔从庄子那里找寻思想资源。

下面讨论海德格尔在其著述中分别引用《庄子》中有关无用之用的两则故事的两次事件。其中一个文本是 1962 年的《技术语言与传统语言》，起初这是给一所职业学校讲授自然科学的教师所作的一次演讲。海德格尔说沉思（Besinnung；mindfulness）意味着“唤醒无用的意义（Sinn）”[⑤]。在当前的商业社会中，所有的东西都是根据直接的实用性来加以规定的；与此相反，沉思却不能带来任何实用的产物，但恰是这种无用的思想为有用性奠基，使其成为可能。没有沉思的这种奠基，所有有用的事物都会失去意义，而事物的意义却正是“最为需要的（das Nötigste）”[⑥]。为了理解这种无用性，海德格尔请听众倾听“一位中国思想家庄子——老子的一

---

① Zeit und Sein：67/60.

② Feldweg-Gespräche：10/5. “Wozu aber ist das Nützliche nützlich.”

③ 同①5/2.

④ Gelassenheit：519－20/46.

⑤ Technische Sprache：6/130.

⑥ 同⑤7/131.

个学生——的一份文本”。接着，他引用了《庄子》第一章《逍遥游》结尾处庄子与惠施关于无用之树的对话[①]，他所提供的出处是尉礼贤的译本[②]，故事如下：

> 惠子谓庄子曰：“吾有大树，人谓之樗（Götterbaum；tree of heaven）。其大本臃肿而不中绳墨，其小枝卷曲而不中规矩。立之涂，匠者不顾。今子之言，大而无用（unbrauchbar），众所同去也。”庄子曰：“子独不见狸狌乎？卑身而伏，以候敖者；东西跳梁，不避高下；中于机辟，死于罔罟。今夫斄牛，其大若垂天之云。此能为大矣，而不能执鼠。今子有大树，患其无用（zu nichts nützen ist），何不树之于无何有之乡，广莫之野，彷徨乎无为其侧，逍遥乎寝卧其下。不夭斤斧，物无害者，无所可用［keinen Nutzan］，安所困苦哉！”

海德格尔评论道：

> 我们无须担忧无用的东西（das Nutzlose）。正是由于其无用性（Nutzlosigkeit），它才是不可摧毁、永久持存的。因而，把有用性的标准运用于无用的东西是错误的。无用的东西具有其自身的伟大性以及其规定性的力量，因为它并不生产出什么东西。无用性以这种方式成为事物的意义。[③]

另外一则海德格尔征引《庄子》来阐解无用性的文本是1944/1945年的《田间路对话》的最后一篇对话，即《晚间交谈：在俄罗斯的一个俘虏营，一位年轻人与一位长者》[④]。这篇对话的主题是关于“不被需要的东西之必要性”（die Notwendigkeit des Unnötigen；necessity of the unneeded）以及“我们必须学会等待”的教诲。在这篇文章结尾处，海德格尔以那位长者的身份向那位年轻人讲述了中国哲学的一份历史记录中“两位思想家之间的一段简短交谈”，他解释说曾经在其学生时代抄写过这段交谈，

---

① Technische Sprache：8/131.

② Wilhelm. Dschuang Dsï. Das wahre Buch vom südlichen Blütenland. Jena 1923，S. 7. Vgl. S. 33 ff.

③ 同①7/132.

④ 《田间路对话》共有三篇对话，这是第三篇，有中文翻译，题为《在俄罗斯战俘营中一个较年轻者与一个较年长者之间的晚间谈话（1945年）》，倪梁康译，载《中国现象学与哲学评论》第5辑，上海：上海译文出版社，2003：170-205。第一篇《一位导师、一位科学家与一位学者之间的三联谈话》曾作为《泰然任之》的主要篇目出版于1959年。

尽管那时候他并不太理解，但对其印象深刻①。这就是《庄子》第 26 章《外物》中庄子与惠施有关“无用之用”的交谈。

> 惠子谓庄子曰：“子言无用。”庄子曰：“知无用（das Unnötige）而始可与言用（vom Nötigen）矣。夫地非不广且大也，人之所用容足耳，然则厕足而垫之致黄泉，人尚有用（zu etwas nütze）乎?”惠子曰：“无用（Er wäre ihm nichts mehr nütze）。”庄子曰：“然则无用之为用（die Notwendigkeit des Unnötigen）也亦明矣。”

海德格尔征引的仍然是尉礼贤的译本。《田间路对话》的英文版把 das Nötige/Unnötige 翻译为 the necessary/ unnecessary，但实际上翻译为 being-needed/not-being-needed 更为确切一些。庄子指出，被视为无用的东西如何在实际上使得被视为直接有用的东西成为可能。没有无用性提供的更为宽广的基础，有用的东西就会变得无用。在《晚间交谈》的“附记”中，海德格尔谈道：

> 我们不能为那不被需要的东西［das Unnötige］在那里，而是被奴役于有用的东西［dem Nützlichen］，这给我们带来了灼烧般的痛苦。但有用的东西自身却什么都不是，它是如此这般地虚无，以至于把人类最极度的堕落挤压出来。②

显然，海德格尔把 das Unnötige 用作 keinen Nutzen（useless）的同义词。尽管“另一思想”这一用语在《晚间交谈》中并没有出现，但它出现在《田间路对话》的第二篇对话中，即《导师在灯塔楼梯门口与守塔人偶遇》，这篇对话的主旨是科学与技术之间的关系问题。当论及思想的危机之时，海德格尔以导师的身份坦言，他“对另外一种可能性有某种隐隐的预感，但也明白我们尚未能够决断地、专致地去沉思它、追寻它”③。这种预感即是“另一思想的第一个征兆”。针对在技术中达至顶峰的表象（Vorstellen）、生产［Herstellen］与规置［Bestellen］等“意识行为”，另一思想需要“展示其富饶，直接地现身”④。另一思想看上去似乎是无用的、不被需要的，但它其中隐藏着不可穷竭的、为一切有用的东西奠基的

---

① Feldweg-Gespräche：235－239/155－156.

② 同①241/158.

③ 同①187/121.

④ 同①181/117，187/122.

资源，正如看上去不相干的广阔无垠的大地实则支撑着每一个人脚下那一小块地方。海德格尔评论道："不被需要的东西从来都是比其他东西最为需要的东西。"①

与另一思想的自然与非干预性相应，我们需要等待、侍候另一思想的莅临。另一思想将带来那种"痊愈的体验"，在《田间路对话》的最后一篇中，当年轻人与长者在俄罗斯的森林中工作的时候，这种体验曾一度降临在他们身上。等待即是"使来临"，即是"使事物转回其自身"②。海德格尔解释道：

> 通过这样一种转回其自身，事物把它们的在场从其自身中带向我们；从而，它们填补了我们在侍候纯粹的莅临之际那在我们周围张嘴喘息的虚空。③

这种"张嘴喘息的虚空"与上面《庄子》引文中坠入黄泉的裂隙相呼应。在书写"无用性"之际，海德格尔同时也在借以回应对他的批评，即他的思想并未能够提供走出技术世界之道的具体导向。海德格尔的回答是：另一思想不能够被直接施之于用，正是因为这个原因，它永远不会堕落为可以被操纵的工具。正如他引用的庄子故事所讲述的，一只野猫恰是因为其善于捕猎而遭人暗算导致毙命；与此相反，那棵虬曲盘错、奇形怪状、毫无用处的大树却得以保全自身、乐享天年，而这正是因为它不适合于任何平常的用处。为了对抗集置，我们必须学会另一思想本质性的无用性。

下面我们来考察海德格尔与《庄子》的另外一则关联。这则关联佩采特与珀格勒都记载过，但是它出现在海德格尔本人的文本中却是在 2010 年出版的《海德格尔全集》第 74 卷《通向语言的本质以及通向艺术之问题》。此卷的主编给出的文献出处是布伯的简译本，然而前面我们看到，在 1944/1945 年以及 1962 年的文本中引用的皆是尉礼贤的全译版本，因此有可能海德格尔这一次使用的仍然是尉礼贤的译本。

海德格尔在 1959 年就开始为那次准备在不来梅召开的题为"语词与意象"研讨课做准备。在他写给佩采特的信中，他建议这次讨论绝对避开不严谨的方式，并就语言多做些讨论。他事先列出几份准备材料要

① Feldweg-Gespräche：220/143.

② 同①217/141，229/149.

③ 同①229/149.

求参加者阅读，其中包括洪堡（Wilhelm von Humboldt，1767—1835）的《论人类语言结构的多样性及其对人种智力发展的影响》（1836）以及保罗·克利（Paul Klee，1879—1940）关于现代艺术的耶拿演讲（1924）。但过了几个月，海德格尔又说：可能大多数人都做不到这一点，因为仅是洪堡的文章就已经很难读了，因此最好还是读他本人的著作，例如《演讲与论文集》《林中路》《奠基的原则》《通向语言的途中》等，从而来接近“语词与意象”的主题。因为最终需要讨论的还是海德格尔的思想，而他本人希望对于这个思想保持一种自由的关系。最终，海德格尔确定了五种文本作为准备材料：

第一，奥古斯丁《忏悔录》中的一段话（第 10.7-8 节）。

第二，《从思想的经验而来》[1947] 中的两句话，即“唯有意象保存着面容，而面容则逗留在诗歌之中”①。

第三，庄子关于造鐻的寓言。

第四，保罗·克利 1924 年的耶拿演讲（题目是《现代艺术》）。

第五，赫拉克利特的残篇第 112。

研讨课持续了两天一夜，主要是在不来梅的艺术画廊里举办，在伦勃朗的一幅画以及法国画家马内西耶（Alfred Manessier，1911—1993）的一幅抽象作品前面；还有一部分在奥伯诺伊兰（Oberneuland）举办。参加者有来自巴黎的波弗雷（Jean Beaufret），来自巴塞尔的牧师哈斯勒（Paul Hassler）、内格尔博士（Martin Nagel）、海德格尔的老朋友施罗特博士（Ingeborg Schroth，1911—1998）。根据佩采特的记录，讨论的内容包括：语言与隐喻的关系是什么？意象是否优先于语词？意象是否比语言涵括更多的东西？意象的一般意义是什么？语词的一般意义是什么？表象与记忆的关系是什么？语词在多大程度上归属于意象？如何理解语词的意象特征？海德格尔似乎还说：“凡有隐喻的地方，就会有形上学……”讨论中还比较了荷马史诗《奥德赛》的两种译本，最后，海德格尔以艾兴多尔夫（Joseph von Eichendorff，1788—1857）有关在所有的事物中沉睡的歌（Lied；song）作结。之后，海德格尔在一封信中讲道：“我知道讨论会有

---

① 其德文原文是“Erst Gebild wahrt Gesicht/Doch Gebild ruht im Gedicht”（Heidegger Aus der Erfahrung des Denkens 1947//Aus der Erfahrung des Denkens：79）。有关这组诗句的解释，参见：E. F. Hirsch. Heidegger und die Dichtung. Journal of the History of Ideas，1968，6（3）：281。

困难。但最终还是不错，激发了许多问题。因此还是达到了预期的目的。"① 下面我们来看《庄子》第 19 章中的这则故事。

> 梓庆削木为鐻，鐻成，见者惊犹鬼神。鲁侯见而问焉，曰："子何术以为焉?"对曰："臣工人，何术之有！虽然，有一焉：臣将为鐻，未尝敢以耗气也，必齐以静心。齐三日，而不敢怀庆赏爵禄；齐五日，不敢怀非誉巧拙；齐七日，辄然忘吾有四枝形体也。当是时也，无公朝。其巧专而外骨消，然后入山林，观天性；形躯至矣，然后成见鐻，然后加手焉，不然则已。则以天合天，器之所以疑神者，其是与!"

这个故事讲述了一种原发性意义上的技艺。梓庆师傅沉心静气，捐弃了任何功利的目的和看法，然后能够观察到事物的天性形躯。他不是急急地选取看上去有用的材料进行加工，而是首先通过实施七天的斋戒从而进入与物相谐的状态，这样的做法表面上看似与他的木匠活毫无关系，也毫无用处，然而，正是因为他从根本上把自己彻底地托付于无用，所以才能够做出那种鬼斧神工般的钟架。

正如巧夺天工的雕刻技巧的秘密在于耐心地让事物自身的天性展现出来，另一思想的精髓即在于耐心地侍候事物从自身之中带出自身。显然，另一思想与人自身的根本转变也有本质性的关联，正如梓庆师傅沉心静气以达到一种天人合一的境界。

八、海德格尔与东亚艺术的关联

海德格尔关于艺术与技术的思想具有双面性。一方面，他揭示出艺术与技术本质性的亲缘关系。海德格尔认为，艺术与技术在词源上都关联于希腊词语 τέχνε (techne)。早在 1924 年至 1925 年讲授柏拉图的《智者篇》时，海德格尔即把 techne 与 a-letheia 相关联。在《克服形上学》中，海德格尔写道：

---

① Heinrich Wiegand Petzet. Encounters and Dialogues with Martin Heidegger 1929—1976. trans. Parvis Emad, Kenneth Maly. Chicago: The University of Chicago Press, 1993: 59-60. 但佩采特认为，海德格尔这次在不来梅的演讲与他后来在 1966 年、1973 年的多尔研讨课上所获得的结论没有多少联系。

> τέχνε 是以希腊方式经验到的知识，它把存有者带至显现，即，它把那在场的如其所是地携带出来，具体而言，把它从遮蔽之中带进它在其中显现的揭蔽；τέχνε 从来都不是制作行为之义。①

可见，海德格尔略去了 techne 原来表示制作的含义，而给予它一个别出心裁的新释，即存有者之揭蔽。在 20 世纪 60 年代，海德格尔把 techne 定义为一种使事物显现并将其带至在场的知识②。不仅技术是一种 techne，并且艺术也是一种 techne。海德格尔写道：

> 曾经一度，并非唯有技术拥有 techne 之名；曾经一度，把真理带至闪耀显现的光辉之揭蔽亦被称为 techne……艺术被称为 techne……希腊把存有视为 phusis 的用意恰恰在于这种揭蔽。③

而在另外一方面，海德格尔强调，技术与艺术“不仅是不同的世界，而且也是不同的纪元”④。尽管技术与艺术具有同样的起源，但是，现时代发展起来的技术已然违背了这个起源，而艺术则由于它与 aletheia 以及 poiesis 的关联，其“起源”（Ursprung）的意义变得突出。作为“拯救的力量”，艺术与危机中的世界具有亲缘关系，但同时，它又比后者具有一种“更高的本质”⑤。海德格尔关于技术与艺术之相同与差异的思想大致就是这样一种思路。在 1952 年的一则笔记中，海德格尔写道：

> 在何种程度上关于技术本质的问题同时也是关于艺术的问题？并非由于技术与艺术必须一样（das Gleiche）——事实并非如此——而是，我们对技术之本质的确切考量［bedacht］不仅使得对艺术的反思成为可能，并且也要求对艺术的反思。⑥

由此看来，对技术本质的追问与对艺术的反思相辅相成，缺一不可。

---

① Heidegger. Der Ursprung des Kunstwerkes//Holzwege, GA5：2003：47. The Origin of the Work of Art//Off the Beaten Track. trans. Julian Young & Kenneth Haynes. Cambridge：Cambridge University Press，2002：35.

② Heidegger. Überlieferte Sprache und Technische Sprache 1962. St. Gallen：Erker，1989：15. Traditional Language and Technological Language. Journal of Philosophical Research，1998 (23)：135.

③ Die Frage nach der Technik：35/315.

④ Heidegger. Kunst und Technik 1952//Leitgedanken zur Entstehung der Metaphysik，der neuzeitlichen Wissenschaft und der modernen Technik. Gesamtausgabe Bd. 76. Frankfurt am Main：Vittorio Klostermann，2009：392.

⑤ 同③.

⑥ Kunst und Technik：376. Cf. Die Frage nach der Technik：36/317.

提到艺术，海德格尔首先所关切的是处于“西方命运之开端”的希腊艺术①。在那时，艺术并非现在这样是美学欣赏的对象，亦非文化活动的一个领域。然而在当今世界，艺术已被纳入二元形上学的范围之内，二元形上学是现代学科美学的根源。在集置的威力之下，“艺术变成了被规范的并起着规范作用的信息工具”②。结果是“我们再也不具备与艺术的本质性关联了”③。在 1974 年，海德格尔重申：“从诗歌、艺术与反思性之思的根本性的重新赋予活力的效应之中言说着的真理再也不能够被经验到了。这些领域被扭曲为仅仅是文明工业的工具”④。

在《田间路对话》第二篇中，海德格尔说，尼采不仅采用了反形上学的方式，亦采用了形上学的方式来阐释艺术，这是因为，“有他身边，他只能见到从形上学派生出来的某种艺术”⑤。此时提出的一个问题是：是否有某种无须是形上学的艺术？这篇文本中的回答是否定的，如今貌似艺术的东西实际上都不再是艺术了。相似地，在《明镜》访谈录中，海德格尔也对现代艺术表达出怀疑态度：“我看不到现代艺术如何指出道路，尤其是因为我们全然不知现代艺术如何看待艺术最为本己的东西，或者说尝试着对艺术最为本己的东西有所看法。”⑥

追问艺术的本质是走出集置、获得与技术世界的自由关系最为重要的道路之一，研究海德格尔关于技术的思考的学者在这方面已经做了不少工作；但很少为人们所探讨的是，为了追寻非形上学艺术，海德格尔在 20 世纪 50 及 60 年代开始了解古代东亚艺术（假设它们没有受到集置的玷污）。佩采特的回忆录中有不少海德格尔熟知东亚艺术这方面的资料。在不来梅的博物馆或私人收藏中有不少来自东亚的艺术品。例如，佩采特曾提到不来梅民俗博物馆所收藏的中国屏风，上面绘有古代的圣人——其中包括老子——坐在小屋前面，或沉思或写作，一条小河流过。海德格尔对此屏风十分赞赏。在 1930 年海德格尔第一次造访不来梅之际，他观看了佩采特的祖父留下来的艺术藏品（那是其主要藏品转给当地的艺术博物馆之时保留下来的）。他十分喜爱东洲斋写乐（Sharaku Toshusai，活跃于 1794—

① Die Frage nach der Technik：35/315.

② Ende der Philosophie：72/58.

③ Kunst und Technik：378. 着重号来自原文。紧接着，海德格尔说：“我们尚未拥有与技术的本质性关联”。

④ 引自致《思想》的信，Reden und Zeugnisse：744。

⑤ Feldweg-Gespräche：188/122.

⑥ Spiegel Gespräch：682/283.

1795年）和尾崎谷斋（Kokusai Ozaki，1835—1892）的彩色木刻，以及喜多川歌磨（Utamaro Kitagawa，1753—1806）的一幅作品。在1954年海德格尔65岁寿辰那年，佩采特把其祖父留下来的艺术藏品中的菱川师宣（Moronobu Hishikawa，1618—1694）的一幅版画作为贺礼送给海德格尔①。

此外，海德格尔本人对禅宗艺术十分熟悉。有一次佩采特需要为在苏黎世举办的一个禅宗绘画与设计的展览写一份报告，海德格尔给佩采特提供了一份他认为重要的参考书目。海德格尔与巴伐利亚美术学院主席爱弥尔·普利多里斯（Emil Preetorius）相游甚好。普利多里斯拥有德国最大、最有价值的东亚艺术收藏之一。佩采特曾经陪同海德格尔去慕尼黑普利多里斯的寓所参观过他的收藏，其中有一千余幅绘画，还有布艺、雕塑、瓷器等。海德格尔很感兴趣，问了许多问题。

有关海德格尔询问古代东亚艺术的较为详细的记载见于日本学者手冢富雄的《与海德格尔在一起的一个小时》，这是手冢富雄1954年3月末在弗莱堡拜访海德格尔的谈话记录。我们应当注意，海德格尔本人撰写的《关于语言的对话》中有关日本艺术的讨论与这则记录具有很大的差池，海德格尔附加了大量符合其思想道路的相关描述。在他们会面期间，手冢富雄援引佛教的名言“色即是空，空即是色”来解释日本艺术中感性因素及其本质性之间的关系。他说：“色与空互为相反项，而同时又是同一的。”人们从感知与情感所给予的因素出发，但又不拘囿于这些因素，而是把它们带入一个广阔的空间，从而赋予其精神性的特性。即“人们以感性的方式来寻求精神性”②。

“色即是空，空即是色”出自佛教经典《般若波罗蜜多心经》，接下来的两句是：“空不异色，色不异空”。色既包括可见的形式，例如颜色与形状，也包括不可见的形式，例如声音、气息与味道。空是实在的基本性质，它的意思是：任何事情或人之中都缺乏自为起因或恒定的自我本性或自我性，存在着的任何东西都依赖于永远处于变动之中的由各种原因与条件所组成的网络，而这些原因与条件皆是由其他原因与条件所产生的。空在色产生的瞬间就出现了；离开它所限定的现象，空并不存在；人们也不能把它当作某种独立的东西而去寻求它。尽管空是色的存有方式，但它并

---

① Heinrich Wiegand Petzet. Encounters and Dialogues with Martin Heidegger 1929—1976. trans. Parvis Emad，Kenneth Maly. Chicago：The University of Chicago Press，1993：169.

② 本段的引文出自 T. Tezuka 的 An hour with Heidegger：61。

没有否定色。因此，色即是空，空即是色，色的本性即是空，而空则离不开它所限定的色①。

我们应当注意，“色即是空，空即是色”不能被理解为色与空的直接等同。对这二者的关系可以有两个不同方向的阐释。一个方向侧重于“色即是空”，从空的角度来解释一切，另一个方向则侧重于“空即是色”，强调事物的感性存在。第一个阐释方向在佛教传入中国的早期阶段较为盛行，它受到王弼道家哲学思想的影响，王弼根据《道德经》第 40 章“天下万物生于有，有生于无”而主张无的本源性②。佛教的空被等同于道家的无，空被界定为所有事物内在的特性。这种解释为发展出亚洲版本的形上学提供了资源，京都哲学家的无的哲学可以说是这种阐释方向的其中一个逻辑结果。

第二个阐释方向在禅宗思想那里较为突出，它侧重于经验实在，削弱了空的形上学意味上的终极性。手冢富雄的解释似乎接近于这个阐释方向。海德格尔对他的解释回应道，在柏拉图那里，现象与本质具有天壤之别，“但在日本那里，我却感到这二者是统一的”。海德格尔赞许东亚艺术中没有现象与本质的二元之分。或许海德格尔都借鉴了以上这两种阐释方向。

海德格尔与手冢富雄的会谈中所提到的这种现象与本质的二元之分的消解在《关于语言的对话》中有关日本美学概念“粋”（いき，iki）的描绘中表现了出来。粋被描绘为“感性的闪现，在其跃动的怡悦中，超感性显现了出来”③。在这篇文章的结尾之处，海德格尔似乎在考虑，日本的艺术观是否指向某种与 techne 的原初意义相谐和的一种本源性的“共属”。从海德格尔的角度来看，色与空的“共属”在某种意义上表达了存有与存有者的二元关系。

1958 年 5 月 18 日，在弗莱堡与日本学者久松真一共同主持的“艺术

① Donald S. Lopez Jr. The Heart Sutra Explained: Indian and Tibetan Commentaries. Albany: State University of New York Press, 1988: 57－94; Dan Lusthaus. Buddhist philosophy//Routledge Encyclopedia of Philosophy. London: Routledge, 1998.

② 郭店本作：“天下之勿（物）生于又（有），生于亡。”

③ Heidegger. Aus einem Gespräch von der Sprache 1953/54: 101/14. 在这篇文章的开始，探问者批评日本哲学家九鬼周造运用西方二元形上学框架来解释粋，然而这并非九鬼周造的初衷。在其著作《粋的构造》中，九鬼周造反复强调粋是完全植根于日本生活方式中的一个日本词语，欧洲语言中没有一个词语可以囊括粋所有的意义层面。详见马琳的《海德格尔论东西方对话》，229－232 页。

与思想”论坛上，海德格尔明确地赋予东亚艺术以崇高的地位①。论坛一开始，海德格尔即询问了在西方艺术进入东方之前日本关于艺术的词语是什么。久松真一的答复是“芸道”（geidō），并解释说，道指方式、方法，道既指涉自然，亦指涉人生。艺术之“道”即把艺术视为一条通向实在之起源［Ursprung］，然后又返回实在的道路，或者说返回“现象之在场的丰富性”②。实在的起源即是“本源的或者说是真实的生命或自我”，它清除了所有的限制与功利关怀。久松真一指出，返回感性的现象世界的道路比到达起源的道路更为重要。东亚艺术中最为重要的是“起源自身的显现”。艺术家并非“赢得”起源，而是“让”起源自身显现出来。

听了久松真一的解释之后，海德格尔说，欧洲艺术旨在于形式刻画，试图通过对形态的勾勒来达到物体的可视性；而在东亚艺术那里，视觉的形式与勾勒却是一种阻碍，其宗旨在于敞开“自我朝向起源的道路”。久松真一对此补充道：

> 只要人们处于朝向起源的道路上，作为对意象的描摹的艺术对他而言就是一种阻碍。但一旦他抵达起源，那么形式的视觉效果就不再是一种阻碍，而是本源真理自身的显现。③

弗蒂认为，海德格尔未能理解色（形式）与空同一而不相同，这表现在他说东亚艺术旨在于无形式。她认为形式可以用不同的方式来运作。东亚艺术的特殊性就在于形式（或者说意象）与起源的自由活动紧密相连，这让形式看上去似乎是被起源所驱动的④。弗蒂批评海德格尔误解了色（形式）与空的关系，我们暂且不讨论她的批评是否公允，但她的解释进一步阐清了久松真一关于形式的作用及其与起源（或者说空）的关系问题。

东亚艺术中的艺道为海德格尔提供了一条如何解决现象与本质的二元对立的线索。克服了现象与本质的二元对立的艺术表达出人与物之间的一种恰当的共属关系。如海德格尔所言，“通过绘画或者写作，我实现朝向自我的运动”。创造一件真正的艺术作品不在于艺术家试图抵达起源，而

① Heidegger. Die Kunst und das Denken. Protokoll eines Colloquiums am 18. Mai 1958//Reden und Zeugnisse：552－557.

② V. M. Fóti. Heidegger and the Way of Art：the Empty Origin and Contemporary Abstraction. Continental Philosophical Review，1998（31）：339.

③ Die Kunst und das Denken：554.

④ 同②340.

是真正地置身于这个过程之中，置身于起源之中，此时，起源便生发出运动的自由流动。通过艺术作品作为运动的结果被呈现出来的同一个过程，人亦获得自己真正的自我。现代哲学中关于主体—客体的对立观念受到这样一种看待艺术家与艺术作品纽带般的关系的方式的挑战。人与物本源性地共属于彼此。

在“艺术与思想”论坛接近尾声之时，海德格尔说，他通过追问艺术的本质而努力寻求的（即另一思想），“已安然出现在日本——日本人的确拥有它”[①]。而问题主要在于欧洲人“在其预定观念——认为艺术遵循一条直接而稳定的道路——的影响下，不能够达到日本人已经达到的那一点”[②]。

在东亚世界，海德格尔似乎不仅找寻到了一种非形上学的艺术，而且还学到了“天之道”—— 对待事物的另外一种姿态。与集置那种把事物置于人类意志的操纵之下而加以剥削并成批地贮存起来的方式相反，天之道让事物从自身的本性之中显现出来。1965 年 8 月 7 日海德格尔在其友人希克弗里德·布洛斯（Siegfried Bröse）70 岁寿辰庆贺会上发表的一次简短的演讲中谈到与技术之道相对立的天之道[③]。海德格尔与布洛斯的友情主要建立在对中国艺术的共同兴趣之上，后者是弗莱堡艺术协会的成员，拥有一些中国艺术藏品。在 1959 年海德格尔 70 岁寿辰时，他收到一本小册子作为贺礼，里面是布洛斯的诗歌以及艺术家阿尔科布利的素描作品[④]。这两人都参加了上述的“艺术与思想”论坛。在给阿尔科布利的一封信中，海德格尔曾经谈道“中国古代绘画中那总是令人兴奋的图画与书写符号［Bild und Schrift］之间的关系（等同?）”[⑤]。

布洛斯当时组织了一次中国艺术展，就在他 70 岁寿辰之后一天揭幕。海德格尔在演讲开始时表示，他有意注目于老子“出自道”的书中的“一个词语”（ein Wort），他说这个词语也道出了布洛斯的心声，接着，海德格尔从乌伦布鲁克（Jan Ulenbrook）的德文版《道德经》中引用了第 9 章中的一句：

> Dem Werk nachgehen,

---

① Heidegger und Hisamatsu. Die Kunst und das Denken 1958：214.

② 同①.

③ Reden und Zeugnisse：617-619.

④ L. Alcopley 是艺术家科布利（Alfred L. Copley）的笔名。

⑤ 同③. 圆括号中的词语及问号来自原文。

sich selbst entziehen,
das ist des Himmels Weg. ①

《道德经》第 9 章的原意是以天之道来隐喻人之道，全文不长，兹录如下：

持而盈之，不若其已。
揣而锐之，不可长保。
金玉满堂，莫之能守。
富贵而骄，自遗其咎。
功成身退，天之道也。

这一章说的是：当某种叫作觚的器皿被注满之时，它会倾斜；当刀刃被打磨得过于锋利时，它容易折损；当金钱过多时，人们不易保存它；财富与地位易于导致灾祸。因此，人们应当尽量避免过分与极端，持守一种中庸均衡的生活，在功成业就之时隐退，这符合天之道。海德格尔所引用的是最后一句，之后他评论道：中国艺术具有四千年的历史，它构成了现在这个艺术展览从中迸发出来（entsprungen）的思想；在 19 世纪最后十年，这一传统进入了技术化的世界一纪元，在这个时代，科学技术垄断着人们的经验方式。海德格尔主张，艺术不应当追随技术最为时髦的发明，而应以艺术作品的平和自如与猖獗的技术式思维相斗争（Widerstreit）。接着他说，中国的古代世界可能已经以自己的方式预先思考过（vorausgedacht）这种斗争②。对于海德格尔而言，艺术所展示的使“事物依据其本质而是的东西被看见并被带入视野”表达了天之道③，因而它能够与技术的肆虐相对抗。

在谈到海德格尔与东亚的关联时，佩采特曾提到两位人们公认为受到东亚艺术影响的欧洲艺术家，一位是比塞尔（Julius Bissier），海德格尔在其学生时代就知道这位艺术家；另外一位是托比（Mark Tobey），他本人曾经去过东亚，海德格尔后来在巴塞尔与他相识。这两位艺术家的作品都

① Heidegger. Zum siebzigsten Geburtstag von Siegfried Bröse am 8. August 1965//Reden und andere Zeugnisse eines Lebensweges 1910－1976. GA 16：617. 海德格尔所注明的出处是：IX. Spruch（übers. v. J. Ulenbrook Schünemann 1962）。详细的书目资料应为：Jan Ulenbrook. Lau Dse，Dau Dö Djing：Das Buch vom Rechten Wege und von der Rechten Gesinnung. Bremen：Carl Schünemann Verlag，1962。

② 同①618.

③ Feldweg-Gespräche：13/8.

体现了佛教艺术的特征，而托比后期的水彩画更是超越了模仿而仿佛在直接地使用某种东方语言。佩采特评论道："这两位艺术家为艺术开启了一扇通向东方世界的窗户。海德格尔也是这样吗?"①

九、结论

在本章，我们看到海德格尔对待集置并非一味持悲观态度。借用"集置的本质是集置束"这一表述，他向我们指出一条通往本己事件/本成事件之前院的道路。在他思索现代技术之本质、集置向东方的扩张以及在集置中得到聚焦体现的对待存有者的客观化姿态等问题的同时，另一思想悄然地发生并持续地发展下来。从西方传统形上学的角度来看，这种另一思想是无用的；然而正是这种无用性使得有用性成为可能。为了解释、展现另一思想的这种无用性，海德格尔不止一次地引用庄子关于无用的寓言。

艺术是海德格尔为了思考另一思想而驻足的一个重要的"行憩驿站"，为了找寻非形上学的艺术，海德格尔转向了东亚艺术（假设它没有受到集置的污染）。他发现东亚艺术那里没有西方传统形上学中现象与本质的对立，而是表达了自我与艺术作品同时发生的真理。尽管海德格尔在总体上坚持认为，在西方哲学传统通过自我转化而获得成熟之前，不可避免的东西方对话只能被人们所期待，而尚未具备真正发生的条件，然而，我们看到，在海德格尔寻求走出集置的道路之际，他在相当程度上探索了东亚思想资源。

如何评估东亚思想资源在海德格尔关于另一思想之思中所起到的作用是一件棘手的事。有的学者从海德格尔对亚洲思想明显的兴趣出发，把他称为"跨文化思想家"；而大多数主流海德格尔学者则在有关海德格尔的亚洲关联问题上持谨慎态度。笔者曾试图通过"实存层面与存有论层面"（the ontic and the ontological）的区别来解释这个问题。一方面，我们不能对海德格尔诉诸东亚传统的种种有文可证的事实置若罔闻；然而在另外一方面，我们不能把这些实存层面的"证据"直接地提升到存有论层面，以至于推演出这样的结论，即海德格尔在实施具有清楚的目标与原则的跨文化思考。关于海德格尔的亚洲关联的另外一种话语是：海德格尔与东亚

---

① Heinrich Wiegand Petzet. Encounters and Dialogues with Martin Heidegger 1929—1976. trans. Parvis Emad, Kenneth Maly. Chicago: The University of Chicago Press, 1993: 168.

思想资源的相遇以及他对后者各式各样的挪用要求他为我们提供关于东西方对话问题的一个明确的、肯定的存有论层面的理论言说（毕其一生他都未能做到这一点）。或许唯有当海德格尔以及当代所有的哲学家克服真正的哲学是西方的特产这样一种偏见之际，我们才有可能获得关于东西方对话问题的这样一个理论言说。

第二部分

思出历练

——哲学在比较中绽放异彩

第六章　共为（Mitzutun）抑或共在（Mitsein）？庄子与海德格尔关于他/她人问题的哲思

本章的触发点是海德格尔与《庄子》到目前为止有资料佐证的最早的一次，也是最脍炙人口的一次关联。1930 年 10 月，海德格尔接受友人佩采特的邀请到德国北部的不来梅去做一次演讲。在他发表了《论真理的本质》的演讲之后，有人提出“人是否能够将自己放在他者的位置”，以及如何避免对此做出“毫无意义的心理化讨论”这个问题。在那一刻，海德格尔出乎意料地请求主人给他找出一本马丁·布伯翻译的《庄子寓言选》①，并向听众朗读其中“鱼之乐”一段②。

学者们在征引这则轶事之际，其出处皆是佩采特的海德格尔传记《朝向一颗星》。但佩采特并未记录海德格尔究竟是如何即兴阐解“鱼之乐”的故事的，他只有简短的一个段落：

> 海德格尔开始朗读那则关于鱼的快乐以及站在河流的桥梁之上的人的快乐的寓言。在场的所有人似乎都为这则寓言所着迷。海德格尔对其所做出的阐释比起其艰深的演讲——多数人未能理解——似乎更出乎意料地拉近了与听众的距离。③

这则故事可能确实吸引了那些非职业哲学家的听众，然而海德格尔对它究竟做出何种阐释我们亦不得而知，因此，他是否借用、如何借用其《存有与时间》中的“共在”（Mitsein，Being-with，也译作 co-being）概念来解释庄子的故事我们亦不得而知。本章旨在探索这一比较的主题。在前半部分，笔者剖析海德格尔“共在”概念的复杂性，阐明由于其著作中没有

---

① Martin Buber. Reden und Gleichnisse des Tschuang-Tse. Leipzig：Insel-verlag，1910.

② Heinrich Wiegand Petzet. Encounters and Dialogues with Martin Heidegger 1929—1976. trans. Parvis Emad，Kenneth Maly. Chicago：The University of Chicago Press，1993：18.

③ 同②.

明确地区分开两条叙述线索，以至于他关于共在的陈述非常含混晦暗，他最终偏向于把共在涵括到此在自身的生存论构造的范围之内。笔者的阐解将表明，海德格尔的共在观更大的问题是，此在与他者在根本上是相互脱离的，并无实质性的关联。

在本章的后半部分，笔者在对《庄子》第 24 章《徐无鬼》中“运斤去垩”与第 17 章《秋水》中“濠梁之辩”（即“鱼之乐”）两则故事做出创生性阐解的基础上，构建起庄子与海德格尔关于共在问题的虚拟对话，并把这个庄子版的“共在”概念称作“共为”（Mitzutun)。“庄子式”这个词语的意蕴是：尽管庄子在其著述中没有明确地提出并阐述笔者所谓的“共为”概念，但笔者对它所做的哲学创建符合庄子哲学的基本倾向，或者说与庄子思想的某种论说相融贯。

当代庄学家一致认为，庄子只撰写了 7 章内篇，而其他的篇章都是“庄学派”对庄子思想所做出的发挥与评论。有的学者从这个观点出发而怀疑是否可以运用外篇及杂篇的文字来论证庄子的思想。笔者以为对待这个问题应当采取更为细腻微妙的立场。

在葛瑞汉的影响下，海外汉学家一般都主张唯有 7 章内篇具有“真实性”，而外篇第 17 至 22 章则是“庄学”的作品①。不过，葛瑞汉把外篇及杂篇中有关庄子本人事迹的记录剪辑整理出来，归于其英文版《庄子》中“庄子的故事”一章。他认为，内篇中那个“游戏并挑战理性”的庄子的理智维度在外篇中消匿了，但与此同时，他列举出“鱼之乐”的故事作为一个特殊的例外②。刘笑敢则在浩浩 26 个篇章的“庄子后学”中进一步区分出“述庄派”、“无君派”与“黄老派”③。而本章着重讨论的两则故事都是有关庄子本人的事迹，分别出自《徐无鬼》与《秋水》，这两章刘笑敢都归于“述庄派”。“述庄派”以继承、阐发庄子思想为宗旨，更多地体现了对现实的关怀。因此，它们与内篇在精神上一脉相承。

需要说明的是，本章对于庄子思想的诠释并没有遵循现行中文语境中

① 葛瑞汉则受到以顾颉刚为代表的“疑古派”对中国古典文献的历史学解读方法的影响。

② Angus Charles Graham. Chuang-Tzu：The Inner Chapters. Indianapolis：Hackett Publishing Company，1981：116.

③ 刘笑敢. 庄子哲学及其演变. 修订版. 北京：中国人民大学出版社，2010：240. 刘笑敢列举了王夫之、林云铭等学者，他们认为《秋水》与《逍遥游》及《齐物论》具有密切的关系（77 页）。

常见的把庄子哲学归结为把追求个人的逍遥、自由放在第一位的模式，这种阐释模式忽略了庄子对于他人问题的关怀。我们不难注意到出现在庄子篇章中的各种各样的人物，除了得道逍遥的真人、游于境外的神人以外，亦不乏驼背老人、支离疏这样的天生的残疾人、叔山无趾这样的受过刑罚的人，等等。这一维度尚需要更加深入、更加全面的敞明与揭示。本章侧重于记述有关庄子的先师、亦是其辩友的惠施的两则人们耳熟能详的故事，并且在借用维特根斯坦“生活形式”（Lebensformen）的基础上阐发出庄子式的“共为”的思想。

一、《存有与时间》中两条叙述线索的交织

根据笔者的解读，尤其是在《存有与时间》的第一部，海德格尔没有清楚地区分开两条叙述线索，在多数时候，读者很难看出究竟是哪一条叙述线索在起作用。第一条叙述线索描述此在处于堕落于日常生活中的实事性处境，这种堕落于世的境况笼罩一切、无所不在，此在似乎永远也摆脱不了这个魔咒。与此同时，海德格尔铺陈出另外一条叙述线索以展现此在处于堕落、平庸的日常生活中如何获得本真的（eigentlich；authentic。字面意思是 proper：切己的，真正的）自我。

在此我们需要厘清海德格尔两个不同的重要术语。一个是“实存的”（existenziell；existentiell），意即实存个体对其存在方式的自我领会；另一个是“生存的/存在的”（Existenzial；existential）。在《存有与时间》中，存在（Existenz）的意思是作为此在去存在意味着什么，海德格尔用 Existenzial 来指涉这种去存在的存有论结构。这些结构要素的总体则构成“生存论构造”（Existenzialität；existentiality）①。在英文文献中，“existential”用作名词，指涉生存论构造的一个要素或组成部分，其复数形式为“existentials”。它有时也写作“existentiale”，其复数形式为“existentialia”。海德格尔对处于实存状态的此在的描绘常常与他对此在诸多生存论构造要素的阐释相混淆。

① Heidegger. Being and Time. trans. John Macquarrie, Edward Robinson. Oxford: Blackwell Publishing, 1962: 33. Sein und Zeit. Tübingen: Niemeyer, 2001: 12. Hubert L. Dreyfus. Being-in-the-World: A Commentary on Heidegger's *Being and Time*: Division I. Cambridge: The MIT Press, 1991: 20.

从实存方面来对此在处于堕落的世界之中的实事性生活进行描绘，这大体上对应于海德格尔的第一条叙述线索，而第二条叙述线索则铺陈此在如何去存在的生存论构造要素。此在从非本真性到本真性的运动并非一个线性的过程，而是圆圈式的循环往复运动，此在通过决断性（Ent-schlossenheit；resoluteness）而获得本真自我。海德格尔在Ent-schlossenheit中间添加上连接符以表示“揭示”或“敞开”的意思。他写道：

> 本真的是自己（Selbstsein）并不依赖于主体的某种特殊条件——一种脱离了常人（das Man）的条件；而是常人的一种实存层面上的变更——那作为一种本质性的生存论构造要素的常人。①

海德格尔的这段话说明了本真的自我并非从天而降，而是从低下的、平庸的常人状态中展示出来的。常人指涉的是此在处于堕落状况下的一种共在形式。在英文版《存有与时间》中，das Man 被翻译为 the “they”。德雷弗斯正确地批评这个译法暗含“我”区别于“他们”，而这并非海德格尔的意思。因此他建议翻译为“the One”，以取 das Man 所具有的每个作为社会存在的人都必须遵从于规范这一含义②。另外有的学者译为“Anyone”，与德雷弗斯的译法相仿。

海德格尔试图克服他之前的笛卡尔式哲学，这种哲学在“能够思考的事物”（res cogitans）与“具有广延的事物”（res extensa）之间做出严格区分，并把主体与客体之间的关系限制于单一的认知关系。然而，我们可以辨认出海德格尔在存有论层面上仍然做出这样一种区分：尽管他给予日常生活以一定的地位，此在在其中最原初地发现自己，但这一地位局限于实存的领域，在此在成就本真自我的第二条叙述线索中并不起到直接有效的作用。此在成就其本真自我的方式总是来自此在自身的动机，来自此在自己去选择自己的本真自我，堕落的世界对此不起作用。尽管海德格尔深刻地感受到堕落的世界不可避免，但他最终把起主导作用的因素归于此在的存有论层面。这意味着我们只能从此在回归自我的“奥德赛之旅”这个角度来把握海德格尔对实存世界的刻画。

---

① Heidegger. Being and Time：168/130. 着重号来自原文。

② Hubert L. Dreyfus. Being-in-the-World：A Commentary on Heidegger's *Being and Time*：Division I. Cambridge：The MIT Press，1991：151－152.

二、常人（das Man）：共在的一种典型模式

上面的讨论为我们理解海德格尔有关共在的令人迷惑而又看似相互矛盾的言论提供了一项指南。一方面，他用了整整一节的内容来讨论“常人”，即第 27 节“日常生活中的是自己与常人”，把常人当作共在的一种典型模式，有时他也把它说成是此在的原本状态；另一方面，海德格尔把共在当作此在的生存论构造的一个要素，即此在的生存论—存有论结构（existential-ontological structure）的一个组成部分，它不依赖于他人的实际在场。

德雷弗斯对《存有与时间》曾提出过著名的维特根斯坦式的阐释，他认为这种阐释最符合海德格尔关于共在的思想。在他看来，共在概念阐述的是维特根斯坦式的社会实践的共享性①。然而，笔者对海德格尔文本的解读却得出不同的结论。确然，海德格尔以他人的卷入作为导线而引入共在的概念：当我见到一条船，这条船一定为某位他人所拥有；当我在书店买一本书，这个书店一定有一位主人。但在提及他人之后，海德格尔立即扭转叙述的方向，强调共在是此在的生存之结构的一个规定性，在对此在的生存所做出的分析中，共在是与“在世界中而在”（in-der-Welt-sein）同等原初的一个生存论构造要素。海德格尔认为，他的断言“此在在其本质上是共在”所涉及的并非此在不是单一的、具有与此在相同本质的他人总是会出现这一实事性；相反，共在所牵涉的是一种生存论—存有论的意义，它是此在依据其自身存在而获得的一种生存论层面上的规定性，它不依赖于对外在事物的指涉。正如海德格尔写道：“共在在每一种情况中皆是人自身的此在（je eigenen Dasein）的一种规定性。”②

对于海德格尔而言，作为此在的一种突出的规定性，共在不依赖于实存的他人实际上真的出现；它是此在的一种概念性的特征，独立于实存的他人。“甚至此在的独自存在亦是在世界中的共在”③。这句话乍看上去并没有错，因为个体的意义依赖于与他人各种形态的关联，即便是荒岛上的鲁滨孙亦是社会性的存在，但这样的解释是后起于事实的，因为在鲁滨孙

① Hubert L. Dreyfus. Being-in-the-World：A Commentary on Heidegger's *Being and Time*：Division I. Cambridge：The MIT Press，1991：144.

② Heidegger. Being and Time：157/121.

③ 同②156－157/120.

到达荒岛之前，他已经在一个具有众多他人的社会群体中生活了多年。他人已经在其成为人的过程中起到了充分的作用。设若鲁滨孙自从出生就被扔到荒岛之上，那么有可能他完全成为一种非人的或半人半兽的动物。此外，荒岛上的鲁滨孙所能具有的生活形式比起生活在一个社会群体中的鲁滨孙所能具有的生活形式应当有天壤之别，因为在后一种情况中，鲁滨孙总是必须与各式各样的他人打交道，然而这样的打交道有可能在多数情况下使鲁滨孙沦陷于常人之中。

海德格尔的问题在于，他过多地把共在当作此在仅凭自我即可获得圆满的一种特征，他人无论是在场还是缺席都不会搅扰共在的有效性；并且，他人是匿名的，他人的个性对共在的特征没有影响。与此相反，他人需要凭借共在结构来获得其可理解性。共在是此在的基本存在方式，他人唯有借助此在的共在这个原初性的结构才能谈得上现身或缺席。“缺席与不在场是共此在（Mitdasein）的模式，它们之所以可能是因为此在作为共在使得他人的此在可以在世界中被遭遇到。”①

在海德格尔那里，他人的实事性在场或缺席被约减为从此在的生存论—存有论结构中所派生出来的。最终，共在在根本上与人们具体的共处现象隔绝开来。根据这样一个共在概念，此在实际上并不需要其他的人。有的学者以此为依据而批评海德格尔并没有克服他所主张的必须克服的先验唯我论。例如，奥拉弗森指出，《存有与时间》并没有真正地解释何以“我发现某物依赖于他人也同样发现此物”②。

海德格尔频繁地使用一些消极的词汇来刻画他人对此在在场的情景：“甚至当我们‘在他们中间’之际他们和我们在一起；他们的共此在是在漠然与陌生之中而被遭遇的。”③ 这种漠然或者说疏离在海德格尔对常人的细致描绘中最为突出。

根据德雷弗斯对《存有与时间》的维特根斯坦式的阐释，常人促使“一个统一的共享的公共世界”得以开启，从而常人提供了一种作为可理解性根源的“建构性的遵守习俗”（a constitutive conformity）④。德雷弗

---

① Heidegger. Being and Time：156－157/120.

② Frederick A. Olafson. Heidegger and the Philosophy of Mind. New Haven：Yale University Press，1987：146. 着重号来自原文。

③ 同①157/121.

④ Hubert L. Dreyfus. Being-in-the-World：A Commentary on Heidegger's *Being and Time*：Division I. Cambridge：The MIT Press，1991：154.

斯留意到常人压制了有意义的差异，但他试图把这一点粉饰过去，说这只不过表明了建构性的遵守习俗退化为“墨守成规之罪恶”（the evils of conformism），认为这一方面的作用与前一个积极的作用相比微不足道①。然而，笔者通过对海德格尔文本的解读表明，实际上常人的后一种消极作用起着主导作用。奥拉弗森也持相似立场，在批评德雷弗斯的同时，他提出，常人是“我们的社会本性的一种畸形（deformation）”②。

常人是一种此在在其中受制于他人的平庸状态，在这种状态中，人的此在被消解到他人的存有之中。常人的在世之道即是“疏离（Abständigkeit；distantiality），平庸（Durchschnittlichkeit；averageness），平整作用（Einebnung；levelling down）”③，它们构成通常所说的公开性（Offentlichkeit；publicness），这种公开性决定着对世界与此在的阐释。它模糊了事物的真实情况，把一切东西都呈现为熟悉而可接近。就其笼罩一切、无可逃避而言，常人的主题符合于笔者所说的第一条叙述线索。而在另一方面，常人亦是共在的一种模式，是此在的生存论—存有论结构的一个构成因素。

三、两种操持形式以及“本真的操心”（eigentliche Sorge）

海德格尔把共在的另外两种模式概括为操持（Fürsorge；solicitude）的两种形式。一种操作形式是：此在为他人而跃入，把操心（Sorge；care）从他人那里揽过来，并把自己放在他人的位置上。这种操持形式易于使他人变成“被控制者与依附者”④。换言之，此在可谓是越俎代庖，优先于他人，使得他人处于压制之下。显然，这种操持形式不是本真的共在形态。

另外一种操持形式是：此在在其实存的存有态势（Seinkönnen；potentiality-for-Being）中跳到他人前面，或者说为他做出表率（vorausspringen），把操心返还给他人。海德格尔认为这种操持形式涉及“本真的操

① Hubert L. Dreyfus. Being-in-the-World: A Commentary on Heidegger's *Being and Time*: Division I. Cambridge: The MIT Press, 1991: 154, 157.

② Frederick A. Olafson. Heidegger *à la* Wittgenstein or “coping” with Professor Dreyfus. Inquiry, 1994 (37): 45.

③ Heidegger. Being and Time: 165/127.

④ 同③158/122.

心”(eigentliche Sorge)①。《存有与时间》中的一个段落描述了所有这些共在模式：

> 在处于无论是与他人同在、为了他人还是反对他人的境况中，人在关切于人所掌握的东西之时，总是操心于人与他人所具有的差距(Abstand)的方式，无论这种差距需要被消除，还是人自身的此在落后于他人而需要赶上，还是人的此在优先于他人，并要压制住他人。对这种差距的操心扰乱着相互共处(Miteinandersein)，尽管这种扰乱是隐藏着的。如果我们用生存论的语言来表达，则可以说这种相互共处具有疏离的特质。②

在这一段落中，常人被描绘为此在被他人压制着，第一种操持方式被描述为“反对他人”，此在实际上是压制着他人而处于优先地位。在这两种形态中，此在或是被他人压制，或是压制着他人，而本真的共在可以被描绘为“为了他人”。现在的问题是：非本真的共在的特点是疏离，那么本真的共在亦有疏离的特征吗?

对于海德格尔而言，日常生活中的此在总是缠绕于具有疏离特征的非本真的共在状态之中。此在出于其“去存在”(Zu-sein)的本质，需要获得其真正的自我，因此必然渴望消除这种疏离。第二种操持方式关涉于本真的操心，即关涉于他人的存在，在这种共在形态中，此在“帮助他人在他自己的操心之中对他自身变得透明，并且自由地对待其操心”③。在这种本真的共在形态中，此在与他人皆成就其自身，获得其真正的自我，相互免于对方的压制，从而，在其他两种情况中由于此在与他人之间相互压制所引起的非本真意义上的疏离转化为另外一种形式，即“本真意义上的”疏离。换言之，在本真的共在形态中，此在与他人之间的关系是无所关涉(disengagement)。这层意思已经在“疏离”的字面意思上传达了出来：Abständigkeit：standing away (from one another)——相互远离。

海德格尔用共此在(Mitdasein)来指称此在的世界中所遭遇到的他人的此在，他强调，此在在其中遭遇他人的世界总是我的世界④。尽管海德格尔把“此在”这个称号也赋予他人，但二者相遇的地点只能是此在的世

① Heidegger. Being and Time：159/122.

② 同①163－164/126.

③ 同①159/122. 着重号来自原文。

④ 同①154/118.

界。海德格尔写道：

> 此在的世界释放出这样的存在者：它们有别于器具与物，并且，依据其与此在同样的存有方式，亦以“在世界之中而在”的方式而“在”世界之中，它们同时在世界之内被遭遇到。①

尽管海德格尔也赋予他人以“在世界中而在”的规定性，这符合其作为共此在的存有之道，但唯有当他人被此在释放出来，他人才能被此在所遭遇。在另一个段落，海德格尔说，唯有当他人的此在“为一种共在而从其世界释放出来”，它才是共此在；“唯有人的此在具备共在的本质性结构，它才是可以与他人相遇的共此在”②。

如果说我们可以把常人视为处于非本真的共在形态中的他人，那么共此在可以说是处于本真的共在形态中的他人。严格地说，只有当此在将其释放出来的时候，他人才能被遭遇到。假若我们暂且对海德格尔把这种释放功能只赋予此在这一点置而不论，那么我们可以看到此在与共此在并没有真正地相互交往。它们之间的关联更多是一种微薄的形式上的关联，这种关联的意义主要在于它们都具有在世界中而在、去存在以及共在等生存论构造要素作为其存在的方式。因此，此在与共此在并不具有实质性的关联。珀格勒提出，此在对于海德格尔来说不是一个单一的术语，而是一个第三项，它表达人出于其去存在的本质，必然要把自己的本有从迷失中追寻回来③。他人亦是出于同样的本质而回溯其本真的自我，获得自由。珀格勒的这个说法与笔者的观点大体上一致，也即在《存有与时间》中，有时此在如同一种中性的、理智的中介或功能，并不附着于任何具体的作为肉身实存的人之上。

当海德格尔对共在的叙述明显地涉及一起做某事的时候，在他对这种场景的描绘中，引人注目的是此在与他人之间在根本上互不相干：

> 从与旁人做同样的事而产生的相互共处不仅在大体上停留在外部的范围，而且还带有距离（Abstand）与矜持（Reserve）的特征……在另一方面，当他们致力于同样的事业之时，他们的活动为这样的方式所规定着，即他们掌握着自己的此在。这种本真的联合（Verbunden-

① Heidegger. Being and Time：154/118.

② 同①157/121.

③ Otto Pöggeler. The Paths of Heidegger's Life and Thought. trans. John Bailiff. Amherst/New York：Humanity Books，1998：272.

heit）使得正确的实事性（Sachlichkeit）成为可能，这种实事性使他人在其为己的自由之中解放出来。①

这段引文的前半部分描绘了非本真的共在形态，其特征是“距离与矜持”，后半部分描述了本真的共在状态。使得此在与他人联合在一起的并非他们实际上所从事的事务，而是他们掌握着自己的此在的“方式”。这意味着此在与他人通过其作为去存在的本质，克服了他者的影响而获得其真正的自我，或者说自由。

从上述关于共在的思考出发，海德格尔可能会怎样来诠释庄子的“鱼之乐”的故事呢？他很有可能会把它当作一个寓言，把鱼当作对他人的指代。可以说，涵括在庄子的此在之中的共在这一生存论构造要素使庄子得以谈论鱼之乐。珀格勒辨别出庄子所关心的问题与海德格尔具有重要区别，但他认为海德格尔并没有忽略他人的问题，只不过它显示为不同的形态，它是在“友谊”观中得到表达的。根据西方传统的友谊观，“朋友最终让对方处于其自身性与他性之中，以至于在每个人那里‘世界皆是完好的’。[友谊] 并非那种具有依赖性的对邻人之爱”②。

与他人的这种关系与海德格尔在《存有与时间》中所呈现出来的具有疏离性的本真的共在形态不谋而合，或许珀格勒的说法是海德格尔那里引申出来的。当然，这种友谊观可以在西方传统中找到先例。尤其是根据基督新教，人总是要孤独地去面对上帝。不过，珀格勒没有评论海德格尔强调是此在使得他人释放出来这方面的思想。从这一观点出发，可以说是庄子的此在使鱼的共此在释放出来，从而使它在此在的世界中变得可以被遭遇。而看见鱼其乐融融地戏水这一经验事实对庄子的此在不具备重要影响。

珀格勒认为，庄子的关切具有伦理学方面更为广阔的向度，它关涉到把自然界中所有一切事物都关联在一起的某种普遍同情；而海德格尔所关切的则是一种超伦理学的或者说是形上学的共在，这种共在使得此在与他人的共此在在其自有性中随意而为。珀格勒的阐释可以视为对海德格尔哲学的辩护，因为对海德格尔哲学常见的一项指摘即是认为海德格尔的《存有与时间》缺失了伦理学的向度。然而，这种辩护是有失牵强的。因为我们看到，根据海德格尔的共在观，此在与他人在根本上是无相关涉的。而

① Heidegger. Being and Time：159/122. 着重号来自原文。

② Otto Pöggeler. The Paths of Heidegger's Life and Thought trans. John Bailiff. Amherst/New York：Humanity Books，1998：271.

笔者认为，庄子的关切同时具有伦理学与形上学的关联性，我们不能约减其形上学方面的深刻意蕴，他的思想对于我们思考他人的问题提供了丰富的资源，足以使我们能够构型出针对海德格尔的共在概念的一个恰切的回应。

四、庄子式的回应——共为（Mitzutun）

惠施对于庄子哲学思想的发展具有多方面的影响，据说他曾是庄子早期的老师，在《庄子》中他多半是受批评的对象。在海德格尔与《庄子》的五次交涉中，有三次引用的都是惠施与庄子的交谈。除了本章所讨论的出自《庄子》第 17 章《秋水》的“鱼之乐”的故事，尚有出自《庄子》第 1 章《逍遥游》结尾处与惠施有关无用之大树的交谈，以及出自《庄子》第 26 章《外物》中庄子与惠施有关“无用之用”的对话。本节首先考察《庄子》第 24 章《徐无鬼》中的另外一则与惠施息息相关的故事，从这个故事中曾衍化出“运斤成风”这一成语。就故事的内容来看，我们可以用“运斤去垩”来对其加以指称。根据刘笑敢的分类，第 24 章亦属于“述庄派”[①]，这一派的篇章无论在思想还是文字方面都与内篇相仿。故事如下：

> 庄子送葬，过惠子之墓，顾谓从者曰：“郢人垩慢其鼻端若蝇翼，使匠人斫之。匠石运斤成风，听而斫之，尽垩而鼻不伤，郢人立不失容。宋元君闻之，召匠石曰：‘尝试为寡人为之。’匠石曰：‘臣则尝能斫之。虽然，臣之质死久矣！’自夫子之死也，吾无以为质矣，吾无与言之矣！”

匠石师傅运斤成风，挥洒自如，从他伙伴的鼻子上把那如同苍蝇翅膀一般薄的一层白垩泥削掉，而鼻子完好如故，这一招绝技依赖于其独一无二的伙伴的合作。这位伙伴面无惧色，镇定自若，丝毫不担忧会被匠石师傅所伤害。这样的伙伴是不能为任何人所替代的。匠石师傅无法尝试从宋元君的鼻子上把薄如蝇翼的一层白垩泥削掉，因为自从他的伙伴死后，他再也不能表演这招绝技了。

---

① 刘笑敢. 庄子哲学及其演变. 修订版. 北京：中国人民大学出版社，2010：241.

有的人可能会从这样的角度来解释这则故事：匠石师傅和他的伙伴在长期的合作与相处中，彼此信赖，达成了默契，因而他们可以表演这种绝技。然而，在做这样的解释的时候，我们应当注意，这种默契并非从匠石师傅之此在的共在结构中推衍出来的，亦非此在不加干涉地任他人自由而为所产生的结果。这个故事最为根本的意义在于，它生动地说明了在一些情况下，他人的实际在场以及牵涉到哪位他人，扮演着重要角色。匠石师傅那位脸不变色、心不跳的伙伴的在场对于他们表演运斤去垩是不可或缺的，它构成了匠石师傅及其伙伴的共在——字面意思上的共在——的一个不可约减的因素。

庄子借用这个运斤去垩的故事来形容：倘若没有与惠施长期的争辩与讨论，他不可能发展出自己后来的哲学思想。“鱼之乐”的故事是庄子与惠施之间看上去论辩性较强的一次辩论：

> 庄子与惠子游于濠梁之上。庄子曰：“鲦鱼出游从容，是鱼之乐也。”惠子曰：“子非鱼，安知鱼之乐?”庄子曰：“子非我，安知我不知鱼之乐?”惠子曰：“我非子，固不知子矣；子固非鱼也，子之不知鱼之乐，全矣!”庄子曰：“请循其本。子曰‘汝安知鱼乐’云者，既已知吾知之而问我。我知之濠上也。”

庄子的两重诘问，其良苦用心可谓是试图使惠施认识到“安”的意涵。在古汉语中，“安”有“从何处/在哪里”以及“如何/怎么”两种含义。多数诠释者把这个故事视为庄子的相对主义认识论的一个经典表述，即庄子是从他自身站在桥上的立场出发来认识鱼的快乐的。

汉学家葛瑞汉看出文本中“安”的双重含义，他认为庄子实际上是在说：“你［即惠施］所断言的与我站在这桥上看到鱼一样是相对于立场的。”[①] 这种相对主义的解读为许多学者所接受并进一步发挥。例如陈汉生指出，“安”意味着立场性与视角主义[②]。安乐哲扩展了“安”的具体指涉，认为它包含全部的处境，而不局限于庄子个人的立足点。他写道：“是处境而非某一孤立的行为者被描绘（与被规范）为快乐。……庄子与语境之间的膜状关联［membrane］是开放的、流动的。事件是在行为中

---

① Angus Charles Graham. Chuang-Tzu：The Inner Chapters. Indianapolis：Hackett Publishing Company，1981：123.

② Chad Hansen. The Relatively Happy Fish. Asian Philosophy，2003，13 (2/3)：145－164.

‘实现’的。”①

此处安乐哲所说的“事件”指的是知识，因为从其实用主义哲学的观点来看，知识是一种事件，而非某种实体。他正确地指出庄子的世界与鱼的世界之间具有连续性。庄子在“游”，鱼亦在“游”。下文中笔者对这个故事的解读借鉴了已有阐释的洞见，但进一步关注到，不仅庄子，惠施亦是从特定的立足点，以及从他们正在共同进行的活动的处境中来进行交谈的。笔者所关心的问题不是认识论的问题，而是那传达出一种庄子版的共在观的广阔场景，因为这个故事所表述的不仅仅是庄子和鱼之间的共在关系，亦关涉到庄子与惠施之间的共在关系，后一种共在关系涵括在他们所共享的生活形式（Lebensformen；forms of life）之中，例如，游玩、赏鱼、愉快的交谈或富于机趣的辩诘等。

“游”是《庄子》内篇中的主导词。第 1 章《逍遥游》开篇叙述的即是从一条“北冥之鱼”化身而来的大鹏鸟的恢宏旅程，讲述了庄子精神之神奇游历。如果说内篇的文字所着重的是精神层面的游历，使用了较多的夸张与想象等修辞手法，那么外篇及杂篇中的“述庄派”文字则更多地把庄子的基本思想置诸现实背景之中，从真实而普通的日常生活插曲出发来揭示庄子哲学的精髓。从上述的思想背景出发，我们可以这样来重述“鱼之乐”的故事：

> 或许是春意正浓的一天，庄子与惠施在濠河附近游玩。蓦然，河里的鱼儿怡悦自得地游弋的景致映入了他们的眼帘。庄子情不自禁地赞叹：“哎！鱼儿游来游去，那么从容，那么惬意，真可谓鱼之乐矣！”当庄子这样赞叹的时候，他毫无疑问地确信惠施同时也从这般景致以及他们的一起散步中感到其乐无穷。
>
> 惠施半信半疑地回应：“你又不是鱼，怎么会知道［安］鱼儿是否快乐？”可以从两种不同的角度来加以解读。一种解读是把惠施视为一位严厉的检察官，在下一轮回答中，他进一步解释道：“我的意思是说你当然不知道鱼儿是否快乐。”这是我们习以为常的一种解读。另一种解读则是把惠施视为一位友善同乐的对话者：“是啊！我听到了你的赞叹，我自然也看到了鱼儿其乐融融。但是，我善辩的本能却

① Roger T. Ames. Knowing in the *Zhuangzi*：“From here，on the bridge，over the River Hao” //Wandering at Ease in the Zhuangzi. ed. Roger T. Ames. Albany：State University of New York Press，1998：219－230，221.

促使我向你提出一个‘安’的问题，促使我要求你为你的说法做出证成（justification）。”

庄子的回复首先是一个反问：“你又不是我，怎么知道/从何处知道［安］我不知道鱼儿是否快乐?”他在提示惠施反省自己的言谈，从而使他友善同乐的一面得以翻转出来，而“安”的重复使用也提示着惠施关注到他们在一起游玩的场景。倘若庄子的这个策略取得成功，那么惠施很可能会说：“我的话当然不是断定你不知道鱼儿的快乐。”但这个策略显然没有成功。惠施下一步做出一个自相矛盾的回答，因为在承认他不知道庄子的同时，他肯定他知道庄子不知道鱼儿的快乐。

庄子看出他的策略没有成功地促使惠施反思“安”的意义，便给予“安”一个正面的答复，以此使得惠施最终醒悟，关注到他们共同所处的生活场景。我们可以如此详细地阐解这个答复：“一开始你问我如何/从何处知道鱼儿的快乐，这恰是因为你与我共同分享着鱼儿自由自在地游弋的美景。因此，你已经知道我知道鱼儿是欢乐的，正如你自己也知道一样。但如果你实在是需要我回答你的问题，那么我是从濠河之上知道的，就在这里，就在此时，和你惠施在一起。而同样就在这里，就在此时，我的朋友惠施正和我在一起欣赏这自然美景，包括鱼儿的自得其乐!”

“鱼之乐”的故事以庄子与惠施在濠河附近一起游玩为开端。庄子或者惠施当然也可以独自去散步，但他人的在场对游玩的感受及内容具有质的影响。当他们目睹鱼儿轻盈地在水中游玩的景象时，庄子赞叹，惠施反诘，他们的戏语反衬出惠施之在场不可或缺的重要意义。倘若没有惠施的陪伴，庄子不可能发出那样的赞叹：“儵鱼出游从容，是鱼之乐也。”“安”的使用以及对它的答复使得我们关注到庄子与惠施共在的具体场景。

对于海德格尔而言，“共在”之“共”（mit）是此在本身的特性，并不指涉亦不依赖于他人的实际在场。海德格尔最终把共在归结为某种概念建构，这种做法预设了一种关于他人在场的值得质疑的观点。海德格尔以为，把共在与他人的实际在场联系起来会引向把他人视为无根的随意飘浮的现成在手的对象①。避免这种理论后果的唯一选择是把共在置于生存论—存有论规定性的概念领域之内。唯有把共在当作各种各样具体的在一起的可能性条件，把共在当作可以独立于具体的共在事件的某种原初性，

---

① Heidegger. Being and Time：160/123.

共在才能避免被经验域中纷繁杂多地在一起的偶然事件所侵扰。

为了避免重蹈传统哲学把他人视为现成在手的对象之覆辙，海德格尔倒向了概念化的策略，把他人的可能性纳入此在的生存论—存有论的结构中。其理论后果是，只要此在处于支配性的地位，他人就被视为一种此在随时都准备去遭遇并且去对付的使用上手的对象。然而，他人的在场或可即性并不能以一种恒定不变的缺乏个人风格的概念结构来加以解释。海德格尔似乎未能关注到人的面部表情、手势以及其他身体姿态，例如匠石师傅的那位伙伴所体现出来的神态，未能思考这些现实生活中丰富细致的多样性对于建构关于"共在/在一起"的哲学话语所具有的重要影响。

与此相反，庄子没有把共在作为此在的存有论构造的一个组成部分。人们在一起进行各种各样的活动是使我们关于"共在"的讨论具有意义的首要条件。在庄子那里，"共在"之"共"不是足以把和他人在一起的复杂现象从理论上约减掉的一个纯粹的概念构造。庄子的"共"更接近于 Mitzutun（共为），字面意思是"一起做［某事］"。这是笔者创构出来的一个德文词语，用以表达庄子对海德格尔的共在思想的回应。

庄子的 Mitzutun 并非局限于人们在一起以同样或相似的方式做同样或相似的事情这种肤浅的意思。它最为原本的意思是：只有当我们关注到人类（包括非人类）在一起进行各种活动——这些活动是构成纷繁万千的生活形式的关键因素——有关人们在一起或者说团契（solidarity）的话语才具有可理解性。

正如鱼的现身是"赏鱼"这种生活形式的基本条件，正如匠石师傅的伙伴的可即性对于表演运斤去垩起着关键性作用，惠施的在场是濠梁之辩以及从朋友的陪伴中感到愉悦这些生活形式的出发点。正是因为他人不能被当作现成在手的对象，也不能被当作可有可无的受制于此在支配之下的使用上手的东西，正是因为他/它们的在场对于人们的在世界中而在具有不可或缺的影响，所以不同的共为形式需要不同数量和质量的他人，他人呼求着特别的关注。

没有一定数量的相关学者来参加，一次学术演讲就无法举行。由于他的伙伴过世了，匠石师傅的绝活就再也不能表演。有的时候我们也会在牵涉到某种"器具"时发现相似的情况，例如某位作家没有她那支熟悉亲密如同伴侣一般的笔就无法写作。正是由于特定的他人的在场并非无关紧要的中性的事实，人有的时候才会希望独处。然而，这种情况并没有否定共为的意义，而是从反面（via negationis）突出了其重要性。

五、民族是共在的真正形态吗?

法国哲学家南希提出，尽管海德格尔开启了思考“共”的可能性，但却又抹去了这种可能性。这是因为海德格尔没有对共在概念进行他对于其他的生存论要素所进行过的严密分析；并且，他把共在置于对关于“真正的”（proper）与“非真正的”（improper）的思考之下。此处的“真正的”与“非真正的”所翻译的是 eigentlich 与 uneigentlich。南希不会希望使用“本真的”（authentic）与“非本真的”（inauthentic）这种术语。他认为，海德格尔把两种共在形态极端地对立起来，一种是非真正的共在形态，即常人；另外一种是真正的共在形态，即民族（das Volk）。南希认为常人是外在性地在一起，其特征是漠然与无名；而民族则表达了一种“内在性地在一起”，其特征是“通过命运而达成联合”①。海德格尔的主要问题是未能提供一个从个体到社群之间的通道。

笔者以为，南希把民族视为共在的真正形态值得商榷。民族这个概念在《存有与时间》的第二部才出现，而第二部所探讨的是当时间的向度真正地敞开之后，第一部所归结出来的此在的生存论—存有论构造会在时间中如何重复自身，并在这种重复中经历怎样的丰富与发展。而民族即是处于历史—时间向度中的此在，它是此在的历史性的化身，与“常人”并无直接的逻辑或者说概念关联。因此，正如《存有与时间》第一部与第二部之间并非从非本真达到本真的演进关系，而是居于不同处境或向度中的平行关系，此在（或南希所提到的常人）与民族之间亦并非演进关系，而是平行关系。

从这个角度来看，我们在本章的探讨中所发现的此在的生存论—存有论结构的一个构成要素——共在——所具有的疑窦并不能因为《存有与时间》的探索行进到民族这一界域而得到解决，而是继续存在着。笔者认为，海德格尔的第二种操劳形式接近于某种本真的共在形态。而共在之“共”的问题在于，它大致上是一种只具备形式而无实质性内容的空洞的“共”，海德格尔未能对此在与他人之间的实际交往做出理论上的论说。但

① Jean-Luc Nancy. The Being-With of Being-There. Continental Philosophy Review，2008 (41)：1-15.

笔者的结论与南希相似，即对“共”的真正思考在《存有与时间》中付诸阙如。

南希正确地指出，清除掉“共”（mit）字并不仅仅只是海德格尔一位哲学家的个案问题，而是普遍地存在于西方哲学传统中的一个“思想的缺陷”①。然而，南希以为，无论如何，海德格尔对于“共”的思考所做出的努力是前所未有的，“没有任何一种其他思想［传统］更加深入地透析过共在的谜团”②。南希的这个论断与海德格尔的偏见一脉相承：“除了西方哲学以外，没有别的哲学。”③ 在本章中我们已经看到，有关庄子的故事为从道家哲学传统出发来思考“共”贡献了取之不尽，用之不竭的思想资源。

在《庄子》中，没有普泛化的本真的与非本真的共为形态之间的区别。他人并非常人形态中的无名的中性人，亦非具有与此在相仿的共此在——并非如同海德格尔所说的那样，二者皆有去存在的本质，然而却缺乏实质上的交涉。对于庄子而言，他人总是具体实在的他人，人们在千变万化的共为形式中相互交涉、相互对话、相互熏染、与物为春，这些共为形式交织出生活世界的经线与纬线。匠石师傅的助手临斧不惊、镇定自若的姿态是他们完成从其鼻子上削去薄如蝇翼的白垩泥这招绝活的催化剂；惠施向庄子提出反诘的习惯对磨砺庄子的哲学思考起到了重要作用；而观看鱼儿的欢快游弋则为庄子与惠施的共为增添了一道别致的风景。

总而言之，庄子的共为之“共”不是从此在的一个特定的概念规定性所推衍出来的，人类亦非笼罩在模式化的社会行为之中的无名的存有者。与此相反，共为之“共”是由具体实在的人类（包括非人类）在广阔无涯的生活场景中通过彼此交涉、与物为春而活泼泼地生发出来的。

---

① Jean-Luc Nancy. The Being-With of Being-There. Continental Philosophy Review，2008（41）：5.

② 同①.

③ Heidegger. Heraklit. Gesamtausgabe 55. Frankfurt am Main：Vittorio Klostermann，1979：3 .

第七章　列维纳斯与《道德经》关于“女性/雌性”的思想交汇与分流

在本书第三章，笔者讨论了列维纳斯有关西方传统与亚非文明之间的关系的思想。列维纳斯不无偏颇地认为，以希腊、犹太传统为核心的西方文明具有赋予其他文化以意义的诠释能力，而亚非文明则局限于俗世的内在性，缺乏圣史的观念和超越的向度，因此不具备理解自身传统所可能包含的本真意义的诠释能力。不过，列维纳斯所说的可能局限于古代的属于亚非文明的人们，而在当今时代，亚非文明以及其他非西方文明的思想魅力不断地在全球的舞台上显示出来，因而他难以否认当代的“非西方”传统的人们在接受并思考着来自其所传承的世界之内及之外的观点。在1983年的一次访谈中，有人曾向他提出这样一个问题：“如何向一位当代中国人解释犹太性?”列维纳斯并没有说当代中国人永远也不能理解他的哲学思想这样的话，他间接地回答道：在奥斯威辛之后做一个犹太人不是某种特殊性，而是一种模态性，因此“每个人都有些犹太性，如果火星上有人，都可以在那里找到一些犹太人”①。

上面这段话不少学者都征引过，也都注意到其中所流露出来的犹太—西方传统的优越感，不过“当代中国人”被列举出来作为列维纳斯哲学思想的一位可能的领会者，这一点几乎没有人做过任何评论。我们可以进一步延伸向列维纳斯发问的路径，除了诸如列维纳斯的思想如何能够为中国哲学家所理解这种司空见惯的发问方式之外，我们还可以从另外一个方向来发问：对中国古代经典——例如《道德经》——的当代诠释会对列维纳斯的哲学立场做出怎样的回应？倘若列维纳斯本人能够知道一位当代中国哲学家如何阅读其哲学著作，并且对其基本思想做出反馈甚至有力的挑战，那么他是否有可能修订、改进其哲学思考的某些方面？我们也可以进

① Emmanuel Levinas. Entretiens avec Le Monde. Paris：Editions la Découverte，1984：147.

一步发问：中国哲学如何能够为诸如列维纳斯这些西方哲学大家所理解？在把中国思想引进西方世界之际，中国哲学家难道不应当找寻中国话语与当前学术发展之间的接榫之处？难道不应当把时代的关怀带入对中国哲学的研究之中，使得时代的脉搏在源自亘古的思想血液之中跳动？

当涉及女性/雌性的主题，上述这些比较哲学的问题格外发人深省，因为这是列维纳斯的哲学著作以及《道德经》中非常引人注目而同时又最令人迷惑的论题。学界一致认为，列维纳斯是把对女性的思考纳入其主要著作的一位少见的西方哲学家，在《时间与她者》(1947)、《从存在到存在者》(1947)、《犹太教与女性》(1963)、《总体与无限》(1964)、《于是上帝创造了女人》(1972) 等著作与文章中，他对女性的思考以不同的写作风格、不同的思考角度与深度出现，然而女性主义哲学家却对他提出了许多批评。通过厘清他所谓女性是她者的思想，笔者指出，这些批评有失偏颇，我们应当从早期列维纳斯哲学思想的内部出发来领会他把女性描绘为她者的确切含义，不能把他的思想一概归结为男性中心主义。

《道德经》中的雌柔之道是道家哲学中的一个经典主题，以至于有的人说（西方）女性主义的鼻祖应当是老子。笔者总结概括并评议了围绕雌柔之道的意蕴所出现的三种主要解读：李约瑟的准女性主义解读、安乐哲的关联式解读、刘笑敢的政治学解读。之后，笔者借用刘殿爵关于《道德经》中对立面之关系的见解，将其论说运用到对女性质素之核心性的诠释之上。这种诠释认为雌道在《道德经》中居于中心地位，这较之早期列维纳斯把女性视为绝对的她者的观点可谓异曲同工。

然而，正如列维纳斯的研究者所关注到的，在他《总体与无限》之后的著作中，尤其是在其第二部巨著《别于存在或在本质之外》(*Otherwise than Being or Beyond Essence*)(1974) 中，女性是绝对的她者、不能统涉于同一之总体这样的主题消失了，女性不再与爱欲联系在一起，同时消失的是爱欲与栖居的主题。这是为什么？关于这个问题众说纷纭，笔者通过对列维纳斯著作的诠释，试图解开这个谜团。

本章的研究展现了跨哲学思考的重要性。此外，以当前西方女性主义哲学发展中所出现的困境与疑难之处为背景，笔者展示出《道德经》中所蕴含的哲理如何能够为之疏通解惑，并进一步提出创构女式哲学（philosophy in the feminine）的思想。

一、女性主义哲学家对列维纳斯的批评

波伏娃（Simone de Beauvoir）在其名著《第二性》（1949）序言中的一个脚注是针对列维纳斯关于女性的书写所做出的最早评论。在这部著作中，波伏娃批评西方哲学传统所固守的男性中心主义，认为它不是依据女性自身之所是来对女性加以哲学思考，而是以男性为标尺与参照物，按照通常所设想的女性相对于男性而缺乏的资质来界定女性。对西方哲学家来说，女性不具备本质性与主体地位，而是一种偶然性的、没有自律存在的客体；相反，男性则是主体与本质，"人"一词就是指男性。男性是绝对的，而女性则是相对的她者①；自我（或主体）为男性所专有，而她者则是一个否定性的贬义词。

在给这些议论所附加的一个脚注中，波伏娃列举列维纳斯 1947 年出版的著作《时间与她者》作为明确地表达出这些西方哲学传统观念的最新著作，并且征引这部书中关于女性是她者的部分论述：女性被描绘为"绝对地相反的反面，其相反性不在任何形式上被她及其相关项之间所能建立起来的关系所影响，而是保持绝对的她性"②。波伏娃认为，列维纳斯采取的是男性的立场，忽视了主体与客体的交互性，忽视了妇女同样具有自我意识的事实，他自以为是对女性的客观描述，事实上却成为男性特权的声明③。因此，列维纳斯的哲学构想拘囿于把男性视为主体、把女性视为客体与她者的维护男性特权的传统父权制思想。

伊瑞葛来（Luce Irigaray）是继波伏娃之后针对列维纳斯关于女性的思想提出尖锐批评的第二位哲学家。她论辩道，列维纳斯的哲学话语具有两个层面，一为现象学，一为形上学，他所有关于女性的明确性思考都局限在爱欲现象学的层面，而其形上学则与以特定的哲学范畴与逻辑结构为前提的传统整体主义哲学一脉相承，女性只是表象的条件，而无终极的形上学意义。当列维纳斯把爱欲（尤其是爱抚现象学）置于父权繁殖性的支

① Simone de Beauvoir. The Second Sex. trans. H. M. Parshley. New York: Vintage Books, 1989: xxii.

② Emmanuel Levinas. Time and the Other. trans. Richard A. Cohen. Pittsburgh: Duquesne University Press, 1987: 85.

③ 同①22.

配之下时，他对女性的思考退回到由形上学——亦即以男性为主体的哲学建构——所决定的界限之内，女性最终被排除在属于超越层面的本真的伦理关系之外[①]。概言之，列维纳斯的哲学建构开启了对女性进行思考的诸多可能性，然而，他自己又封闭了这些可能性，遗漏了其著作萌芽中的积极因素。

与波伏娃相似，伊瑞葛来批评列维纳斯所描绘的女性"不是从她与自身的关系角度，而是从男性的角度来理解的。[他诉诸] 纯粹的爱欲关系，然而这种关系是由男性的快感所支配的"[②]。伊瑞葛来指出，她使用l'amante一词来表示女性也是爱的主体（un subjet amoreux），而不仅是爱的客体（l'aimée）；女性是行为主动者，而不仅是被动的爱欲对象[③]。对她而言，把女性描绘为仅仅是爱的客体是对女性的贬低。然而，在列维纳斯的论说中女性被描绘为被动的客体，她所起的作用是使得男性获得伦理超越而自己却被遗忘。因此，列维纳斯的思想没有突破西方哲学传统，尽管他称女性是绝对独立于男性的她者，但他并没有在实质意义上把性别差异真正地纳入其她者哲学。

波伏娃主要批评的是列维纳斯把女性当作相异于男性的她者，她所谓的她者来源于自我凌驾于她者之上、主体控制着客体的那种最为受人非议的传统模式，以此为前提，波伏娃强调女性的主体地位。而伊瑞葛来则批评列维纳斯没有把性别差异真正地纳入她的她者哲学，这表面上看起来与波伏娃的批评相反，但是，伊瑞葛来所谓的她者是肯定意义的伦理的她者，她者优先于自我，她者向自我发话，而自我是她者的人质，听命于她者，这种她者—自我关系与传统模式具有本质性的区别，不能简单地加以等同。伊瑞葛来的意见是，以这种她者观为核心的她者哲学是对传统总体主义思想的重要突破，她对这种哲学本身并无异议，有所诟病的是列维纳斯没有把这种崇高的她者地位给予女性。

钱特（Tina Chanter）是另外一位对列维纳斯思想与女性主义的关系颇有研究的学者。她评论道，列维纳斯的伦理现象学提供了一个"众多女

---

① Luce Irigaray. Questions to Emmanuel Levinas: On the Divinity of Love. trans. Margaret Whitford//Re-Reading Levinas. ed. Robert Bernasconi, Simon Critchley. Bloomington and Indianapolis: Indiana University Press, 1991: 113.

② 同①109.

③ 同①115.

性主义者开始寻求的声音”①，尽管他关于女性的言论十分含糊，在此意义上他的声音是一个沉默的声音；然而，正是这种沉默为女性主义事业开拓了新天地。钱特认为，不论列维纳斯对女性的描述存在着哪些问题，他对巴门尼德同一性的挑战是前所未有的，他的她者哲学为伊瑞葛来思考性别差异提供了思想范式。在反对波伏娃对列维纳斯的指责同时，钱特指出，“女性”一词在列维纳斯的著作中具有特殊地位，只是通过她，她者才得以完全实现。显然，在她看来，列维纳斯关于女性的思想与他的她者哲学是完全融洽一致的，而不是像伊瑞葛来所批评的那样，没有把性别差异真正地纳入她者哲学。

桑佛德（Stella Sanford）从另外一个角度对列维纳斯提出批评。她认为，哲学范畴与经验内容的联系是判断列维纳斯哲学对女性主义有无贡献的依据，然而，列维纳斯没有阐明这二者是否具有联系，即使有，也没有解释这种联系的性质；他更没有考虑这二者需要什么样的联系才能对女性主义事业做出肯定性的贡献。桑佛德认为，列维纳斯的批评者与辩护者对这些问题都欠缺考虑，因此，她们的阐释也存在着各种问题。例如，伊瑞葛来的讨论就有把女性错误地实体化为女性的身体的危险，因此，批评她的阐释具有本质主义倾向并非完全没有道理②。

桑佛德的结论是，列维纳斯关于女性的论述对女性主义毫无贡献，这是因为他笔下的女性基本上是一种书斋式的抽象的哲学范畴，而与经验意义上的女性毫无干系。特别是当她与爱欲相联系的时候，女性在列维纳斯的超越形上学中起着一定作用，问题是，与女性有关的各种因素都被系统有序地加以抽象的生理性别化（而与社会生活中女性的具体生存方式缺乏应有的联系），最终都被男性因素所超越，这是女性主义者所不能接受的。可以说，列维纳斯著作中的女性只是他用以阐述其哲学思想的方便之门。从其思想背景来看，特别是注意到支持列维纳斯哲学运思的犹太父权社会思想传统时，学者们应当更加清楚，20世纪女性主义政治的未来绝不能建立在这样一种形上学的基础之上③。尽管桑佛德同意伊瑞葛来的阐释具有本质主义倾向，然而她本人对列维纳斯的批评显然受到后者的深刻影

① Tina Chanter. Feminism and the Other//The Provocation of Levinas：Rethinking the Other. ed. Robert Bernasconi，David Wood. London and New York：Routledge，1988：52.

② Stella Sanford. The Metaphysics of Love：Gender and Transcendence in Levinas. London and New Brunswick，NJ：The Athlone Press，2000：137－138.

③ 同②139.

响。与伊瑞葛来一样，桑佛德认为在列维纳斯的思想中，相关于爱欲的女性不具备终极意义，女性是相对的、可以摒弃的。与伊瑞葛来不同的是，桑佛德从这样的立场得出引人争议的极端结论，即列维纳斯关于女性的话语对女性主义事业毫无贡献。

大多数研究列维纳斯的（男性）中国学者其实也持与桑佛德相似的观点，区别在于他们并不认为列维纳斯——以及任何哲学家———有必要关注女性以及女性主义的话题，这种立场与我们下文将讨论的刘笑敢关于《道德经》与女性主题的关联问题的观点是不谋而合的。例如，孙向晨指出列维纳斯通过爱欲找到了与他者的“本真关系”，以爱欲关系作为与他者关系的“原型”，但同时又强调：“事实上，‘女性’在列维纳斯那里只是一个意象，用以表示不可克服的‘他者’的相异性。”①

另外一部相关著作是卡兹（Claire Elise Katz）的《列维纳斯、犹太教与女性主义》。这部著作关注犹太教思想资源在列维纳斯哲学中，尤其在对女性的思考中所占据的地位。相较于桑佛德对犹太教传统持否定态度，而卡兹则试图从历史语境的角度揭示犹太教女性观对列维纳斯著作的积极影响。她认为，列维纳斯同时诉诸女性与犹太教《圣经》，把二者都作为伦理关系的最好说明②。

在波伏娃写作《第二性》之时，列维纳斯的哲学思想在学术界尚不为人所了解。当时波伏娃或许没有意识到，列维纳斯的她者哲学并非因循守旧，而正是对传统的同一性哲学前所未有的挑战，他所谓女性是她者的思想，与波伏娃的批评相反，其目的正在于批判男性中心主义。他主张，我们不能把女性视为男性的相关项，而应努力从女性自身的特点来书写女性。伊瑞葛来指责列维纳斯没有把性别差异真正地纳入他的她者哲学，然而她所依据的只是对《总体与无限》中部分章节的局部性讨论，没有从列维纳斯的思想整体来考察问题。并且，她对列维纳斯在爱欲现象学中对女性的刻画体现出男性中心主义的责难未能免于肤浅之嫌。

德里达（Jacques Derrida）提出过一些不同于女性主义哲学家的评论，他认为，列维纳斯在《总体与无限》中对女性的描绘具有两种诠释的可能性。一种诠释是，列维纳斯认可传统上从男性中心主义出发而归于女性的

① 孙向晨. 面对他者：莱维纳斯哲学思想研究：上海：三联书店，2008：101，102.

② Claire Elise Katz. Judaism, and the Feminine: The Silent Footsteps of Rebecca. Bloomington and Indianapolis: Indiana University Press, 2003: 3.

特征，但这种认可的目的恰在于质疑与颠覆这些观念。另一种诠释则把列维纳斯在“居所与女性”一节中对女性的描绘视为一份“女性主义宣言”①。但德里达没有详细阐明这些论点。在下一节，笔者将探讨列维纳斯关于女性即是绝对的她者的思想。

二、早期列维纳斯的女性现象学

列维纳斯认为，女性构成她者的实质性内容，女性是她者的她性纯粹地显现的最佳例子。这些思想在《时间与她者》第四部分“爱欲”一节中得到集中论述。

> 是否存在这样的情况，她者的她性在其纯粹性中显现？是否存在这样的情况，她者的她性不只是同一性的反面，也不只是遵循柏拉图的分有论，根据分有论，每一项都包含着同一性并通过这种同一性而包含她者？难道没有这样的情况，她者作为本质在肯定意义上由一个实存者所承载？那种并不是纯粹地、简单地介入由同一种之两个不同属的对比性的她者是什么呢？我想绝对地相反的反面（le contraire absolutement contraire）即是女性，其相反性不在任何形式上被她及其相关项之间所能建立起来的关系所影响，而是保持绝对的她性。②

波伏娃在《第二性》中征引以上段落时略去了开始的两句，从第三句“难道没有这样的情况”开始引用，而此前的两句表达的是对柏拉图传统中她者概念的异议。根据柏拉图传统，同一性是绝对的、首要的、基本的、本质性的，她者是相对的、次要的、派生的、非本质性的，她者没有自身独立的存在，需要通过同一性加以界定，这正是波伏娃在《第二性》中所批评的她者概念，因此，她对列维纳斯的批评具有误导性。在质疑了柏拉图传统之后，列维纳斯用试探性的语气提出对她者的创新构想：她者具有自身的本质性，而不是依附于同一性，她者具有肯定意义上的——而不是否定意义上的——非本质性；她者也不是同一类中两种不同属的差别，

① Jacques Derrida. Adieu to Emmanuel Levinas. Stanford：Stanford University Press，1999：44.

② Emmanuel Levinas. Time and the Other. trans. Richard A. cohen. Pittsburgh：Duquesne University Press，1987：77.

而是绝对的、不能用对比的方式加以界定的，不为其相关项所左右。列维纳斯运用这种独到的她者概念来描绘女性。在《时间与她者》第二版（1979）序言中，列维纳斯写道：

> 开启了时间的超越她者之概念首先从对她者内容的寻求开始，即对女性的寻求。女性……于我而言是与其他差异性具有巨大区别的差异性，她不仅仅是有别于其他差异性的一种质素，而且是差异性质素本身。①

此处，列维纳斯把女性直接等同于她者内容。女性不是其他差异性中的一种，而是差异性质素本身，这意味着，女性不为任何相关项及其与她的关系所影响，她是绝对的她性，不依赖于任何一种同一性概念，她本身即是差异性的化身。列维纳斯还说：“她者在女性中获得完成。女性一词具有与意识同样的地位，但其意思却是相反的。”② 意识是一个具有强烈的内在性色彩的概念，列维纳斯的意思是：女性在哲学中应当具有与意识在传统哲学中相等的重要性，然而，由于她的本质是外在性，因此其内涵与意识相反。列维纳斯把他对性别差异的理解与对存在的理解相联系，他写道：

> 性别不是某种特定的区别，它处身于种与属的逻辑区分之外，这种逻辑区分当然从来不可能使经验内容重新统一，不过，不是由于这个原因它不能够用来说明性别差异。性别之间的差异是一种形式结构，但这种结构从另外一种意义上分割着现实，并且使得现实的可能性成为多元的，而不是像巴门尼德所说的那样是单一的。③

西方哲学传统把存在理解为巴门尼德式的同一，用诸如种属关系等逻辑范畴来对现实进行区分，以此认识世界。根据列维纳斯所说，不服从于种属关系的性别差异以另外一种方式来对现实进行分割，这种方式不再把同一性当作终极原则，而是高扬她者的绝对性，高扬分离与个体化，它是对巴门尼德式同一性的阻断，提示着现实的多元性。在此意义上，列维纳斯强调性别差异是一种形式结构，不能用一般意义上的种属关系来加以理解。

---

① Emmanuel Levinas. Time and the Other. trans. Richard A. cohen. Pittsburgh：Duquesne University Press，1987：14.

② 同①81.

③ 同①77-78.

列维纳斯关于女性是她者的思想与他对爱情与爱欲的论述密切相关。在《从存在到存在者》(1947)中，他写道：

> 爱欲的层面使我们看到她者特别地是女性，通过她，一个处于现世后面的世界延续着世界。在柏拉图那里，爱是一个充满需求的孩子，它的特性是匮乏。对它的否定是单纯的需求之“减少”，而非朝向她者的运动。当摆脱了未能认识到女性角色的柏拉图式爱欲观，爱欲可以成为脱离了拘束于光从而拘束于现象学的那种哲学之主题，我们将在别处关注那种哲学。①

在列维纳斯看来，柏拉图眼中的爱情是一种不断需要满足的匮乏，女性则被约减为物质性的用以满足需求的东西，限制在被动与主动的范畴之内。在《会饮篇》中，柏拉图通过阿里斯托芬表述了一种有名的爱情观：起初人类与其爱人是合而为一的，神出于愤怒而惩罚人类，把人类劈成两半，从此人类不得不在地球上流浪，找寻自己的另一半②。因此，爱情的起源是匮乏。列维纳斯反对这种观点，他认为，这种爱情观把爱视为永无休止的需求之减少，把爱拘囿于现象学之内，没有认识到真正的爱是朝向她者的运动，完全忽略了女性在爱欲中的特殊地位，忽略了爱情所指向的超越层面。

列维纳斯认为，女性不是与男性相反的性别，性别差异不能等同于两个互补的相反项，因为相为互补项预设着一个先在的整体，从而把爱看作一种性别最终融入另一种性别之中的事件，把爱的本质视为合一。他提出，与原初的合一相比，分离在爱情中更为重要；只有在分离的关系中，与绝对她者建立关联才有可能。列维纳斯认为，性别差异也不是一对矛盾。由于矛盾的两个相关项是非此即彼的关系，二者之间没有可以容纳距离的空间，因而缺乏她者显现的条件。爱情并不消融她者，而是维持她者；爱欲的本质不在于合一，而在于分离，在于她者的显现与维持。列维纳斯写道：

> 爱的情愫在于一种不可克服的实存者的二元性，它与那个总是滑开的东西的关系，不是使她性中性化，而是维持她性。爱欲的情愫在于二元性的事实，她者作为她者在此并不成为我们所拥有的客体，也不成

---

① Emmanuel Levinas. Existence and Existents. trans. Alphonso Lingis. The Hague: Martinus Nijhoff, 1978: 85.

② 柏拉图. 会饮篇: 193a-b.

为我们之中的一员，相反，她退却至她的神秘之中。①

列维纳斯称，女性是她者、女性是神秘的等表述不应当与把女性视为神秘或不可知的浪漫主义观点相提并论。为了阐明女性在存在结构中具有独特的地位，他诉诸歌德的“永恒女性”（ewig Weibliches）和但丁的贝阿特丽丝等文学形象以及骑士时代女性崇拜的主题，甚至征引19世纪末20世纪初具有强烈扬森主义（Jansenism）倾向的法国作家伯洛瓦（Léon Bloy）热情奔放的《致未婚妻的书信》；然而，他笔下的女性的神秘性不能与文学作品中超凡脱尘的神秘相混淆，他所谓的女性的神秘性不是指某种不可知的现象，而是指从公开性的光芒中以及从理性与知识中滑开的一种存在方式，这种存在方式的特征是隐藏与谦逊。列维纳斯称，在“最为粗糙的物质性中，在最为无耻或最为凡俗的女性形象中”，女性的神秘性与谦虚性都得以保留②。女性的神秘性使得她不会成为一种客体，也不会被融摄入同一的总体之中；尤其重要的是，女性是与她者建立关系的必要条件，女性即是对她者的原发性经验。

以伊瑞葛来为代表的女性主义哲学家对列维纳斯最为常见的批评是：他把女性拘囿于爱欲现象学的层面，把女性当作获得伦理超越的条件，然而最终却把女性排斥在真切的伦理关系之外。笔者以为这是一种简单化的准黑格尔主义式的解读，没有确切地把握列维纳斯的思想。在《时间与她者》第二版序言中，列维纳斯在强调女性是差异性质素本身之后紧接着写道：

> 这种思想表明，夫妇概念与纯粹数字意义上的二元性截然不同。二元社会性的概念——它可能对那特别的面容（亦即抽象而贞洁的裸露）之显现是必要的——产生于性别差异之中，这个概念对爱欲和所有的她者［显现］事件具有本质性作用。她者不是简单的逻辑区分，而是一种质素，它承载于面容之沉默所述说的“汝不可杀人”的诫语之中。在爱欲与力比多之中闪耀着一种重要的伦理光辉。通过这种伦理光辉，人类得以构成二元社会并且维持着它，给予它以权威性，并使当代幼稚的泛爱欲主义成为问题。③

列维纳斯的论述表明，他的爱欲现象学并不只是通向伦理超越的阶

① Emmanuel Levinas. Time and the Other. trans. Richard A. cohen. Pittsburgh：Duquesne University Press，1987：78.

② 同①86.

③ 同①14.

梯，其中所描绘的女性并不只是帮助男性达到超越的婢女。他一方面提倡伦理超越的崇高性，另一方面则指出在最为卑下与凡俗的物质性中，伦理的光辉已然闪现，女性并不是在促成伦理超越之后即可扬弃的。与伊瑞葛来的解读相反，列维纳斯指出，植根于性别差异的二元社会性概念之二元并不是在爱欲中合而为一，而是真正成其为二，这与他强调女性是差异性质素本身异曲同工。作为绝对的、不可融摄入总体之同一的她者，女性是伦理关系生成的条件，同时由于其差异性而构成二元社会性，又是伦理关系的良好体现。

列维纳斯对爱欲的思考与他对弗洛伊德的批评相关，他认为，弗洛伊德称力比多寻求快感，然而，他没有对力比多本身做出翔实恰切的分析，没有在存在的普遍结构中探求快感的含义①，他所谓的快感也只有非常简单的内容，因而它只能是哲学分析的开端，而不能被当作结论。接着这些批评，列维纳斯写道，“我旨在说明［快感］的独特位置，我的论点在于肯定肉欲是清除了所有内容的未来之发生事件，是未来的神秘性本身”②。

可见，列维纳斯爱欲现象学的目的之一是切实地深入分析弗洛伊德所谓的力比多，表明即使是在最为盲目与粗糙的肉欲层面，肯定意义上的分离仍然存在，那是本真的二，是伦理关系的体现，代表着她者的切近。在爱欲中，社会性已然显现，已经扮演着一定的角色。此外，爱欲不是孤立的，不是拘囿于纯粹寻求快感的层面，而是指向未来的。列维纳斯的未来概念不是线性发展的一般性时间意义上的未来，而是指与她者伦理关系的建立。所谓指向未来，并不是说在未来之前的爱欲被“扬弃”成为不重要的，而是对伦理关系之显现的提示。列维纳斯区分开其爱欲现象学和对伦理关系的纯粹描绘，我们应当把这一区分理解为形式的区分，而非层次的区分。纯粹描绘与他所说的“清除了所有内容”相似，并不意味着这些内容不重要。所谓清除，只是有利于更好地在抽象的层次讨论伦理关系。列维纳斯并未有意地把女性排除在本真的伦理关系之外。

此处我们回顾一下桑佛德对列维纳斯的批评。她认为，列维纳斯所建构的是一种“性别差异的形上学”，或者说是一种“作为形上学的性别差异”③，他笔下的女性是纯粹的哲学范畴，与经验意义上的人世间妇女缺

① Levinas. Time and the Other. trans. Richard A. cohen. Pittsburgh：Duquesne University Press，1987：89－90.

② 同①90.

③ Sanford. The Metaphysics of Love：Gender and Transcendence in Levinas：40.

乏切实的联系，因此，列维纳斯的哲学思想对女性主义没有实际意义。显然，桑佛德从狭义上把女性主义理解为“最终关系到实际的男人与女人”的旨在改进社会的“一个政治事业”[①]。笔者以为，女性主义具有多层次的内涵与外延，在哲学领域，女性主义包括女性主义认识论、女性主义伦理学、女性主义美学等多种学科，把女性主义理解为政治事业自然无可厚非，并且，哲学家对女性的书写最终都应当为促进这一事业创造恰当的氛围与空间；然而，哲学书写本身不能完全等同于有具体目标和实际步骤的政治运动。以上我们看到，列维纳斯特别地强调女性的绝对性，强调不能以一般的种属关系来理解性别差异，那么，他笔下的女性是不是完全脱离了经验意义层面的女性的空洞的哲学范畴，他的“性别差异的形上学”是不是与现实生活毫无关联的哲学建构?

《时间与她者》“爱欲”一节的开场白是：“文明社会的生活中具有这种与她者之关系的踪影，我们必须在其原初的形态中对它们加以研究。”[②]在对经验事实的指涉之后才是本节开端所引用的“是否存在这样的情况”等段落。在1981年一次访谈中回顾《时间与她者》中对女性存有论构造的论述之时，列维纳斯解释：

> 女性对男性来说是她者，这不仅因为她具有不同的性质，而且因为在某种意义上她性即她的性质。……女性被描绘为在其自身之中即是她者，描绘为她性概念的源头。[这些观念] 使我们能够明白在何种意义上我们可以思考那支配着爱欲关系的她性，这种她性不可约简为数字上的差异或性质上的差异。[③]

因此，列维纳斯在《时间与她者》《总体与无限》中对女性的讨论绝对不是偶然的，不是可以轻易地被融摄入并消失在某种抽象的形上学之中，而与他对现实中的女性的思考具有实际联系。

在法文中，抽象意义的女性（le féminin）和经验意义的女性（la femme）在词形上十分相近。在《总体与无限》和《犹太教与女性》中，列维纳斯常常混用这两个词语，对其未做明确的区分，这说明列维纳斯有

① Sanford. The Metaphysics of Love：Gender and Transcendence in Levinas：138.

② Levinas. Time and the Other. trans. Richard A. cohen. Pittsburgh：Duquesne University Press，1987：84.

③ Emmanuel Levinas. Love and Filiation//Ethics and Infinity. Pittsburg：Duquesne University Press，1985：65－72.

意在抽象范畴与经验指涉之间保持一定的张力。在《犹太教与女性》中，列维纳斯谈及曾经在历史的卷帙上扮演过特定角色的妇女，例如《旧约》中的雷贝卡、萨拉和塔玛等。他赞誉道，“没有她们清晰的洞察力，坚定的决心，以及她们的计谋与牺牲精神，《圣经》中的历史性事件就不可能发生”，并且，他把这些“母亲、妻子与女儿”的存在描绘为“在不可见的边缘的隐秘存在”①。她们的存在勾勒出内在性的维度，使世界成为适合栖居的场所；没有她们“在现实的深处与模糊之中沉默的步伐”②，世界就会有不同的结构。

如果我们仔细思考这些文字，再联想到我们之前讨论过的“我想绝对地相反的反面即是女性”，“女性……是差异性质素本身”，“她者在女性中获得完成”，“爱欲的层面使我们看到她者特别地是女性”等等用语，可以看出，在许多场合，与其说早期列维纳斯借用她者概念来对女性加以思考，不如说他在女性与爱欲关系中看到了他所寻求的她者概念的踪影、原初形态甚至是完美的体现。对女性（同时是抽象意义上的女性和经验意义上的女性）的根本性的思考，感受到女性不能为同一性所同化，而具有独立的存在及意义，领悟到爱的本质不是二者合一，而是二者的二位性，这为列维纳斯的她者哲学提供了特殊的灵感与启发，他在《爱与亲子关系》中称女性是“她性概念的源头”，其深意即指向现实生活中的女性③。由此可见，列维纳斯并非完全没有关注到经验层面上的女性，他也不是仅仅把她者概念运用于女性，相反，他从对女性的思考中汲取建构她者哲学的资源。以上我们厘清了早期列维纳斯关于女性是绝对的她者的多层次的话语，在下面两节，我们先评述关于《道德经》雌柔之道的三种主要解读，然后讨论应当如何理解雌柔之道的中心地位。

三、关于《道德经》雌柔之道的三种主要解读

《道德经》中以雌性为中心的喻象与用词俯拾皆是、异常丰富，因此，

① Emmanuel Levinas. Judaism and the Feminine. trans. Seán Hand//Difficult Freedom: Essays on Judaism. London: The Athlone Press, 1990: 30-37.

② 同①31.

③ Emmanuel Levinas. Love and Filiation//Ethics and Infinity. Pittsburg: Duquesne University Press, 1985: 66.

道家哲学在其思想取向上经常被描述为“女性质素的”（feminine）[①]。提倡这种诠释的海外汉学家中最为著名的学者是李约瑟（Joseph Needham）。对他而言，《道德经》中有关雌性的象征、有关水的隐喻以及对柔弱的强调表明了对所有“忍耐的、顺让的、宽容的、退却的、神秘的与受纳的”等品质的重视，此外，这部经典还倡导在人类社会政治关系中遵循女性化的顺让原则[②]。出自一种历史学家的关怀，李约瑟忠实而准确地把握了《道德经》的思想实质，坦诚而直率地道出其中雌柔之道所占据的中心地位。不过，李约瑟尚未全面阐发道家思想的雌柔之道的哲学意蕴，也未对道家式女性主义加以系统的解说，对这些问题的探讨更多地应当是哲学家的任务。笔者把李约瑟的诠释称为“准女性主义解读”（quasi-feminist reading）。

安乐哲则反对把道家标识为“女性质素的”。在他看来，我们应当依据一种完美人格的积极模式来理解道家经典中对女性质素的指涉，此即一种雌雄同体的完美人格，在其中，“男性质素与女性质素的社会性别特征在某种和谐而均衡的关系中得到了统一”[③]，这种和谐与均衡是通过调和这两极之间的张力而获得的。安乐哲认为这种雌雄同体的模式在中国古代思想中普遍存在，因此，中国思想给予男性质素和女性质素同等的重要性。雌雄同体（androgyny）本是20世纪60、70年代一些女性主义学者提出的一种理论[④]，这种理论本身即有一些学理上的融贯问题。不过，安乐哲的看法可能更多地受到他对中国思想整体的文化学解读之影响，这种解读之基本观点是认为中国古代的思维模式是一种“关联式思维”（correlative thinking）。雌雄同体是一种试图把握《道德经》中有关雌柔之道之文句的关联式的话语，因此，笔者把安乐哲的诠释称为“关联式解读”（correlative reading）。

在提出其论说的同时，安乐哲明确地反对李约瑟的准女性主义解读。在他看来，李约瑟哀叹以往的欧洲翻译者和学者全然误解了道家，然而，构成这种误解传统的正是李约瑟本人从其前辈那里所承续的对道家思想的“女性”解读。安乐哲写道：

---

① 由于篇幅限制，本章未能详细讨论中国老学史上对待雌柔之道的不同立场，但笔者所概括的这三种立场在老学史上都有所反映，下一步工作尚待来者。

② Cf. Joseph Needham. Science and Civilization in China. vol. 2. Cambridge：Cambridge University Press，1956：59.

③ Roger T. Ames. Taoism and the Androgynous Ideal//Women in China. eds. Richard W. Guisso，Stanley Johannesen. Youngstown，NY：Philo Press，1981：43.

④ Cf. Ann Ferguson. Androgyny as an Ideal for Human Development//Feminism and Philosophy. eds. Mary Vetterling-Braggin et. al. Totowa，N. J.：Rowman and Littlefield，1977.

> 我认为，把道家说成是主张在个体、社会及政治活动中“女性质素”比“男性质素”具有优先地位的做法是对道家之本意的一种严重扭曲，它与任何一种对《老子》哲学体系的融贯的诠释皆是格格不入的。我认为，对“女性质素”的任何强调都完全是补偿性的，忽视这一点导致了长久以来把道家学说解读为被动的、静寂主义的、消极的、（与人文主义相对的）自然主义的、逃避现实的、悲观主义的，如此等等。①

可以看出，安乐哲反对李约瑟的一个重要原因在于他对其女性主义导向的理解持否定性的立场。他的这些表述把女性主义的世界观等同于逃避世界，同时未加置疑地把世界构想为积极的、男性质素的，把男性质素与导向呈现为女性质素与导向的理论前提，因而后者充其量只能是“补偿性的”。

刘笑敢在不同出版物中所发表的议论的立场并不完全相同。在稍早的一篇文章中，他强调老子绝非主张女性主义，《道德经》是“一部男人写给男人看的书”，其中对女性质素的指涉与实际生活中的妇女没有任何关系，因此它不能为女性主义做出直接的贡献②。而在《老子古今》中，他说，老子哲学虽然不是女性主义直接的先声，但其雌柔之道“有利于建设女性主义的形上学或曰存有论女性主义”，“可为女性主义提供存有论和方法论的哲学基础”③。如此看来，刘笑敢不得不在一定程度上认可《道德经》中雌柔之道所不可否认的女性主义思想资源，但同时他又常常通过强调其纯形上学的理智特色弱化其现实意义。

刘笑敢以如何统治世界这个问题为线索来解释《道德经》中有关女性的诗句。他的基本立场是：以雌为基础的技艺，其目的在于辅助以雄为宗旨的统治。“知其雄”点明老子的说话对象是“雄”者，而非“雌”者，“守其雌”（《道德经》第 28 章）的原则是对强健而居于统治地位的男性所做的警示，遵循这个原则的真正目的是成功地处理社会与政治问题。刘笑敢写道：“‘其雌’则是应当采取的姿态、方法、原则，而不是自身的

---

① Roger T. Ames. Taoism and the Androgynous Ideal//Women in China. eds. Richard W. Guisso, Stanley Johannesen. Youngstown, NY: Philo Press, 1981: 23. 近二十年之后发表的另外一篇文章重复了同样的观点（David L. Hall, Roger T. Ames. Sexism, With Chinese Characteristics//The Sage and the Second Sex: Confucianism, Ethics, and Gender. ed. Chenyang Li. Chicago and La Salle, Illinois: Open Court, 2000: 86)。下文将征引发表于 2000 年的文章。

② 刘笑敢. 关于《老子》之雌性比喻的诠释问题. “中央”研究院中国文哲研究集刊, 2003 (23): 179-209.

③ 刘笑敢. 老子古今：五种对勘与析评引论：上卷. 北京：中国社会科学出版社，2006: 717, 141.

‘雌’性特点或弱点。”[①] 即使在极少数情况下妇女获得了统治权，作为行为者，她在本质上已经变成了男性[②]。笔者把刘笑敢的诠释称为“政治学解读”（political reading）。根据这种解读，不仅行为者是男性，并且行为的最终目标在其本质上也是男性质素的，而女性质素的美德则只是达到最终目标的策略。实际上，这种政治学解读应当肇始于韩非子从其法家立场出发对《道德经》所做的解读，至今仍然是大多数中国学者（包括男性以及女性学者）所容易接受的对雌柔之道在《道德经》中的地位的解释。

四、雌柔之道的中心地位

波伏娃在《第二性》中指出：在西方理论传统中，男性一直被视为“肯定的与中性的”，即普遍性，而女性则需要以这种普遍性为衡量标准来加以界定；男性代表着主体、本质与绝对，而女性则不具有主体的地位，是非本质的、偶然的、相对的。故而，“［普遍］人性被视作男性质素的，而男人不是从女性自身所是来界定她，而是相对于自己来界定她。女性没有被当作一种自律的存在”[③]。男性即人性，人性即男性，这种至今仍然为众人所接受的等式在上节所总结的有关《道德经》中女性质素的后两种解读中均有反映。

显而易见，“关联式解读”和“政治学解读”都不谋而合地预设了通常被认为是“肯定的与中性的”俗世中的奋斗与成就在其本质上是男性质素的，而绝对不属于女性质素，相反，女性质素则代表着消极避世、悲观被动，倘若女性涉足于世俗之功，则其本质即转变为男性，因为世俗之功与男性之间是一个不折不扣的等号。从这一前见出发，“关联式解读”把一种似是而非的互补理论读入道家思想，表面上似乎给予女性质素一定的地位，但究其实际却并未超出“lip service”[④]。通过这种“将欲取之，必先予之”的做法，《道德经》中女性的核心位置被模糊、淡化了。

刘笑敢对“关联式解读”提出相似的批评。他说，安乐哲“不是从直接理解老子中的雌性比喻的文本入手，而是从道为有机整体的前提出发，

---

① 刘笑敢．老子古今：五种对勘与析评引论：上卷．北京：中国社会科学出版社，2006：318．着重号来自笔者。

② 同①717.

③ Simone de Beauvoir．Le Deuxième Sexe．Paris：Gallimard，1949：15.

④ 更可悲的是在很多情况下甚至连 lip service 都没有。

由此重新解释老子的文句，把雌［性］比喻的意义塞入雌雄一体的框架中”[①]。“政治学解读”则把雌柔之道贬低为一种达到雄性目的的手段，从而避实就虚，把老子变成一位精于权谋的政治理论家[②]。

李约瑟的“准女性主义解读”准确地把握了《道德经》的基本思想导向，但由于他尚未对女性质素的中心地位进行深入的根本性的学理考究，以至于其道家女性中心论缺乏坚实的哲学基础，使得其论说易于分崩离析而被约简为后两种解读。早期列维纳斯关于女性是绝对的她者的观点可以帮助我们更好地理解道家思想中雌柔之道的中心地位。以下笔者介绍刘殿爵关于《道德经》中对立面之关系的见解，然后将其论说运用到对女性质素之核心性的诠释之中。

在《〈老子〉中关于对立面的论点》中，刘殿爵反对有关对立面中双方关系的常见解释[③]。这些常见解释笔者以为可以称作对《道德经》的“黑格尔式的辩证法解读”，其代表人物是冯友兰、杨宽、杨荣国和胡适等学者。他们把对立面中双方的关系描绘为一种循环运动的过程，其中每一方通过反复、征服或生成的方式而转变为其对立面。刘殿爵认为，这些学者的错误之处在于挪用《易经》的思想来解释《道德经》中与《易经》之辞章表面上相似的诗句[④]。事实上，这两部经典之间存在着重要的区别。《易经》中常常出现表示相反方向运动的语汇组，两种运动加在一起构成一个圆环，这表示周而复始的循环运动与变化。然而，我们却不能把这种思想加诸《道德经》。

刘殿爵所列举的《道德经》中典型的对立双方有：短与长、柔与刚、弱与强，他称每组对立面中的第一个词语为“低的语汇/方面”（lower terms），称第二个词语为“高的语汇/方面”（higher terms）[⑤]。他认为，《道德经》中所表达的关于对立面之关系的思想从未超出以下的观点：

> 当一个事物发展到高的极限之时，它必然会回复并开始衰退。然而，［《道德经》中］并没有讲道：当一个事物处于或达到低的极限之

---

① 刘笑敢. 老子古今：五种对勘与析评引论：上卷. 北京：中国社会科学出版社，2006：319.

② 如前所述，刘笑敢的立场并不总是自我一致，此处所针对的是其“政治学解读”，而非其论说之全部。

③ D. C. Lau. The Treatment of Opposites in Lao Tzu. Bulletin of the School of Oriental and African Studies，1958，21（2）：344-360.

④ 同③351.

⑤ 同③344.

时，它必然会一直发展到高的极限。①

根据刘殿爵的看法，《道德经》中认为是必然的只有自高而低这种运动，即“复”或“返”。然而，在低的方面中并不隐含着一种必然朝向高的方面运动的目的（telos）。因此，低的方面与高的方面之间不存在一种周而复始的循环变化的过程。

刘殿爵在论证以上观点时并没有着重突出雌雄对立面，然而从其行文中，我们可以清楚地看到，女性质素的根本性对他而言是《道德经》中最显而易见、最不容置喙的观念。当援引第 28 章中的“知其雄，守其雌”之时，他讲道：“贵柔”与“守弱”是可以归于老子的“得到最好确证的立场”，为此，他引用了《庄子》、《荀子》及《吕氏春秋》中不约而同地认为老子贵柔的言辞②。刘殿爵恰是凭借雌柔之道这一基本论据为他关于《道德经》中对立面之间不存在循环运动的论点进行辩护。他写道：

> 倘若所有的事物都会经过循环变化的恒定过程，从低的方面到高的方面，又从高的方面到低的方面，那么，“守弱”原则就会变成一个空洞的建议。…… 最终，［假若］所有的事物都会无情地转变为其对立面，［那么］人们就不可能持守任何一个原则。换言之，在一个变化永无歇息的世界中，人们无法驻足，只能随波逐流；同样，在这样一个世界中，建议遵守什么样的原则皆是徒劳无功的。③

刘殿爵在这段话中所提出的观点可以结合他有关柔弱胜刚强的阐释来加以理解。柔弱胜刚强之说主要见于《道德经》第 36、43、78 章。根据对立面之间循环运动的论点，克服了刚强之后，柔弱即变成刚强一方。针对这一立场，刘殿爵争辩道：低和高的方面并非内在于某一统一体中或是处于劣势或是处于优势的两个方面。因为设若此，我们根本不可能建议什么是人们需要遵守的特定的柔弱一方。对刘殿爵而言，低的和高的方面不可能是事物内部逻辑意义上的对立面，而应当是外在的、可为人们所辨认并加以确定的事物。低的和高的方面之间的冲突是“某个柔弱的事物与某个刚强的事物之间所发生的外在的冲突”④。

---

① D. C. Lau. The Treatment of Opposites in Lao Tzu: Bulletin of the School of Oriental and African Studies，1958，21（2）：353. 着重号来自原文。

② 同①349.

③ 同①349-350.

④ 同①350.

此外，刘殿爵指出，柔弱胜刚强并非一般意义上的“胜利”，而是真正意义上的胜利。这是因为，柔弱通过不争与无为来达到保存自身的目的，不会反过来又被击败，而一般意义上的胜利者迟早会遭遇到他/她的对手而被击败[①]。支持这个观点的最佳原文出现在第 43 章：“天下之至柔，驰骋天下之至坚”。驰骋与胜利并不仅仅属于刚强者或雄者，相反，雌柔之道的提出促使我们对胜利之实质进行思考，真正的胜利者是驾驭和控制地位次于己的人，还是切实地奉行无为与不争的人。我们绝对不能把这样的思想——贵柔守弱的原则实际上最终服务于刚强一方，或服务于变成刚强一方之目的——归于老子。这种对女性质素的政治学解读迷失了《道德经》之要旨。

刘殿爵强调在《道德经》中对立面之间不存在循环往复的关系，只有自高而低运动之必然性，而没有自低而高运动之必然性。这一深刻洞见可以很好地应用于雌柔之道。雌一方是我们应当遵循的原则，但雌柔之道的主旨不在于转化为雄强一方，而是真正地身体力行谦下、虚静、柔韧之美德。如果就长短、高下等对立面而言尚且是低的方面优先，那么雌柔之道就更不能以雌雄一体说取而代之。守其雌的原则主张柔弱和顺一以贯之，倘若雌雄之间是此消彼长的替代关系，当雌发展到其顶峰则必然转化为雄，那么雌柔之道就无法贯彻到底，从而失去其实质性。

五、《总体与无限》中的“爱欲现象学”之含混性

在 1989 年一次访谈中，列维纳斯坦言：

> 在我的《时间与她者》这本小书中，我以为女性质素是这种她性的模态——这“另一种”(other genus)，我以为性象谱（sexuality）与情色(eroticism) 即是这种相对于她者的非差异（non-in-difference)，不可被约简为一个集合体中的项之形式的她性。如今我想有必要再做进一步的追溯，这种揭示、这种裸露、这种他人的脸所具有的“绝对命令”构成了女性质素所预设的她性的模态：邻人的切近即是这种非形式的她性。[②]

---

① D. C. Lau. The Treatment of Opposites in Lao Tzu：Bulletin of the School of Oriental and African Studies，1958，21（2）：356.

② Emmanuel Levinas. Is It Righteous to Be?. ed. Jill Robbins. Stanford：Stanford University Press，2001：115.

我们可以注意到，列维纳斯把他出版于1947年的《时间与她者》称为“我的小书”，同时撤回了他早期关于女性是典型的她者、爱欲关系是伦理关系的事件发生的思想，宣称他人的脸与邻人的切近提供了与她性关系的前原发关联的具身化的场所。列维纳斯不再把女性保留为其他者哲学的核心，而是重新给女性指定一种第二位的、派生的角色。

在1961年出版的《总体与无限》的“爱欲现象学”一节中，尽管《时间与她者》中的某些表述在一种令人迷惑、复杂难测的话语中再次出现，但赋予女性的角色显然已经发生了重要的变化。当列维纳斯再度引用柏拉图《会饮篇》中阿里斯托芬讲述的关于爱情是之前的一个存在者整体的两半重新合而为一的神话之时，列维纳斯不再坚决地反对旨在于克服匮乏、满足需求的那种爱情观，相反，他提出这种爱情具有两面性，其中所涉及的需求“预设了她者、所爱者的全然的超越外在性”①。

正如爱情的事件处于内在性与外在性的界限之上，女性的显现也体现出一种含混的结构。在《总体与无限》中，列维纳斯把女性称为“所爱者”（l’aimée），她显现在脆弱性中。脆弱性不是任何一种属性的低等程度，也不是某种特定性质的相对欠缺。它先于任何一种属性而规定着她者的她性。列维纳斯写道：

> 所爱者（即女性）的显现不是某种附加于预先存在的客体的东西，也不是在没有性别的中性中所发生的现象。所爱者的显现是在她的温柔之乡。温柔之道即是急剧的脆弱性。它在存有与非存有的边界显现，它是一种犹如存有解散为光耀的温软。这种急剧的脆弱在一种“没有仪式”“没有遁辞”的生存，一种“非指涉”的生硬的稠密，一种极度的超级物质的边缘上。…… 这种脆弱的同时性或者说是含混性，以及这种比无形的现实更加沉重的非指涉之重，我们称为女性。②

列维纳斯的话语异常地含混，女性显现于存有与非存有的边界，而不是简单的存有或非存有。与他早期确凿无疑地宣称女性即是典型的绝对的她者相比，在“爱欲现象学”中，列维纳斯对女性的书写显示出另外一种风范，女性被描绘为某种类似于“有”（il y a）的超级物质，没有任何主

① Emmanuel Levinas. Totality and Infinity. trans. Alphonso Lingis. Pittsburgh：Duquesne University Press，1969：254.

② 同①256－257.

体性与客体性，缺乏指涉性，缺乏意义，不可名状。应该如何理解此处列维纳斯真正的用意？我们在前面提到，早期列维纳斯在经验意义上的女性那里看到“她性概念的源头”，而非简单化地将其他者哲学运用于女性。相应地，笔者认为，列维纳斯在晦涩难解的“爱欲现象学”中关于女性的思考同样把哲学洞见与对社会现实的观察结合起来。

在上述引文的数页后，列维纳斯提到，女人可以是对话者、合作者，甚至是“超级智慧的”主人，“在她所进入的男性文明中她经常超过了男人”①。这般的溢美之词使我们不禁联想到：当年青的列维纳斯在斯特拉斯堡学习的时候，是派菲（Gabrielle Peiffer）——一位女性学者——首次把胡塞尔介绍给了列维纳斯；而后来也是派菲与列维纳斯合作把胡塞尔1929年在巴黎的讲稿《笛卡尔的沉思》翻译为法文，并且在1931年首次以法文出版②。在《时间与她者》的再版序言中，列维纳斯以赞誉的口吻提到了瑞士女哲学家赫舍［Jeanne Hersch（1910—2000），其主要哲学工作是研究自由的概念］③。与知识女性的交往一定使列维纳斯对女人的智性水平确信无疑。

然而，女人又“必须依照文明社会不可能规范的原则而被当作女人来对待”④，此即对限制了女人的行为与社会活动领域的传统准则之否定。“女人作为女人”指向超越了文明社会规范的肆无忌惮与从心所欲的向度。《时间与她者》中的“赤裸裸的物质性”已然暗示着这一向度⑤，与上述《总体与无限》引文中所谓的“极度的超级物质”呼应。对以上这两个方面的关注构成了列维纳斯在《总体与无限》中关于女人的书写的背景，如此并举这两个方面说明列维纳斯深刻地感受到女人的智性水平所能达到的高度与其社会角色所受到的限制以及女人对此现实的某种反抗方式之间的张力，把握其间的张力有助于我们恰切地理解列维纳斯的“爱欲现象学”的高度含混性。

经过一个世纪的女性主义运动，而今，至少在原则上人们认可女人有权利去寻求以前唯属于男人特权的社会职业及职务，但这在20世纪早期

① trans. Alphonso Lingis. Pittsburgh：Duquesne University Press，1969：264.

② Edmund Husserl. Méditations cartésiennes：Introduction a la Phénoménologie. trans. Gabrielle Peiffer，Emmanuel Levinas. Paris：A Colin，1931.

③ Levinas. Time and the Other. trans. Richard A. Cohen. Pittsburgh：Duquesne University Press：49.

④ 同③264.

⑤ 同③86.

及中期尚属于罕见。在那时候，如果女人要反抗男人以及她们自身的思想观念中把女人束缚于家庭小天地的那些貌似不可违背的准则，其采取的方式更多是间接的、不自觉的，尤其是诉诸某种"温柔的方式"，这种温柔由一种极度的脆弱或者说一种可被伤害性所构成。列维纳斯铺陈道：所谓温柔的方式即是一种解个体化，它通过退回到缺乏意义的超级物质性从而消释掉存有之重。这种纯粹的超级物质性即是裸露的女人身体的奢华的、放荡的在场，它亵渎着同时也遭受着亵渎。由此，把自身呈现为"不负责任的动物性"的所爱者放弃了她作为一个人、作为一个存有者的身份。"面容消遁了…… 与她者的关系在嬉戏中发生；与她者嬉戏，犹如与一只幼兽嬉戏一般"①。

列维纳斯对于亵渎的描述准确地反映出女人没有被当作人对待、她也不把自己当作人对待的现象。女人受到了贬低，同时她也在自我贬低，以至于沦落为一种动物一般的客体。具有讽刺意味的是，这种降至动物性的现象构成了针对文明社会的一种抗议行为。亵渎亦具有双重性。列维纳斯先是列举了面容的指涉性，通过它，"汝不可杀人"的伦理原则闪现出来，然后将之与温柔的女性质素所产生的含混性做出对比。指涉性意味着可言说性，意味着意义，而温柔的女性质素则至多只能企及一种静默的语言。列维纳斯称，"女性质素的脆弱性令人对那在某种意义上尚未存在的东西心生怜悯，对那在缺乏谦逊中展示自身、但却并没有出于这种展示而被发现的东西——即亵渎——而心生鄙夷"②。

在"爱欲现象学"中，放荡的此岸（即在世界而在这一面）隐约地昭示着亵渎与女性质素的彼岸（即可能的超越那一面）。这是因为"鄙夷以面容为前提"③。在某种意义上，充满情色的裸露提供了猥亵的隐射线端；但在另外一种意义上，恰是出于其过分的展示，裸露在否定性的意义上开启出规范社会礼仪的道德视域。亵渎中既有暴露的也有隐秘不示的东西，"那本质性地隐藏着的东西朝向光而抛掷自身，但并未成为指涉"④。隐蔽与光亮、脆弱与放荡之间的双重性构成了女性质素的本质。女性孕育着"处于现在之中的将来"，拥抱着不仅是"不复存在的东西"，还有"尚未

① Levinas. Totality and Infinity. trans. Alphonso Lingis. Pittsburgh：Duquesne University Press，1969：263.

② 同①262.

③ 同①262.

④ 同①256.

到来的东西”。在接续“爱欲现象学”的下面一节，列维纳斯把“尚未到来的东西”解释为繁育（fecundity）。

我们需要注意，列维纳斯在此处所试图传达出来的超越观显然异于《时间与她者》中的超越观。在《时间与她者》中，列维纳斯抵制把女性当作满足需求的物质那种柏拉图式的爱欲观，提出把女性视为不可约简的她性这样的爱情哲学；而在《总体与无限》中，列维纳斯则试图以柏拉图式的爱欲观为出发点来表述另外一种不同的女性超越性。由于女人被局限于爱欲关系，她总是处于将自身封闭于内在性之中的边缘上，然而这种情况以超越为前提，并且指向超越。这样的超越只有当孩子诞生出来才成为可能，因为孩子可以干预闭锁于超级物质性之中的非社会性的二元。

我们还记得伊瑞葛来等女性主义哲学家批评列维纳斯把女性拘囿于爱欲现象学的界限之中，从而把她排除在他的伦理形上学之外[①]。这一批评是否中肯依赖于列维纳斯在《总体与无限》中赋予女性的可能的超越性是不是本真的、在何种程度上是本真的。这个问题充满模糊性，不可能有直截了当的答案。但有一点是明确的：女性并没有如同在《时间与她者》之中那样被直接呈现、等同为她性本身。但是，女性也没有被刻意地安排在附属的地位。列维纳斯的爱欲现象学充溢着令人深思的含混性。

伊瑞葛来对列维纳斯把女性等同于“所爱者”以及“不负责任的动物性”等措辞提出了批评，因为她认为这些措辞是贬低女人的。然而，我们应当注意，这些措辞的贬义只反映了女性在世界而在的此岸中的一个面相，即其可以亵渎、可被亵渎的一面；并且，这些措辞的用义是描述这样的可能性，而非证成这样的可能性。另一方面，令人费解的是列维纳斯为何没有把女性的可能的超越性彼岸与在其“爱欲现象学”中仅是惊鸿一现的评语联系起来，即女人作为对话者、合作者甚至是“超级智慧的”主人[②]。最终，繁育成了女性获得超越可能性的唯一途径。然而我们知道，爱欲与繁育之间具有很大的区别，爱欲并非一定导向繁育，繁育也并非一定以爱欲为前提条件。超越具有多种形式与模态，其中的一种重要形式是智性的超越。列维纳斯把繁育当作女性获得超越的唯一途径，从而间接地

---

① Luce Irigaray. The Fecundity of the Caress：A Reading of Lévinas' *Totality and Infinity*，“Phenomenology of Eros” //An Ethics of Sexual Difference. trans. Carolyn Burke，Gillian C. Gill. London：Continuum，2004：154-179.

② Levinas. Totality and Infinity. trans. Alphonso Lingis. Pittsburgh：Duquesne University Press，1969：264.

否认了女性也有可能通过其他形式而获得超越，尤其是智性的超越。

六、犹太教的思想资源

在《总体与无限》中，除了“爱欲现象学”一节之外，列维纳斯对女性的描绘也出现在“栖居”一节。他把女性描述为栖居（demeure）中的欢迎，他写道：“在亲密性中欢迎着的她者不是在某种高度中显示自身的面容之‘您’（vous），而恰是熟悉性之‘你’（tu）”[①]。在女人不能被视为智慧的对话者之“您”，不能被视为真正的她者（尽管正如列维纳斯所确认，女人并没有智力上的问题）的那种年代，她通常是在栖居的熟悉性中扮演着一个“你”的角色。

列维纳斯把居所与其他可以给人们带来生活便利的器具相比拟，例如钉钉子的钉锤和用于书写的笔。居所使人能够免于气候的无情和敌人的迫害，然而，居所是一种特殊的器具，别的器具的目的与使用这些器具所带来的愉悦或者痛苦无关；而居所的特殊之处在于，它不是人们生存活动的目的，而是其条件，在此意义上，也是其启始。居所使得自然成为可以被表述以及人们在其中活动的世界，人们是从居所这一私人领域而接近世界的。我们不能说居所存在于客观世界，而应当说客观世界由于与我的居所的关联而得以存在。居处（habitation）的温柔即是女性的在场，女人完成使家园可亲的任务，女人准备了栖居（inhabitation）的条件。

列维纳斯关于栖居的书写从犹太教那里汲取了原始资源。他早年获得过一定的宗教教育，在40年代后期，他在寿沙尼（Chouchani）的辅导下开始精心研读《塔木德》。从1957年起，他在犹太教论坛上持续解读《塔木德》。正如列维纳斯在其塔木德释经文章的导言中解释的，《塔木德》包括两部分：一部分是拉比哈那西（Hanassi）在2世纪末所编纂的圣人语录，这部分与希腊思想有所接触；另一部分是对未被哈那西收录的圣人言语的评论，并与前者相比较，对前者进行阐释，拓开新的视域。这部分在5世纪末时被编纂成书，并由后来的一些评论所补充[②]。列维纳斯认为，

---

① Levinas. Totality and Infinity. trans. Richard A. cohen. Pittsburgh: Duquesne University Press, 1987: 155.

② Emmanuel Levinas. Nine Talmudic Readings by Emmanuel Levinas. Bloomington and Indianapolis: Indiana University Press, 1990: 3-4.

《塔木德》中的故事和箴语具有哲理性，为哲学构思提供了丰富的思想资源。它包含着思想的斗争和对最为缠人的问题的勇敢的探询。他主张，在阐释经文时需要思想的勇气、自由和非教条主义①。

写于1963年的《犹太教与女性》一文清楚地反映出犹太教对列维纳斯关于女性的思考的深刻影响。列维纳斯引用《塔木德》中的话“家即是女人”，并对其进行哲理分析。他认为，除了心理学和社会学的意义之外，在拉比传统中，这一论断被经验为一个基本真理和道德模式；更为重要的是，它具有存有论的基础。“单独一个人不是一件好事”被视为创造宇宙的上帝的十句话之一。经书所列举的女人对男人所提供的帮助的例子是：男人把玉米和亚麻带回家，女人则碾磨玉米，纺织亚麻。列维纳斯认为这样的例子并不是确定女人的侍从地位，他力图发掘其存有论意义：玉米和亚麻都是从自然界中收割来的，它们标志着自发生活的结束和精神生活的开始。然而，这种为征服型文明所主宰的世界是不可栖居的，它是冷酷的、缺乏人情的，它既不会给缺衣的人蔽体，也不会给饥饿的人哺食。列维纳斯称，这种精神的实质是男性的，“它生活在野外”②，任凭风吹雨打，并且异化于自己的生产所获。女人把玉米做成面包，把亚麻织成布匹，列维纳斯赋予女性的这些作用以存有论层次的重要性。他写道：

> 使得失明的眼睛重获光芒；普遍性之阳刚与征服一切的逻各斯最终导致了异化，它们笼罩着本来可能荫护它们的阴影；使得异化得以克服，归于平衡，应当是女性的存有论作用，是那“目的不在于征服”的人的使命。③

女性即是那流溢到僵硬的无限和冰冷的世界之温柔。列维纳斯指出，女性不是温柔与善良在个体的女人中的化身，而是温柔与善良本身。列维纳斯对夫妇关系也加以存有论的阐释：它不仅是一种社会纽带，也是存有者自我认识、自我发现的时刻。列维纳斯引用经书上的话支持他的论点：“没有女人，男人不懂得善良，不懂得援助，不懂得喜悦，不懂得祝福，不懂得谅解。”④

---

① Levinas. Nine Talmudic Readings by Emmanuel Levinas. Bloomington and Indianapolis: Indiana University Press, 1990: 4-5. 关于列维纳斯与塔木德解经传统的关系，详见孙向晨的《面对他者：莱维纳斯哲学思想研究》，241-254页。

② Emmanuel Levinas. Judaism and the Feminine. trans. Seàn Hand//Difficult Freedom: Essays on Judaism. London: The Athlone Press, 1990: 32. 着重号来自原文。

③ 同②33.

④ 同②33-34.

可以看出，列维纳斯试图赋予女人在居所中通常扮演的角色以更多的重要性，从而纠正传统上对于女人的偏见。他写道：“倘若女人成全男人，这种成全并非一个部分成全另外一个部分从而成为一个整体，而是宛若两个全体相互成全——这究竟是社会关系的奇迹。”① 这令人想到早期列维纳斯所谓的夫妇关系不是合而为一，而是真正地成其为二，从而成就本真的伦理关系（二者的区别是在早期列维纳斯那里，夫妇关系是通过爱欲而建立起来的；而在此处，夫妇关系是通过栖居而建立起来的，而栖居则与社会性紧密关联）。在《犹太教与女性》中，女性的位置是含混的，列维纳斯在文中曾经把女性的角色描绘为“存有论功能”②，这似乎是把女性置于存有论的层面，不过，“温柔与善良”的用语显然又带有伦理学的意味，然而女性并没有被呈现为开启了伦理超越的绝对她性。此外，无论列维纳斯在特定维度上赋予女人多大程度的存有论的意义，这种重要性总是以男人的重要性为前提的，首先要由男性把玉米与亚麻带回家。

西方传统哲学中从来就没有女性的位置，列维纳斯试图打破这种局面，然而，他发现似乎无法为女性找到一个合适的位置。由于从中期开始受到犹太教思想的强烈影响，他把与邻人的关系界定为最为原初的本真的伦理关系，把女性的她性视为从与邻人的关系中派生出来的，女性不再是绝对的她者。并且，一方面，列维纳斯在原则上否定了他早期的思想，即以爱欲为基点而建立的夫妇关系是本真的伦理关系的事件发生；另一方面，列维纳斯尝试把女性约简为其以伦理学为核心的哲学范式中的存有论层面，然而，他所说的女性的“存有论功能”亦是含混的，这种功能起到的作用是通过栖居的实现从而柔化阳刚的存有论原则，因此，女性也并未构成存有论的最初基石。女性就如同一个影子，一丝游絮，总是要依附于男性，列维纳斯再也不能为她提供明确的哲学论述。

七、《于是上帝创造了女人》

在列维纳斯后期的巨著《别于存在或在本质之外》（1974）中，女性不再与爱欲联系在一起，取而代之的是没有任何爱欲与感性色彩的母性形

---

① Emmanuel Levinas. Judaism and the Feminine. trans. Seàn Hand//Difficult Freedom: Essays on Judaism. London: The Athlone Press, 1990: 35.

② 同①33.

象，她代表着责任、受苦以及负荷世界的沉重。母性，特别是母亲的身体，被当作伦理关系的新喻体。为什么在列维纳斯的后期著作中不再有关于爱欲的书写？为什么爱欲不再在他的哲学思想中扮演任何角色？在《于是上帝创造了女人》中，我们可能会找到一些线索，从中看出列维纳斯的基本关怀与思路。这篇文章最初是列维纳斯在 1972 年世界犹太人协会法国分区组织的法语犹太知识分子讨论会上所发表的一篇关于《塔木德》的释经演讲[①]。到目前为止，大多数学者只征引过其中女人（Isha）出自男人（Ish）的提法，而尚未对这篇文章的主要内容做充分的探讨。

在文章开端，列维纳斯明确地表明，这篇《塔木德》经文讲述的主题是女人。针对“上帝用从男人身上取下的肋骨造了一个女人”的经文，拉伯（Rab）与塞缪尔（Samuel）两位圣人提出了不同的解释。一个把肋骨理解为面容，一个理解为尾巴。列维纳斯认为，两位圣人的共同观点是：女人不只是男人的相反性别，她在本质上是人，因为她一开始就是从属于人的东西中创造出来的。在拉伯看来，女人与男人是同时出现的；对塞缪尔而言，女人的产生是一个新的创造。

两位圣人的不同观点是：对于把肋骨理解为面容的拉伯而言，女性与男性是完全平等的关系，围绕二者而发生的所有事件具有同等程度的尊严，上帝创造人是在一个人中创造了两个具有同等程度尊严的存在，因此，性别差异是人之本质的基本内容。而对于把肋骨理解为尾巴的塞缪尔而言，女人的诞生是一个真正的全新的创造事件，而不是一个进化事件。从创造亚当和创造女人这两个创造事件中所产生的两个存在者之间的关系是个人关系，亦即这种关系没有存有论意义，女性的特殊性是第二位的。这并不是说女性本身是从属的，而是说与女性的关系是从属的。不同于拉伯的理解，塞缪尔认为男性与女性的关系不是人本质的基本内容。除了谈情说爱之外，男人与女人同样作为人担负着不同的任务，这是生活的基本内容[②]。列维纳斯把塞缪尔的观点与《箴言》中这样的段落联系起来：女人是男人的家园，女人提供了男人生活的基本条件。然而，男人有在家园之外的公众生活，他服务于普遍性。尽管没有家园的亲切他不能够完成任

① 这篇文章最早发表于 *L'autre dans la consigne juive*：*Le sacré et le couple*：*Données et débats*. Paris：P. U. F.，1973：173-186。

② Emmanuel Levinas. And God Created Woman. trans. Annette Aronowicz//Nine Talmudic Readings by Emmanuel Levinas. Bloomington and Indianapolis：Indiana University Press，1990：169.

何事情，但他并不拘囿于家园的内在性。

《创世记》中有两段经文似乎互相矛盾，成为释经学上的疑难问题。一段经文是：“并且造男造女。在他们被造的日子，神赐福给他们，称他们为人”（5：2）；另一段是：“神造人是照自己的形象造的”（9：6）。第一段经文暗示男人与女人是同时被创造出来的，第二段则意味着男性优先。列维纳斯认为，这是具有多种可能性与意义的相同一股思想流泉，问题在于男人与女人共有相同人性的说法与这样的论点如何协调，即神性是男性的，女性不是与男性平等的另外一位，而是其衍生。进一步说：性别平等如何能够从男性优先中产生出来？根据把肋骨理解为尾巴的拉比阿巴胡（Abbahu）的解释：上帝意图创造两个存在者——男人与女人，然而最后却根据自己的面相创造了一个存在者。

列维纳斯发挥阿巴胡的解释说，上帝的创造活动没有完全实现其起初意图，甚至可以说，他所意图的超过了自己的面相。根据他的意图，他想创造两个独立的存在者，并且从一开始就是平等的，女人不是后来从男人那里被创造出来的。列维纳斯在此发表重要的评论：然而，这是不可能的，上帝不可能同时创造两个独立的存在者，这是因为，两个平等的独立存在者之间必然发生战争。“上帝必须把其中一者置于另一者之下，必须有一种不影响平等的差异，即性别差异，因此也必须有一种男性的优先和作为人的附属后来被创造出来的女人”①。

根据列维纳斯的观点，遵循两种完全不同的原则的人类是不可想象的，不涉及任何从属关系的抽象的平等是不可能的，社会不可能建立在纯粹的神性原则上，如果是这样，世界将不能持续。必须有从属、有伤口、有受苦，才能形成把男性和女性联系起来的纽带，才有可能把“平等的和不平等的联合起来”②。我们根本不可能想象完全平等的人类第一对夫妇会是什么样的情景。列维纳斯强调，“女人之所以为女性，恰恰在于她最初是‘在人被创造之后才被创造出来的’”③。

列维纳斯说男女完全平等的观念是抽象的，没有存有的基础，这是因为他认为，男性与女性具有根本性的差异，二者的完全平等意味着存有论意义上的两种不同原则具有同等程度的有效性而二者之间没有内在的联

① Levinas. And God Created Woman. trans. Annette Aronowicz//Nine Talmudic Readings by Emmanuel Levinas. Bloomington and Indianapolis：Indiana University Press，1990：173.

② 同①.

③ 同①.

系，这必然会带来冲突与战争。列维纳斯同时又表示，我们不能说女性从男性那里被创造出来，而要说男性与女性的区别从人中产生出来。上帝创造人这个说法中的人是尚未具有性别区分的普遍人类。在 20 世纪 90 年代与女性主义学者李荷滕伯-艾亭格（Lichtenberg-Ettinger）的一次交谈中，列维纳斯始终坚持性别差异应当置于男性与女性在同等程度上所共同拥有的并对之负同等责任的人性之下①。

列维纳斯自认为他对女性的论述超越了传统上男性与女性互补的观念，超越了把女性视为男性的相反面的幼稚观点。他认为把性别差异的产生看作前后关系并不影响男女平等。列维纳斯没有详细解释在何种意义上男女平等没有受到影响，但他的意思似乎是：女性从作为普遍人性的男性中被创造出来，这种解释避免了相互冲突的双重原则，使得两性之间由于血肉的纽带而具有天然的契合与合作的关系。性别差异的派生性最重要的意义在于它意味着"社会性统治着爱欲"②。在《犹太教与女性》中，列维纳斯尝试把女性约简到存有论的层面，而在《于是上帝创造了女人》中，这样的约简导致对女人的附属地位的证成，导致"女人的女性恰在于最初的'创造于人之后'"这种令人震惊的说法。

列维纳斯不情愿把性别差异归于人的原初本质还有另外一个原因。在他看来，西方现代文化轻视家庭、主张解放禁锢的力比多的思想倾向之理论基础恰在于把性别差异看作人的本质中占据首要地位的特征。一些西方人认为，只有在性层面上才能实现人的真正解放③。针对这种看法，列维纳斯强调性别差异是派生的，两性关系是偶然的，因此文化不是由力比多所决定的。故女性不可能是构成人的原初本质的精神之一端，相应地，在诗歌与文学中十分普遍地被描绘的爱情不应等同于精神。

在《时间与她者》中，列维纳斯试图对弗洛伊德的力比多说进行内在的批判，使爱欲作为伦理的光辉闪耀于其中的场所。在《总体与无限》的"爱欲现象学"中，列维纳斯对爱欲关系的描绘表现出了深刻的含混性，而在《于是上帝创造了女人》中，列维纳斯似乎最终接受了把爱欲视为简单盲目的力比多的弗洛伊德式的观点。这正是他把性别差异置于派生地位

---

① Emmanuel Levinas. What Would Eurydice Say? /Que Dirait Euridice?. Bilingual Text. Paris：BLE Atelier，1997：22.

② Levinas. And God Created Woman. trans. Annette Aronowicz//Nine Talmudic Readings by Emmanuel Levinas. Bloomington and Indianapolis：Indiana University Press，1990：168.

③ 同②170.

的真正原因。

伴随着爱欲角色之黯淡的是女性重要性的式微。第二次世界大战期间在俘虏营中劳动时所写的思考笔记中，列维纳斯批评柏拉图没有把女性纳入关于爱欲的话语之中①。然而自《总体与无限》始，爱欲对他来说不再是真正的伦理关系发生的场所，同时女性亦不再是绝对的她性。最终的结果是：在列维纳斯的第二部巨著《别于存在或在本质之外》中，这两个主题同时消失了。

在为法国学者夏利尔的（Catherine Chalier）《母权统治：萨拉、雷贝卡、拉切尔与利亚》（1991）一书所写的序言中，列维纳斯在提到她另外一部著作《女性的形象》时说道：

> [《女性的形象》这部著作] 与当代女性主义者不遗余力……的努力有许多共同之处，亦即，反对把女性限制在某种把她们隔绝在属于男性的人类最高等使命之外，不论这之外的位置可能是如何的尊贵。正如对诸如小说家与诗人等把女性的实现限制在爱情的旋涡之内的批评，对把女性描绘为不逾越炉灶的守护人——即居家的妇女（femme dite intérieur）——的抗议也体现在现在这部著作中。②

尽管列维纳斯表面上是在谈论夏利尔的著作，但由于夏利尔的著作基本上都是对列维纳斯思想的阐释，他在这段话中所表达的关切也适用于他自己的论著。这段话的前半部分与《总体与无限》中列维纳斯关于女人可以是对话者、合作者与超级智慧的主人这种言论一脉相承；而在这段话的后半部分，列维纳斯表示不赞同完全把女性与爱欲、爱情相等同，以及尊敬地把女性限制在炉灶周围的做法。

从我们的分析来看，列维纳斯后来不再把女性称为绝对的她者，这是因为他未能给这样的观点提供一个合适的存有论基础（或者说场所）。此处的存有论不能被理解为列维纳斯哲学意义上的与伦理学相对立的存有论。这种情况所导致的结果是：当爱欲不再在列维纳斯哲学中占据重要位置时，女性的重要性也几近被消释掉了。在下面的探讨中，我们可以看到，《道德经》绝对不是这样的情形。在这部经典中，女性/雌性具有坚实

---

① Emmanuel Levinas. Carnets de captivité et autres inédits. IMEC：Bernard Grasset，2009：76.

② Emmanuel Levinas. Preface to Catherine Chalier' *Les Matriarches*：*Sarah*，*Rebecca*，*Rachel et Léa*. Paris：Les Éditions du Cerf，1991：8.

的存有论奠基，守雌之道与自然世界的运作方式相互谐和一致。

八、《道德经》中的雌性形上学

从李约瑟到艾兰，研究者们都惊叹于《道德经》赋予水的重要性，并且不约而同地承认水的象征意味与雌柔之道之间具有必然的关联[①]。对于李约瑟而言，关于水的比喻指涉着重于受纳、顺让的自然之道。《道德经》中无所不在的水的喻象构成了守雌之道的存有论氛围。

首先，在言及“道”之时，水是最为常见的一个意象。《道德经》第4章写道：“道冲而用之，或不盈。渊兮似万物之宗。……湛兮似或存。”[②]道之为道与水之为水相同，它犹如一条奔腾不已而又蕴含丰富的河流一般无休无止地流淌着，生生万物而不为其主，永远也不会枯竭。第34章赞叹：“大道泛兮，其可左右。万物恃之以生而不辞……衣养万物而不为主……万物归焉而不为主。”水不具备任何特定的形状，因此它可以淌进所有可及的渠道而涓涓向前，无论是大河还是细流均汲取不弃，润物细无声。马王堆帛书本第62章强调：“道者，万物之注也”。道是所有的事物所流向之处。

其次，尽管水起着生养万物的重要作用，但它总是心甘情愿地自居于低下的位置，不与万物相争。第8章说：“上善若水，水善利万物而不争，处众人之所恶，故几于道。…… 夫唯不争，故无尤。”在第61章中，处于下位与水和牝同时联系在一起：“大国者下流，天下之交，天下之牝。牝常以静胜牡，以静为下。故大国以下小国，则取小国。”大国与邻国的关系在这一章中被描绘为宽容、忍让，而非侵略性与武力性。

最后，尽管水柔弱温软似无力，但它总是比刚强者超胜一筹。第78章清楚地讲道：“天下莫柔弱于水，而攻坚强者莫之能胜，以无以易之。弱之胜强，柔之胜刚，天下莫不知，莫能行。”第43章称：“天下之至柔，驰骋天下之至坚，无有入无间，吾是以知无为之有益。”我们可以看出，此处的“无有”隐约地指涉着水。在自然世界中，唯有水可以渗

---

① Joseph Needham. Science and Civilization in China. vol. 2. Cambridge: Cambridge University Press, 1956: 57-61. Sarah Allan. The Way of Water and Sprouts of Virtue. New York: State University of New York, 1997.

② 除非另外注明，本章所引《道德经》据王弼本。《道德经》有的版本“冲”作“盅”，虚空的意思。马王堆乙本作“ 沖”，它与“渊”与“湛”都是水字旁。《说文解字》释为：“涌摇也”。

入最为微小的罅隙。在《太一生水》中，水在宇宙的成型中扮演着尤其重要的角色，并且，太一就隐藏在水之中，它“藏于水，行于时”，我们几乎可以说水与太一具有同等的源发性。如果把太一视为道的同义词，那么可以说《太一生水》篇为《道德经》中的水之喻提供了宇宙论的总体背景。

早期列维纳斯把女性视为绝对的她者，而后来则把这一重要角色约简为所谓的“存有论功能”①。然而，有关女性在栖居方面所起到的“存有论功能”具有一种与“爱欲现象学”中的话语相似的含混性。在列维纳斯的笔下，自然世界是艰险、敌对、未加驯服、不可栖居的。男人通过收获玉米与亚麻而征服自然世界，这种生活形式保留了自然世界的粗糙，并且“被湮没在所给予的自然的直接性之中”②。女人把玉米做成面包，把亚麻织成布匹，玉米可以为饥者果腹，亚麻可以为裸者蔽体，从而使得栖居成为可能。女性是“大地上所有的温柔之起源”③。尽管列维纳斯在字面上把女性在家庭中的作用限制在存有论的层面（一种不同于《道德经》的消极性的存有论），上述的文字却折射出自然与人伦的对立，这种对立和男性与女性的对立大致相应。“温柔”一词在这里具有明显的伦理学特征，它在列维纳斯所描绘的前栖居的艰险的自然世界中是不存在的；它是后起的、间接的、通过女性的中介性作用产生的。显然，在后期列维纳斯哲学中，女性实际上处于存有论与伦理学的分界之处。她的位置是一种“无”位置。

与此相反，《道德经》中没有把人伦凌驾于自然。体现在水之道中的自然之道并不忤逆于人类世界之道，相反，它们是人类应当遵从的伦理范式，例如谦卑处下、忍让不争、不施强迫。而人类世界则相反经常是凌厉无情、强者为王的情形，尤其是当人忽略了自然之道的时候。这样的图景与后期列维纳斯的描绘完全相反。根据《道德经》的世界图景，自然世界体现出女性/雌柔的存有方式，而非男性的存有方式，或列维纳斯式的“有”（il y a）所体现出来的一种兽性（monstrosity）。女性/雌柔不仅仅是诸如“温柔”等人类伦理价值的源泉，亦是整个世界以及世界万物的起源。列维纳斯未能把这种形态的存有论纳入眼帘，对他而言，存有论的基本特质是男性的，是暴虐的、强制的。按照早期列维纳斯哲学的逻辑来

① Levinas. Judaism and the Feminine. trans. Seàn Hand//Difficult Freedom: Essays on Judaism. London: The Athlone Press, 1990: 33.

② 同①32.

③ 同①32.

看，他在《犹太教与女性》中所说的女性的“存有论功能”实际上应当是伦理学功能，然而后期列维纳斯把女性质素所体现出来的伦理学意义限制在对以男性质素为基本特征的存有论之辅助性修订的范围之内，这典型地体现在我们前面提到的1989年那次访谈中他把女性质素所预设的她性归结为他人的脸与邻人的切近。

九、知其雄，守其雌：对待雄与雌的不同姿态

至此，我们对列维纳斯关于女性的哲学思考从早期到后期的嬗变与《道德经》中雌柔之道的中心地位及其存有论的奠基已经获得了基本的了解。在这最后一节，我们来看《道德经》中可以关联于女性质素（femininity）的四个词语的文本资料，从文本细节中——尤其是通过对分别运用于雄与雌的“知”与“守”的对比——来进一步展示在这部经典中女性/雌性的中心地位。这四个词语是：阴（相对于阳）、母（相对于父）、牝（相对于牡）、雌（相对于雄）。

首先我们来看“阴”一词。我们知道，“阴”本指山之南，背阴之处；“阳”本指山之北，朝阳之所。阴阳通常与人们认为是互为补充的两类事物、现象、方位等关联在一起，例如，日月、昼旦、冷暖、天地、男女、上下等等。然而笔者认为，阴阳模式中的“阴”更多地偏向于抽象的、宇宙论上的意味，因而不像“雌”“牝”这两个词语那样在《道德经》中占据中心地位。尽管在众多的中国古籍中经常出现“阴”一词，但它在《道德经》中只出现了一次：“万物负阴而抱阳，冲气以为和”（第42章）（郭店本中没有这一句）。安乐哲以为这段文字表述的是阴阳互补的观念，从而把它作为支持其关联式解读的关键文本加以引用①。然而，这段文字却可以有不同的解释。主张政治学解读的学者可以说：“抱阳，阳为贵也”；而主张老子贵阴的人则可以说：“负者在上故尊，抱者在下故卑”。值得一提的是，政治学解读的代言人刘笑敢并未借此宣扬阴为阳用，他的意见是：《道德经》中的“阴”“阳”所指涉的是自然现象，它们太过抽象、普遍，以至于试图将其相关于人间事未免牵强，因此，此处的“阴”“阳”

① David L. Hall and Roger T. Ames. Sexism, With Chinese Characteristics//The Sage and the Second Sex: Confucianism, Ethics, and Gender. ed. Chenyang Li. Chicago and La Salle, Illinois: Open Court, 2000: 87.

与女性质素和男性质素无关，他的原话是：“在《老子》原文中我们找不出道之阴阳和谐的结论或真人雌雄同体的理想。”①

我们可以在《太一生水》中找到支持刘笑敢观点的文本。在这篇文献中，“阴阳”一语出现了五次。根据其宇宙生成论，

> 太一生水，水反辅太一，是以成天，天辅太一，是以成地。天地复相辅也，是以成神明。神明复相辅也，是以成阴阳。阴阳复相辅也，是以成四时。……

可见，在《太一生水》所呈现的宇宙生成秩序中，阴阳只占据其中的第五位，即：太一/母→水→天地→神明→阴阳。“以己为万物母”的太一“藏于水，行于时”，周而复始，母与水是最为根本的。因而，“阴”对我们阐解《道德经》中的女性质素并不具有关键意义。

“母”在《道德经》中出现的次数最多，在五个篇章中总共出现过七次。这五个篇章是：“无名，天地之始；有名，万物之母”（第 1 章）；“我独异于人，而贵食母”（第 20 章）；“有物混成，先天地生。寂兮寥兮，独立而不改，周行而不殆，可以为天地母”（第 25 章）；“天下有始，以为天下母。既得其母，以知其子；既知其子，复守其母，没身不殆”（第 52 章）；“有国之母，可以长久”（第 59 章）②。此外，在郭店本《道德经》的《太一生水》篇，“母”出现了一次：“太一藏于水，行于时。周而或[始]，[以己为] 万物母”。与之相比，与“母”相对的“父”仅仅出现了一次，并且只是在马王堆本《道德经》中：“强梁者不得其死，吾将以为教父”（第 42 章）③。“母”的频繁出现不能不令人深思。

“母”出现的五个篇章中，其对立面词语“父”从未一起出现，这无疑说明了女性质素在《道德经》中的首要地位。安乐哲把“母”等同于“妊娠中的女人”，以此推论“母”意味着“男性质素与女性质素的统一圆成”④。这种说法试图削弱、约简“母”（即女性）的核心意义。对此我们可以提出两个反对意见。

---

① 刘笑敢. 老子古今：五种对勘与析评引论：上卷. 北京：中国社会科学出版社，2006：320.

② 在 1993 年发现的郭店本《道德经》中，对“母”的提及在第 25 章和第 59 章中皆被保留，但是其他三个与女性质素相关的词语均未出现。

③ 在其他通行本中，第 21 章中的“父”作“甫”。

④ David L. Hall，Roger T. Ames. Sexism，With Chinese Characteristics//The Sage and the Second Sex：Confucianism，Ethics，and Gender. ed. Chenyang Li. Chicago and La Salle，Illinois：Open Court，2000：87.

第一，女人的怀孕丝毫无损于其女性质素。以“母”“母性”等词语来指称女性，这不仅是因为女人具有生育的能力或是处于妊娠的实际状态之中。不论她是否实际上处于妊娠状态，与“母”相关联的受纳万物、扶持众生的女性品质都有可能在女人身上体现出来。此外，在西周时期，当女子成年之际，她会获得一个以“母”为结的字，正如一位男子在成年之际会获得一个以“父”为结的字，“母”字的指涉与“女”字的指涉几乎完全一样①。因此，“母”并不一定与一位处于妊娠状态的女人有关。

第二，“妊娠中的女人”何以就代表着“男性质素与女性质素的统一圆成”呢？据安乐哲的解释这理所当然是指男性对女人的妊娠起着不可或缺的作用②。其话语的逻辑是：因为女人需要男人而受孕，所以强调“母”实际上并不是强调女性的中心地位，而应当通过“母”而联想及“父”而联想及男人，故而，“母”相当于“父母”，相当于“男女”。这一推论缺乏说服力。安乐哲的论点显然是建立在现代的生育知识基础之上。然而在上古时期，民只知其母，不知其父（参见《吕氏春秋·恃君览》《庄子·盗跖》）。况且，即使依据于现代知识男性对女人的妊娠起着不可或缺的作用，这也不应当成为削减女性质素中心地位的理由。

事实上，在“母”出现的所有章节中，只有在第 20 章中指涉哺乳的母亲，而在其他场合，“母”与起源、源泉、万物之哺育者等形象联系在一起，这些特质与“守其雌”的原则是相互呼应的。此外，第 20 章“我独异于人，而贵食母”中的“食”字出于传抄错误，实际上应当为“得”字（二者的古字形十分相近）③。因此这一句当作：“我独异于人，而贵得母”，它的意思与第 52 章的“既得其母，以知其子”相呼应。由此可见，“母”占据着核心位置。

雌和牝的原义是雌性的鸟或兽。《道德经》中运用这两个词语来传达雌柔之道不无哲学意味。《墨子·辞过》有言：“圣人有传：天地也，则曰上下；四时也，则曰阴阳；人情也，则曰男女；禽兽也，则曰牡牝、雄雌

---

① 杨宽. 西周史. 上海：上海人民出版社，1999：776-779.

② 笔者曾就此问题于 2009 年在加拿大温哥华召开的美国哲学协会年会上就教于安乐哲教授，在此感谢他的解答。笔者亦理解安教授的“关联式解读”之初衷绝非贬低妇女。根据他的解释，中国古代思想并没有忽略女性质素；在历史及当前的社会现实中中国妇女地位的低下不能归咎于思想传统，而是来自社会习俗。安教授很清楚地看到中国社会中所存在的问题，不过，笔者以为将其原因归结为社会习俗的观点在哲学意义上的女性质素与现实中的生活品格之间划分出一条绝对的界限，从而未免削弱了哲学探讨与现实生活的相关性。

③ 高亨. 高亨著作集林：第五卷. 北京：清华大学出版社，2004：87.

也。”“女”一词有可能把哲学上的原则局限于人类，《道德经》中没有出现这个词语；“阴”一词主要指涉宇宙论意义上的时移物迁；而原本表示鸟或兽的“雌”和“牝”则指向宇宙与人世之间的交汇之处。在中国传统诗歌、散文和成语中，“雌”和“牝”常被用来指涉妇女，例如《木兰诗》：“雄兔脚扑朔，雌兔眼迷离。双兔傍地走，安能辨我是雄雌?”

“雌”在两个篇章中出现过两次：“天门开阖，能为雌乎?”（第10章）；“知其雄，守其雌，为天下溪”（第28章）。“牝”在三个篇章中出现过四次：“谷神不死，是谓玄牝。玄牝之门，是谓天地根”（第6章）；“含德之厚，比于赤子。未知牝牡之合而全作，精之至也”（第55章）；“大国者下流，天下之交，天下之牝。牝常以静胜牡，以静为下”（第61章）。除去第55章，在所有“雌”或“牝”出现的篇章中，雌性角色都占据着主导地位。在第10章，“雄”甚至没有随着“雌”一起出现。在前面我们已经指出，我们不能把第28章中的“知其雄，守其雌”理解为平行关系，从而得出“雄”与“雌”具有同等的重要性这样的结论。此处我们可以从“知”与“守”的不同意涵出发来进一步把握雌与雄的不对等关系。

众所周知，道家思想一向都反对作为理智知识的“知”，第19章告诫道：“绝圣去知①，民利百倍”。第10章发问：“爱民治国，能无知乎？天门开阖，能为雌乎?”我们可以注意到，此处的守雌训诫紧跟着对知的批评。从字源学的角度来看，“知”由左边的一支箭头和右边的一张嘴所组成，因此，“知”犹如从嘴里射出来的一支利箭，锋芒毕露、势不可挡；另外一方面，嘴是用来言说的，因而“知”也与语言具有关联，被迅速地付诸语言的东西难免于肤浅、鲁莽、粗俗之嫌。

现在我们来看“守”字。《道德经》中的一些关键性思想都是以“守”字来加以表述的，例如第5章：“多言数穷，不如守中”；第16章：“致虚极，守静笃”。“静”与牝/雌具有意义关联，是人们应当遵循的原则。在第52章中，“知”再次与“守”相对举：“天下有始，以为天下母。既得其母，以知其子；既知其子，复守其母，没身不殆。…… 见小曰明，守柔曰强.”显然，“守”与“知”并非同等重要。“母”的重要性与柔相呼应。从字源学的角度来看，“守”由表示房屋的盖字头与表示财富的“寸”字组成，它具有责任、岗位、原则，以及守护、保护等意义。守的引申意义与品德有关，这反映在“操守”“持守”等复合词中。

① 郭店本作“绝智去辩”。

我们可以从第 40 章中的“反者道之动，弱者道之用”的说法来理解第 52 章的意旨。如果说“子”是知识的隐喻，那么首先使得知识成为可能的是“母”，或者说“雌/弱”。我们可以获得各种各样的知识，但当我们获得知识以后，我们不能沾沾自喜，停留于兹，而是必须依循道之动回返于雌之端，以柔弱为用，也即如同山谷一般谦卑处下，不以强力施压、不与诸物争先，虚怀若谷、受纳万物。

在第 52 章中，“子”与“母”的对比是通过“知”与“守”的并举而传达出来的，这对我们理解第 28 章中的“知其雄，守其雌”不无启发作用。正如“子”与“母”显然不是一种互为补充的关系，把“雄”与“雌”视为互为补充的关系也就缺乏坚实的文本依据。就女性主义的原则而论，互为补充的话语看上去似乎并没有违背义理上或政治上的基本出发点——平等，然而这种似是而非的话语具有很大的迷惑性，存在着不少问题。它实际上给女人限定了某种固定的社会角色，把女性质素的独特性约减为相对于男性来界定的为男性质素提供补充的东西。2012 年 8 月发生在突尼斯的一次抗议活动很好地说明了互为补充的话语的问题所在。抗议活动的起因是，之前的突尼斯宪法只是说女人与男人平等，而当时出台的一项宪法修改预案则将女人规定为“家庭之内的补充角色以及男人的助手（an associate to the men）”。抗议者认为这种说法“贬低了女人，使其离开了男人就不平等或不完整”①。

我们知道，“雄”的原义是雄性鸟，引申为雄性动物。“知其雄”所强调的是雄性动物所体现出来的好动与力量，这与“守其雌”所强调的沉静、温和形成对比②，但这二者关系的实质并非相互补充或相互对立，也即二者并非处于同一层面上。雌是雄的最终条件，犹如山谷一般接受万物，亦如母是子的最初源泉。人们不能满足于“雄”、停留于“雄”③，当获得雄的知识之后，人们应当退回到具有决定性作用、显示了道之功用的雌道。“为天下溪”与驻守下位相一致，第 28 章中接下来的诗句是：“为天下溪，常德不离，复归于婴儿。”婴儿的柔弱之道与守雌之道相互呼应，这种呼应也体现在第 10 章中：“专气致柔，能婴儿乎 …… 天门开阖，能

① http://www.ft.com/cms/s/0/55e89b82-e792-11e1-86bf-00144feab49a.html # axzz29rii-KV20.

② 贺荣一. 道德经注译与析解. 天津：百花文艺出版社，1994：211-212.

③ 贺荣一提出：“‘守其雌’也暗示着‘不要守其雄’。因此，‘知其雄，守其雌’的意义便是弃躁守静。”（同②211）

为雌乎?”

十、跨文化哲学思考的重要意义

列维纳斯关于女性是差异性质素本身，是她性概念的起源的思想在西方哲学史上具有重要的开创性意义，它为我们理解与把握道家传统的雌柔之道提供了启发。在《道德经》中，“雌”无疑具有核心地位，不能被简单地当作“雄”的相关项，“雌”与“雄”是非对等的，“守雌”与“知雄”并非互补的关系，雌柔之道的重要性是最为原初、最为基本的。从某种意义上来看，“道”即是“雌柔之道”，道的本性是雌性的，《道德经》中根本不存在“雄道”的说法。李约瑟认为第 28 章与歌德的“永恒女性”(ewig weibliche) 的思想具有相似性①。甚至海德格尔在挪用“知其白，守其黑”时也正确地传达出其中对于黑暗——也即刘殿爵所谓的“低的语汇/方面”——的强调。我们不能把“守雌”视为“知雄”的另外一半，由此导致雌道的独特性之消解。

然而遗憾的是，列维纳斯最终却放弃了他早期关于女性即是她性自身的思想，这是因为他未能给这样的观点提供一个合适的存有论基础（或者说场所）。早期列维纳斯经常通过爱欲来书写女性作为绝对的她者的显现事件，他赋予爱欲一种伦理学的光辉。在中期的《总体与无限》的“爱欲现象学”中，女性被描绘为某种类似于 il y a 的超级物质，没有任何主体性与客体性，缺乏指涉性，缺乏意义，莫可名状，女性已不再是绝对的她者。il y a 是早期列维纳斯存有论的核心术语，那么女性的位置是否直落到了存有论的层面呢?

列维纳斯在关于“栖居”的主题中对女性的书写体现出相似的含混性。他赋予女人在居所中通常扮演的角色以存有论的功能，同时把这种功能（实际上是伦理学意义）限制在对以男性质素为基本特征的存有论之辅助性修订的范围之内。由于从 20 世纪 40 年代后期起，犹太教开始对列维纳斯的思想产生深刻的影响，除了帮助男性达至伦理生活，他未能够赋予女性以更重要的哲学角色。甚至列维纳斯自己也意识到犹太教传统中“男

① Joseph Needham. Science and Civilization in China. vol. 2. Cambridge: Cambridge University Press, 1956: 59.

性统治”的余风①，他指出，犹太教传统中缺乏歌德所说的“永恒女性”的主题②，在犹太教中，女性“永远也不会获得神性的维度”③。

列维纳斯未能坚持他早期关于女性是她性自身的观点警示着我们在哲学思考中要避免把自己拘囿于唯一一种传统的危险，它从反面说明了跨文化思考应当是哲学反思的出发点。与列维纳斯相反，道家关于女性的思想植根于一种在其中存有的方式是雌性的存有论。这并不是说没有雄性的存有方式，而是说后者处于前者守弱不争的存有论范式之中，只是在守雌的总体倾向之中，知雄才具有特定的意义。

《道德经》第 36 章言：“柔弱胜刚强。鱼不可脱于渊，国之利器不可以示人。”若没有雌性的存有环境——水，雄性特质就没有任何根基，正如鱼离开了水就不可能存活。女性/雌性的存有方式是最为根本的，因而也总是处于优先地位。此外，正如鱼只能谦下地栖居于深水之中才能得到安全，一个国家也只能通过遵循雌之道而非动辄诉诸利器来获得和平繁荣。只有通过肯定一种以柔弱不争的雌柔之道为基本特征的存有论，我们才能界定诸如平等、互惠性、雌雄同体等观念，这种存有论不是来自人为的构建，而是万物之道的具身体现。

---

① Levinas. Is It Righteous to Be? ed. Jiu Robbins. Stanford: Stanford University Press, 2001: 162.

② 同①.

③ Levinas. Judaism and the Feminine. trans. Seán Hand//Difficult Freedom: Essays on Judaism. London: The Athlone Press, 1990: 37.

第八章　艺术作品究竟为何“物”？——比较海德格尔与庄子、苏轼之艺术观

1917年，现代艺术的创始人杜尚（Marcel Duchamp，1887—1968）把一个署名“理查德·穆特”的经过90度倒转的陶瓷制小便器呈交给纽约独立艺术家协会展览，题为《喷泉》，作品虽然没有被展出，但其照片以及一篇评论短文在同年发表在先锋艺术杂志《盲人》上，不久即引发了如何定义艺术作品的争论。现代纪元以来赋予艺术的崇高地位受到了动摇。

我们尚未发现海德格尔关于杜尚有任何评论，从他30年代的著述来看，他应当知道达达主义（见本章第一节）。此外，在《艺术作品之起源》这篇名著的开头，海德格尔关注到艺术作品“如同物一样自然地现成在手［vorhanden］”这一事实，并且举例如下：

> 一幅画如同一支猎枪或一顶帽子一样挂在墙上。一幅油画，比如凡·高那幅描绘一双农鞋的油画，从一个画展转到另一个画展。人们寄送作品就像从鲁尔区运出煤炭，从黑森林运出木材一样。战役中的士兵把荷尔德林的赞美诗与清洁用具一起放在背包里，贝多芬的四重奏被存放在出版社的仓库里，就像马铃薯躺在地窖里一样。①

在这些例子中，海德格尔把享有盛誉的艺术名品与猎枪、帽子等“器具”相提并论；尽管荷尔德林的赞美诗没有被直接等同于清洁用具，但它有可能在无意中被用作清洁用具；而贝多芬的乐谱则如同马铃薯一样触手可及，或许在战时真的能够引起食欲？海德格尔做这些比拟究竟用意何在？无独有偶，杜尚的《喷泉》——原本是一个陶瓷制小便器——本身亦是一个器具。倘若海德格尔对杜尚轰动一时的“反艺术作品”一无所知，

① Heidegger. The Origin of the Work of Art//Off the Beaten Track. trans. Julian Young, Kenneth Haynes. Cambridge：Cambridge University Press，2002：2-3. Der Ursprung des Kunstwerkes//Holzwege，GA 5. Frankfurt am Main：Vittorio Klostermann，1977：3. 海德格尔. 艺术作品的本源. 孙周兴，译. 林中路. 修订本. 上海：上海世纪出版集团，2008：3.

他有可能举出上述那些似乎滑稽可笑的例子吗?

在《美学讲演录》中，黑格尔曾遗憾地感叹，当今艺术不再像在古典时期那样是绝对理念揭示自身之途径，诸如希腊时期那样的伟大艺术已成为往昔之物[①]。黑格尔是现代之子，海德格尔继承了他对现代性之思考，并且注目于后现代性。他一方面关注到艺术衰败之后所出现的先锋艺术，另一方面则试图扭转艺术之命运，把艺术重置于与存有史相关联的崇高地位之上。然而，有的评论者则把海德格尔的艺术存有论思想运用到他本人也许不会接受的艺术形式上，例如，德雷弗斯提出，爵士乐是浓缩并影响20世纪精神世界的艺术形式。另外一些评论者甚至认为，现代艺术之父杜尚的《喷泉》比古希腊神庙更好地展示了海德格尔所说的艺术作品的存有论意义，即“通过作品本身的原发性、创新性以及奠基性力量而开启一个新的世界”[②]。如何理解海德格尔哲学中的这种双面性?海德格尔关于艺术作品的思考是否真的同时涵括了“伟大的”艺术与“卑俗的”艺术?

本章将对海德格尔的艺术哲思做一次全新的探讨，并且将其与庄子和苏轼的艺术思想加以比较研究[③]。在现代纪元之前，中国并没有“艺术”这个名称。从字面来看，这两个字主要都是技艺的意思，例如《周礼》中的礼乐射御书数“六艺”，唐宋以来人们所熟知的琴棋书画“四艺”。不过，这并不妨碍我们对中西方“艺术/fine arts”在比较视野中进行研究。因为西方的“艺术”概念也有一个漫长复杂的发展过程，通常被翻译为“美术”的 fine arts 概念是在文艺复兴之后才出现的。中国传统经典中当然也没有“存有论”这个术语[④]，但是在其中蕴含着丰富的艺术存有论思想，这需要我们以适合其特色、风格的方式

---

① Heidegger. The Origin of the Work of Art：51/68. 评论者经常把“艺术的死亡”归于黑格尔的思想，然而，他本人却并未使用过这一表述。

② Santiago Zabala. Introduction：The Hermeneutic Consequence of Art's Ontological Bearing//Gianni Vattimo. Art's Claim to Truth. trans. Luca D' Isanto. New York：Columbia University Press，2008：xv.

③ 由于海德格尔与诗歌的关联以及他对传统美学的批评已经有学者做了深入的研究，本章着重于绘画与建筑方面。苏轼的思想也具有多种面相。笔者认为他关于（绘画）艺术的言论主要继承并发扬了道家精神。

④ “存有论”是对西文 ontology 的翻译，在译介海德格尔之前的西方哲学语境中，ontology 一般被翻译为“本体论”。这个翻译的不利之处是使人们误以为所探究的是隐藏在现象之后的“本体”，故而笔者使用“存有论”，以示其所探求的是某种特定的存有，比如说被称为艺术的实事性存有。

去探询它、描述它，对其加以创新，将其展现在时代为我们提供的舞台之上。

在中国哲学界，人们公认道家哲学对中国艺术及其理论的构形与根本发展方向起着决定性的影响，尤其是《庄子》中的寓言、隽语、比拟对中国艺术思想起着深远的塑形作用。在《庄子》的时代或尚未可能针对具体的艺术种类，诸如绘画、诗歌、书法等做出专门的评论，而到宋代的苏轼（苏东坡）不仅本人是一位大诗人与书法家，还对中国艺术理论的发展做出了重要贡献，对庄子的艺术思想起到了不可或缺的承上启下的作用。在海外，人们了解苏轼的一个重要渠道是林语堂为他写的英文传记《快乐的天才》。根据他的统计，苏轼总共写过 223 条关于书法、绘画、墨、笔的评论①。

在有关海德格尔的比较哲学研究中，常见的进路是从海德格尔的关键术语与核心思想出发，然后来找寻中国古典哲学中与之相似的措辞与思想。然而，时代呼唤着我们扭转这样的比较研究方向，从道家思想出发来审视海德格尔关于艺术的话语，探讨道家思想对关于如何界定艺术作品、如何理解艺术作品所涉及的物以及人与作品的关系等一系列问题可以起到怎样的启发作用。当然，本章所做的这些探索尚停留于启始之处，笔者希望它能够起到抛砖引玉的功效。

一、海德格尔对抗“艺术作品之消逝”

在秘密写作于 20 世纪 30 年代的《沉思录》与《哲学献文》中，海德格尔概略性地论述了在这个现代性纪元终结之时代中“艺术作品（并非艺术）之消逝”的问题②。其中《沉思录》作于 1938 年至 1939 年，被视为继《哲学献文》之后的“第二部主要的存有—历史性文稿”③。

海德格尔认为，“所有的西方艺术皆是形上学的，尤其是与之相关的‘对艺术的解释’与‘美学’学科”④。从传统的形上学视野来看，艺术是

---

① Lin Yutang. The Gay Genius: The Life and Times of Su Tungpo. New York: John Day, 1947: 240, footnote. 此外苏轼还有几十条关于墨砚的笔记以及 100 多篇亭记，林语堂没有计算在内。林语堂的这部著作以英文撰写而成，中文翻译版有若干种，但都更改书名为《苏东坡传》。

② Heidegger. Mindfulness. trans. Parvis Emad, Thomas Kalary. London: Continuum, 2006: 23. Besinnug//GA 66. Frankfurt am Main: Vittorio Klostermann, 1997: 30.

③ 此评语出自 Emad 和 Kalary 的 Translator's Foreword to *Mindfulness*: xiii。

④ Heidegger. Mindfulness: 155/178.

呈现给人类主体的一种象征性客体，需要用理智或情感来对其中隐藏的意义加以把握。在当今的机器时代，这种对待艺术的客体化方式不断加剧。其后果是艺术变成了一种技术，艺术所产生的不再是作品，而是“配置”(Anlagen; installations)、“装备（Einrichtung）存有者之形式”以及“对生产一切、构成一切的存有者之可造性的布置”①。

在这种情形下，传统的艺术门类丧失了其原有的内容而变得徒有空名。就诗歌而言，词语、音韵与意象变成了“组构、激发、唤起以及装配物体”的媒介②；而在摄影与电影的框架之中，活生生的经验被安置与机械化，现实被捕入并拘禁于屏幕之中；甚至连仿造著名艺术作品的摹制品（即 Kitsch ）亦成为一种独立的艺术门类 ，在公众对其象征之特性的宣传中寻求支持。

艺术已堕落为技术，因为它和技术一样，“把存有者之可造性无条件地发配到机械构造之中”③。这样的言辞与海德格尔对“集置”——现代技术之本质——的论述一脉相承。在古希腊语中，技术与艺术是用同一个词语 techne 所指代的，海德格尔略去其表示制作的原义，而从存有论的词源学出发，把 techne 的本义界定为存有者之揭蔽，它“将真理带至闪耀的显现之光辉中”④。海德格尔认为，为了克服集置，人们必须从集置本身出发来思考，领悟到现代技术之本质与存有之间息息相关。

与此相似，当前普遍可见的艺术之匮乏有可能比 19 世纪艺术产业广泛流行的时期“更富有历史性与创造性”⑤。艺术之匮乏通过某种否定之

---

① Heidegger. Mindfulness：24/31.

② 同①.

③ 同①23/30.

④ Heidegger. The Question Concerning Technology and Other Essays. trans. William Lovitt. New York：Harper Torchbooks，1977：34. 关于集置的讨论，请参看本书第一章。

⑤ Heidegger. Contributions to Philosophy. From Enowning. trans. Parvis Emad，Kenneth Maly. Bloomington：Indiana University Press，1999：355. Beiträge zur Philosophie：Vom Ereignis. GA 65，1989：505. 另外一部新的英文译本是：Contributions to Philosophy：Of the Event. trans. Richard Rojcewicz，Daniela Vallega-Neu. Bloomington：Indiana University Press，2012。新版本的译者称他们对海德格尔的术语采用了平实的英文词语来翻译，并批评原译者新造词（neologism）的做法。例如，原译者把 Ereignis 翻译为“enowning”，而新译者则主张“event”。笔者认为，尽管 Ereignis 的本义确实是“事件”，但海德格尔对它赋予的内涵远远超过了普通的事件；另外，过多地使用新造词语亦不恰当。在这里我们可以看到中文语词具有更大自由组合空间的优势，例如，我们可能将其翻译为“本成事件”，这样既保留了“事件”的本义，又传达了它与 eignen（to own，拥有、致本）的关联。而在英文中我们可以直接挪用 Ereignis，或翻译为 appropriating event。

路（via negationis）提示着反思艺术之本质（Wesen）的重要性①。人们应当从存-有（Seyn）之视域来审视艺术作品，从存有史的角度来看，艺术作品的使命在于“开启存-有之疏朗［Lichtung des Seyns］，在此疏朗之存有中，存有者首先得到奠基”②。

问题在于，如何达至这种疏朗？近年来，海德格尔的名篇《艺术作品之起源》的不同版本相继被公之于世，由此也引起学人对其新的关注。它最早的版本作于1931年，海德格尔把它和其他一些有关艺术的演讲稿放在一个抽屉，但从未在公开场合宣读过这篇稿子。半个多世纪之后，这份稿子的第一版才于1989年在《海德格尔研究》上面世，之后于2009年重印于《海德格尔读本》③。第二个版本于1935年11月13日在弗莱堡艺术理论学会上宣读过，这次演讲的一份德法对照的盗版小册子于1987年在法国出版，它没有经过海德格尔的审阅与授权④。第三个版本是1936年在法兰克福的自由德国教区上发表的三次演讲，这是我们常见到的《艺术作品之起源》的原型。之后不久，海德格尔增补了一个“后记”，把它与这三次演讲一起出版于1950年的《林中路》中。1956年，海德格尔又加了一份“附记”；并且在1950年至1976年，他在其间出版的各种版本的《林中路》的扉页间写下了一些边注。《海德格尔全集》第五卷以及《林中路》的第七版不仅收入了“后记”“附记”，还收入了这些边注。若非另外说明，本章谈到《艺术作品之起源》时，指的就是这第三个版本，或者说最后一个版本；更确切地说，是《海德格尔全集》第五卷。

在最后一个版本中，海德格尔论及三种艺术作品来阐明其观点：凡·高（Vincent van Gogh）的绘画《鞋》，麦尔（Conrad Ferdinand Meyer）的诗歌《罗马喷泉》，以及一座古希腊神庙的废墟。在第一版及第二版中，

---

① Wesen一词也是海德格尔思想的一个关键词，海德格尔当然没有把它看作某一固定不变的实体。参见：马琳. 海德格尔论东西方对话. 北京：中国人民大学出版社，2010：67-82。

② Heidegger. Mindfulness：23-24/31.

③ Heidegger. On the Origin of the Work of Art：First Version//The Heidegger Reader. trans. Jerome Veith. Bloomington and Indianapolis：Indiana University Press，2009：130-150. Vom Ursprung des Kunstwerks：Erste Ausarbeitung//Heidegger Lesebuch，herausgegeben und mit einer Einleitung von Günter Figal. Frankfurt am Main：Vittorio Klostermann，2007：149-170.

④ Heidegger. De l'origine de l'oeuvre d'art. Première version inedited，German-French bilingual edition. traduction par Emmanuel Martineau. Paris：Authentica，1987.

海德格尔仅仅讨论了古希腊神庙。在第二版一开头，海德格尔挑明有关艺术作品起源的三个相互关联的问题：艺术作品（Kunst-werk）的问题；起源（Ursprung）的问题；从艺术作品通达起源的道路（Weg）的问题①。我们可以暂且借用这三种艺术作品来说明它们对探索这三个问题提供了怎样的线索：凡·高的《鞋》起着开显植根于农妇的世界之中的鞋之真理的作用（werken）。麦尔所吟咏的罗马喷泉（Brunnen）与后期海德格尔关于存-有（Seyn）的一个别名相呼应，即“独一源泉”（einzigen Quelle）②，二者又皆与“起源”暗相勾连。古希腊神庙的废墟则指引着从现成在手之物的世界通往欧洲民族之历史性起源的道路，神庙首次照亮并开启了欧洲民族的世界。

二、艺术作品把物从有用性链条中剥离出来而揭示其真理

在《艺术作品之起源》的开端，海德格尔不厌其烦地萦回于如何理解艺术作品不可或缺的物性（或物因素，Dinghafte，Dingheit；thingliness，thingness）这个问题，他关注到艺术作品“与物一样自然地现成在手[vorhanden]”③，把享有盛誉的艺术名品与猎枪、帽子等“器具”相提并论，即便是音乐，其乐谱仍有“物”的特性，此外，乐音也具有能被知觉到的物性。那么究竟是什么东西使得某物区别于仅仅是一个物的存有方式而具备作品的存有方式（von der Seinsart des Werk）呢④？海德格尔说，为了弄清这个问题，我们首先必须阐明艺术作品的物因素。他列举出西方哲学传统中关于物的三种典型定义：一是把物规定为具有诸属性的实体；二是把物视为通过知觉被给予的多样性之统一体；三是认为物是具有形式的质料。海德格尔提出最后一个定义最适合于器具（Zeug）。此处

---

① Heidegger. De l'origine de l'oeuvre d'art. Première version inedited：20. 海德格尔对这三个关键词语都加了着重号。除非另外注出，本章所引用的海德格尔原文由笔者翻译为中文，在有的情况下参看了中文版。孙周兴把 Ursprung 翻译为“本源”，笔者翻译为“起源”旨在于强调它与 Sprung（跳跃）的词源学关联，以及 Ursprung 作为一种事件发生（Ereignis）的运作感。

② “独一源泉”一语出自 Heidegger 的 *On the Way to Language*（trans. Peter Hertz. San Francisco：Harper & Row），1971：8。

③ Heidegger. The Origin of the Work of Art：2/3.

④ 同③4/5-6.

我们需要注意，德文词语 Zeug 的外延比英文翻译 equipment 广泛得多，它涵括了某项活动中所牵涉到的任何东西，例如缝纫中所需要的布料、针线，写作中所需要的纸张、笔墨，等等。除了易为接受的书写器具、缝纫器具、测量器具这些可直接上手的器具之外，大型的交通工具、火箭、房屋、门窗等等皆是器具。这意味着对于海德格尔而言，我们在非德文的语境中没有接受为器具的许多东西都是现成在手的器具——Zeug。海德格尔有时也使用 Werkzeug 一词，这个词语与英文的 tool 较为接近。

何以最后一个定义最适合于器具呢？因为它们体现了形式规定着质料的安排，甚至是种类。对于诸如罐、斧、鞋等器具而言，形式与质料的交织一开始就由其功用（Dienlichkeit；serviceability）所决定了。海德格尔在《艺术作品之起源》中把器具当作典型的物与他在《存有与时间》中把器具作为此在在其世界中首先所遭遇到的东西的生存论—存有论分析两相呼应。

在《存有与时间》中，海德格尔提出，关于物更为恰当的词语是希腊语 pragmata，而非常用的拉丁语 res。他给 pragmata 的定义是：“人们在操劳实践（praxis）中所牵涉到的东西”①。这些东西包括“写作、缝纫、劳作、交通、测量所使用的器具”②。我们永远不能通过瞠视来揭示器具的存有，器具的存有是在人们与它们的交涉中默默地自行显现出来的。器具就是为这些交涉而制作出来的，并且从属于这些操劳实践。以锤子为例：

> 我们愈少地瞠视锤子一物（Hammerding），愈多地攥着它来使用，我们跟它的关联就愈是原初，从而愈加在其昭然若揭中与它以其所是——即器具——来相遇。对锤子的使用揭示了锤子特有的称手性（Handlichkeit；manipulability）。器具所具有的这种存有方式——在其中它从自身之中显现自身——我们称为使用上手（Zuhandenheit；readiness-to-hand）。③

在《艺术作品之起源》中，这一经典段落的主旨被重复了数次。器具使用上手的存有方式是在人们平日间与它的交涉中显现出来的。我们对器

① Heidegger. Being and Time：96－97/68.
② 同①97/68.
③ 同①98/69.

具的使用不是盲目的，而是由一种特殊的眼光所引导着，海德格尔称之为“环视”（Umsicht；circumspection），器具从中获得其特定的作为 pragmata 的物性。然而，人们在日常操劳实践中首先所关切的并非器具，而是特定的劳作，即通过运用我们的环视所冀以达成的事情。为了真正地使用上手，器具必须在劳作过程中隐身不露。而当器具受到损害、不适用、找不到或碍手的时候，它才变得明显、突出或笨拙。此时它呈现出“现成在手”（Vorhandenheit；presence-at-hand）的存有模式。不过，这种不被使用、不可使用或不可即手的东西的现成在手模式却揭示出使用上手模式的一种变体。现成在手模式是从使用上手模式中派生而来的。

在《艺术作品之起源》前三分之一部分，海德格尔基本上遵循着《存有与时间》中的叙述脉络：鞋具（Schuhzeug）的功用是给脚穿的，农妇穿着它在地里劳作。她愈是对其不加观看、不加思量，鞋具特定的功用就愈是真实地显现出来。当农妇结束一天的劳作之后，或当节日之际，她把鞋子脱下来、放到一边，这时，她总是不假思索就知道鞋子的功用。为了使我们更好地领会这一点，海德格尔建议我们想象凡·高的油画《鞋》，画面上呈现的是一双没有任何背景的不被使用的鞋。关于海德格尔对凡·高绘画的指涉，此处需要做一点说明：艺术史家夏皮罗（Meyer Schapiro）曾经写信询问海德格尔在何处看到他所说的凡·高画作，海德格尔答复说是 1930 年在阿姆斯特丹看到的。不过，夏皮罗经过一番调研，证实那双穿破的鞋子是凡·高本人的，而非某位农妇的。这一交涉引发的不仅仅是有关鞋子的所有权问题，而且还有德里达所谓“绘画中的真理”的问题。海德格尔从他关于器具的存有模式的哲学观念出发，构建起鞋子所从属的农妇的世界：

> 从鞋具磨损的内部那黑洞洞的敞口中，凝聚着劳动步履的艰辛。这硬邦邦、沉甸甸的破旧农鞋里聚积着那寒风陡峭中迈动在一望无际的永远单调的田垄上的步履的坚韧与滞缓。鞋皮上粘着湿润而肥沃的泥土。暮色降临，这双鞋在田野小径上踽踽而行。在这鞋具里，回响着大地无声的召唤，显示着大地对成熟谷物的宁静馈赠，表征着大地在冬闲的荒芜田野里朦胧的冬眠。①

正是在这样一幅被脱下来闲置一边、从其实际使用中脱离出来的鞋子

① Heidegger. The Origin of the Work of Art：14/19. 艺术作品的本源. 孙周兴，译//林中路. 修订本. 上海：上海世纪出版集团，2008：16.

的静物画中，鞋具的器具存有（Zeugsein，Zeughafte）被开显出来。在《艺术作品之起源》中，海德格尔发展出一些新的术语，其中包括植根于大地的“可靠性”（Verläßlichkeit；reliability），鞋具的功用就是从其中派生出来的。有的学者主张，凭借“可靠性”，海德格尔克服了他早期把物的本质视为“使用上手”的立场，这标志着他从其早期哲学向后期哲学的“转向”（Kehre）①。但是，如果我们仔细地阅读海德格尔的文本，可以看出，可靠性是与“泥土”“田垄”“田野小径”“谷物”，尤其是与“大地的召唤”这样一种链条般的联结中显现出来的。这种图景与《存有与时间》中“为了作”的多重构造十分相似。本章将在下一节进一步讨论这一点。正是这种链条般的联结支撑着鞋具作为“使用上手”的功用，海德格尔并没有放弃“使用上手”的概念。

在海德格尔 1962 年致理查德森的信中，他明确指出他所谓的“转向”应当理解为根本性思想自身的一种内部运动，而非他本人的哲学风格的变化②。因此，“转向”所发生的层面是艺术作品，而器具作为使用上手的本质则是在艺术作品这一层面开显出来的。在凡·高的绘画中，鞋具肮脏破旧，然而，正是这双远离日常使用的形只影单的鞋子使它作为器具而变得引人注目，揭示了它从属于农妇的世界的特定的存有。相似地，正是由于农妇在绘画中的不在场使她的与鞋具相交涉、相调谐的在场变得突出。通过鞋具的可靠性，农妇对她的世界获得确定性，并被置入大地的召唤之中。

从这种不直接交涉的视野出发，海德格尔说明在何种意义上凡·高的绘画开显（Eröffnung）了鞋具“在其真理中之所是”③。正是在绘画之中——在一件艺术作品之中——鞋具“站到其存有之光中”，这个存有者“迈入其存有的揭蔽［Unverborgenheit］之中”④。“揭蔽”来自希腊词语 aletheia，后者通常被翻译为“真理”。对存有者的存有的开显也即真理的发生。从而，艺术作品的本质性存有也可以被表述为“存有者的真理将自身

---

① Mark Sinclair. Heidegger，Aristotle and the Work of Art. New York：Palgrave Macmillan，2006：153－155. 圣克莱尔的观点与哈尔（Michel Haar. The Song of the Earth. trans. Reginald Lilly. Bloomington：Indiana University Press，1993）认为海德格尔在《艺术作品之起源》中赋予大地特殊的地位这个立场一脉相承。

② Heidegger. Letter to Richardson in 1962//William J. Richardson. Heidegger. Through Phenomenology to Thought. The Hague：Martinus Nijhof，1963：ix-xxiii.

③ Heidegger. The Origin of the Work of Art：16/21.

④ 同③.

设置入作品之中”（das Sich-ins-Werk-Setzen der Wahrheit des Seienden；the setting-itself-to-work of the truth of beings)①。

在达到对艺术作品之本质性存有的第一重揭露之后，海德格尔征引麦尔的诗歌《罗马喷泉》，但他没有详细解释在这首诗歌中真理是如何被设置入艺术作品之中的。依循海德格尔的提示：“唯有当我们思考存有者之存有之时”，“作品的作品性［Werkhafte］、器具的器具性［Zeughafte］、物的物性［Dinghafte］才会接近我们”②。我们可以尝试对《罗马喷泉》做如下的存有论分析：存-有——其别名“独一源泉”与罗马喷泉相呼应——将自身置入作品之中，把三种存有者的本质性存有带向前来：艺术作品、器具与（纯粹）物。何以至此？

罗马喷泉的水柱升腾又降落，将自身隐藏在圆盘中，这正如在艺术作品之中，存有在揭蔽的同时亦总有遮蔽。出于其自身的充盈，喷泉流溢到第二层圆盘，这与凡·高的油画相似：真理在其中起作用的艺术作品开显出器具的存有。这一层可以比拟为此在的世界。第三层圆盘也一样同时接纳与给予，同时流动与歇息。这样的描述使得我们联想到海德格尔所说的大地。它提示着我们，器具的功用从中派生的可靠性“把所有的事物都集聚在它自身中——依据每一件事物的风格与程度”③。通过可靠性，与器具在一块的自然界中的事物也被揭示出来。

从上述的视野来看，艺术作品开显了器具与纯粹物的本质性存有。为了开启此在的世界，艺术作品必须使事物从其日常生活世界中的“为了做”的连环锁链之中摆脱出来。

三、道家思想中物之“天理”与海德格尔使用上手的物观

在《艺术作品之起源》的开端，海德格尔曾提到，有一些东西被冠以“物”的名称似乎很别扭，例如上帝、人、鹿、甲壳虫甚至一片草叶；与此相比，别的一些东西，例如锤子、鞋、斧子、钟等则是名正言顺的“物”。在他作于1950年的《物》中，一只罐子占据着中心地位④。海德

① Heidegger. The Origin of the Work of Art：16/21.

② 同①18/24.

③ 同①15/20.

④ 如何理解海德格尔《物》的核心思想需要超出本章内容的更多篇幅来加以讨论。

格尔反对把物视为静止不动的现成在手的东西，而把其本质性存有为使用上手的器具作为物的典范。器具是没有生命的，它服务于人类活动的目的。这种关于物的思考取向与道家思想关于物的观点大相径庭。

章太炎在其短文《说物》中提出关于物的一种词源学观点①。他认为物最初指涉的是牛毛。当人们用以牛毛制成的毛笔来勾勒一样事物的时候，就产生了“畫”（其上面的字形是“毛”的意思）。章太炎征引了几则上古经文中的段落来证明其中的“物”指涉的是画出来的图像。笔者以为，在用牛毛——即用物——绘制图画、所画出来的图像（此为“人物”一词的本义）以及画图的人（人也是一种物）之间于是构成某种“物”的关联性，这揭示了在中国思想中艺术作品并非存在于与其他的物相隔离开来的一种特殊的领域中。

我们知道，汉语中的词语“物”其偏旁是“牛”。《说文解字》对“物”的解释是：“物，天下万物也。牛为大物，天地之事，起于牵牛，故从牛部。”②因而似乎可以说，物的典范是牛——一种有生命的东西，几乎所有的东西都可以名副其实地被称为“物”，并且人们应当依据“有生命”这个出发点来看待万事万物。根据章太炎的考据，在上古时期，形状、颜色乃至鬼神都被称为物。现代汉语延续了这种把所有的事物皆视为生命体的思想：动物是可以行动的“物”；植物是可以生长的“物”；河流山川构成了“景物”；文化历史遗迹提供了“文物”；人类亦是“人物”（在这个词语中，物本指人的身体）。

从关于画的例子中，我们看到，不同的物之间没有严格的不可逾越的界限，天下万物之间都是相互沟通、彼此转化的。这种思想凝聚为庄子的“物化”观，在历来众多文人的书写中得到集中体现。例如苏轼的老师欧阳修（1007—1072）如此解释其自号“六一居士”：“吾家藏书一万卷，集录三代以来金石遗文一千卷，有琴一张，有棋一局，而常置酒一壶”③。然而，这些东西加起来是五样，还有一样是什么“物”事？欧阳修回答：“以吾一翁，老于此五物之间，是岂不为六一乎？”④因此，欧阳修把自己算作这六样东西中的一样，并且，这六样东西还会相互交融、汇聚在一起而成为“一”。苏轼曾经就这段文字做出如下的庄子式的评论：

① 章太炎全集（四）. 上海：上海人民出版社，1985：40-41.
② 说文解字今释. 长沙：岳麓书社，1997：175.
③ 六一居士传//欧阳修诗词文选评. 上海：上海古籍出版社，2004：183.
④ 同③.

物之所以能累人者，以吾有之也。吾与物俱不得已而受形于天地之间，其孰能有之？而或者以为己得之则喜，丧之则悲。今居士自谓六一，是其身均与五物为一也。不知其有物耶，物有之耶？居士与物无为不能有，其孰能置得丧于其间。故曰：居士可谓有道者也。虽然，自一观五，居士犹可见也。与五为六，居士不可见也。居士殆将隐矣。①

可见，道家哲学没有从人的立场出发对物划分等级，而认为物低于人。所有的物都是相互联结的，并且，每一个事物都有其特有的性格，这个思想在《庄子·养生主》中表述为“天理”：“依乎天理，批大郤，导大窾，因其固然”。“理”的本义是根据玉石的天然纹理来进行切割，引申为事物的纹理之义，比如说牛的躯体构造。

值得注意的是，“庖丁解牛”这个故事中的“解”字的右半边上面是一把刀，下面是一头牛，因此，“解”字本身就包含了根据牛的躯体构造而将其分割（dissecting）的意思，也即依照天理来宰牛。在《庄子》的英译本中，译者多半把“解”翻译为 cutting up，从而失去了依据牛身的组织构造来进行解剖的字面含义。在“庖丁解牛”的故事中，所谓的天理更为准确地说是指具体可感的“牛理”，郭象与成玄英在其注疏中都使用了“牛理”这个表述。郭象评论道：“尽理之甚，既适牛理，又合音节。”② 成玄英补充：“庖丁神彩从容，妙尽牛理。”③ 妙尽牛理并非严格地遵守抽象的规则，当庖丁的刀在牛的躯体内部各处缝隙之间自由游走之际，它霍霍作响、铿锵有声，契合于上古圣人所谱写的乐曲，并且，庖丁的举手投足，倚肩踦膝，每一个姿势都极尽优雅，宛若舞蹈一般。

在庄子逝后一千年，程朱理学把“天理”作为其哲学的一个中心概念，这在英文中通常翻译为 heavenly principle，它与道家的“天理”格格不入。例如，与苏轼同时代的二程兄弟强调天下只有一个理，万物皆是这个理的体现④。此外，他们把天理与父子、君臣的伦理秩序等同起来⑤。在 14 世纪程朱理学成为官方意识形态之后，道家的“天理”观几乎湮灭殆尽。类似的情形发生在对中国哲学史的书写中，几乎从来没有给予诸如

① 书六一居士传后//苏轼文集：第五册. 北京：中华书局，1986：2048-2049.

② 庄子注疏：64.

③ 同②64-65.

④ 程颢，程颐. 二程遗书. 上海：上海古籍出版社，2000：203.

⑤ 同④128.

苏轼这些具有道家思想倾向的学者在中国哲学史上应有的地位，这根本不符合历史实情，事实上，相比儒家思想，道家思想对中国思想与艺术传统之塑形具有更为根本的影响。

“庖丁解牛”的故事对于后世关于艺术的理论思辨具有巨大的影响。需要注意，庖丁说他所在乎的并非技，而是道。道并非处于另外一个世界里需要人们运用理智去把握的东西。如果人们遵循事物的天理，即便是在诸如宰牛、捕蝉、游泳这些极为平常的小事中，依然能够获得“道”，并且他们娴熟掌握技艺的程度甚至可以用通常描绘音乐、舞蹈等的语汇来加以形容。同样，当人们依循事物的理，便能创造出神妙的艺术作品。苏轼有一段评论吴道子的话中使用了“妙理”一词，并直接征引了《庄子》中“庖丁解牛”以及第24章《徐无鬼》中的“运斤去垩”的典故：“出新意于法度之中，寄妙理于豪放之外。所谓游刃有余，运斤成风，盖古今一人而已。”① 另外这段话更为详细地解释了依循天理的思想：

> 余尝论画，以为人禽、宫室、器用皆有常形，至于山石、竹木、水波、烟云，虽无常形，而有常理。常形之失，人皆知；常理之不当，虽晓画者有不知。故凡可以欺世取名者，必托于无常形者也。虽然，常形之失，止于所失，而不能病其全；若常理之不当，则举废之矣。以其形之无常，是以其理不可不谨也。世之工人，或能曲尽其形；而至于其理，非高人逸才不能辨。
>
> 与可之于竹石、枯木，真可谓得其理者矣，如是而生，如是而死，如是而挛拳瘠蹙，如是而条达遂茂，根茎节叶，牙角脉缕，千变万化，示始相袭，而各当其处。合于天造，厌于人意，盖达士之所寓也欤！②

与可是文同（1018—1079）的字，文同开创了“墨竹画”。竹子的理不仅寄寓在它如何伸展、蜷曲，而且也寄寓在它如何抽芽、生长、枯萎中。在《快乐的天才》中，林语堂引用了苏轼的这段评论，他把其中的“理”

① 书吴道子画后//苏轼文集：第五册. 北京：中华书局，1986：2210-2211.

② 净因院画记//苏轼文集：第二册. 北京：中华书局，1986：367. 另外一段相似的评论是：“与可所画竹石，其根茎脉缕，牙角节叶，无不臻理，非世之工人所能者。与可论画竹木，于形既不可失，而理更当知；生死新老，烟云风雨，必曲尽真态，合于天造，厌于人意；而形理两全，然后可言晓画。”（《书竹石后》）徐复观也指出苏轼所说的常理来源于庄子的天理。参见：徐复观. 中国艺术精神. 上海：华东师范大学出版社，2001：220。

翻译为 inner spirit①。这个译法正确地传达出“理”不是某种单一不变的严格法则这层意思，但其不妥之处在于，林语堂从这个翻译出发，把一种基督教式的神秘主义与泛神论归于中国绘画；他所谓的“理肉身存在于”物之中的说法亦不妥当。

法国汉学家余连（Francois Jullien）在他关于中国艺术的讨论中，把“理”翻译为 internal coherence②。他认为，理是某种规范性原则，它与气（energy-breath）相结合而使得物构型为其所是。尽管余连强调理的动态方面，以突出其阐释的“中国”特性，但在笔者看来，他对理的呈现一方面受到新儒家宇宙论关怀的影响，另一方面则仍然拘囿于亚里士多德用以界定物的形式与质料模式（虽然他声称反对后者）。因而在余连的著作中，理仍然是一种抽象的理论建构，其功用主要在于从宇宙论的角度来解释物的构型方式。笔者以为，我们应当从物的典范是有一个有生命、有活力的东西出发来把握道家的理，而不能把它当作处于宇宙中的某种实体，其生成首先需要一种解释，也即，其存有首先需要得到证成（justification）。

宗白华曾有如下的解释：“东坡之所谓常理，实造化生命中之内部结构，亦不能离生命而存者也。山水人物花鸟中，无往而不寓有浑沦宇宙之常理。宋人尺幅花鸟，于寥寥数笔中，写出一无尽之自然，物理具足，生趣盎然。”③ 这一评论道尽了从生命的角度来把握理的重要性，只不过笔者以为，“寓有浑沦宇宙之常理”容易使人误解理只是宇宙唯一的一个常理，这会把我们带回到程朱理学所谓天下只是一个理的一元论。笔者认为，我们应当从物的丰富多彩的生活形式之中来领会其生命与活力，而不是笼统地诉诸一个宇宙的常理。下面是苏轼论画的两则杂记，它们可以帮助我们领会物之理：

> 黄筌画飞鸟，颈足皆展。或曰：“飞鸟缩颈则展足，缩足则展颈，无两展者。”验之，信然。乃知观物不审者，虽画师且不能，况其大者乎？君子是以务学而好问也。④
>
> 蜀中有杜处士，好书画，所宝以百数。有戴嵩《牛》一轴，尤所

① Lin Yutang. The Gay Genius: The Life and Times of Su Tungpo. New York: John Day, 1947: 248-249.

② Francois Jullien. The Impossible Nude: Chinese Art and Western Aesthetics. trans. Maev de la Guardia. Chicago: University of Chicago Press, 2007: 72.

③ 宗白华. 徐悲鸿与中国绘画//宗白华全集：第2卷. 合肥：安徽教育出版社，2008：50.

④ 书黄筌画雀//苏轼文集：第五册. 北京：中华书局，1986：2213.

爱，锦囊玉轴赏以自随。一日曝书画，有一牧童见之，拊掌大笑，曰：“此画斗牛也。牛斗，力在角，尾搐入两股间，今乃掉尾而斗，谬矣。”处士笑而然之。古语有云：“耕当问奴，织当问婢。”不可改也。①

作为动物的牛、鸟这些东坡称为有常形的物，其理即体现在它们在日常生活中的一举一动：或甩尾，或夹尾，或伸足，或缩足。牧童与牛朝夕相处，对其姿势行为了如指掌，因此当然能够指出画家的错厄。至于山石、竹木、水波、烟云这些东坡称为无常形而有常理的物，其理更多地体现在其生长、变幻的方式，东坡在这一类下面囊括了植物（竹木）、无生物或者说景物（山石、水波、烟云），这在现代的分类法来看是奇怪的。

此处就竹理可以再补充一点。米芾的《画史》有这样的记载：“子瞻作墨竹，从地一直起至顶。余问何不逐节分？曰：‘竹生时何尝逐节生？’。”掌握竹子的理，也就是要掌握它内在的生长规律。竹子始于竹笋，已然含有节节在其中，一朝欣逢春雨，便盈盈而上，化身绿影。正如东坡所言：

竹之始生，一寸之萌耳，而节叶具焉。自蜩腹蛇，以至于剑拔十寻者，生而有之也。今画乃节节而为之，叶叶而累之，岂复有竹乎！②

东坡批评当时的画师画竹时一节一节、一叶一叶地画，如胶柱鼓瑟，失去了竹子的精气神。尽管他认为竹子这类东西由于变化多端，倏忽剑拔十寻，时或摇曳万叶，从而没有常形，但从他的评论可以看出，竹子的理当然也是与其外形相关的。只是一般的画师没有很好地从竹子生长的理出发来准确地呈现其外形。

由此看来，一个物的理是由内到外充溢着整个物的，与物相宛转，与物相短长，与物相伸缩，与物相生长，与物相湮灭。理不能被约简为使某物获得其构型与确定性的“内在一致性”（余连的观点），也不能被当作神秘的不可及的“内在精神”（林语堂的观点），因此，笔者主张在英文中用rhythm这个词语来传达中国艺术传统中所谓的理。有的读者从刚才所举的两则故事中以为中国艺术着重于形式上对物的模仿，为了避免这种误

① 书戴嵩画牛//苏轼文集：第五册．北京：中华书局，1986：2213-2214.

② 苏轼．文与可画筼筜谷偃竹记//东坡画论．济南：山东画报出版社，2012：13.

解，林语堂用“精神”来翻译理是有道理的。笔者对于林语堂与余连的吡议，要其旨在于强调理并非隐藏在事物内部的东西，而是与物为一，与物同体。这两则故事的寓意并非是说道家艺术的宗旨在于重现物的外形，或是揭示物的本质性存有，而是回应、谐和于有生命的万事万物自身所具有的天籁般的理。

从这个意义来看，如此而成就的艺术作品本身也是一个有生命的物，它与艺术家互相交谈，与观赏者互相对视。如果说这一点在涉及有形、有外在物因素的艺术作品时较难以理解，那么庖丁解牛的时候那种挥洒自如、谐和牛理的举手投足则生动地说明我们首先应当从人类活动、从与物相契这方面来把握艺术的真谛，而不是首先把艺术作品置于一个脱离了人类活动的特殊的领域，视为孤立静止的超脱了有用性链条的物。

在海德格尔哲学那里，我们找不到道家思想看待物的这种方式。对于他而言，物首先是人类制造出来、供人类使用的没有生命的器具，而非天然的东西，它服务于人类活动的目的。在《工具存有：海德格尔与物之形上学》这部著作中，哈曼（Graham Harman）很好地呈现出海德格尔哲学的这一面相，即存有的典范是一种工具性存有[①]。严格地说，并没有“一件”器具，换言之，器具不能以单数来加以计量，因为每一件器具都从属于所有器具的全体，从这样的全体中获得其意义，成为它所是的东西。器具之间通过各式各样的“为了做”结构而构成一个全体。海德格尔举了这样一个例子来说明一件器具指引向另一件的“存有论生成”[②]：文具架、钢笔、墨水、纸张、垫板、桌子、灯、家具、窗、门、房间等东西，它们不是一件一件地单独地显现出来，然后再作为实有之物（Realem；realia）的总汇而塞满一个房间。此在首先所遭遇到的是房间，但这不是几何空间意义上的“四壁之间”，而是作为居住的器具（Wohnzeug）。从属于这个居住器具，某种安置（Einrichtung；arrangement）显现出来，之后，单件的器具才显现出来。器具的整体性总是先于单件的器具被揭示。

海德格尔也考察了自然界中的事物，但这需要一个迂回：使用器具的手工活计总是要依赖于一些原材料，并且执着于通过使用器具的活动而制

① Graham Harman. Tool-Being：Heidegger and the Metaphysics of Objects. Chicago：Open Court，2002.

② Heidegger. Being and Time：97－98/68－69.

作出一件东西。例如，为了制作一双鞋，我们需要皮革、针线以及锤子，而皮革来自从动物身上剥下来的毛皮，这些动物不一定是人类所豢养的，而可能是生长在野外的；针与锤子则来自铁与木头。由于这些东西为人类的活计所需要，因而推衍地说它们的本质性存有亦是使用上手，或者说它们被发现为使用上手。通过这样一些指引（Verweisung）的链条，人类不仅与在手的器具相遇，而且也与其他器具，以及自然界中非制造出来的物（动物、铁、树）相遇。

海德格尔指出，自然界不能仅仅被视为中性的、与人无涉的现成在手之物，他认为科学家常常如此看待自然界。与此相反，“森林是一片林场，山是一个采石场，河流提供水力，风则是‘扬帆’的风”①。因而，自然在此在的世界中现身并作为“环围世界的自然”（Umweltnatur；environing nature）而被遭遇②。自然之所以成为自然主要在于它环绕着、庇护着、支撑着此在的世界，在此意义上，它的本质性存有亦是使用上手。当这个特性被科学研究所忽略之时，自然便隐藏起来，其本质性存有暗昧不显，直至它通过指引的链条被携入此在的世界并被此在所遭遇。

当然，海德格尔关于自然还有另外一套话语。在 1935 年的《形上学导论》中，他试图回溯希腊词语 phusis 的本义，认为当 phusis 被翻译为拉丁词语 natura 的时候，这个本义失落了。如此的翻译缺憾所带来的后果是 phusis“堕落为一种复制与模仿的原型”③。随着现代科学的发展，自然被视为一个受特定规律所制约的领域，而自然界里的事物则成为唯有凭借自然科学才能加以了解的认知对象。海德格尔反对现代科学的自然观是正确的，然而，他所建议的把自然视为使用上手的“环围世界的自然”却并不可取，它与道家的自然观格格不入。海德格尔把 phusis 的源发性含义界定为：

> 来源于本己的绽放［das von sich aus Aufgehende］（例如一朵玫瑰的绽蕊）、揭开自身的展开、在如此的展开中进入显现，以及保持并逗留于这种显现之中，简言之，即绽放着、逗留着的运作。④

---

① Heidegger. Being and Time：100/70.

② 同①100/71.

③ Heidegger. An Introduction to Metaphysics. trans. Ralph Manheim. New Haven and London：Yale University Press，1959：63.

④ 同③14.

他借用玫瑰绽蕊、旭日东升、海涛汹涌、植物生长等自然现象来说明涌现的意蕴，然而在此之后，他立即告诫 phusis 本身不能被降格为诸如此类的自然现象。在《艺术作品之起源》中，海德格尔把 phusis 描绘为“本己的以及作为整体的显现、绽放［Herauskommen und Aufgehen selbst und im Ganzen］”，它赋予事物以其特定的形状①。在《形上学导论》中，海德格尔把 phusis 直接等同为存有：“Phusis 即是存有自身，通过它，存有者变得并且保持为可被观察的东西”②。海德格尔总是在平常事物中做一番迂回，然后又折转到存有的问题。物只有通过作为显现、绽放的 phusis 才能作为物而被带向前来。

在《存有与时间》中，海德格尔直接地将太阳作为“使用上手的存有”③。对海德格尔而言，唯有此在才具有一个世界，石头、植物、动物没有自己的世界。如果没有 phusis 所带来的绽放事件发生，它们至多只是某种含混的“隐蔽”，而只有有绽放事件发生，才能谈得上所谓的隐蔽。事物只有作为有用性链条上的某一环节才能获得意义，而这种有用性链条最终所指向的是此在。

四、忘却：庄子的“指与物化”与海德格尔的“使用上手”

根据道家传统，高妙的艺术作品之秘密在于遵循事物的天理。那么，如何才能遵循事物的天理呢？庖丁给我们的提示是“官知止而神欲行”。既然感知停止了，那么人也就忘记了自己。忘却是《庄子》中一个常见的主题。《齐物论》开篇就描绘了一幅南郭子綦丧失了自我而身如槁木、心似死灰的情形（从这幅描绘中我们也可以看出人与物——即槁木、死灰——之间的相互关联），在这种忘我的状态中，他可以倾听到地籁与天籁所发出的千啭百回的曲调。《达生》一章里的好几则故事都有与此相似的表述：驼背老人捕蝉有道，宛若手取，这是因为他立身如同树桩，而其执臂犹如槁木之枝，从而他只注意到蝉之薄翼，不因任何东西而分神。其他的故事还包括：会潜水的人没见过船也会驾船，这是因为他们忘记了水

① Heidegger. The Origin of the Work of Art：21/28.

② Heidegger. An Introduction to Metaphysics：14.

③ Heidegger. Being and Time：465/412.

的存在；一只上乘的斗鸡总是不露声色，呆若木鸡，似乎没有注意到任何身外之物；敢于在湍急的瀑布下面游泳的人，其秘诀在于依循水之道而不任意妄为。本章将讨论的梓庆为鐻和工倕指与物化的故事都出自《达生》篇。下面我们先来倾听《田子方》中关于一位忘我的画家的轶事：

> 宋元君将画图，众史皆至，受揖而立，舐笔和墨，在外者半。有一史后至者，儃儃然不趋，受揖不立，因之舍。公使人视之，则解衣般礴臝。君曰：“可矣，是真画者也。”

当一位艺术家用志凝神于创作之时，无暇顾及其他事情，包括礼节、仪表、举止。宋代的林希逸就这则故事评论道，“此言无心于求知，乃真画者”，并认为苏轼关于画竹的评论与王安石“神闲意定始一扫”的诗句表达了同样的意思①。林希逸可能联想到苏轼关于文与可的诗句：

> 与可画竹时，见竹不见人。
> 岂独不见人，嗒然遗其身。
> 其身与竹化，无穷出清新。
> 庄周世无有，谁知此疑神。②

文同绘画的时候，不仅仅忘记了自己，并且他的躯体居然变成了竹子。《达生》中另外一则忘我的事例涉及指与物的关系：

> 工倕旋而盖规矩，指与物化而不以心稽，故其灵台一而不桎。

林希逸在评论这段故事时提到，传说中画圣吴道子（680—759）在画佛像的圆光时，只需一笔便成，他说如此产生的作品即为“神品”③。苏轼亦曾记述吴道子的技艺：“道子作佛圆光，风落电转，一挥而成”④。

“指与物化”是《庄子》中有关艺术的最为生动、最为凝练的表述之一。然而，华兹生（Burton Watson）与梅维恒（Victor H. Mair）对它的英文翻译皆不如人意。华兹生的翻译是：his fingers changed along with things⑤；梅维恒的翻译是：his fingers evolved with things⑥。“To evolve”的意思是

---

① 林希逸．庄子庐斋口义校注．周启成，校注．北京：中华书局，1997：323.

② 书晁补之所藏与可画竹//苏轼诗集：第五册．北京：中华书局，1982：1522.

③ 同①297.

④ 跋文勋扇画//苏轼文集：第五册．北京：中华书局，1986：2212. 关于绘画须得一挥而就的道理为历来许多艺术家所称道，其中最著名的是石涛（1642—1707?）的一画法。

⑤ Burton Watson. The Complete Works of Chuang Tzu. http://terebess.hu/english/chuangtzu2.html#19.

⑥ Victor H. Mair. Wandering on the Way：Early Taoist Tales and Parables of Chuang Tzu. Honolulu：University of Hawaii Press，1994：184.

"to change"。这两个词语都是说工倕根据事物的特征而调整他的手指，但却都没有传达出原文"化"的确切含义。"化"的本义是一个人彻底地颠倒过来，完全变成另外一个样子；化即是你中有我，我中有你，不再有明显的区分。因此，笔者主张将此处的"化"翻译为"to coalesce"，从而把指与物化翻译为 fingers becoming coalesced with the thing。化即"物化"之化，物化提供了解释"指与物化"的一条线索：指与物配合得如此默契，以至于指似乎变成了物，而物变成了指，二者再也无法区分开来，它们的界限消失了，二者完全融化在一起。工倕画圆的轶事中的"物"究竟指涉什么？这给我们留下了广泛的诠释空间。徐复观有这样一则评论："指与物化，是说明表现的能力、技巧（指）已经与被表现的对象，没有距离了。这表示出最高的技巧的精熟。"① 如此看来，他认为"物"指涉的应当是工倕想画的圆。陈鼓应的解释与此大概一致，他对这句言简意赅的记述的今译是："工倕用手旋转而技艺超过用规矩画出来的，手指和所用物象凝合为一，而不必用心思来计量，所以他的心灵专一而不窒碍。"② 这样的解释似乎有些过于理想主义（Idealistic）。捕蝉老人得蝉如同手取，工倕画圆无须假借规矩，以手即可为之，不过他可能还是得用某种墨或彩笔来画圆；此外，"物"也可以指涉工倕在其上画圆的东西，以及整个画圆的氛围。林希逸的评论是：

> 指与物化，犹山谷论书法曰"手不知笔，笔不知手"是也。手与物两忘而略不留心，即所谓官知止，神欲行也，故曰不以心稽。③

山谷即黄山谷、黄庭坚（1045—1105），苏门四学士之一。笔者以为把"物"与黄庭坚所用来书写的毛笔以及工倕所使用的"器具"联系起来理解是可行的。黄庭坚的佳句其主题是忘却，而《庄子》中紧接工倕轶事之后是连续几句关于忘却的经典隽语："忘足，履之适也；知忘要，带之适也；知忘是非，心之适也；不内变，不外从，事会之适也。始乎适而未尝不适者，忘适之适也。"因此，"手不知笔，笔不知手"应当是对指与物化绝妙的引申。尤其是在前两句中，所遗忘的都是人的身体部分：脚与腰。这使得我们更好地领悟这一点：指与物化是双向的，不仅仅是指忘记了物，物也忘记了指——人身体的一部分。下面笔者借用书法的例子来进一

---

① 徐复观. 中国艺术精神. 上海：华东师范大学出版社，2001：127.

② 陈鼓应. 庄子今注今译. 北京：商务印书馆，2007：572-573.

③ 林希逸. 庄子庐斋口义校注. 周启成，校注. 北京：中华书局，1997：297.

步深化忘却的主题。苏轼曾说过：

> 口必至于忘声而后能言，手必至于忘笔而后能书，此吾之所知也。口不能忘声，则语言难于属文，手不能忘笔，则字画难于刻雕。及其相忘之至也，则形容心术，酬酢万物之变，忽然而不自知也。①

这段话的主旨亦是忘却。苏轼把遗忘的必要性追溯到人说话、写字之始。尤其值得注意的是，忘笔被视为写作与绘画的第一要义。如果达至相忘之际，则是全然忘我、物我为一的境界，岂只是忘手。当黄庭坚运笔自如，“动之以旋，润之以转，居之以旷。出如截，入如揭。能圆能方，能直能曲，能上能下”（石涛《画语录》）之际，他的手不再感受它握着一支笔，所有的运作如同出自己手。这意味着艺术家的技艺是如此娴熟，以至于他所使用的“器具”似乎化身为其手臂延伸出来的一部分，作为器具的器具被遗忘了。

下面笔者把道家思想的这一侧面与海德格尔关于使用上手的情形中手与器具的关系的言论做一比较。众所周知，在西方哲学界，海德格尔的使用上手经常被赞誉为克服了现代哲学主客体二元论的创新概念。在《存有与时间》中，千姿百态的器具是此在在其世界中首先所遭遇到的存有者。每一件器具都适用于某一特定目的。当人们利用器具来完成某项工作的时候，他所关注的是眼下的工作，而非器具本身。以锤子为例，锤子愈是顺手，人就愈是置之不顾。锤子的具体性能及其制作材料，例如其重量、硬度、颜色，用石头、橡胶还是用铁做成，等等，都无关紧要、不足挂齿。锤子隐退到后面，微不足道，并不在劳作中显现自身。

此处我们可以补充：锤子可以如此顺手，以至于手忘记了锤子的存在，锤子的存在已经被消融在它作为使用上手的本质之中。在使用锤子的活动中，锤子本身似乎消失了。从这一点来看，海德格尔似乎达到了指与物化的第一个层面，即“手不知笔”。在《存有与时间》的第二部，海德格尔谈到某种“忘却”，他似乎感到，为了使得劳作顺当，此在与器具之间必须有一种协调一致的关系，它们不可能是各顾各的生疏、别扭。“如果自我须得在迷失于器具世界中‘真的’能够去工作与操劳，那么他必须

① 苏轼文集：第二册. 北京：中华书局，1986：390.

遗忘自己。”① 然而，在海德格尔那里，手、人类与器具之间仍然存有着根本性的区别。下面我们还会继续这方面的讨论。此处需要注意的是，自我与锤子所消失的背景都是人类活动的整体。

以上笔者讨论的是黄庭坚的隽语中的第一个层面“手不知笔”，那么，如何理解第二个层面“笔不知手”呢？在黄庭坚的存稿中我们未能找到这句隽语的原话，我们所发现的是：“心不知手，手不知笔。”② 这似乎只道出了第一个层面，不过，我们可以在传统书法技巧的教授以及无比丰富的有关用笔之法的讨论中找到蕴含着“笔不知手”的资源。因而，黄庭坚有可能确实说过林希逸所记载的这句话。

我们知道，练习中国书法首先要学会握笔。我们应当用五指，而不是用整个手掌来握笔，并且，手掌应当尽量敞开，敞开到其间可以握住一个鸡蛋的程度。我们要学会协调五指，使其相互配合，以最轻的力量来用笔。除了小楷之外，其他风格的书法都需要悬空肘部以及小臂，以使毛笔得到最可能大的空间来运作。正如苏轼所言：“知书不在于笔牢，浩然听笔之所之，而不失法度，乃为得之。”③ 当手指随顺毛笔的特性、与其合一而运转自如的时候，毛笔将会左右穿梭、上下飞舞、回旋往复飞腾，那些笔画似乎就是毛笔本身带出来的，而手的存在则已然被忘却。正如苏轼有诗云：“心忘其手手忘笔，笔自落纸非我使。”④

清代的周星莲（活跃于1840年）把这种情景称为“笔醒”：“醒则骨节通灵，自无僵卧纸上之病”，换言之，书法家达到了“心空笔脱，指与物化”的境界⑤。毛笔不再感受到手的存有，它“忘却”了手。从而，笔不再受到手的支配，而是相反，手在某种意义上听令于笔，随着笔的舞动而四处游走。因此，在道家传统中，物（在此情况中是某种器具——笔）从来都不是静止不动的服务于某种目的的东西，每一件物都有其自身的韵律——理。一位书法家没有了他/她那支特别的笔可能就无法进行创作。

而对于海德格尔而言，手具有独特的重要性。他称，唯有此在具有方

① Heidegger. Being and Time：405/354.
② 黄庭坚．论书//历代书法论文选．上海：上海书画出版社，1979：356.
③ 苏轼．论书//历代书法论文选．上海：上海书画出版社，1979：314.
④ 苏轼．小篆般若心经赞//苏轼文集：第二册．北京：中华书局，1986：618.
⑤ 周星莲．临池管见//历代书法论文选．上海：上海书画出版社，1979：722，723.

向性。相反，"工匠攥在手里并随着手运作的器具，没有分享手特有的'手工'运作"①。海德格尔赋予手以特殊地位在 1951—1952 年的《何者召唤思?》中得到强化。他说，唯有人类才拥有手这种独特的器官，它"与其他所有用以攫取的器官——爪、钳、口器——具有无限的差异，在本质上具有深渊般的差异"②。人的手之所以特殊，是因为手工艺归根到底"建立在思之上"③。思引导着并为手的每一个动作与姿势奠基。在此意义上，海德格尔把思称为"典型的手工艺"④。思的手工艺与一般意义上的手工艺也具有深渊般的差异。

显而易见，海德格尔没有考虑到指与物化的第二个层面——手的功用退居为极小。他可以承认自我的忘却，承认手与物/器具之间的某种统合，但他永远也不会承认手也被遗忘了。海德格尔否认器具可以分享人的"手工"运作，这与他认为唯有在受人类活动所支配的指引或者说"为了做"的体系中，器具才具有意义相一致。器具是举手可得，为手所用的，这一点可以从"使用上手"（zuhanden；to-the-hand）的德文原文看出，器具始终是必须朝向手的；这与"指与物化"中"笔不知手"、手随笔而宛转的朝向"器具"（zuzeugen；to-the-thing/tool）的情况完全相反。另外值得注意的是，庄子没有笼统抽象地指涉手，而是说"指"。这一点在中国书法中尤为明显，人们一般都说运指，而不是运手，例如，苏轼曾记载其师欧阳修曾经对他讲，写字"当使指运而腕不知"⑤。

对于海德格尔而言，器具可以如此顺手、便利，以至于我们根本不会留意它。然而，由于手与思具有本质性的关联（无论我们可以把这种关联在多大程度上解释为"实用主义"的关联），手自始至终都是器具所要服务的主人。总之，海德格尔未能从器具/物的角度出发来进行哲学构建，在《存有与时间》中他总是从此在/人类（能够对存有发问的唯一的一种存有者）出发来考虑与物的关系的。手可以不知物，但物却不能不知手。因此，海德格尔未能达到"指与物化"的哲学高度。

① Heidegger. Being and Time：143/109. 着重号来自原文。

② Heidegger. What Is Called Thinking?. trans. John Glenn Gray. New York：Harper & Row，1968：16.

③ 同②.

④ 同②23.

⑤ 苏轼. 论书//历代书法论文选. 上海：上海书画出版社，1979：314.

五、古希腊神庙对世界之开启

海德格尔很早就把艺术作品与存有论意义上的揭示联系起来。《存有与时间》中有两处对诗歌的指涉，一处是把诗歌与哲学心理学、人类学、伦理学、“政治学”等学科相提并论，这些学科都在不同程度上考察了此在的姿态、能力、权能、可能性以及命运①；另外一处则是把诗歌的话语描述为“对生存的揭示［Erschließen］”②。在《艺术作品之起源》的第一个版本中，海德格尔把存有论层面上的揭示与作品在展览会上随着遮掩其上的盖布被揭开而被首次带入公众的眼帘——也即被树立起来——这种存有层面上的事件关联起来，如此一来，“作品的公开性［Öffentlichkeit］在其被开示［Offenbarkeit］且通过其被开示而起着作用”③。对艺术作品的树立（aufgestellt；set up）预设了将被树立起来的作品“在自身之中已经具备艺术的本质性之树立［Aufstellung］的特征——它本身以其本己的方式即树立着（auf stellend）”④。注意，此处海德格尔从存有层面上被动的树立转移到存有论层面上主动的树立。此外，探寻艺术作品的本质性存有也就是使它“作为作品而被揭示出来”⑤。在《艺术作品之起源》的第三版中，海德格尔进一步把树立界定为“奉献与赞美意义上的创立［Errichten］”，而创立又与开示［Öffnen］相关联⑥。艺术作品的作品存有（Werksein）成就着其本质［west］，并且唯有在这种对世界的开显［Eröffnung］中，在对世界的树立——主动语气的树立——中，成就其本质。

艺术作品与器具都是由人类的手带向前来的（Hervorgebrachtes）。然而，海德格尔认为，艺术作品具有自足性（Selbstgenügsamkeit；self-sufficiency），或者说自立性（Insichstehen；standing-in-itself），而器具则没有。这是因为器具总是为了特定的用途而被制作出来的，它具有服务

① Heidegger. Being and Time：37/16.

② 同①205/162.

③ Heidegger. On the Origin of the Work of Art：First Version：133/152.

④ 同③134/153. 着重号来自原文。

⑤ 同③.

⑥ Heidegger. The Origin of the Work of Art：22/30.

性；而艺术作品并不服务于任何实用的目的。在日常生活中，这个重要区别常常被忽略了，没有得到足够的思考。因此，只有当作品“从除它自身之外所有的关联”中超脱出来，只是“为自身、在自身之上”依靠于自身的时候[①]，人们才能领会其本质性存有，这对于伟大的艺术作品尤其如此。

海德格尔承认艺术作品除自身以外当然有所关涉，但它“独特地从属于它自己所开启的境域［Bereich］”[②]。为了阐解这一点，海德格尔转向另外一种艺术作品——一座古希腊神庙，这是他在《艺术作品之起源》的第一个及第二个版本中所讨论的唯一的艺术作品。此处笔者补充一点，大多数学者无疑都把海德格尔所说的古希腊神庙当作位于波塞冬的那座神庙。然而，海德格尔只有一次举例时提到波塞冬神庙，但那不是在他对古希腊神庙显题性的讨论中提及的。并且，波塞冬那里有好几座祭祀不同神祇的古希腊神庙的遗址。这方面有关原材料的歧义很可能成为另外一场关于“艺术之真理”的激烈争论的导火索。

海德格尔呈现出的是站在“遍布岩石、充满裂缝［zerklüfteten］的山谷中间”的一座神庙[③]。裂缝（kluft；cleft）预告着在之后的文字中将会出现有关艺术作品的裂隙（Riß；rift）的讨论。神庙引发了绽放（phusis）事件，即“在自身之中以及在所有事物中朝向前来、上升起来”的事件，通过绽放事件，树木、草丛、雄鹰、公牛等存有者“首次获得其特定的形状（Gestalten），从而以它们之所是而面世”[④]。更为重要的是，古希腊神庙首次将使其民族获得其命运（Geschick）的形状（Gestalt）的那些道路与关联的统一体嵌合起来［fügt］，同时把它们集聚在它周围[⑤]。海德格尔把这些道路与关联的发源地确定为这个历史性的希腊民族的世界[⑥]。

海德格尔表面上在说，古希腊神庙与凡·高的绘画之间的区别是：前者不是表象艺术，而后者则是表象艺术。笔者认为，实际上这个区别是浅层次的，二者之间真正的实质性区别在于：古希腊神庙作为已然过去的东西凸显出时间性。海德格尔早在1927年的《存有与时间》中讨论过古希

---

① Heidegger. The Origin of the Work of Art：19/26.
② 同①20/27.
③ 同①20/27.
④ 同①21/28.
⑤ 同①20-21/27-28.
⑥ 同①21/28.

腊神庙，《艺术作品之起源》的众多评论者似乎尚未关注到《存有与时间》中的这些段落。海德格尔的讨论出现在解释“过去”（Vergangenheit）的双重意蕴的背景中。尽管过去属于远古时期的事件（Ereignissen），但在某种意义上它仍然是现成在手的，如同一座古希腊神庙的废墟“使得‘过去的一点碎片’依然‘处于现在’”一样[1]。这是因为，废墟是过去的派生物（Herkunft），严格地说，废墟是往昔之物（da-gewesen）。德文 Herkunft 亦有源泉的意思，与海德格尔所关切的艺术作品之起源 Ursprung 一词遥相对应。

我们应当还记得海德格尔在《艺术作品之起源》第二个版本开头所提出的问题：如何从艺术作品通达起源。此处我们得到启示：从艺术作品通达起源的道路即是：历史性此在（或者说民族）通过伟大的艺术作品回溯其命运的开启纪元的启始。在诸如《哲学献文》等海德格尔 20 世纪 30 年代的著述中可见，这样的回溯只能通过一种跳跃（Sprung）冀以实现，这是因为“只有通过跃入存有之摒弃才能达到存-有”[2]。跳跃的意思已然隐含在起源 Ursprung 一词之中。

我们可以借用《存有与时间》第一部与第二部的关联来重新看待《艺术作品之起源》中两种艺术作品之间的存有论意义上的“本质性”关联：在凡·高的《鞋》那里，历史性的维度尚未完全敞开，此在（即农妇）尚未真正地展开其时间性；而在古希腊神庙那里，此在（即希腊民族）作为未来性而在场，或者说展开了自己的时间性，这恰是因为此在的世界已成往昔，但它又通过貌似现成在手的神庙废墟以及博物馆里的古代遗物陈列而依然存在着。就其本质性存有而言，此在是历史性的，它永远不可能仅仅是往昔之物；而作为曾经（gewesen；having-been）的过去则与现在、未来同等原初性地展开其时间性。

陈列在博物馆的古代遗物［海德格尔所举的例子是家常用具（Hausgerät）］从属于此在已逝的世界[3]，而操劳着的（处于现在的）此在把它们当作使用上手的东西而与其相遇。由于此在的世界是历史性的（也即时间性的，具有过去、现在、未来三维度），从属于那个已逝的世界的所有的存有者亦被揭示为历史性的，其历史性是“第二位的历史性”[4]。海德格尔指出这些存有者不仅包括器具，还有“环围世界的自然（Um-

① Heidegger. Being and Time：430/378.

② Heidegger. Contributions to Philosophy：172.

③ 同①431/380.

④ 同①433/381.

welt*natur*)，它正是“历史的土壤”(geschichtlicher Boden；soil of history)①。我们可以看出，正如民族是此在的时间性展开之后的变体，所谓“历史的土壤”正是“环围世界的自然”其时间性展开之后的变体，并且，这两个用语都昭示了后来在《艺术作品之起源》中海德格尔施予“大地”的浓墨重彩。

此处我们来回顾海德格尔阐解凡·高绘画的一段话：“这器具从属于大地，并在农妇的世界中得到保护。从这样受到保护的从属关系出发，器具才获得其自持［Insichruhen］。”② 此处的“大地”与《存有与时间》中的“环围世界的自然”遥相呼应，而环围世界的自然的本质性存有是使用上手，只有当它在此在的世界中现身时它才获得可理解性。凡·高绘画中的大地作为“环围世界的自然”其时间性尚未展开，与此相对，古希腊神庙所照亮的“历史的土壤”则具有“第二位的历史性”。

在《艺术作品之起源》中，“历史的土壤”一语并未出现，但我们可以在这样的句子中看到其踪迹：“立于大地并在大地之上，历史性的人类建立了他们在世界之中的栖居。”③ 在其著作《大地之歌》中，哈尔提出，在《存有与时间》中，物如同木匠铺里的工具，冰冷而匮乏生命，而在《艺术作品之起源》中引入的大地却使得人们真正地把物当作物来对待④。但是，笔者通过对海德格尔文本的解读却发现，在《艺术作品之起源》中，大地并非最为奠基性的因素，它总是与世界、与作品不可分离，并且总是从它们那里获得其可理解性，而这些书写与《存有与时间》的叙述脉络具有呼应或承续的关系。

由于篇幅限制，本章不拟就海德格尔哲学的历史性或时间性向度与道家思想做比较研究，以下笔者主要厘清有涉于恰切地理解海德格尔的术语“大地”的一些关键性问题，着重于阐明世界、作品与大地的关系。

六、大地之谜

海德格尔强调神庙不是纯属偶然地被添加到一个具有特定事物的环境

① Heidegger. Being and Time：433/381.

② Heidegger. The Origin of the Work of Art：14/19.

③ 同②28/32.

④ Michel Haar. The Song of the Earth. trans. Reginald Lilly. Bloomington：Indiana University Press，1993.

之中，恰恰相反，我们必须从神庙出发来考察这个环境中的一切事物。是神庙——一件伟大的历史性的艺术作品——开启了一个世界，并且赋予这个世界中的一切存有者以意义，其中有囊括了所有自然存有者的大地：

> 在创立一个世界之际，作品把大地带向前来（herstellt）。Herstellen 在此处必须严格地根据这个词语的意义来思索。作品把大地携入世界的敞开之中并保持之。作品让大地是大地。①

在另一方面，海德格尔又说大地是作品的回归之处，大地在被艺术作品带入世界之中而显现的同时又总是自我闭锁的，不过这种闭锁“并非单一地、僵硬地停留在黯淡之中”②，大地的遮蔽或退隐只是相对于其敞开、绽放才具有意义：“把大地带向前来意味着：把它作为自我闭锁而带至敞开之中。”③

我们还记得海德格尔以如何理解艺术作品之不可或缺的物性这个问题作为《艺术作品之起源》的开端。经过几多迂回，他似乎最终找到了答案：艺术作品的物性即是“作品的大地性［Erdhafte］”④。现在，艺术作品所涉及的各种物的本质性存有必须从它们对其承载者——大地——的归属关系来加以解释。在某种意义上，大地是遮蔽着的事物之总体，而这些事物各自的意义只有当在艺术作品之中大地被携入世界之中时才能被揭示出来。当这些事物从一件作品的整体之中闪耀出来之时，它们各自获得其本有，或者说本质性存有。每一样事物都获得并且保持着其界限，其同一性并没有被消解，没有与其他事物混淆在一起。“所以，在每一个自我闭锁的事物中都有同样的相互不了解”⑤。相互不了解的意思是：每一个事物都逗留于属于自己本有的范围之中，它们都是从那独一源泉——存-有——中跃发（根据 Ursprung 的字面意思）出来的。

海德格尔以艺术作品的物性问题作为探问艺术作品之起源的一条线索，并且讨论世界与大地的关系问题，其目的之一是修订西方哲学传统的形式—质料模式。在评论凡·高绘画时，他隐约地透露出这方面的秘密思想的一点苗头：“质料与形式及它们之间的差异具有一个更为深刻的起源。”⑥ 限于篇幅，此处不能对海德格尔从存有与存有者的二重的统领视

① Heidegger. The Origin of the Work of Art：24/32.

② 同①25/34.

③ 同①25/33.

④ 同①42/57.

⑤ 同①25/33.

⑥ 同①15/20. 着重号来自笔者。

野来探讨他对形式—质料模式的修订。

由于大地的自我闭锁，当艺术作品开启一个世界之际，它总是要顽强抵抗。大地的本质性存有只有当“它升入一个世界之际，在世界与大地之间的对抗”中才揭示自身①。海德格尔对世界与大地之间的“抗争”“好战”的书写与他在20世纪30年代关于“疏朗与遮蔽之间的斗争”的根本性的显题化相一致②。世界与大地之间的斗争被凝固为艺术作品中的裂隙（Riß）：

> 这种裂隙把对抗者［即世界与大地］撕扯到［reißt］其出自共同根基的统一体的源泉之中。它是根本图样［Grundriß；fundamental design］，是标识出存有者之疏朗的涌现的基本特征的剖面图［Aufriß；sketch］。这种裂隙没有使得对抗者相互分离，它把尺度和界限的对抗带入共同的轮廓［Umriß］之中。③

海德格尔借用了Riß一词既表示裂隙又表示剖面图的双重含义。裂隙被固定在艺术作品之中而成为图案（Gestalt；figure）。图案即是“裂隙用以构造自己的结构，构造起来的图案即是真理之闪耀的结合之处”。Gestalt也表示形状，即上文提到的各种存有者所获得的形状，以及希腊民族命运的形状。

我们已经看到，海德格尔认真地考虑过大地的角色，它与《存有与时间》中的“环围世界的自然”和“历史的土壤”遥相呼应；但我们也看到，最终海德格尔赋予在艺术作品之中开启的世界以优先地位，即便是大地的遮蔽也只有在世界的揭蔽的总体语境中才具有意义。在1950年的《物》中，海德格尔不再有世界与大地之间的斗争这样的话语，大地成为四元（Geviert；four-fold，即天、地、人、神）之一元，而四元的相互嬉戏则是由世界的世界化所引发的。

海德格尔把艺术作品当作一种非常特殊的“物”，赋予它相对于自然界中的事物的独特地位，这反映在他对丢勒（Albrecht Dürer，1471—1528）名言的评论中。丢勒曾说：“千真万确，艺术处于自然之中；谁能够把它从自然中攫取［reißen］出来，谁就得到了它。”④这句话的意思是

---

① Heidegger. The Origin of the Work of Art：43/57.

② 同①31/42.

③ 同①38/51.

④ 同①43/58.

说自然是艺术的最终源泉。然而对于海德格尔而言，自然唯有作为服务于此在的使用上手的环围世界的自然，或者说作为被携入艺术作品的世界之中的大地，才具有意义。因此海德格尔对丢勒的名言表示訾议，他从自己的思想道路出发来解释“攫取”（reißen）一词，即“把裂隙取出来，用画笔［Reißfeder］把它攫取出来绘到画板［Reißbrett］之上”①。有意思的是，德文中有关绘画器具的词语已经包含了人类行为在其中，即“攫取”。海德格尔以为所谓的“自然中的艺术”只不过是一种浪漫主义的隽语，在自然物通过作品被攫取出来而凝固到创造性的图案之中、带着其存留的闭锁被揭蔽出来之前，没有艺术，没有世界，也没有大地。

在以上的章节中，笔者着重阐明了海德格尔对物的书写是以使用上手的器具为原型的，各种各样的事物通过多重的“为了作”而构成一个复杂的网络。事物只有在此在的世界中处于这些可服务性与可用性中才获得意义。这与道家关于物的观点相去甚远。在道家思想那里，物的典范是有生命的牛，每一样物都有其天理，石头、植物、动物都有属于自己、与其他世界相交相映的世界，事物并非受制于人类世界的可服务性的整体主义的链条，在人与物之间没有严格的界限。物化的观点生动地说明世界之间的界限是灵活可变的，世界之间亦是可以相交相错的。

海德格尔与道家思想的另外一个重要区别在于：对于海德格尔而言，艺术作品具有一种特殊的奠基性力量，它把原本隐秘、不显眼的事物携入作品所开启的世界之中。艺术作品是赋予所有出现在其中的存有者以可理解性的光耀的中心。1960 年，海德格尔在“作品让大地是大地”这句话边上写上“本成事件”（Ereignis）这个词语②。作品开启一个世界、把存有者携入世界之中、让大地是大地，这些都是同时间发生的本成事件，是一种否弃了事物作为认识论或美学对象的规定性的存有—历史性事件或者说“跳跃”。这种跳跃（Sprung）即促成艺术作品之起源（Ursprung）。此处可以看出海德格尔思想中尼采的虚无主义的踪影。与此相反，对于道家思想而言，艺术作品与艺术家以及自然世界中各具自身丰富性的事物是密不可分的。笔者将在“余论”一节中回顾这些总体性的探索。在下一部分笔者将阐明海德格尔与现代艺术之关联。

---

① Heidegger. The Origin of the Work of Art：43/58.

② 同①28/32. 海德格尔后来在最后一句话中的“让”与第二个“大地”上分别写道：“这意味着？参看《物》：四元”“本成事件”。

七、海德格尔与杜尚现代艺术的脉络交汇

在《艺术作品之起源》中，海德格尔提出，手工艺品与艺术作品之间具有深渊一般的区别，尽管二者都是由手制作出来的。手工艺品与真理的发生毫无关系，当它被做出来之际，其制作过程就结束了。正如我们前面所看到，器具的存有在于其可用性，也即器具的被创造性是有限的，它局限于其实际的制作过程，之后，这种被创造性就隐而不显，消失在有用性中。与此相反：

> 然而在作品中被创造性［Geschaffensein 字面意思是“被创造的存有”］是被特别地［eigens；expressly］被创作入创作品之中的，结果是它特别地［eigens］从作品之中凸现出来，如若情形如此，我们必然能够特别地［eigens］经验到作品之中的被创造性。①

在《艺术作品之起源》第一版中，海德格尔更为旗帜鲜明地反对探讨艺术作品的客观主义以及主观主义的方法，前者把艺术作品当作艺术行业中的对象，而后者则试图从艺术家的创造性来解释艺术作品的诞生②。因此“被创造性”不能简单地等同于生活在一个变化无常的世界中、与他人无异而又有些怪僻的艺术家创作出艺术作品的实际过程，而应当从海德格尔的存有历史论的哲学视野来加以把握。在某种意义上，被创造性是“开启一个世界”的另一种表述方式。海德格尔说：

> 正是在伟大的艺术中……艺术家与作品相比是微不足道的，几乎就像一条通道，在创造的过程之中，为了作品的出现，他摧毁了自身。③

因而，在作品之中凸现的是作品的存有事实（factum est），是作品的“那”（daß），是物之揭蔽在作品中的发生。海德格尔强调：

> 艺术作品愈是孤立，凝固在图案/形状（Gestalt ）之中，站立在

① Heidegger. The Origin of the Work of Art：39/52. 注意，海德格尔连续三次使用了 eigens 一词，这个词语与 eignen（owning）以及 Ereignis 具有词源学上的联系。

② Heidegger. On the Origin of the Work of Art：First Version：132，145.

③ 同①19/26.

> 自身之中，它似乎愈是干净地斩断了与人类的联结，那么这样的作品存在着（ist）这种冲力就愈是纯粹地迈入敞开之中。①

海德格尔的这段言论不仅针对的是古希腊神庙，也针对凡·高的绘画。如果要农鞋的存有冲力显现出来，它就必须从日常生活中最终指向此在的“为了作”链条中脱离出来，在一幅没有任何背景的艺术作品中得以呈现；同样，神庙必须孤零零地、阒然无声地伫立着，似乎远离尘世。事实上，海德格尔所谓的艺术作品所开启的世界与此在在其中与器具等存有者及他人打交道的世界绝对不可同日而语。作品“开启”了世界，其意蕴是作品照亮了存有者之存有，换言之，它使得此在在日常生活中所关涉的物事之意义显现出来。

从这个角度来看，使用“境域”（Bereich）而非“世界”更适合于海德格尔对艺术作品尤其是对古希腊神庙——伟大艺术的典范——的讨论，因为人们现在能够看到的仅是神庙的废墟，神庙所曾开启的世界已成为往昔，不复存在。而今，瞻仰神庙的遗址、缅怀过往的辉煌有望帮助开启未来意义上的“境域”，这在某种程度上亦是海德格尔所寻求的本真性的世界，是欧洲民族所需跃入的回应于存有之召唤的“境域”。海德格尔讲道：神庙作品“独一无二地属于它自身所开启的境域”②。

当我们把海德格尔对存有史境域的关切暂时悬置起来，我们可以看到他关于艺术作品之起源的言论与现代艺术之关联的一个侧面：倘若艺术作品必得远离自然俗世、必得斩断某物处于此在的世界中的相关背景以便开显其所是，那么，一件日常生活中的用品，当我们把它孤立起来，不去使用它，而是在艺术展览中展示它，似乎当然也可以起到这种开显的存有论功能。这就是杜尚的《喷泉》何以竟被呈交给艺术展览之逻辑脉络。

在艺术史上，杜尚的此类作品常被称为“现成品”（ready-made），其原则是：“通过艺术家的选择，这个被［工厂］制造出来的产品被提升到了艺术对象的尊贵地位。”③ 杜尚还提出“反向现成品”的概念，例如“把伦勃朗的画用作熨衣板”④。并且他认为，艺术家所用的管装颜料都是

① Heidegger. The Origin of the Work of Art：40/54.

② 同①20/27.

③ 此处对“现成品”的定义来自布雷东（André Breton），引自 Arturo Schwarz 的 *The Complete Works of Marcel Duchamp*，New York：Delano Greenidge Editions，2000：44。

④ The Essential Writings Works of Marcel Duchamp. eds. Marchand du Sel，Salt Seller. London：Thames and Hudson，1975：142.

工业产品，是现成品，从这个角度来看，世界上所有的绘画都是“现成品”借助人的作用而完成的组装物。在 1917 年与《喷泉》的照片同时刊登在《盲人》杂志上的短文《理查德·穆特事件》评论道：

> 穆特先生是否亲手制作了《喷泉》并不重要，他选择了它。他把一件日常用品［即一个陶瓷制作的小便池］如此地置放，以至于它的日用功能在新的名称和新的角度下消失了——从而他给这个东西创造了新的思想。①

杜尚设计的《喷泉》是首先抹去器具的日用功能而才得以作为一件艺术作品而被“揭示”出来的。从这个视野来看，杜尚创作现成品的思路与海德格尔的艺术作品存有论具有不谋而合之处，正是由于这样的脉络交汇，才有学者提出海德格尔的艺术哲学可以为杜尚的现代艺术作品提供阐释源泉。与海德格尔着重于艺术作品的奠基性力量相似，评论者们认为杜尚的《喷泉》“通过作品本身的原发性、新颖别致与奠基性力量而创造了一个新的世界”②。

此外，海德格尔笔下“伟大”的艺术作品与杜尚“卑俗”的艺术作品还有一层更为深刻的关联性。古希腊人用以膜拜神祇的神庙属于其所开启的古希腊世界，而杜尚的“喷泉”则是现代工厂所生产的，它宣告并且忠实于由集置所主宰的技术世界。正如《理查德·穆特事件》一文所言：“美利坚所创造的唯一的艺术作品即是下水道产品以及桥梁。”③“神庙”与“喷泉”这两种艺术作品分别挪用了两个不同的纪元，并且也分别为这两个不同的纪元所挪用。我们可以参考海德格尔的以下论述加以理解：我们“应当总是从那特定的放置［stellen］与安置［Ge-stell］出发来思考［艺术作品的图案/形状］，而当作品将自身树立起来、带向前来之际就是作为这种放置与安置而达至在场的”④。“放置”“安置”与现代技术的本质“集置”之间构成了语义关联。

众所周知，海德格尔主张，只有当我们倾听从集置之本质自身中所发出的存有之召唤之际，现代技术才可能发生转化。他主张，当今时代所见

① Theories and Documents of Contemporary Art. eds. Kristine Selz, Peter Selz. Berkeley: University of California Press, 1996: 817.

② Santiago Zabala. Introduction: The Hermeneutic Consequence of Art's Ontological Bearing: xv.

③ 同①.

④ Heidegger. The Origin of the Work of Art: 38/51. 着重号来自原文。

证的艺术作品之匮乏（从某种意义上来讲，杜尚的作品展示了这种匮乏）“可能更具有历史性、更富有创造性”①。这是因为伴随着集置所发生的这种匮乏是存有史演绎所带来的必然结果。当我们真切地面对并思考这种典型的艺术之匮乏时，我们有可能被携入存-有（Seyn）之疏朗中。海德格尔曾说，集置是本成事件之“照相底片似的否定性翻版”，亦是“对本成事件的揭示性准备”②。从同样的思路出发，我们也可以说杜尚的《喷泉》是伟大艺术的“照相底片似的否定性翻版”，同时亦是对它的“揭示性准备”。同时，我们也可以理解海德格尔对现代艺术一方面针砭而另一方面则呈现出融通之处的双重关联性。

八、苏堤春晓：艺术的精髓是以天合天

本节首先讨论《庄子》的《达生》中另外一个令人深思的主题：以天合天。这个故事我们在本书的第一章已经提到过。当梓庆被问及他怎么制造出巧夺天工的钟架时，他回答说其秘诀在于一步一步地齐气静心。当这样的心斋进行了七天之后，他完全摒除了赏罚毁誉的心思，甚至遗忘了自己的躯体四肢，这与《齐物论》开篇的南郭子綦心如槁木、面如死灰两相应和。其结果是：

> 其巧专而外骨消，然后入山林，观天性；形躯至矣，然后成见鐻，然后加手焉，不然则已。则以天合天，器之所以疑神者，其是与！

自郭象始，几乎所有的庄学家都把“以天合天”中的第一个“天”解释为排除了一切外界因素干扰的梓庆的宁静心境，把第二个“天”界定为似乎已经包含了钟架形状的树木的天性。二者的天性合为一体，这与前面提到的指与物化似乎很相像，做出疑是鬼斧神工的钟架的诀窍在于，让自己的天性与自然界中的事物的天性达到和谐共鸣。以同一个“天”字来指涉这两方面，暗含着人类与自然没有被分立起来之义。这是传统上对“以天合天”的诠释。

---

① Heidegger. Contributions to Philosophy：355/505.

② Heidegger. Four Seminars. trans. Andrew Mitchel et al. Bloomington & Indianapolis：Indiana University Press，2003：60.

我们知道，1960 年海德格尔在不来梅举办的“语词与意象”研讨课上把《庄子》中的这则故事作为准备阅读材料之一。遵循海德格尔哲学的路线，人们可以提出另外一种诠释。珀格勒在猜测海德格尔何以对这则故事表现出特别的兴趣之时，曾提及狄尔泰对他的影响。根据狄尔泰，形式是从质料中出现的，而质料则总是以某种方式已经包含了形式，并以此试图修正传统的形式—质料模式。珀格勒认为海德格尔接受了这种诠释学的转向，并在 1960 年的研讨课上借用庄子的故事来加以阐发：梓庆师傅找到了“已经含有要做出来的钟架的那棵树，因此质料与形式得以在完成的艺术作品中完全合一”①。根据这条诠释线索，形式（即钟架）包含在质料（即树）之中，这也就意味着形式并非外在地强加在质料之上。因而，以天合天的意思就是钟架的形式与质料的天然合一。然而，笔者以为，在借用西方哲学传统的形式—质料来解释海德格尔哲学时，应当注意，对于他来说，形式总是具有优先性，这一点与他的存有论区分思想相一致。尽管海德格尔有所谓的存有与存有者之二重甚至是融合的话语，他总是同时又强调这样的融合以首先经验到、思想透二者的区分为前提。在《物》一文中，海德格尔称陶罐绝非由于它被艺人从陶土中做出来而成其所是：“陶罐并非由于是被制作出来的才是一个容器，毋宁说，由于它就这种持存的容器，陶罐才必须被制作出来。”② 这种准柏拉图式的形式事先决定了如何制作陶罐。因此，笔者不能接受珀格勒的说法。海德格尔在什么程度上接受了狄尔泰的形式—质料观是一个值得商榷的问题，他不仅对具体的艺术创作过程避而不论，还忽略了质料（或者说物）最为根本性的作用。

与此相反，梓庆师傅给予“物”以优先性，只是在遗忘自我所有的前见，与物为一地去观察山林中各种事物变化多端的“天性形躯”之后他才见到钟架，注意，在《庄子》的原文中，并没有诸如（钟架的）“形状”“意象”“形式”“图案”之类的词语，也即没有形式与质料的区分。我们不能把“成镰”解释为仅仅是西方哲学中的形式。梓庆师傅之所以能够见到“成镰”是因为观察出某种树木与某种样态的钟架之间的关联性。没有先见到适宜的树林，他不可能预先（即在制作之前）有某种钟架的样子浮

① Otto Pöggeler. The Paths of Heidegger's Life and Thought. trans. J. Bailiff. Amherst NY：Humanity Books，1998：274.

② Heidegger. The Thing//Poetry，Language，Thought. edited by A. Hofstadter. New York：Harper，1975：166.

现在眼前。

笔者兹提出第三种诠释路线：我们应当想到，钟架是用来悬挂编钟的，在庄子的时代，也即公元前三四世纪，具有不同音调的钟组成一套编钟，主要是在宗教仪式或贵族的宴饮上演奏。迄今为止所出土的最大的编钟是战国时期的曾侯乙墓编钟，它总共由65个钟组成，共分为三层八组，有立柱和横木。因此，要做一个具有一定规模的钟架，梓庆所需要的不止一棵树，而是好些树。尤为重要的是，根据编纂于公元前五世纪的《考工记》，钟架所雕刻的形状应当与钟所发出的声调相谐和一致。对于声调洪伟而低沉的钟，应配以虎豹等大兽；而对于声调清亮悠远的钟，则应配以长颈尖喙的仙鹤等鸟类。其他的可发声的小虫类也可以雕刻出来作为装饰[①]。宗白华（1897—1986）曾经引用《考工记》中的这则记录来说明中国艺术中虚与实互补的道理：

> 在鼓下面安放着虎豹等猛兽，使人听到鼓声，同时看见虎豹的形状，两方面在脑中虚构结合，就好像是虎豹在吼叫一样。这样一方面木雕的虎豹显得更有生气，而鼓声也形象化了，格外有情味，整个艺术品的感动力量就增加了一倍。在这里艺术家创造的形象是“实”，引起我们的想象是“虚”，由形象产生的意象境界就是虚实的结合。[②]

宗白华援用西方美学范畴区分了人的“主观”想象与“客观”的形状与音调。而笔者运用这则记录旨在说明钟架的不同部分与钟所发出的声音相生相和，我们所关心的皆是“实”，而实中已经有“虚”，虚并非只存在于人的大脑之中，虚实的交互应当在演奏钟乐的整个过程中来加以领会，而不能只是把钟架作为欣赏的“对象”。换言之，笔者不主张像宗白华那样（依据西方古典美学）把可见的东西设定为“实”，把不可见的东西设定为“虚”，事先预设出明确的虚实之分。所谓的“虚”与“实”在中国传统艺术中皆是相互渗透的，唯有通过“实”的具身的（embodied）演奏，才能传达出“虚”的音乐。在演奏编钟的时候，一般都会有舞蹈相伴，或者演奏者本人一边演奏，一边随着音乐的节奏载歌载舞[③]。因而在出土的编钟上我们有时也会看到雕刻有翩翩起舞的人物或鸟类。

梓庆在山林里所观察到的应当并不仅仅像多数庄学家所想当然的只是

---

① 戴吾三. 考工记图说. 济南：山东画报出版社，2003：70. 参看71、72页上的图形。

② 宗白华. 美学散步. 上海：上海人民出版社，1981：66-67.

③ 《考工记图说》116页提供了一幅战国青铜器上的钟磬乐舞形象。

各具特色的树木，他同时也在观察鸟兽的体态姿势，时或歇息、时或奔腾，倾听虎啸豹吼、莺啼燕啭，别有一番滋味。他需要做出好些雕刻着鸟兽形象的立柱和横木来做钟架，也许他对乐理舞姿还略懂一二；总而言之，艺术创作是一个综合的过程，需要多方面的才能或知识。因此，以天合天最为首要的蕴含是让钟架上不同部位的雕像交相辉映，并且也与钟所发出的音调和谐。注意，在“以天合天”一语之前，“天”字已经出现在“天性形躯”之中，而梓庆经过长时间的斋戒，已然忘我，摒除了外界的一切干扰，才来到山林中对事物进行观察，他并没有事先就确定想要刻出什么形象然后来寻找所谓的“质料”。他的观察没有固定的出发点，他观察一切事物，同时考虑它们是否匹配，不断地比较、筛选、排除，最终发现某种鸟兽动姿与某段树木相为匹配，此乃“然后成见鐻”，他看到了现成的钟架的样子，这里没有形式与质料的区分，而是某种合适的用动物形象雕刻的整个钟架浮现在眼前。其制作过程则是“然后加手焉”，即对钟架的加工是辅助性的，是帮助那已成形的钟架最终完成。“不然则已”，如果没有找到彼此相配的形象与树木，没有发现适宜的钟架，他就不会勉为其难。

从这样的以天合天的思想出发，笔者将尝试对西湖十景之一——著名的苏堤春晓——做出全新的诠释，并将这种诠释与海德格尔对古希腊神庙的描绘进行对比。古往今来，杭州西湖美景为人赞不绝口。苏轼曾两度任职于杭州，分别是1071—1074年以及1089—1091年。他有若干首为西湖而作的诗歌，其中最有名的是：

> 水光潋滟晴方好，山色空蒙雨亦奇。
> 欲把西湖比西子，淡妆浓抹总相宜。①

在那时，官府禁止在西湖渔猎，并且把它设为鱼鳖放生之所。苏轼有诗云：

> 放生鱼鳖逐人来，无主荷花到处开。
> 水枕能令山俯仰，风船解与月徘徊。②

在1089年苏轼再度来到杭州之时，西湖由于长年不治，将近一半的湖面被葑草堙塞，隐患丛生，妨碍了运河通航和农田灌溉，百姓的生计受

① 饮湖上初晴后雨//苏轼诗集：第二册．北京：中华书局，1982：420.

② 望湖楼醉书//苏轼诗集：第二册．北京：中华书局，1982：340.

到影响。在给宋哲宗的《乞开杭州西湖状》中，苏轼列举了五条疏浚西湖的理由，并且说："杭州之有西湖，如人之有眉目，盖不可废也…… 使杭州而无西湖，如人去其眉目，岂复为人乎?"①《乞开杭州西湖状》是第一份使用"西湖"这个名称的官方文件。

在朝廷的支持下，苏轼动用了20万民工来进行这项水利建设。他疏浚了运河，修建了水闸，同时他发现西湖南北三十里，没有桥梁或者道路可通，往来不便。于是他利用从西湖里疏浚出来的葑田和淤泥在西湖的西侧筑了一条由南往北的长堤，这样不但解决了清理出来的东西无处投放的问题，也为百姓提供了便利。堤总长约2 800米，宽30米～40米，堤上共有六座石拱桥，每座桥都有一个诗意的名字，自南向北依次是："映波""锁澜""望山""压堤""东浦""跨虹"等。堤上还遍植杨柳和芙蓉，一来可以美化环境，二来它们的根可以巩固堤岸，可谓一举多得。长堤的建成改善了旱涝的问题，当时有诗云："乃与徒役开西湖，狭者使广塞者除。溉田不知几万夫，其田立变为膏腴。世世可知无旱枯，吴人衣食常有余。"② 长堤为人们的出行提供了方便，并且，它曲折优美的线条给西湖平添了几多风韵。

当春之际，如果人们清晨在堤上散步，可以聆听到黄鹂宛转，感受到微风徐徐拂面而来，远可观双峰插云和雷峰保俶二塔，近可赏青红淡绿、水波粼粼，倘若从远处眺望长堤，但见堤上杨柳笼纱、六桥逶迤，西湖似乎刚从睡梦中醒来。从物的角度来看，则飞鸟、花簇、佛塔、山丘相互增色、相互构成景致，它们时而也在观看人，而人自身也构成了美景的一分子。明朝杨周赞美苏堤之美有诗云："柳暗花明春正好，重湖雾散分林鸟。何处黄鹂破暝烟，一声啼过苏堤晓。"

为了纪念苏轼，杭州人把这条长堤称为苏公堤，简称苏堤③，而苏堤春晓则成了西湖十景之最。当西湖在2011年被列为联合国教科文组织世界文化遗产时，对它的赞誉是体现了"人与自然的天然融合"。西湖十景对以西方为中心的界定艺术作品的方式提出了挑战。我们不可能仅只是择出其中的人工部分，例如长堤与六桥，作为艺术作品的组成因素。长堤与六桥并未"开启一个世界"或"把大地带向前来"，长堤本来是由从湖里

① 苏轼文集：第二册. 北京：中华书局，1986：864.

② 雷艳平. 苏轼园林思想初探. 三苏祠，2009 (1).

③ 苏辙记："……堤成，植芙蓉杨柳其上，望之如图画，杭人名之苏公堤"（栾城集 · 亡兄子瞻端明墓志铭. 曾枣庄，马德富，校点. 上海：上海古籍出版社，1987)。

疏浚出来的葑田和淤泥因地制宜而筑成的，我们不可能沿着海德格尔的路线说，葑田和淤泥（犹如筑起古希腊神庙的巨石一样）因用于这个建筑而真正地成其为葑田和淤泥。六桥是由石头建成的，然而石头的特性并非局限在用作建筑材料。海德格尔认为，石头没有自己的世界，而根据道家思想，万物自有其理，自有其生命，自有其世界。在中国传统书画中，石头图是其中一个主题，苏轼就画过若干幅《怪石图》。石头不能仅被视为制造他物的质料，而应当如同筑成长堤的葑田和淤泥，以及梓庆所择选来制成钟架的树木以及动物形象一样，皆是顺应事物之理，以天合天，物因天成。海德格尔说：

> 神庙由于建立一个世界，它并没有使质料（Stoff；material）消失，倒是让质料首次出现，而且使它出现在作品之世界的敞开领域之中：岩石能够承载与持守，并因此而成其为岩石……①

从海德格尔的叙述中，我们可以清晰地看出物作为使用上手在他的思想中根深蒂固。尽管他声称在器具中，例如一把石斧，石头的特性消失在其有用性中；而唯有在作品中，岩石本身的特性，例如承载与持守，才能明显地体现出来。但是，这些特性难道不都是围绕有用性来界定的吗？正如鞋具的有用性——或者说其使用上手的本质性存有——是在它不被使用时在一幅艺术作品中凸现，岩石之所以能够显现出来成为岩石，难道不是基于其承载与持守的特性从而对建筑神庙的有用性吗？此外，海德格尔似乎预设了一种先在规定好的形式—质料模式，质料总是受制于形式，它本身没有独立的存在，而需要在形式之中被带向前来。

我们知道，后期海德格尔偶或讨论四元之间的相互游戏。在《艺术作品之起源》中，他曾提及大地所承载的存有者之间的“交互和谐”，但他立刻补充道：“这种交汇并没有使界限模糊”；此外，他令人难以捉摸地谈到自我闭锁的大地的这些组成因素之间“不了解彼此”②。它们作为一个全体与大地联结在一起，只能同时在其仍有遮蔽之中得以揭蔽。每一个组成因素自身是没有意义的，因而不具备与其他组成因素交流的能力，它必须依靠艺术作品一蹴而就的开辟性揭示/疏朗而得到揭蔽。这意味着，在组成艺术作品的“物”之间缺乏真正的沟通以及相互转化的可能性，海德格尔所谓的“交互和谐”是外在的，只有“交互”的姿态。正是由于海德

① Heidegger. The Origin of the Work of Art：24/32.

② 同①25/33.

格尔的某些措辞表面上看起来颇有些道家风范，因此我们在从事比较研究之时才需要格外地谨慎，我们应当首先在海德格尔哲学的语境中精当地理解这些措辞的本义，而不是未加以严密的考证与分析便立即跳跃到某种大而无当的结论中。

而当我们把目光转向西湖，我们看到，不仅长堤、六桥与用来建成它们的物之间没有形式与质料的严格区分，并且苏堤春晓的景致与其他景象之间更是交相生辉，相映成趣。如果没有环绕四周的湖光山色，六桥会空负其名。此外，苏堤不是像神庙那般倨傲在上，俯视他人，而是匍匐于游人过客的脚下，如此地谦卑，以至于人们几乎可以完全忘记它的存在而沉醉于美景之中。古希腊神庙孤独地耸立在那里，成为一切景象的中心，以其庞大宏伟而使其背景存有者变得微不足道，以其过往神祇的幽灵威慑着游人的灵魂。与此相反，苏堤与西湖的其他景致在四季交替中永远都展示出千变万化的迷人风光，它随时都可以迎接、承纳游人，引导着他们从不同的角度来欣赏西湖，使人在不知不觉之中吟咏起苏东坡的名句妙词，缅怀那位保留了西湖、令西湖之美锦上添花的天才诗人与开拓者。直至今日，在杭州三百多座寺庙中，仍然留存着镌刻着苏轼诗词的立柱或石碑。

在苏堤春晓的景致中，没有世界与大地、形式与质料、人与自然、艺术作品与器具的严格区分，最后这一点是因为苏堤同时是水利设施（器具），亦是一件艺术作品。

九、朝向一种道家式的艺术作品存有论

海德格尔《艺术作品之起源》的多数西方读者都追随了其著名评论者德雷弗斯的解读，实行所谓智性的转向（intellectual turn），以艺术作品“开启一个世界”的存有论“功能”来界定它①。然而，他们几乎都忽略了海德格尔最为看重的历史性向度。他写作《艺术作品之起源》的宗旨在于重振艺术作品，在于让艺术为此在（也即 20 世纪 30 年代的德国民族）实现其历史命运、站到其本真性之中而起作用（动词意义上的 werken，与作品 Werk 相呼应）。这一面相在《艺术作品之起源》的第一版中最为

① Hubert L. Dreyfus. Heidegger's Ontology of Art//A Companion to Heidegger, eds. Hubert L. Dreyfus, Mark A. Wrathall. Oxford: Blackwell, 2005: 407-419.

突出。在文章伊始，海德格尔即指出：“唯一（das Eine）要紧的是：为我们的此在与艺术之间一种转化的基本关系而做准备。”① 艺术作品在其历史性向度中所开启的世界是古代希腊世界，德意志民族与之具有一种血肉相连的关系。当诸神已然消逝，一件艺术作品就不再是作品，而变成了“仅仅是一样物事”（a mere thing）。海德格尔认为，“［所谓的］史前艺术不存在，因为历史是随着艺术而发轫的，而具有历史性的艺术只能是或否”②。也即，历史性与艺术是双生子，艺术诞生之际即是历史性的艺术。没有“艺术本身”这种东西。艺术作为存有—历史意义上的“起源”是“真理进入存有、历史性地生成的一种鲜明的途径”③。如果我们忽略海德格尔艺术哲思中的这一面相，诸如德雷弗斯等解读者当然会把其艺术作品存有论中性化，把它视为一种可以不加修改地运用于不同纪元的纯粹的智性模式。

暂时抛开海德格尔哲学的历史性向度，我们可以看到他的一个中心前设是艺术作品所从属的是一个与日常生活具有深渊般的区别的独特的境域。由于海德格尔把为人所用的器具当作物的典范，而艺术作品则与服务于人类实用目的的器具大相径庭，那么艺术作品作为一种特殊的物就必得远离常俗的物的范域。只有当物，例如鞋具，从它在日常生活中的“为了作”的有用性链条中摆脱出来，它作为使用上手的真理，以及农妇的世界的真理，才能在一件艺术作品之中得以揭蔽。同样，古希腊神庙必得孤独地突兀地耸立在那里，从而照亮了用来修建它的质料以及环绕四围的存有者。

对于海德格尔而言，艺术作品是一种独特的“物”——或者说是一种“无”的运动，即对存有者的否定，这与西方艺术理论传统一脉相承，即艺术使事物脱离于其在生活场景中的嵌植而在静态的细节中被真实地表象出来。法国汉学家余连曾在《不可能的裸体》中深刻地阐明何以西方绘画中人的裸体总是占据中心位置，而背景的一切都居于次要地位④。他认为这是因为唯有涉及人才有裸体，裸体的概念不适用于其他生物。人的服饰

① Heidegger. On the Origin of the Work of Art：First Version：130/149. 着重号来自原文。

② 同①149/168.

③ Heidegger. The Origin of the Work of Art：49/66.

④ Francois Jullien. The Impossible Nude：Chinese Art and Western Aesthetics. trans. Maev de la Guardia. Chicago：University of Chicago Press，2007：65－67. 有意思的是，余连著作的英文版增加的副标题把中国“艺术”与西方“美学”相提并论。难道这意味着西方没有艺术，而只有“感性学”（此乃“美学”的字面意义）吗？

可以表示出其社会地位，也即与他人的关系；没有服饰的裸体使得人从一切社会关系中脱离出来，并且绘画中的裸体与作为其背景的自然风光通常也缺乏应和的关系，甚至什么背景也没有。相反，中国思想重视人在社会中的地位，这种思想逻辑使得中国绘画中不可能出现裸体。

杜尚意图使艺术作品“服务于思想”，通过为物体创造出一种前所未有的新思想来创作艺术作品①，这影响到后来概念艺术的发展，并与海德格尔式的智性转向具有异曲同工之妙。促使这种智性转向的背景不仅有20世纪初对于从人的趣味来解释艺术作品的普遍不满，还有海德格尔抵制康德主观主义美学把艺术作品的创作解释为“以自我为主的主体之天赋的产物”②。大概是出于这个原因，海德格尔竭力回避从艺术家的方面来阐释艺术，不断地强调哲学家应当关注的是作品本身，而非有关作品的具体创作过程。不过在1923年，海德格尔曾经对凡·高这位艺术家评论道：

> 文森特·凡·高……在追寻他自己的此在…… 发生了什么呢？他工作着，似乎从他的身体中把图画攫取［riß］出来，并且在与他的此在的对抗中发疯了。③

如此看来，倘若海德格尔思及艺术家的方面，那么也会类似康德那样把艺术家视作远离了与物的原初的相交汇、相谐和的关系的特殊的天才，他必须把自己从内到外掏空以获得其创造性，借以证明人是能够为真理代言的唯一的精灵。海德格尔曾说，唯有人才具有可以书写的手；对他而言，应当也是唯有人才具有可以绘画的手。然而，将天才与疯狂相联系却给后康德的西方艺术哲学蒙上了一层令人不安的阴影④。

此处可以重新回顾道家以天合天的思想，它至少有两个层面的意蕴：第一层意蕴大多数中国艺术理论研究者已经关注到：艺术家和他/她所共同工作的物之间的关系。由于物的原型是一个有生之物，艺术家不是中性地去表象事物，不是与物拉开距离，或是使物从其生活形式中抽离出来，而是通过忘我来与物合一。例如我们所看到的文同竟然化身为他所画的竹

---

① The Essential Writings Works of Marcel Duchamp. eds. Marchand du Sel, Salt Seller. London: Thames and Hudson, 1975: 125.

② Heidegger. The Origin of the Work of Art: 48/63-64.

③ Heidegger. Ontology: The Hermeneutics of Facticity. Bloomington & Indianapolis: Indiana University Press, 1999: 26-27.

④ Cf. Thierry de Duve. Kant after Duchamp. Cambridge: The MIT Press, 1996: 316-320.

子。物不是以各种方式服务于人类的使用上手的东西，而是各自具备其天理，与艺术家为伍。文同把竹子称为“墨君”，他还延请苏轼写文章来赞颂墨君的品德①；而同是宋代的米芾则把石头呼为“石兄”。具有很高造诣的艺术家都善于从物的角度、从物自身的理出发来观看事物。

与此相比，海德格尔的准实用主义的物观仍然是人类中心主义的。在《存有与时间》中，我们难以找到能够容纳嵌植在日常生活中的与物相游的实际艺术活动的空间。海德格尔的哲学缺乏从日常生活出发来考察艺术实践的思想资源，它根本不可能使我们把解牛之术视为体现了道的艺术。而对于中国艺术来说，我们不可能从多姿多彩的与物融合为一的作为人类生活形式的艺术活动中把某一“作品”孤立出来，从而建构起某种独立的“艺术存有论”。指与物化生动地说明了在艺术创作中这种与物交融的程度；艺术与生活是接续相连、不可分割的。人们甚至可以把庖丁解牛所发出的声响与古代圣人所制出的音乐一视同仁，而庖丁娴熟的解牛动作亦被视为符合音律的舞蹈。以天合天不仅道出了艺术的真理，它也适用于诸如医药、养生、烹饪甚至军事、政治等广泛的人类活动领域。正是因为艺术不属于某个独立的特殊领域，人们不用去考虑把艺术从平常之物中“拯救”出来的必要。因此，在20世纪初西方思潮涌入中国之前，中国艺术家从来不必为“艺术之死”而焦虑。

以天合天的第二层意蕴指涉艺术作品中不同部分之间的协调一致。在梓庆为鐻的故事中，我们看到编钟所产生的音乐与钟架上的雕像之间，以及与演奏钟乐时的舞姿之间的相得益彰，像这样的“一件”艺术作品包含了若干在西方被划分为不同领域（视觉艺术、听觉艺术、表演艺术）的艺术类型。因此，严格地说，在中国古代艺术中从来就谈不上一件艺术作品，而是你呼我应、相生相发的多种作品所构成的连续体，宛若展开的长轴一般，一件一件的作品逐步展现出来，而随着新的作品进入视野，我们对“整个”作品又获得了不同的立场与认识。根据不同的情境，作品时或是一、时或是多。在“一幅”绘画中，既有书法写上的诗歌、题词，亦有篆刻、落款，正如西湖十景交相辉映、风韵无穷。笔者对于中国传统艺术存有论的这种概括可以很好地说明何以在中国艺术中不同类型的艺术之间没有严格的界限，这一点早已被艺术史家确定为中国艺术的一大特色，不

① 参看苏轼《墨君堂记》：“独王子猷谓竹君，天下从而君之无异辞。今与可又能以墨象君之形容，作堂以居君，而属余为文，以颂君德，则与可之于君，信厚矣。”

过，这尚未从存有论的角度出发得到论理周密的阐发。

即使是同一幅绘画中的图像因素之间亦不乏交流对话。中国绘画的一个技巧是画上一个小人来点景，用以增强画面的气氛，而绝非主宰画面。根据编纂于明代的《芥子园画传》，人与山水之间应当有相互应和的关系："人似看山，山亦俯而视人。"[①] 并且，物与物之间亦存在某种应和、关注的默契："琴似听月，月亦似静而听琴。"这种多重的观看、倾听的关系可能会如此感动画外的观者，以至于他/她恨不能即刻跃入画中以己身替换画中的观者、听者。

正是依据中国传统艺术精神中各种因素交互渗透的多元的艺术作品观，当代中国艺术家徐冰于 2010 年在波士顿美术馆举办名为《新墨》的展览中展示了他创作的长幅《芥子园山水卷》。他把《芥子园画传》中各处作为示范的小型山水、石头图案，以及这些图案旁边的指点文字一起按照一整幅长卷的布局组合在一起。图案之间构成彼此呼应、关注的联系，这也符合中国传统山水画中没有某个固定的视角，而是多个视角的特征，换言之，不是焦点透视，而是散点透视。当人观赏这样一幅画时，似乎观者本人正游移于山水之间，从而获得不同的视角。这于西湖十景亦是同样的情况。

在关于当代中国艺术的评论中，人们常常着重于当代中国艺术家对西方艺术媒介的挪用，而很少论及可以追溯于道家传统的思想理念（当然，这与 20 世纪八九十年代许多中国艺术家偏重于借鉴西方不无关系）。因而，本章的意义不仅仅在于阐解道家思想可以如何以其不同的洞见而对海德格尔艺术哲思提出挑战，而且也在于通过阐明二者的重要差异，使我们可以更加清楚地看到当代中国艺术实践与理论建设如何能够从传统中汲取思想资源，推陈出新。

---

① 芥子园画传：第一卷. 2 版. 北京：人民美术出版社，1978：209.

第三部分

思之前瞻

——全球化境遇中哲学的新天地

第九章　海德格尔与黑格尔关于非性（Negativität）概念的交涉

早在其思想道路的开端，海德格尔就关注到黑格尔哲学的重要性。在1915年的一篇文章中，他讲道：黑格尔的哲学涵括了“一种最为完备、最有深度、概念化最强、经验最为丰富的历史性的世界观体系，由此，它消解并超越了之前所有的哲学基本问题”，哲学最为艰巨的任务即是与黑格尔哲学展开“根本性的交涉”（prinzipiellen Auseinandersetzung）①。虽然海德格尔从未写作过可以与《康德与形上学》以及四卷《尼采》相媲美的关于黑格尔的系统完整的巨著，但除了在《存有与时间》中讨论黑格尔关于时间与精神之关系的思想之外，在其教学中他多次讲授过黑格尔的原著，撰写过不少相关的论文或手稿。

1929年，海德格尔在弗莱堡大学教授了关于德国观念论的课程，其中包括费希特、谢林与黑格尔②；与此同时还开设了一门讨论黑格尔的《精神现象学》“前言”的研讨课③。1930—1931年，海德格尔讲授了关于黑格尔的《精神现象学》的课程，着力于阐解A、B部分④。之后又开设过三次关于《精神现象学》的研讨课⑤。1933—1934年的一个课程原本意在与黑格尔进行交涉⑥。1934—1935年，举办了关于黑格尔《法哲学原理》的研讨课⑦。在1938—1939年、1941年，他写作了《非性：从非性

① GA 1. Frühe Schriften，1978：410-411.

② GA 28. Der deutsche Idealismus（Fichte，Schelling，Hegel）und die philosophische Problemlage der Gegenwart，1997.

③ GA 86. Seminare：Hegel—Schelling，2011.

④ GA 32. Hegels Phänomenologie des Geistes，1980.

⑤ 这些研讨课的内容皆收录于GA 86。

⑥ GA 36/37. Sein und Wahrheit.

⑦ Heidegger. On Hegel's Philosophy of Right：The 1934—1935 Seminar and Interpretive Essays. trans. Andrew J. Mitchell. New York，London，New Delhi，Sydney：Bloomsbury，2014. 此文稿的英文译者没有给出德文原稿的出处。

出发来与黑格尔交涉》；在 1942 年，他写作了《黑格尔〈精神现象学〉导言之阐解》。海德格尔把这两份文本放在一起，题为《黑格尔》，安排为《海德格尔全集》第 68 卷。这卷于 1993 年面世，是继《哲学献文》在 1989 年出版之后的第二部归于《海德格尔全集》第三部分"未刊论著：致辞——思索"的海德格尔著述①。之后不久，海德格尔又根据 1942—1943 年的研讨课写作了《黑格尔的经验概念》，收入《林中路》②。1957 年的《形上学的存有—神学构成》亦是海德格尔著述中的名篇，它是在讨论黑格尔的《逻辑学》的一次研讨课的基础上写成的。此外还有收入《路标》的 1958 年的演讲《黑格尔与希腊人》③。

本章在解读作于 20 世纪 30 年代末 40 年代初的《非性：从非性出发来与黑格尔交涉》(*Die Negativität. Eine Auseinandersetzung mit Hegel aus dem Ansatz in der Negativität*，下文简称《非性》) 这份手稿的基础上，着力探讨海德格尔与黑格尔关于非性概念的交涉，厘清二者对于非性概念的理解的根本性歧异。从这份手稿的写作风格来看，它似乎是为某次演讲所作的准备，然而没有记录表明它曾经被公开宣读过。这份手稿不少部分仅是断言只字，缺乏一篇文章的清晰性与完整性，或许由于这种晦涩含混、语焉不详，它很少为学者们所关注、讨论。美国学者达尔斯卓姆 (Daniel O. Dahlstrom) 在为《黑格尔指南》所作的专文中对这份手稿做了初步的探讨，在其结论部分，他认为：

> 海德格尔称非性起源于原初之无 (primordial nothingness)，但他对这一论点的解释却——说得最好——尚未发展出来。至少在这些文字中，他对思考原初之无意味着什么的解释在大多数情况下并不比黑格尔在其《逻辑学》的开篇对无的思考更为明确。④

确然，海德格尔的手稿缺乏清晰性与完整性，然而，这并不意味着我们对其思想根本不能够领会。尽管他没有对非性概念做出系统的解释，但

---

① GA 68. Hegel：1. Die Negativität. Eine Auseinandersetzung mit Hegel aus dem Ansatz in der Negativität，1938/1939，1941：3-61，2. Erläuterung der «Einleitung» zu Hegels «Phänomenologie des Geistes»，1942：65-150. Frankfurt am Main：Vittorio Klostermann，1993.

② GA 5. Holzwege，1977.

③ GA 9. Wegmarken，1976.

④ Daniel O. Dahlstrom. Thinking of Nothing：Heidegger's Criticism of Hegel's Conception of Negativity//A Companion to Hegel. eds. Stephen Houlgate，Michael Bauer. Oxford：Blackwell，2011：531.

他的思想绝对不比黑格尔缺少严谨性与深邃性，至少，他关于非性的话语比起达尔斯卓姆的断定来说是丰富、深刻而具有条理性的。我们将在某些情况下运用诠释学的良善原则，从海德格尔本人的哲思出发，结合他在写作这份手稿的同期或前后期的著述来构建起他关于非性的一种较为圆熟的话语。

本章首先对海德格尔关于无的问题的经典名篇《什么是形上学?》做一简要概观，阐明无的问题与他所追问的存有的问题的内在关联，初步展示无的问题在其独具特色的无的形上学（me-ontology）中所具有的意义。之后剖析海德格尔诘难黑格尔的主要动机，他认为，非性在黑格尔的理念主义哲学中提供了绝对实在实现自身的动力①，然而，黑格尔没有探究非性本身、非性的起源等问题。接着，本章根据其哲学的发展脉络，揭示海德格尔本人对于非性问题的思考。笔者认为，在《非性》一文中，海德格尔试图发展出一种全新的非性概念，一种作为本源性的、历史性的“无”的非性，非性之起源即是深渊一般的疏朗之境的绽开。非性的根本性意味着存有的无基础性，而恰是这种无基础性构成了存有之本质。

此处解释一下术语的翻译问题。本章将延用把 das Nichts 翻译为“无”、把 Negation 翻译为“否定”的通例。《说文解字》对“否”的解释是：“否，不也。从不从口，方九切。”②徐锴认为：“不可之意见于言，故从口。”因此，“否”可以表达于语言、话语；逻辑上的否定意义也见于思想层面，它是对一个命题、对某项特定内容的否定。我们可以留意这层特殊的含义。

Negativität 一般翻译为“否定性”，然而笔者认为，海德格尔对这个词语的用法比较特殊，它意味着本源性的、与存-有（Seyn）相属的 Negativität，而非一般意义上的表示否定性质的词语。因此，可以考虑借用另外一个中文词——“非”——来翻译 Negativität。《说文解字》对“非”的解释是：“非：违也。从飞下翄，取其相背。凡非之属皆从非。甫微切。”根据段玉裁的解释：“翄垂则有相背之象”。鸟儿的双翅展开之际方向相背，与此同时，这一对翅膀依旧在同一只鸟身上。这恰好呼应于海德格尔经常强调的 Negativität 与 Seyn 既相区别而又“同一”的思想。因

① idealismus 通常被翻译为“观念论”，但这个翻译的不利之处是：观念易于被视为属于人的主观观念，而与柏拉图的 idea 相呼应的理念则在其本质上是客观的，这种客观性尤其符合黑格尔的 idee 的意蕴。

② 本章对《说文解字》的参考依据的是字典通网站（http://www.zidiantong/jiezi）。

此，本章把 Negativität 翻译为“非性”①。

补充说明一下，本章的主要论点不在于如何翻译 Negativität，在黑格尔哲学的语境中把它翻译为“否定性”应当是适用的。然而，考虑到海德格尔试图表述一种本源性的、为所有的否定活动及其话语之根源的、与存-有（Seyn）相属的 Negativität，那么，仍然翻译为“否定性”似乎已不足以表述出此种特别意涵，在此情况下，我们需要扩大翻译语汇，把 Negativität 翻译为“非性”。此外，“非”在此语境中不是作为“是”的反义词来使用的，所强调的并非“非”作为系词“是”的否定词的语法意谓。笔者并不主张把 Sein 全部都翻译为“是”，当然也并非主张把所有语境中的 Negativität 全部都翻译为“非性”。

一、“存有”与“无”（das Nichts）之交缠：对佛教的抵制

“无”是西方哲学史上的一个重要概念，不过，“无”一直都是相对于“存有”（即有）来理解的。1929 年 7 月 24 日在弗莱堡大学发表的就职演说《什么是形上学?》中，海德格尔提出，要把“无”的问题作为形上学的中心问题来进行探讨。这篇文章是当时一些西方学者认为海德格尔是一位虚无主义者的主要依据。

首先应当明确的是，海德格尔的立场绝非虚无主义，亦非简单化的对抗虚无主义。他认为，克服尼采以来盛行的虚无主义唯一有效的途径是思入、思透虚无主义的前因后果。存有的新转向不在于期望虚无主义运动进入一个不同的阶段，人们必须从虚无主义内部探求其本质，存有转向的可能性恰恰隐藏在虚无主义的界域之中，这是因为虚无主义之所以遗忘存有，恰恰是出自存有的本质。思想与作诗必须返回到它们的起源之地，为它们最终能够栖居在存有之本质的界域做好准备。为此，它们必须建立引向形上学之复兴的道路，而在形上学之复兴的同时，虚无主义即被克服②。

---

① 有趣的是，中文里的否定词“不”原本也跟鸟有关，《说文解字》这样解释道：“不，鸟飞上翔不下来也。从一，一犹天也。象形，凡不之属皆从不，方九切。”根据段玉裁的解释，“不”“像鸟飞去而见其翅尾形”。鸟翔于天，与人相背，既非“现成在手”，亦不可“使用上手”，而是根本地退却，这颇具形上学的意味。

② Heidegger. Zur Seinsfrage：1955//Wegmarken. GA 9：424. On the Question of Being//Pathmarks. Cambridge：Cambridge University Press，1998：321.

对无的思考是海德格尔探究存有问题不可分割的一部分，他似乎并没有违背把存有本身当作中心问题的西方哲学的第一启始。与传统形上学思想不同的是，海德格尔认为存有与无并不是绝对地对立或互为补充的两个概念，而在其本质上是同一回事，这是因为他提出了对存有的新的理解。他写道："无不是存有者的相反概念，而是从起源上相属于存有者本源性的绽开。无之无化发生于存有者的存有之中。"① 无使得存有之自身揭蔽成为可能，它在存有之根源处起着作用。在海德格尔看来，我们可以说黑格尔在其《逻辑学》开篇的一句论断中在某种程度上表达出对于存有与无之间的这种交缠关系："纯粹的存有与纯粹的无是同一的"（Das reine Sein und das reine Nichts ist also dasselbe）②。对黑格尔而言，纯粹的存有与纯粹的无任何一方都不是真理，都不是重要的。存有与无不相分离，亦是不可分离的；同时，二者也是相互区别的，但这种区分不是绝对的，当人们说它们是同一之时，其区分即刻自我消解。黑格尔称这种使存有转化为无、使无转化为存有的辩证运动为"变易"。"纯粹的存有与纯粹的无是同一的"这句论断有一个小节标题，即："变易：a. 存有与无的统一性"（Werden a. Einheit des Seins und Nichts）③。注意，黑格尔把存有与无的关系描述为"统一"，而海德格尔则把其关系描述为彼此相属、彼此交缠的关系。

海德格尔认为黑格尔为我们提供了存有与无之间的同一关系的一种朦胧的提示。然而，存有与无之同一并不是因为它们具有同样的非规定性、同样的非中介性，而是因为"存有自身在其本质上是有限的，它只是在伸张到无的此在之超越性中显现自身"④。此外，海德格尔赋予无另外一层内涵：无蕴含着无化运动，它使得存有者从有变成无，但这并不意味着存有者被摧毁了，无化运动是本成事件的前导，是存有显现自身的必要途径⑤。

---

① Heidegger. Was ist Metaphysik?：1929//Wegmarken. GA 9：115. What is Metaphysics? //Pathmarks. Cambridge：Cambridge University Press，1998：91.

② Hegel. Science of Logic. trans. ed. George Di Giovanni. Cambridge University Press，2010：59. Wissenschaft der Logik. Hegel-Werke 5. Suhrkamp Taschenbuch Wissenschaft，Frankfurt am Main，1969：83. 本章中的引文所加的着重号皆来自原文。

③ 同②.

④ 同①120/95.

⑤ Heidegger. Nachwort zu "Was ist Metaphysik?" 1943//Wegmarken. GA 9：312. What is Metaphysics? //Pathmarks. Cambridge：Cambridge University Press，1998：238，注释 a.

在1943年给《什么是形上学?》所添加的后记中，海德格尔不是像1929年那样从一开始就旗帜鲜明地提出无的问题渗透了形上学的全部，而是从存有出发开始他的讨论，这种行文结构使得存有与无之间的内在关联更容易被理解与把握。他讲道：科学式的研究试图调查、解释存有者，但却永远也不能了解存有者的存有本身，这是因为存有是令任何存有者的显现成为可能的基础，它并不能为客观化的表象与解释方式所触及，在此意义上，它是“那不存有的东西”，它“作为存有而本质性地伸张着”[①]。存有与存有者具有根本性的差异，正是由于存有不是一个存有者，存有与无才彼此缠绕在一起。只有理解了存有不是一个存有者，即，不是任何存有者中的某一个，我们才能真正懂得存有。这个“不是”指示着无，指示着那敞开了存有在其中得以揭示自身的空间之无。我们应当注意，西文中的否定词“不是”(nicht)与表示无的词语(das Nichts)具有明显的词源关系，恰如存有(Sein)与系词“是”(sein)之间所具有的词源关联一样。

在1949年为《什么是形上学?》撰写的导言结束之际，海德格尔再次提出形上学的经典问题：“何以竟有存有者，而非一无所有?”并表示要以根本区别于传统形上学的方式来处理存有问题。他认为，探究存有问题应当从那不是一个存有者的东西开始，即从大写的“无”开始。无是存有的别名，它不是任何一个存有者[②]。

在《哲学献文》中，海德格尔毫不含糊地宣称，他对无的探问源起于对存有的真理的探问。他所关心的无的问题是“存-有(Seyn)自身的本质性颤动(wesentliche Erzitterung)，因此比任何存在者都更富于存在性”[③]。在所有关于无与存有之关联变幻多端的构想之中，海德格尔始终都是从西方形上学中心问题的视角来对这个问题加以审思的，并且他认为他的构想模式最为根本、最为本真地触动着存在问题。以此为思想背景，他曾经特别强调他的思想与佛教的区别。在《哲学献文》中有这样一个段落：

> 然而，对存有者的形上学式的弃绝，即对形上学的弃绝，如何在

---

① Heidegger. Nachwort zu “Was ist Metaphysik?” 1943：306/233.

② Heidegger. Einleitung zu “Was ist Metaphysik?” 1949//Wegmarken. GA 9：382. Introduction to “What is Metaphysics?” //Pathmarks. Cambridge：Cambridge University Press，1998：290.

③ Heidegger. Beiträge zur Philosophie：Vom Ereignis 1936—1938. GA 65，1989：266；Contributions to Philosophy：From Enowning. Bloomington：Indiana University Press，1999：187-188.

成为可能的同时并不俯就于“无”的侵蚀？

此-在（Da-sein）是存-有之真理的奠基活动。

人愈少地是存有者，愈少地坚持自身之为存有者，那么他就离存有愈近（这不是佛教！而是佛教的反面）。①

海德格尔在此处所讲的“无”，与他在《什么是形上学?》等著述中所讲的“无”有根本区别。后者中所讲的无，要言之，是存有本身的同义词，是存有之真理的奠基。而此处的无，则是虚无主义的代名词。在海德格尔的时代，人们通常认为对虚无主义而言，无即是空无，世界上的事物没有根基，生与死没有什么区别。这些观念是对佛教的平俗化理解。此处笔者所谓的平俗化理解指的是寻常可见的关于佛教的简单化表述，这样的简单化表述在学术研究中不能被不加分析与批评地接受。

在上述引文中，海德格尔强调他有关克服形上学的话语与对存有的真理（或曰揭蔽）的思考不能与佛教的虚无主义相等同。他所关切的是存有的真理在此在中最为基本的奠基活动，这正是海德格尔在《什么是形上学?》中关于无的讨论试图阐明的。海德格尔指出，他主张弃绝形上学、弃绝存有者，这并没有背离永恒的存有问题；相反，他的目的在于临近真理，在于勾勒出存有最为关键的特征、最为崇高的真理，即存有不是任何一个存有者。他的中心思路与佛教非但毫无共同之处，而恰恰是佛教的反面。

此处我们可以补充一点：海德格尔竭力把自己的立场与佛教思想区分开来，与此相比，黑格尔的观点则较为均衡，他认为，“空无”意义上的无是东方思想体系（尤其是佛教思想）的绝对原则。东方有谚语称：“所有的存有物在出生之时即含有死亡的因素，而死亡则是新生命之入口”，黑格尔认为这句话道出了存有与无的本质性统一，不过它同时预设着存有与无是在经验意义上的时间中相互分离的，它们之间的相互转化亦是发生在经验意义上的时间之中的，存有与无及其相互转化尚未从纯粹的抽象意义上被把握，因此，在东方思想中，存有与无尚未达到绝对的同一②。尽管黑格尔对佛教的无的理解在某种程度上局限于平俗的、普及化的版本，不过，他对东方的“空无”并不是一味地贬斥，并把它与自己的哲学体系绝对地对立起来，而是认为其中已经包含着存有与无本质性统一的思想萌芽，只是这种思想完全拘囿于经验性，尚未发展到纯粹的抽象性。

① Heidegger. Beiträge zur Philosophie：Vom Ereignis 1936—1938：170/120.

② Hegel. Hegel's Science of Logic：60/84.

二、海德格尔对黑格尔的诘难

在《什么是形上学?》以及后来增补的一些文字中，海德格尔明确地表达了存有与无相互依属的思想，提出无的问题是形上学的核心问题；而在《非性》一文中，海德格尔把 Negativität 作为一个更为宽广、更为原初的问题域来处理，从他后期发展出的奠基性词语（Grundwort）“疏朗”（Lichtung）、“深渊”（Ab-grund）等出发更加深入地来阐解非性[①]。

海德格尔首先区分了黑格尔所谓的存有与他本人所谓的本质性、历史性的存有，后者相当于黑格尔哲学中的“实在性”（Wirklichkeit），也即“作为绝对理性之表象性的存有性”[②]；而黑格尔所谓的“存有”，海德格尔则认为其相当于“对象性”（Gegenständlichkeit）。因此，黑格尔的“存有”只是对哲学经典问题之所问的存有的片面的规定性。在后来的《同一与差异》中，海德格尔认为黑格尔展示了存有从最为空洞、普遍的状态发展到完满状态（即“实在性”）的过程[③]。黑格尔在本质性的存有史上的一个贡献是把“无”与这种片面意义上的“存有”相关联起来。不过，尽管海德格尔把非性称为黑格尔哲学的基本规定性，把“实体即是主体”当作其基本原则，但他认为，非性不能从黑格尔的无的概念出发来加以把握。

达尔斯卓姆的专文中没有特地区分“无”与“非性”这两个概念，而是把它们作为同义词加以使用。他认为，海德格尔区分出至少四种关于黑格尔的非性的含义。除了“抽象的非性”与“具体的非性”（海德格尔使用了这两个术语）之外，其他两种分别是：一是脱离了任何存有者或对存有者的表象的纯粹抽象的非性（pure abstract negativity）[④]。这实际上就是

---

① 有关 Lichtung 这个术语的翻译问题，请见第四节的讨论。

② GA 68. Hegel：10-11；Hegel. trans. Joseph Arell and Niels Feuerhahn. Bloomington and Indianapolis：Indiana University Press，2015：8-9. 本章所引用的外文原著选段由笔者译出。关于 Wirklichkeit 的翻译是一个颇有争议的问题，以前常翻译为“现实”，有的学者主张翻译为“真实”，参见赵妙法的《再论黑格尔哲学中的“wirklich，Wirklichkeit”的翻译和理解》（http://www.aisixiang.com/data/85198.html）。

③ Heidegger. Identity and Difference 1955—1957. Bilingual edition. New York：Harper & Row，1969：56-57.

④ Daniel O. Dahlstrom. Thinking of Nothing：Heidegger's Criticism of Hegel's Conception of Negativity//A Companion to Hegel. eds. Stephen Houlgate，Michael Bauer. Oxford：Blackwell，2011：524.

黑格尔所谓的纯粹的"无"。这种纯粹的无是完全抽象的、无概念的非存有，是直接的、简单的、纯粹的、无规定性的、未受中介的。无与有是同样的——二者均没有内在的差异化，没有区分，无即是有，有即是无。因此，海德格尔认为，"尚且没有差异，没有非性"①。二是对纯粹的有的否定。鉴于海德格尔认为这是一种完全抽象的否定，这种否定表达为"非存有"（Nichtsein；non-being），而黑格尔的纯粹的无即是非存有的"包孕体"（Verkörperung）②，则对于海德格尔而言，这种完全抽象的否定也还配不上"非性"这个名称。此二者都是从非性派生出来的。我们可以注意到，尽管"无"与"非性"在黑格尔哲学中具有复杂的关联，并且海德格尔试图从黑格尔哲学内部出发来道说他认为在其中未得以充分言说的东西，但海德格尔显然没有把"无"与"非性"完全等同，正如他区分开黑格尔所谓的存有与他本人所谓的"本质性""历史性"的存有一样。

因此，在《非性》中，海德格尔只认可黑格尔哲学中具有两种（涉及差异性的）非性，一种是有条件的抽象的非性，一种是无条件的具体的非性。有条件的抽象的非性通过否定而区分出主体与客体，产生了外在的差异，这种差异使得思想可以用一种外在的方式区别开不同的事物。而无条件的具体的非性则是对有条件的抽象的非性之否定的否定③。因为它是无条件的，不受任何一方的限制，因而也被称为绝对的非性。事物在与其对立面的斗争之后获得自身的规定性，绝对的非性是绝对实在发展的动力，而抽象的非性则成为这一绝对原则之从属的一个环节。

海德格尔追问：如此看来，抽象的非性应当是从绝对的非性之中派生出来的。那么，绝对的非性又是从何而来呢？根据黑格尔的理念主义，任何诘问只能从绝对理念之内出发，从其之外发问是没有意义的。而要诘问绝对的非性之起源，首先应当探究哪一个最为本源：究竟是作为表象某物的意识，还是把这种表象的关系界定为差异之差异/区分（Unterscheidung）④？

---

① GA 68. Hegel：14/11.

② 同①. 英文版把 Nichtsein 译为 not-ness，但这带有逻辑上的纯粹否定义，显然不是海德格尔的用意。

③ 德・柏尔指出，"否定的否定"这样的表述并没有很好地传达出黑格尔的绝对非性的概念。Karin de Boer. On Hegel：The Sway of the Negative. Basingstoke：Palgrave Macmillan，2010：chapter 3.

④ 同①22/17.

海德格尔进一步追问：设若意识与差异是同等原初的（gleichursprünglich），那么是以何种方式？如何以本源的方式来把握非性？是作为反面（Entgegen zu）（在这种情况中，“非”可以被作为形式的东西而被取消），还是作为使得这种相反关系成立的形式的区分？是否在黑格尔哲学中，意识与差异是完全相等同的？在黑格尔那里，意识包含着主体—客体之关系，差异则是主体与客体的自我区分。把某物作为某物加以表象，“作为”的含义即是差异。然而，黑格尔对这些问题没有进行深一步的探讨。在下文中我们将看到海德格尔如何在对思想表象的“作为”结构基础上发展出其“疏朗”概念。

在黑格尔那里，非性指涉的是意识——自我表象某物——在直接的、受中介的与无限制这三种情况下的三种层次的差异。非性是无限制的思想的发展动力，非性是主体性之本质，作为否定的否定的非性奠基于对无限制的自我意识的肯定。绝对的非性把区分出来的一方视为他者，他者与自我共属，因而自我亦成为他者。在黑格尔那里，绝对的我思及其确定性之间的差异化是否定的可能性的基础，而我思的确定性则意味着存有性被当作被表象性。

在作于同一时间（1938—1939 年）的《沉思集》中，海德格尔提出，在黑格尔那里，非性“被降低为绝对的‘我思想某物’的基础”，而这种思“总是一种绝对之匮乏”[①]。从黑格尔的立场来看，作为绝对的、无限制的哲学，它必须以某种方式把非性涵括在其中；在理念的自我实现过程中，非性虽是一个本质性的环节，但同时又是一个次要的环节。理念需要非性来现身并自我外化，但这种自我外化是一种匮乏，它必定会被逆转，以使理念最终回归自身，成就完全的自我占有，自我实现。正如德·柏尔的评论：“‘不’不能作为从［绝对］概念的运动中隐退出来并且根本地破坏着其稳定性的东西而宣称自身。”[②] 这正意味着没有严肃地对待非性，因为最终一切都在绝对理念之中获得调解，因而，在黑格尔哲学中并没有真正的非性，绝对理念是所有的否定的主人。

那么，应当如何来探讨非性及其起源呢？海德格尔建议：“非性似乎必须以最为纯粹以及最为确定的形式而在‘无’之中成为可相遇的；确实

① Heidegger. GA 66. Besinnug 1997：293；Mindfulness. trans. P. Emad，T. Kalary. London：Continuum，2006：261-262.

② Karin de Boer. Thinking in the Light of Time：Heidegger's Encounter with Hegel. Albany：State University of New York Press，2000：303.

如此，只是问题在于应当如何来理解‘无’。”① 这里的“无”显然应当与黑格尔《逻辑学》开篇的纯粹的无规定性、不可被思考的“无”区别开来。它也不是传统形上学中作为“有”之补充的“无”，而是存有史意义上的“无”，这种意义上的“无”在黑格尔哲学中是缺失的：

> 哲学作为绝-对（*ab*-solute）的哲学、作为无-限制（*un*-bedingte）的哲学，必得以一种奇特的方式把非性囊括在自身之中，这在根本上也意味着不是严肃地对待它。作为保留的拆离（*Los-lösung als Behalten*），一切都平衡了。无根本不在，这看上去也不错。无“即是”无，无不再有（Das Nichts “ist” Nichts und *ist* nicht）。②

在黑格尔那里，尽管非性作为思想的动力开启了思想，令其发展，使其完成自身，但从某种意义上说，真正的“无”从一开始就被抛弃了、被驱逐了。被理解为否定的否定的非性（即绝对的非性）是以服从于奠立了自身的自我意识为前提的，因而非性的根本性已经遭到消解。海德格尔再次解释道：对于“无”的思考并非虚无主义，恰恰相反，虚无主义的本质正是在其失落于谋制之际遗忘了存有。作为谋制（Machenschaft）基础的形上学在其终结之中把存有贬低为空洞的非存有性（Nichtigkeit）。海德格尔主张，不是从存有者出发就其存有性（Seinheit）来探究存有，而是回归存有自身，回归存有之真理。在《哲学献文》中，他以存-有（Seyn）来命名这种原初的事件发生意义上的存有的概念，存-有不再指涉存有者之持续在场，而是任何在场中的基础之缺失，因此，“无是存-有深渊般的反面（Gegen），但作为如此，它正是其本质”③。

海德格尔思想中的“无”（das Nichts）与“不”（das Nicht）是紧密关联的。他说：“黑格尔的非性并不是非性，因为它从未严肃地对待‘不’与‘不化’（das Nicht und Nichten）——它已经把‘不’扬弃为‘是’。”④ 黑格尔虽然认可“不”的重要角色，然而，思想的最终自我满足同时实现了诉求于存有，黑格尔从一开始就把存有理解为完全的实在，绝对理念即这种意义上的存有之最高级的版本。在《哲学献文》中，海德格尔诘问：

---

① GA 68．Hegel：17/13.

② 同①24/19.

③ 同①15/12.

④ 同①47/37.

> “不”的亲密性与那在存有之内进行着争斗的东西，这岂不是黑格尔的非性？不是，虽然他……感受到了某种本质性的东西，然而他将其扬弃在绝对知识之中；非性只是消失了，支撑着扬弃的运动。的确不是本-质［Wesung］的绽放。何以不是？因为［在黑格尔那里］存有作为存有性（实在性）是由思想（绝对知识）所决定的。①

思想之本质是自明的、毋庸置疑的，因此，有关非性之起源、有关“不”的问题是缺乏意义、缺乏基础的。然而，放弃追问只是从真正的思那里逃离，自以为非性无从置疑。德·柏尔解释道：那在存有之内进行着争斗的东西即是“充斥着‘不’的存有模式与驱逐了‘不’而成为持续在场的存有模式之间的争斗”②。黑格尔把非性内在化为鞭策着理念向前发展的动力，而忽视了非性作为“不”有可能会成为搅扰理念之自我实现的负性力量。这种负性力量可以用“死亡”来加以比拟。海德格尔写道：

> 作为撕裂与分离的非性是“死亡”——那绝对的主人，“绝对精神的生命”的含义正是忍受与解决死亡。（但这种“死亡”没有被认真对待，天灾（Καταστροφή）是不可能的，侵袭与反击（Sturz und Umsturz）亦是不可能的；一切皆被攫住、被抹平了，一切都已经被无条件地得到了维护，各就其位。）③

黑格尔感受到了“不”所带来的战栗与恐惧，感受到隐匿着的“不”独立于甚至凌驾于理念运动的明晰而确定的路线之上，并不断地搅扰着其稳定性；然而，这一切都必然处于理念的掌控之下，理念似乎具有法师之手一般的魔力，可以驱逐一切的灾难，抚平所有的创伤。黑格尔的哲学虽然赋予非性或者“不”以一定的角色，但最终却消解了这种可能负性化的根本力量，没有对这种力量本身予以深切的思考。与此相反，海德格尔试图把“不”作为一种深渊来理解，它使得我们彻底地放弃向存有者寻求形上学的出发点，从而面向本质性的、历史性的存-有之真理的发生，这种事件发生同时亦是无化运动的展开，而对无化运动“说是”即是“不”的本质：

---

① GA 65. Beiträge zur Philosophie：Vom Ereignis 1989：264. Contributions to Philosophy：From Enowning. Bloomington：Indiana University Press，1999：186.

② Karin De Boer. Thinking in the Light of Time：301.

③ GA 68. Hegel：24/19.

此-在作为对存-有之真理的“说是”（而非对存有者的赞同与附和），对无化［Nichtung］以及“不”的必要性“说是”。

“不”即是对无化说是。作为对深渊“说是”的对无化“说是”即是对最值得追问的东西的追问。①

在海德格尔那里，“不”具有犹如深渊一般的根本性，共属于最为原初的存-有之本质性绽放，这种“不”是无法被消解的、无法被扬弃的；相反，它是深深地镶嵌在存-有显现自身的过程之中的一种自我隐退的运动。并非所有的可能性都能够引向自我实现，在很多情况下，死亡、苦难是不能够被“解决”的。

三、非性作为本质性的、历史性之“无”

哈斯区分了黑格尔哲学中“无”（das Nichts）、“非化”（das Negative）、“非性”（Negativität）与“否定”（Negation）这四种相互关联的概念。“无”是某种“空无”的缺乏规定性或者是前规定性的状态，它是相对于存有的最为纯粹的对立面，不能够被思想、被语言所表达。我们可以补充一点：哈斯所论述的“相对于存有”之“相对”应当在极小的意义上来把握，二者之区分几乎仅仅是语词上的区分。因为无作为纯粹的无是“简单的与自身相等同，完全的空无”②。在此意义上，“无”是绝对抽象的，不依赖于任何事物，不能从存有之匮乏来理解“无”。为了传达“无”的含义，黑格尔把“无”称作“非存有”（Nichtsein），然而这有把“无”约减为属性之虞［也即“无”似乎成了“有”的修饰语］。所谓“非化”则是无化运动发生的方式，它“抵消、流空、消除某物的设定性或其非性”。“非性”是使得这些活动成为可能的条件，是对这种可能性的实现。而“否定”则是辩证过程的一个组成部分，它在有与无之后出现，是促成综合的中介，它通过对构成阻碍的客体的否定而最终实现新的事物③。海德格尔较少地把非性作为辩证过程的一个组成部分的“否定”来进行详

① GA 68. Hegel：47-48/38.

② Hegel. Science of Logic. trans. ed. George Di Giovanni. Cambridge University Press，2010：59.

③ Andrew W. Hass. Hegel and the Art of Negation：Negativity，Creativity and Contemporary Thought. London and New York：I. B. Tauris，2014：8-9.

究。或许是因为这个原因，哈斯认为海德格尔的主要兴趣在于“无”，而不是“否定”[①]。哈斯道出了海德格尔与黑格尔的一个重要区别，不过，鉴于海德格尔赋予“无”一种特殊的“无化运动”的含义，我们可以说他也关注到某种“非化”，以及在 Verneinung 意义上的“否-定”（见下文）。

对于黑格尔而言，以辩证的否定运动为其基本特色的非性是不可置疑，亦是毋庸置疑的，因为它以自明的无限制的思想为前提；而对于海德格尔而言，非性所命名的是一整个“问题域”（Fragebereich）[②]，这个问题域包含着一系列词义相关尤其与 nein 相关的词语。海德格尔说：一般而言，非化（das Negative）、被否定的（Verneinte）、否定着（Verneinende）都属于否定（Verneinung）；说不（Nein-sagen）与说是（Ja-sagen）皆是命题思想原初的形式。被否定性（Verneintheit）可以从被否定的东西中抽取出来，被命名为“不”（Nicht）。如果我们把这种“不”——也即“表象着的否定”——应用于所有可以被否定的东西（即起初是被肯定的或者说存有者全体）上，那么就得出作为对存有者全体之否定（das Nicht）之无。无通常被等同于零、一无所有，那么，倘若人们想进一步地探究它，这就等于思想的自我毁灭。思想的自明性以及思想总是关于某物的思想涵括了非性的彻底的不可置疑性，因为非性是与否定、被否定性、不、无、零性（Nichtigkeit）等一系列词语相互关联的[③]。

在德文中至少有两个表示否定的词语：Negation 与 Verneinung。Verneinung 是本土的德文词语，而 Negation 则来自拉丁词，原义是“否认”。黑格尔用以表达否定的词语一般都是 Negation，他几乎没有使用过 Verneinung[④]；而海德格尔则通常使用 Verneinung 及其同根词语，只是在评论黑格尔的语境中才偶然使用 Negation。为了表示这种区别，笔者把 Verneinung 翻译为“否-定”。在把黑格尔的非性概念归结为“在自身之中差异化的差异——即意识”的时候，海德格尔说：“‘否定’（Negation）总是这个意思，不是‘否-定’（Verneinung），而是‘综合’——升华（Elevation），而是规定（Be-stimmen）。”[⑤] 在此处，Negation 与 Verneinung

① Andrew W. Hass. Hegel and the Art of Negation：193，n. 54.

② GA 68. Hegel：29/37.

③ 同②37/29.

④ Michael Inwood. A Hegel Dictionary. Oxford：Blackwell，1992：199.

⑤ 同②35/27.

nung 被清晰地区别开来。在黑格尔那里，Negation 主要是作为辩证过程不可或缺的一个组成部分的否定或内在于意识的差异化的含义，但通过差异化过程而产生的他者并不是真正意义上的他者，而是理念实现自身的一个必要媒介；否定不是终极的，它总是召唤着下一步的“综合”，使存有获得更多的规定性。

Verneinung 及其同根词语与 nein，从而与 nicht/Nichts 等否定词语具有词源上的紧密关联。在论及“不”之时，海德格尔曾说：“不”可以被作为“被否定性（Verneintheit）来加以把握，而被否定性则是否-定（Verneinung）的可表象性。”[①] 由此可见，他是有意地避免黑格尔所用的 Negation 而改用 Verneinung，并且精心地把这些词语关联起来从而传达其妙旨。

海德格尔认为黑格尔没有直面空洞虚无，他说，黑格尔只是以一种片面、抽象的方式去把握“无”，而它连“实在之无”都不是；对于海德格尔来说，“由于存有正是实在之无，在绝对的意义上，无与‘存有’是同一的”[②]。“存有正是实在之无”表达的正是海德格尔关于存有论差异的思想：存有不是任何一个存有者。使用 Verneinung 一词的原因正是出于它与 nein、nicht，从而与存有论差异的思想之间具有关联。与此相反，黑格尔则弃绝（Absage）了存有论差异，没有对其展开质疑，没有为其奠基；这种弃绝恰是把存有“无条件地确定为绝对理念的条件”[③]。与之相反，海德格尔所要探究的非性是“无”“不”“否定”等一系列相关概念的最终源泉，不是回避虚无及虚无主义，而是直面虚无所带来的黑暗与恐怖，从虚无主义内部出发来克服虚无主义。

我们可以说，海德格尔试图提出一种 Negativität 与 Verneinung 及其包括“不”“无”在内的同根词语之间既相属而又相异的“无-存有论”（me-ontology）。详言之，在《什么是形上学?》以及与之相关的一系列文本中，海德格尔所言之“无”与存有（Sein）相应，其探询仍然属于指引性问题的范域。在 1936—1938 年写作的《哲学献文》中，海德格尔使用了 Seyn 这个古旧的词语来表示存-有，这标志着他的探询从指引性问题（Leitfrage）的范域转向了奠基性问题（Grundfrage）的范域。他宣称，他

---

① GA 68. Hegel：48/39.

② 同①50/40.

③ 同①33/25.

对无的探问起源于对存-有之真理的探问，他所关心的无的问题是“存-有自身的本质性颤动（wesentliche Erzitterung），因此比任何存有者都更富于存有性”①。不过，在这部著作中，无的问题只是附带提及，尚不是关注的焦点，没有转入奠基性问题的范域。

笔者以为，正是在作于1938—1939年、1941年的《非性》中，海德格尔尝试把无的问题从指引性问题的范域转向奠基性问题的范域。Negativität作为统领一连串同源词语的问题域的奠基性术语（Grundwort）就标志着这种转向，非性的问题属于历史性的、本质性的奠基性问题的范域，与存-有的问题恰相呼应。正如海德格尔所解释的那样：“奠基性问题展开的同时提供了把指引性问题的整个历史带回到更富于源发性的居有（Besitz）的基础之上，而不是，比如，把它当作仅仅是往昔之物抛弃”②，展现着新的哲思进路的非性的出现并不意味着放弃此前对无的诘问，而是进一步地对无以及与之词义相连的一整套词语展开更具源发性的探询，使两方之间的勾连关系更好地显现出来。

在把非性的问题作为奠基性问题阐述之际，海德格尔仍然不时地使用“无”，但是这个词语在《非性》之中已经获得了新的意蕴，他是把“无”作为统领性的“非性”的同义词来使用的。我们还记得，海德格尔认为黑格尔的“纯粹的无”不能为我们照亮非性之本质，这是因为这种“无”与“纯粹的有”一样尚无任何规定性与差异（而否定则意味着有差异），他一再强调，我们不能从“无”及其与“有”的同一性来理解非性③。海德格尔建议从另外一端来考虑问题，即从非性出发来把握“无”以及与无相等同的“有”，沿着这条道路，非性的本质或许可以展露出来④。在海德格尔那里，“无”可以在多种意义上被使用，我们应当注意它在特定语境中所具有的特定含义。在《非性》这篇手稿中，海德格尔所意谓的“无”即是本质性、历史性的“非性”，这个意义上的非性是黑格尔《逻辑学》中所有意义上的非性成为可能的源泉。

那么，我们应当如何来追溯非性之起源呢？我们知道，海德格尔曾指出，在黑格尔的哲学中，意识与差异（或者说“不”、非性）是同等原初

① GA 65. Beiträge zur Philosophie：Vom Ereignis：266/187-188.

② 同①77/54.

③ GA 68. Hegel：19/15.

④ 同③17/14.

的，非性在其本质上即是“绝对的自我意识之自我”[1]。然而，黑格尔却忽视了这关键的一点，把非性当作绝对知识的一个从属的环节，使得非性奠基于意识之自我明证性的基础之上。海德格尔下面要做的工作即是从被视为自明的意识结构出发来探究非性之起源。

四、非性之起源——疏朗（Lichtung）之境的敞开

根据笛卡尔以来的近代哲学，意识的本质是对事物的表象。海德格尔把这一基本论点表述为：“表-象即是根据其存有性而对某物作为某物的表象（Vorstellen ist Vorstellen von einem ‘Ding’（etwas）‘*als*’ etwas im ‘Lichte’ von Seiendheit）。”[2] 海德格尔后来把存有性改写为存-有。他指出，这样一种陈述已经传达出将这些连接词融构为一个整体的东西，即疏朗（Lichtung）之敞开（注意 im Lichte 与 Lichtung 之间具有词义关联）。构成这个陈述的连接词“根据”（im Lichte）、“作为”（als）、“对”（von）都不是存有者，它们是“无”，但却并非什么都不是（nichtig），而是具有最重之负，非常之重，是在其中一切作为存有者的存有者能够存在的“之间（Zwischen）与同时（Inzwischen）”。海德格尔补充道：这是在“源发的时间-空间的时空意义上”的“之间与同时”[3]。

海德格尔接着把疏朗与深渊、无化等关联起来。他说，疏朗亦是一种深渊（Ab-grund）。“深渊”的字面意思是脱离基础，也即无基础，从而，疏朗亦是一种“无”，这种无不是那种一无所有、空洞虚无的无，而恰是那种重负，是存-有本身。此外，深渊是一种黑暗之中的开敞，这与我们所解释的疏朗义亦有不谋而合之处。海德格尔写道：

> 疏朗是作为基础的深渊，是所有存有者的无化的对应面（das Nicht-ende zu allem Seienden）……它是永远不能够“现在在手”、永远不能够被奠立的“基础”，这种“基础”在作为疏朗的无化中拒绝自身……[4]

“存有者的无化的对应面”令人想到在《什么是形上学?》以及其他文

---

① Heidegger. Hegel：27/21.

② 同①45/36.

③ GA 68. Hegel：45/36.

④ 同③45-46/36-37.

本中海德格尔经常强调的存有论差异：存有不是一个存有者，即，不是任何存有者中的某一个；这个“不是”指示着无，指示着那敞开了存有自身在其中得以揭示的空间之无。疏朗的展开恰在于这种绝对的、永远不能被消解的“不是”发挥其功用，在于这种寓于存有之中的无化运动的发生。疏朗与无化运动是同时发生的，它提供了存-有在其中揭示自身的源发性的时空，它永远不能被当作某种现成在手的客体来理解。在《哲学献文》中，无化与疏朗及其关联尚没有得到显题化的书写，但海德格尔把疏朗、深渊与“空”相提并论：

> 深渊是对基础犹疑着的拒绝。在拒绝之中，源发性的空（Leere）敞开了，源发性的疏朗发生了；……深渊是最为本质性的照亮着的遮蔽（*lichtende Verbergung*），是真理的本质性绽放（Wesung）。①

此处，与lichtung词义相连的licht显然起着一定的作用，我们可以把这里的lichtung理解为“澄亮”，而在《非性》这篇文稿中，“林间空地”“疏朗”意义上的lichtung起着主导作用，lichtung开启了源发性的时空，它取代了“空”在《哲学献文》中的位置。海德格尔着力于无化与疏朗之关联的显题化书写，他犹如解释词义一般列举出对无化、疏朗与深渊这三个术语的一连串“定义”：

> 无化：为奠基（拒绝基础）之需要的纯粹性开拓空间。
>
> 疏朗：朝向所有方向开敞着的。1. 存有者的/“朝向”（zu）存有者的，亦是/朝向/我们自身以及与我们相类似的东西［的深渊］，2. 所有事物最终所是的“作为”——在此处首先是存-有之作为——的深渊。
>
> 深渊：无，那最具有深渊性的——存-有自身；不是因为后者是最为空洞与一般的、最为消散的、最后的烟雾——而是最为丰富的、独一的，它是那并不起中介作用的中间，因此永远不会被收回去。②

作为存有者之深渊的疏朗提示着在存有者之中发生的基于存有论差异之上的无化运动：存有不是任何一个存有者之“不是”在起着本质性的作用；存-有之作为提示着存-有显现自身的方式，也即一种存有论层面的深

① GA 65. Beiträge zur Philosophie：Vom Ereignis：380/265.

② GA 68. Hegel：46/37.“最为消散的、最后的烟雾”暗指尼采对存有的描述。

渊。在所有情况下，我们都应当从“无-基础”（Ab-grund）这个意义上来理解“深渊”，对基础的拒绝也即拒绝在存有者之中来寻求荫护，对基础的拒绝也即无化运动。最后，海德格尔直接把“无”与“最具有深渊性的——存-有自身”相等同起来。

问题在于：如何理解这种等同？在《非性》中，海德格尔从存有史的角度再次提到存-有与无的等同：

> 存-有即“是”“无”，——不是因为双方都是同等的缺乏规定性、同等地未受到中介，而是因为它们是那具有“根本性”的差异（“*gr-und*” *vershieden*）之独一（das Eine）！它们是那首先开启了某种“决定”的东西。①

海德格尔的同一说旨在于说明存有与“无”之间的相互渗透、相互纠缠，二者之间的关系不再是存有为主导，“无”为补充、存有为“无”之最终归宿的传统模式。与之相反，那不可扬弃、不可置疑的“无”深深地镶嵌在存有最为隐秘的地方，它是存有开启自身、显示自身的诞生之胎记。“无”自始至终都会侵扰着存有之本质性绽放，在此意义上，海德格尔说：“‘无’是……存-有自身的本质性绽放（Wesung），而存-有则是深渊般地深渊般的无化（Seyn als des *ab-gründig*-abgrundhaft *Nicht-enden*）”②。

“无”是存-有自身，而存-有则是无化。存-有在脱离了任何基础（也即摆脱了从存有者出发来找寻存有的陋习）的无化运动所开启的深渊、疏朗——或者说源发性的时空——之中显现着自身。“无”与存-有具有同等的源发性、历史性与本质性，海德格尔的同一说应当在这种意义上来加以把握。“无”不再是外在于存有的附属性的东西，而是根本性的、不可约简的。海德格尔的《非性》一文，其宗旨即在通过与黑格尔的交涉从而清晰地把非性、“无”显题化，从非性自身出发来对其加以考察，令非性得以作为源发性的、开启了存-有之显现（这种显现同时亦具有遮蔽）的疏朗来宣告自身。

上节曾提到，在《什么是形上学?》等文本中，非性的问题尚属于指引性问题的范域，它围绕着存有论区分展开，不、无、否定、被否定性、零性等同源语汇的彼此纠缠处于前景之中。而在《非性》中，海德格尔试

---

① GA 68. Hegel：47/37.

② 同①47/38.

图把非性作为一个本质性的奠基性问题提出，存有论区分并没有被放弃，但处于背景之中。他谈到，差异作为一个试图照明形上学基础的形上学词语，它可以起到昭示的作用，但仍然会误导。非性作为源初性的疏朗与深渊，是使得存有论区分之“不是”以及其他相互勾连的否性语汇之意义成为可能的本质性的、历史性的范域之绽放。在此意义上，海德格尔说：“无无化着，使得不的投射成为可能”[①]；展开非性问题的红线是非性之不可约简性，这层意涵也反映在强调存-有与“无”之间存在着“根本性的差异”这种说法上。相似的言论还有：“无是与作为无化的存-有具有深渊般［区别］的差异者，因此？——具有其本质。”[②]

在非性的问题转入这种奠基性问题的范域的前提之下，海德格尔建议在“决定”(Ent-scheidung) 的意义上来理解“差异”(Unterscheidung)。他曾说：存-有与“无”首先开启了某种“决定”；这种决定即是本成事件的发生，是疏朗的绽放，在疏朗的之间与同时之中，存有者获得了自身之重。不过，“差异”并没有被放弃，作为“拆离”(Auseinandertrag) 的差异 (Unterschied) 即是“跃入来源于存-有之所是的无化的‘不’之中”[③]。

与此同时，存有与“无”的互渗性同时亦见证了存有之有限性，摧毁了传统形上学所呈现的“无”最终被驱逐、存有结束其逐步完满的发展历程、最终成为囊括了一切在此历程中被扬弃的环节的绝对的存有这种神话。根据海德格尔，存有之有限性常常遭到误解，但他所谓的有限性并非相对于无限性而言的，在其本质上它既非“有限”亦非“无限”，它的意涵在于说明存有与无化之间的“本质性相属”(Wesenszugehörigkeit)[④]。

五、余论

海德格尔经常用 Auseinandersetzung 这个词语来表达他对西方哲学传统的阐解[⑤]。德文词语 Auseinandersetzung 不易找到确切的中文翻译，从

---

① GA 68. Hegel：48/39.

② 同①48/38.

③ 同①43/34.

④ 同①47/ 38.

⑤ 海德格尔对 Auseinandersetzung 的使用在不同的语境中具有不同的含义。参见马琳：《海德格尔论东西方对话》，156－159 页。

其词根来看，它包括：放置（-setzung）、相互（-einander）、分离（aus-）等，既含有正面的“对话”“交谈”等含义，也含有负面的“争斗”“竞争”等含义。在1930年的《论人类自由之本质》中，海德格尔讲道：

> ［Auseinandersetzung］把他者与自我都带到那原初的、起源性的东西，这是事物的本质，并自然而然地是他者以及自我二者的共同使命，因而我们无须在事后讲和，或试图建立某种联盟。哲学的交涉是作为解构的阐释。①

那“原初的、起源性的东西”最有可能是指存有之自我揭蔽或者疏朗之境。这层意义上的 Auseinandersetzung 笔者在中文里翻译为“交涉”。它不是自由的、任意的交涉，交涉的发生具有必然性，其最终目的在于真理之揭蔽。加了强调的“作为解构的阐释”反映出海德格尔以解构西方哲学传统为己业，然而，解构并不意味着摧毁，而是——引用海德格尔1936—1937年的《尼采》中的话——“在对方最强的威力与危险性之中把对方定立下来”②。我们可以从 Auseinandersetzung 这两层含义出发来把握海德格尔与黑格尔的交涉。

在海德格尔看来，黑格尔关注到存有与无之间的交缠关系，把非性作为其理念主义哲学的基本规定性，把非性作为无条件的思想的发展动力；然而，他没有追问非性之起源，没有真正地把非性当作问题来对待，并最终把非性扬弃在绝对知识的设定性之中。海德格尔主张，黑格尔对非性的背弃需要被拆解（Abbau；dismantling）。在质问非性之起源的同时，海德格尔试图传达出他认为是黑格尔哲学中有所萌芽、但被忽略的思想因子，厘清非性之起源，从而为形上学传统的新的转向做准备。他对非性之起源的探问从指引性问题转到奠基性问题的范域，他把非性作为本质性、历史性之无、作为开启了存-有仍处于遮蔽之中的揭蔽的深渊般的疏朗。非性首次在存有史上被视为不可或缺、不可约简的“无”原则，从这一点出发，海德格尔试图梳理出有关非性的最为严肃的思考的“无-存有论”。

---

① Heidegger. Vom Wesen der menschlichen Freiheit. Einleitung in die Philosophie 1930//GA 31，1982：292. The Essence of Human Freedom. London：Continuum，2002：198. 着重号来自原文。

② Heidegger. Der Wille zur Macht als Kunst 1936/37//GA 43：279. 这段引文出自《作为艺术的权力意志》的德文版附录，未收入英文版。

第十章　沃尔法特与庄子：周游列国的道家“愚人”

君特·沃尔法特（Günter Wohlfart，1943—　）是德国哲学界及欧洲极有深度的道家学者，被誉为德国哲学界的“欧洲道家”（Euro-Daoist）。他从多元哲学观以及跨文化哲学的“关联主义”出发，对以康德、哈贝马斯为代表的欧洲启蒙哲学提出严厉批评，同时他身体力行，与中国道家哲学进行了二十多年的思想交涉。本章着重介绍沃尔法特对《庄子》中“得意而忘言”及“庖丁解牛”的阐释，以使我们对其思想与方法获得一些了解。首先笔者对《庄子》在德语世界的翻译情况做一鸟瞰。

一、《庄子》在德语世界的翻译概况

德国哲学家似乎与中国古代哲学具有一种特殊的因缘关系。早在17世纪，莱布尼茨指出，欧洲学术长于理论哲学，但却乏于实践哲学，有必要向中国传统实践哲学学习。由于时代的局限，当时莱布尼茨所了解的中国哲学主要是儒家思想。随着东西方进一步的接触，道家经典开始进入西方哲学家的视野。众所周知，《道德经》早在1788年就有了拉丁文译本，1842年有了第一部完整的法文版[①]。从19世纪末至20世纪初，《道德经》的西方版本已有十余部，而《庄子》进入西方世界的步伐则稍慢一拍。

最早的《庄子》西文译本只有巴尔弗（F. H. Balfour，1881）[②]、翟理斯（H. A. Giles，1889）[③] 和理雅各（James Legge，1891）[④] 这三部英文

① Julien Stanislas. Le Livre de la voie et de la vertue. Paris：Imprimerie Royale，1842.

② The Divine Classic of Nan-Hua：Being the Works of Chuang Tsze. Taoist Philosopher. trans. Frederic Henry Balfour. London：Kelly & Walsh，1881.

③ Herbert Allen Giles. Chuang Tzu，Mystic，Moralist and Social Reformer. London：Bernard Quaritch，1889.

④ James Legge. The Sacred Books of the East：The Writings of Kwang-tse：1891.

版。《庄子》被引进德语世界中，当始自马丁·布伯（Martin Buber，1878—1965）编译的《庄子言论和寓言选集》①。此书出版于1910年，主要的文本依据是英国学者翟理斯1889年出版的英文版《庄子》。布伯从中择选出54则故事，给每则故事编拟了题目，并附上庄子寓言中主要人物的简介，最后还有一篇他亲自撰写的介绍道家思想的文章。布伯认为，儒家所提倡的包括祖先崇拜等礼仪的思想传统并不适合欧洲，与之相比，道家则可以为欧洲学者提供一条新的思想道路，这条道路即是“教诲”（Lehre）。西方拥有科学与法律，但却缺乏“教诲”。尽管是从英文转译而来，布伯的选译本是《庄子》最早的德文翻译。不久，尉礼贤于1912年出版了他从中文直接译出的《庄子》译本，亦不全②。由于尉礼贤是一位新教传教士，他多处运用基督教的观点来诠释《庄子》的段落。

这两部德文版《庄子》皆为海德格尔所熟稔。其中一个最为著名的例子是：当海德格尔于1930年在德国北方的不来梅做完“论真理的本质”的演讲后，曾向房屋主人索要布伯翻译的《庄子言论和寓言选集》，给听众朗读了其中的“鱼之乐”的故事（参见本书第六章）。此外，海德格尔曾在其著作中两度以一定的篇幅从尉礼贤的《庄子》译本中分别引用了第1章与第26章中关于“无用之用”的两则寓言（参见本书第五章）。不过，海德格尔曾批评尉礼贤依据康德哲学框架来翻译中国古代经典③。

1936年，司当格出版了另外一部《庄子》译本，但影响不大④。1996年，宗教学家默顿原出版于1965年的英文版《庄子》被引进德语世界⑤，德文版题为《海鸥之交响乐》；另外一部默顿版本的德文翻译出版于2005年，题为《履道者及其他故事》⑥。1998年，舒马赫把梅维恒的英文《庄

---

① Martin Buber. Reden und Gleichnisse des Tschuang-tse. Leipzig：Insel-Verlag，1910. 此书于1918年和1951年两度再版，每次布伯皆对之加以润色修饰。

② Richard Wilhelm. Dschuang Dsi，Das wahre Buch vom süd- lichen Blütenland. Qingdao，1912.

③ 马琳. 海德格尔论东西方对话. 北京：中国人民大学出版社，2010：207－208.

④ Hans O. H. Stange. Tschuang-Tse，Dichtung und Weisheit. Aus dem chinesischen Urtext übersetzt von Hans O. H. Stange. Insel Verlag：Frankfurt，1936.

⑤ Thomas Merton，Bernardin Schellenberger. Sinfonie für einen Seevogel，Weisheitstexte des Tschuang-tse. Aus dem Englischen von Bernardin Schellenberger. Freiburg：Herder，1996. Thomas Merton. The Way of Chuang Tzu. The Abbey of Gethsemani，1965.

⑥ Der Mann des Tao und andere Geschichte. Goldmann Wilhelm GmbH，2005.

子》全译翻译为德文出版[①]。这个版本虽然不是直接从中文译出，但不失为一部可靠的译本。2002年出版的一个选译本拟了一个有趣的书名：《履适焉，忘其足——庄子读本》[②]。2003年，沃尔法特与他人合作选译的《庄子》出版[③]。综上所述，《庄子》的德文版，包括从英文版转译而来的，迄今为止总计有八部。

二、沃尔法特的多元哲学观

以上所介绍的《庄子》在德语世界的翻译状况，构成了被誉为德国哲学界的"欧洲道家"的沃尔法特之思想与庄子发生应和交汇的前幕。沃尔法特20世纪60年代在法兰克福大学及图宾根大学学习哲学、德国文学与精神分析，曾师从于哈贝马斯、阿多诺。1970年，他以一部研究康德美学的论文获得博士学位，其题目为《审美判断力之元批评》(*Metakritik der ästhetischen Urteilskraft*)；1979年完成关于黑格尔的语言哲学的教职论文[④]。获得博士学位之后，沃尔法特先后在德国亚琛工业大学、图宾根大学、弗莱堡大学、埃森大学任教，主要教授德国理念主义哲学与古希腊哲学。1987年，沃尔法特获得乌珀塔大学的终身教职。迄今为止他出版了17部著作，其内容除康德、黑格尔之外，还有尼采、海德格尔和赫拉克利特[⑤]。

尽管沃尔法特依照常规获得了作为哲学教授的事业成功，但他性情中的诗人气质却使得他不仅仅满足于这种常规的事业。一次到中国的旅行使

① Victor H. Mair. Stephan Schuhmacher. Zhuangzi：Das klassische Buch daoistischer Weisheit. Krüger Verlag，Frankfurt，1998：Victor H. Mair. Wandering on the Way，Early Taoist Tales and Parables of Chuang Tzu. Bantam Books，1994.

② Henrik Jäger. Mit den passenden Schuhen vergisst Man die Füsse. Herder：Freiburg，2002.

③ Lene Mayer-Skumanz und Günter Wohlfart. Zhuangzi. Auswahl. Ditzingen：Reclam，2003.

④ Wohlfart，Der spekulative Satz. Bemerkungen zum Begriff der Spekulation bei Hegel. Berlin：De Gruyter，1981.

⑤ Wohlfart. Der Augenblick. Zeit und ästhetische Erfahrung bei Kant，Hegel，Nietzsche und Heidegger mit einem Exkurs zu Proust. Alber：Freiburg/München，1982；Also sprach Herakleitos. Heraklits Fragment B 52 und Nietzsches Heraklit-Rezeption. Alber：Freiburg/München，1991.

他爱上了《庄子》。经历其“跨文化转向”之后，沃尔法特开始研习禅宗与道家哲学，逐渐从业余汉学家成为“欧洲道家”。自 1986 年以来，他开设了一系列有关道家思想的哲学讨论班，并于 1993 年在德国组织了一次关于老子的国际研讨会，与一些同事一起翻译《道德经》。同时，他频繁地走向东方，在中国、日本、韩国与中国台湾均担任客座教职。2003 年，沃尔法特从乌珀塔大学退休。之后他退隐至法国南部一处山庄居住，侍弄花园、放牧山羊，过着陶渊明般的田园生活。

沃尔法特关于道家哲学的专著有《哲学道家》[①]（这部著作主要探讨老子哲学）、《庄子：灵性的大师》[②]、《生命艺术与其他艺术——朝向一种除却道德的欧洲道家之风习》[③]、《道家哲学：庄子讲演录》[④]。目前，他正在其山庄中撰写关于庄子的两部新作。沃尔法特有一些文章已被翻译为中文，例如《自然——禅宗的道家之源》[⑤]。

沃尔法特早年深谙西方哲学传统，但却对西方哲学的一元哲学观提出了尖锐的批评。他指出，海德格尔 1951—1952 年的著作《何谓哲学?》，其书名的字面意思是“它是什么——那哲学”（Was ist das—*die* Philosophie?）。所运用的定冠词 die 已然明确地宣称：哲学只具备一种形态，即西方哲学[⑥]。这是海德格尔以及绝大多数西方哲学家的信念。沃尔法特指出，海德格尔对哲学之本质及其定义的追问中隐藏着欧洲中心主义，而这种欧洲中心主义直至 21 世纪仍然是欧洲哲学界中普遍存在的意识形态。与这一潮流相对，沃尔法特提出，哲学的基本任务即是质疑海德格尔这种追问方式的本质主义与一元哲学观。不论是西方的哲学还是东方的哲学，其自身的历史皆表明，哲学的发展始终伴随着不同的世界观与不同的文化之间的相遇与交融，哲学的边界从来都不是清晰明了、凝固不变的，而是模糊含混、与时而移的。并且，恰是在模糊含混的边界之处，各种异样的思想方式之交叉交汇产生了最为深远的

---

① Wohlfart. Der Philosophische Daoismus，chora//Köln，2001.

② Wohlfart. Zhuangzi. Meister der Spiritualität. Freiburg：Herder Spektrum Band 5097，2002.

③ Wohlfart. Die Kunst des Lebens und andere Künste - skurrile Skizzen zu einem euro-daoistischen Ethos ohne Moral. Parerga：Berlin，2005.

④ Wohlfart. Philosophical Daoism Zhuangzi Lectures. Tuchan，2012.

⑤ 陈鼓应. 道家文化研究：第 15 辑. 北京：三联书店，1999：288－294.

⑥ 这一解读与笔者的理解不谋而合，参见马琳的《海德格尔论东西方对话》中关于“哲学与思”的讨论（89－94 页）。

成效。

沃尔法特相信，在今日世界，欧洲哲学与东亚哲学之相遇与交融构成了哲学新的路线图，欧洲哲学家需要克服其优越情结来与东亚哲学家进行对话。他对康德以来直至哈贝马斯所存在的普遍主义姿态进行了犀利的批评。他认为，在康德那里，普遍有效是道德律的基本标准，而哈贝马斯的交谈伦理则是康德的责任伦理的翻版，二者都称其道德原则为“普遍的启蒙运动的道德”（universalistische Aufklärungsmoral）。然而，宣称“普遍”直接导致以其本土的道德原则最为优越而企图将之强加诸其他文化，这必然会引向道德帝国主义与意识形态殖民主义①。

与普遍主义的姿态相对，沃尔法特借鉴维特根斯坦的语言哲学提出了跨文化哲学的“关联主义”（relationalism），以区别于“相对主义”（relativism）。他认为，比较首先意味着认识差异。不同的民族具有不同的生活形式、不同的语言、不同的宗教、不同的哲学、不同的风习（ethoi）。同时，这些“不同”之间的交叉之处及其所修饰的名词的定义亦是不同的。没有任何一种抽象的绝对的本质，而只有生活世界中这些名词之间的关联。这种“关联主义”是一种勤奋的关联主义，它的宗旨不在于因差异而停止探索，以相对主义为借口而满足于自身世界之有效性；反之，差异与相似恰恰能够督促我们来探寻如何进一步发展哲学。

众所周知，在欧洲，历来有关中国哲学的研究主要集中于汉学系或东亚研究中心，而欧洲哲学家则轻易地甚至傲慢地把文化沟通的课题推卸给这些机构。而汉学家们对于中国经典的研究多局限于语言学的兴趣，或援用一些时兴的理论潮流来对有限的一些文本加以阐释。沃尔法特的创新之处在于：他对道家思想的交涉不再仅仅是一种为己所用的海德格尔式的异域之旅，亦非如同汉学家一样停留于字词的推敲；他从符合时代潮流的新颖的多元哲学观出发，在精深钻研西方传统哲学的基础上，将其难能可贵的哲学素养与眼光运用于中国哲学的探索之中，从而使其工作的理论幅度获得极大的扩张，使问题视野获得新的宽度和深度。当然，这并不是说他完全抛弃了语言学的关切，相反，他正是在坚实的哲学与语言学两个基石上来进行其研究的。

① 沃尔法特的批评详见其书《道德哲学的碎片：关于康德与哈贝马斯》（*Moralphilosophische Splitter - Spitze Bemerkungen zu Kant und zum Käntchen Jürgen Habermas nebst einigen Souvenirs aus dem alten China*. Tuchan，2008）。

三、沃尔法特对鱼筌之喻的新释

鱼筌之喻是庄子语言观的一个经典寓言，它出现在《庄子·外物》结尾段：“筌者所以在鱼，得鱼而忘筌；蹄者所以在兔，得兔而忘蹄；言者所以在意，得意而忘言。吾安得夫忘言之人而与之言哉！”沃尔法特注意到梅维恒和葛瑞汉都把“意”翻译为 idea；而华兹生则翻译为 meaning①，他沿用了 meaning 之译，把它理解为德文词语 Bedeutung，并从此词的字面意义来对庄子的语言观进行诠释。Bedeutung 来自动词 deuten，意思是“指向”。为了更好地理解其含义，沃尔法特把被指向的东西设想为一个具体的实有对象，例如月亮。“月亮”一词的意思（Bedeutung）即是月亮，“月亮”一词超出自身而指向月亮。

沃尔法特进一步设想这样一个浪漫的场景：当薄暮降临之际，我与一位友人在一起散步。蓦然，友人指着天空轻声道：“瞧那儿，月亮！”或许她仅是说：“瞧！”或许她只是指着月亮而缄默不语。当我听到她的言辞或看到她的手势之时，我可能会短暂地注视她的手指，以发现她在指向什么方向。接着，我就不再看她的手指，也不会再想她说了什么，而只是仰头默默观望欣赏高悬于淡蓝穹庐之上的月亮。请注意，如果友人一言不发，或没有做出任何手势，我也许不会注意到月亮；然而，无论言辞手势有多么必要，一旦我理解了其意思，为了很好地观望月亮迷蒙的面孔，我必得忘记友人指月的手指或她所说的“月亮”一词。

理解“月亮”一词（或指月的手势）的意思使得我超越了言辞以及关于月亮的意念（idea），而直接地去欣赏月亮本身，这是一种从语言与概念层面而向知觉（Anschauung）的转向。我在刹那间对月亮的知觉是独特的、不可言说的、不可显现的。语词所表达的概念是抽象的一般概念，它永远不可能企及个别的、独特的事物，语词只能“指向”事物的“在此”或“是这个”（haecceitas）。

回到鱼筌之喻，当我明白了语词的意思而向月亮看去，我不再就月亮而思考或谈论，不再盯着指月之指，而是静静地欣赏月亮，忘记了表达月

① Burton Watson. The Complete Works of Chuang Tzu. New York: Columbia University Press, 1968.

亮的语词及概念。表达"月亮"的词语是一个一般概念（Allgemein-Begriff），而月亮本身则关联于具体的知觉（Einzel-Anschauung）。借用康德的论断："没有概念，知觉是盲目的。"在此情境中，概念宛若用以观看的眼镜，当你观看事物的时候，你全然忘记了你戴着的眼镜。"月亮"一词宛若指月的食指，借助"月亮"一词，我超越了语词而直接观看月亮，仅仅盯着指月之指是愚蠢的。

沃尔法特引用《庄子·天道》结尾处的一段话："书不过语，语有贵也。语之所贵者，意也，意有所随。意之所随者，不可以言传也……"针对此段的最后一句话"知者不言，言者不知"，沃尔法特提出不同寻常的解读。接续此段话的是轮扁斫轮的故事：轮扁斫轮的技艺"得之于手而应于心"，但他却"口不能言"。因此，他尽管有"知"，其高超的技艺却无法传授于其子。沃尔法特认为，在这种作为经验活动的斫轮情境下，"知"的意思不是知识，而是知觉，因此，"知者不言，言者不知"可翻译为：当你知觉之际，你不言语；当你言语之际，你无法知觉。

再次回到鱼筌之喻，我们当然需要在合适的时刻找到合适的言辞来表达意思，语言至少与捕鱼之筌和猎兔之蹄同等重要。但当我们明白语词的意思之际，我们不再使用语词，而是转向"事物本身"。当人们捕到鱼或兔之后，接下来重要的事情是精心烹调，美餐一顿；而在用餐之际还想到捕猎的工具则是令人厌烦的。同样，当你进入直接的知觉世界之后，就不再需要语词的帮助了；相反，语词的介入反而会干扰你欣赏美景。知觉超越于语词，这并非形上学意义上（meta-physical）的超越，而是知觉意义上（physical）的超越。在实际生活中，我们经常需要遗忘语言、概念、意见、意图等等，才能真正地跟随生活之"道"。

《庄子》的鱼筌之喻后面还有一句话："吾安得夫忘言之人而与之言哉!"沃尔法特提出，或许我们可以不按一般的说法把"与之言"解为与之交谈，而是解为介入忘言之人所遗忘的语言之中。就刚才的月亮事例而言，这相当于我不再言语，而是安静地参与友人看见月亮的愉悦之中。沃尔法特认为郭象对这段话的评注"至于两圣无意，乃都无所言也"所说的也是同样的意思。此处"意"的意思他解释为"ideas, opinions, thoughts, wishes"①。恰如人们需要在适当的时刻找到适当的言辞，人们亦需要在适当的时刻忘却言辞。"至人无已"，道家圣人"言不言"，无须

① Wohlfart. Philosophical Daoism Zhuangzi Lectures. Tuchan，2012：50.

言辞即可以言述。法国汉学家余连有一本著作的书名是《圣人无意》(*Un sage est sans idée*)，沃尔法特认为这一表述亦可以加诸“至人无己”之后。

四、践行庄子的步伐：自然、无为

沃尔法特对道家思想的“自然”和“无为”两个概念表现出特别的兴趣，他建议使用组合短语来展现“自然”不同的翻译可能，例如：(从)—自身—如此—(流)[(von)-selbst-so-(verlauf) end]，自然而然—自由自在[natürlich-freilich]；而在英文中，他则采用“自身—如此—着，理所当然”[self-so-ing，of course]的翻译。沃尔法特建议用“不做”(ohne Tun)或者“不–行动”(Nicht-Handeln)来翻译“无为”。至于后来道家思想的发展中以及佛教的禅宗里所出现过的“自然无为”，沃尔法特则翻译为“从自身如此流逝着的不做”(ohne Tun von selbst so verlaufend)①。

沃尔法特特地从《庄子·养生主》中择选出“庖丁解牛”的故事来对“自然”和“无为”做出清晰的阐释。“庖丁解牛”的原文为：

> 庖丁为文惠君解牛，手之所触，肩之所倚，足之所履，膝之所踦，砉然响然，奏刀騞然，莫不中音，合于《桑林》之舞，乃中《经首》之会。
>
> 文惠君曰：“嘻，善哉！技盖至此乎？”
>
> 庖丁释刀对曰：“臣之所好者道也，进乎技矣。始臣之解牛之时，所见无非全牛者。三年之后，未尝见全牛也。方今之时，臣以神遇而不以目视，官知止而神欲行。依乎天理，批大郤，导大窾，因其固然。技经肯綮之未尝，而况大軱乎？良庖岁更刀，割也；族庖月更刀，折也。今臣之刀十九年矣，所解数千牛矣，而刀刃若新发于硎。彼节者有间，而刀刃者无厚。以无厚入有间，恢恢乎其于游刃必有余地矣，是以十九年而刀刃若新发于硎。虽然，每至于族，吾见其难为，怵然为戒，视为止，行为迟，动刀甚微，謋然已解，如土委地。

① Wohlfart. Truth lies in Translation. Bemerkungzu Wahrheit und Lüge von bersetzungen am Beispiel einer Passage aus dem Laozi//Translation und Interpretation，herausgegeben von R. Elberfeld und G. Wohlfart，et al. München，1998：239.

提刀而立，为之四顾，为之踌躇满志，善刀而藏之。”

文惠君曰：“善哉！吾闻庖丁之言，得养生焉。”

沃尔法特参照的主要是前文所提到的舒马赫根据梅维恒的英文《庄子》译出的德文版。但他对梅维恒的翻译提出了两点质疑。第一点质疑，梅维恒把“刀”翻译为 cleaver，舒马赫转译为 Hackmesser。cleaver/Hackmesser，屠夫所使用的一种粗重的宽刃刀或斧，显然，沃尔法特不喜欢的是 Hackmesser 一词中的 hack。他认为这两个词语的使用意味着“砍”或“宰”（hack），而庖丁既没有“砍”也没有“宰”；相反，他的“刀”是“无厚”的，他的“刀”在歌唱、在舞蹈、在漫游，他“游刃有余”“自然无为”，完全依循牛的自然肌理与刀之道，让刀自由地行走于牛身内的间隙之中。因此，我们最好沿用华兹生的版本把“刀”翻译为 knife。

梅维恒对“官知止而神欲行”一句的翻译是：“My sense organs stop functioning and my spirit moves as it pleases.”沃尔法特针对这一翻译提出了第二点质疑。他认为原文中的“神”不能被翻译为“my spirit”，这种翻译建立了人的感知与理性之间的形而上学二元对立。在庖丁的叙述中，并非“我”在行游，并非“我的神”在行游，而是“神”自然而然地在行游。沃尔法特认为华兹生的翻译更为恰切：“Perception and understanding have come to a stop an spirit moves where it wants”。在此笔者希望做一点补充：事实上，“官知”并非两个并列的名词，而是一个词，它的意思是“主宰知觉的主司”。成玄英疏：“官者，主司之谓也。谓目主于色、耳司于声之类是也。既而神遇，不用目视，故眼等主司，悉皆停废，从心所欲，顺理而行。”显然，此处庄子根本未论及人的理智，所谓“知”指的是感知（perception），而非理智（understanding），这一点更加支持了沃尔法特的意思；不过，他可能没有注意到华兹生的翻译掺入了 understanding，而梅维恒则没有。沃尔法特进一步主张把“神”翻译为 inspiration，这样可以更为清楚地表达“我”不占据主导地位。庖丁所达到的最高境界是“无己自然”，“庖丁解牛”的故事的宗旨是遗忘自我而顺其自然，这才是正确的“养生之道”。

沃尔法特认为源自道家思想的“自然”和“无为”的精神对中国艺术哲学产生了巨大的影响。此处提一下其诗歌理论。沃尔法特关于中国诗歌的艺术理论的研讨亦秉承了“丧我”“自然”的原则，同时与上一节所讨论的“得意而忘言”之主题亦相关联。他认为，真正的诗人并非在主动创造语言，正如《道德经》中所言：“希言自然”。诗人的语词犹如橡皮擦，随着语词不断产生出来，它们同时亦在自我消亡，它们永远处于通向静寂的路途之上。诗人的语词即是静寂之符号，是那不可言说之言说，它们就事物之个体性显示着事物。诗人的才能即在于让我们忘记语言，而去直接品味事物本身。

如果我们读过墨勒（Hans-Georg Moeller）的《解释道家：从蝴蝶梦到鱼筌之喻》①，可能会感觉到其对鱼筌之喻的解释与沃尔法特在引文等方面有一些应和之处，但二者所得出的最后结论却不同。下面笔者就此进行讨论，并提出自己的一点管见，以供有识之士进一步研讨。

墨勒别出心裁地提出，鱼筌之喻所贬低的不仅仅是“言”，更是“意”。“得意而忘言”一句的意思发生了重要的折转，我们不能依循之前提到的“得鱼而忘筌”“得兔而忘蹄”的工具性含义来做相同的阐释。以郭象的注解“至于两圣无意，乃都无所言也”中的“无意”二字为出发点，墨勒提出，圣人首先摆脱了“意”，然后又摆脱了言。“得意”之意并非通常所理解的“获得了意义”，而是“没有了意义”，或者说，犹如所得到的鱼和兔都被人吃掉了，人获得意义之后也“吃掉了意义”。得到满足后，人也就不再渴求意义了。墨勒认为这符合复合词“得意”的意思，他对“得意”的理解依据于马修斯（R. H. Mathews）1931 年编纂的《汉英辞典》，其中，“得意”被解释为 to get one's desires，to be satisfied（马修斯举出现代汉语“得意得很”来说明此义）。从这个观点出发，他说“意”实际上解释为“意图”更为合适（比拟于食欲，人吃饱之后就没有食欲了）。因此，鱼筌之喻的主旨不仅仅在于遗忘语言，而且是任何意义都应当被遗忘，以达到一种道家式完美的静默。至于最后一句“吾安得夫忘言之人而与之言哉”，墨勒的解释为：“我如何能够与忘言之人交谈呢?”即认为此句真正的意思是：与忘言之人进行交谈是不可能的。

墨勒讲到的把“意”解释为“意图”的说法与上一节提到的余连的《圣人无意》一书以及沃尔法特对“至于两圣无意”句中的“意”的解释

---

① Moeller. Daoism Explained：From the Dream of the Butterfly to the Fishnet Allegory，Chicago and La Salle：Open Court，2004. 此书为其德文原著（In der Mitte des Kreises：Daoistisches Denken，Insel Verlag，2001）的英文翻译。

是一致的。区别于沃尔法特的是，墨勒把此处所解的郭象句之“意”想当然地投射到“得意而忘言”之“意”，认为“得意”即是“无意”；而沃尔法特对此处之意的解释是 Bedeutung，而非 idea（概念、意图等）。此外，先秦文献中多为单音词，一个字一个意思，而复合词的意思多为后世衍生而成。因此不能简单地把“得意”等同于“心满意足”。马修斯所举出的“得意得很”是白话文或者说是现代汉语的表述。当然，正如许多成语皆由《庄子》而来，“得意”的后起之义与“得意而忘言”可能具有渊源关系。与“得意”相关密切的成语有“得意忘形”，它最早见于《晋书·阮籍传》：“嗜酒能啸，善弹琴。当其得意，忽忘形骸。”另有“春风得意”，出自孟郊《登科后》一诗：“春风得意马蹄疾，一日看尽长安花。”这些成语具有心满意足、称心如意的意思，然而我们并不能得出其中“没有意图”的结论，而只能说“意图”得到了满足，从而获得一种飘飘自得的“意味”。

庄子所谓的“得意而忘言”真的是无“意”吗？我们来看一下《外物》开头部分所讲述的一个充满想象力的故事：

> 任公子为大钩巨缁，五十犗以为饵，蹲乎会稽，投竿东海，旦旦而钓，期年不得鱼。已而大鱼食之，牵巨钩，錎没而下，骛扬而奋鬐，白波若山，海水震荡，声侔鬼神，惮赫千里。任公子得若鱼，离而腊之，自制河以东，苍梧已北，莫不厌若鱼者。已而后世辁才讽说之徒，皆惊而相告也。夫揭竿累，趣灌渎，守鲵鲋，其于得大鱼难矣！饰小说以干县令，其于大达亦远矣。是以未尝闻任氏之风俗，其不可与经于世亦远矣！

鱼在《庄子》中是经常出现的一个主题，第一篇《逍遥游》中的大鹏鸟就是从一条几千里长的名叫鲲的鱼变化而来的。五十头犍牛做成的钓饵，大概只适用于鲲这样的超级大鱼吧。可想而知，当任国公子得到这样一条大鱼之时，他一定是欢喜万分，以致忘掉了他所用的钓竿（筌）。那样一幅辉煌壮阔的场景几于道。志在道者，必不汲汲于小竿细绳，而是以大器为用。历代出现的数不胜数的垂钓诗（如唐人柳宗元的“独钓寒江雪”、清人王士祯的“一人独钓一江秋”）、垂钓图，其源起应追溯于《庄子》。可见，得鱼而忘筌的比喻并非纯属偶然，它关联于道开阔不拘之境界，我们应当从这样一种视野来加以体会。

和钓鱼一样，欲得真意，必定不能拘泥于陈词滥调，而是着眼于与道相谐的天籁一般的卮言。这种“意”不局限于人们的意图、愿望，亦非语言符号的意义，而是独立于人与人言的超然高妙、自在自行的道意、道境。庄子对语言的看法并非一味贬低，他所批评的是那种流于常俗、与道无涉的成心之言。他主张“和以天倪”的卮言，或者说曼衍之言。而“意”则同等地重要。唐人王昌龄提出了诗歌中的“物境、情境、意境”三境说，其中意境是最为奇妙的境界。这种意境与合于天的道意、道境异曲同工。

“吾安得夫忘言之人而与之言哉!”忘言并非完全没有语言的介入。庄子希望能够遇到悟到真意、明白语言的相对性、不附着于成言俗语的知己，来与之进行忘言的交谈，即卮言；而当人能作忘言之言时，亦应已然领悟到道的真意，心领神会，拈花微笑。林希逸《庄子口义》曰：“不能忘言，则泥着而失其意矣，唯忘言者而后可与言”[①]，此解与笔者的理解相契。唯知言之无用方知言之用，这与“得意而忘言”所出现的《外物》章中所谓“知无用而始可与言用矣”相呼应。

历来注家都注意到，郭象的注解在不少情况下并不符合《庄子》文字的原意，而墨勒恰是把郭象注解中所表达的一层意思施加于《庄子》之上。郭象的“至于两圣无意，乃都无所言也”，此句所表述的才是墨勒声称要批评的语言工具论，因为如果只有语言才能表达意义或意图，当人们无意可达之时，当然也无所可言了。墨勒则没有看到“意”与道的关联性，未曾体认到超乎人物之际的道意、道境；而是把“意”完全等同于局限于人的意图或语言的意义，这种“意”对他来说与语言一样属于表层次的需要被放弃、被遗忘的东西。墨勒声称反对传统的以语言工具论为基础对鱼筌之喻的阐释，然而，他的新解并未对语言工具论提出任何实质性的批评。当他把意与言归于同一层次需要被遗忘的东西之时，实际上不自觉地认同了语言工具论。

笔者认为沃尔法特关于“吾安得夫忘言之人而与之言哉”的解释更恰切地符合庄子“言不言”的意思。沃尔法特提出，当我们明白语词的意思之际，我们不再使用语词，而是转向“事物本身”，无须言辞即可以言述。而成玄英的疏解则为沃尔法特的阐释提供了更好的依据：“夫忘言得理，目击道存，其人实希，故有斯难也。”[②] 沃尔法特关于月亮的事例无独有

① 庄子庐斋口义校注. 北京：中华书局，1997：429.

② 《庄子·田子方》：“仲尼曰：‘若夫人者，目击而道存矣，亦不可以容声矣。’”

偶地展现了《庄子》"目击道存"之大"意"。需要稍微留意的是："忘言"不等于"无言""去言"，忘言首先是忘记平常的非此即彼的逻辑原则，超越工具论的语言观，正如胡文英《庄子独见》评曰："得意忘言，则无论其有用无用。"

五、尾声

在海德格尔关于东西方对话问题的思考中，语言问题始终都是一个重要的切入点。1969 年 11 月 17—21 日，庆贺海德格尔 80 寿辰的"海德格尔与东方思想"研讨会在夏威夷火奴鲁鲁召开。海德格尔在致会议组织者的信中再次强调西方学者未能掌握东方语言这一事实：

> 一次又一次地，我看到与对我们而言为东方世界的思想家展开对话的迫切性。依我之见，这项事业中最大的困难在于：除了极少的情况之外，不论在欧洲还是在美国，都没有对东方语言的掌握。……希望你们的会议在这种岌岌可危（mißlichen）的境况下仍能取得成效。①

然而，在强调东西方对话问题重要性的同时，海德格尔却从未认真地学习这些语言中的任何一门，未以谦下的姿势去倾听中国经典，也拒绝去任何东方国家旅行②。海德格尔没有努力去实施的这一切，沃尔法特都做到了。海德格尔以"智者"的眼光预言东西方的相遇需要三百年之后才有可能发生，而沃尔法特则心甘情愿地做一位周游列国、踽踽而行的道家"愚人"。

---

① Heidegger. Gruss und Dank an die Teilnehmer der Heidegger-Konferenz in Honolulu auf Hawai. 17. -21. November 1969 (Briefe an Prof. A. Borgmann) [1969] //Reden und andere Zeugnisse eines Lebensweges 1910—1976. GA 16，2000：721-722.

② 马琳. 海德格尔论东西方对话. 北京：中国人民大学出版社，2010：185，205.

第十一章　从章太炎出发思考多元文化主义：何以不齐而齐？

近年来，欧洲国家纷纷宣布放弃政治上的多元文化主义政策（multiculturalism）而倾向于针对非主流族裔的融合政策，其中尤为引人注目的事件是：2010 年，德国总理默克尔（Angela Merkel）在公开场合正式宣布多元文化主义政策失败了。由此，相关学者们不得不面对“多元文化主义理论在道义上的破产，或者说多元文化主义政策令人难堪的失败”这样的局面①，从而进一步反思多元文化主义的基本前提与原则，尝试对其加以理论重建，以寻求对待非主流族裔的新的有效的方针、政策。需要注意的是，到目前为止，中国学者大多把多元文化主义理解为以不同国家为载体的不同文化形态之间的关系，而在国际学界，多元文化主义则特指处理同一个政体之下不同族裔之间的关系的某种基本导向，尤其是强调不同族裔保持其文化传承之特色，它与其他的导向，诸如社会整合、文化同化或者种族隔离等政策相对立。中国传统中涉及不同族裔之间关系的一个关键词是夷夏之辨，目前这方面的内容主要归于民族研究领域，而国内哲学界对其还鲜有探讨。

本章旨在引入道家的齐物观，探讨这样的观念如何可以运用于处理生活在同一区域或邻近区域的族群之间的关系。文章的切入点是章太炎以老庄道家为主要理论框架的中期政治思想。章太炎是著名的近代哲学家、辛亥革命的思想领袖。早年，章太炎师事古文经学学者研习古代经典，1894 年甲午战争爆发以后，他开始在报刊上撰文表述其政治思想。1900 年，章太炎出版了其影响深远的《訄书》（修订版 1904 年），书中对清政府的辛辣针砭在当时引起了巨大的反响，此外，此书还主张把儒家经典视为历史文献而非圣人之言。

---

① Viren Murthy. The Political Philosophy of Zhang Taiyan: The Resistance of Consciousness. Leiden: Brill, 2011.

由于章太炎的政治活动，他曾七次被清廷、之后被袁世凯（1859—1916）通缉，三次被捕入狱。为了躲避追捕，章太炎数度逃亡到日本，在那里接触到了大量的西方书籍的日文版。1903 年，章太炎书就了著名的《驳康有为论革命书》，驳斥了康有为（1858—1927）君主立宪制的保守主张，指出中国必须通过革命来推翻清朝的统治。同年，章太炎被捕入狱，在狱中度过了三年，其间他专心研读佛教经典。1906 年获释后，章太炎东渡日本，在那里继续其政治与学术生涯。1911 年武昌起义爆发后，他返回中国进行革命活动。章太炎专门研讨庄子的著作《齐物论释》作于 1911 年前后，专门讨论民族问题的《中华民国解》以及提出道家式的国家理论的《国家论》均作于 1907 年，这些皆是本章的研究所依据的重点文献，因此，笔者对章太炎的生平介绍就暂时到此。

本章第一节讨论章太炎在《齐物论释》所表述的齐物/平等观念。一方面，章太炎强调平等关涉于万千事物的原初状态，平等并非某种需要去实现的理想目标，而是世界原本的真理。另一方面，章太炎并不回避谈论事物各种各样的差异，差异是事物存在的方式。如果人们不是试图抹去差异以求得表面上的“平等”，不是把某种固定的普遍标准强加于事物之上，而是接受差异、认可差异，那么，事物的平等就可以在其各种各样的差异中展现出来。

一些学者已经把章太炎对庄子文本的阐解与发挥同文化多元论（cultural pluralism）联系起来，例如，王玉华的《多元视野与传统的合理化：章太炎思想的阐释》①，以及汪荣祖的《超越儒教中国：康有为与章炳麟之间的对抗话语》②。这种文化多元论中国学者常称为“多元文化主义”，但其所关涉的主要是以不同国家为载体的不同文化形态之间的关系（通常他们只把一种文化形态归于某个国家——实际上只考虑到了此国家的主流文化形态），尤其是中国（汉）文化与西方文化总体之间的关系。为了避免误解，我们将这种理论关注称为“文化多元论”。然而，这些学者尚未把章太炎的观点与本章所关心的多元文化主义问题关联起来，也即，如何处理生活在同一个政体之下的不同族裔之间的关系。

本章第二节探讨章太炎关于在革命之后即将建立的中华民国这样一个

① 王玉华. 多元视野与传统的合理化：章太炎思想的阐释. 北京：中国社会科学出版社，2004.

② Wong Young-tsu. Beyond Confucian China：The Rival Discourses of Kang Youwei and Zhang Binglin. London and New York：Routledge，2010：142-143.

政体之内如何处理汉族与其他四个主要民族之间的关系的理论。此处先说明一个翻译的问题。在英文文献中，汉族通常被翻译为 Han nationality，然而，根据章太炎的文本，“族”主要是由血缘承递关系来界定的，因此笔者认为将其翻译为 lineage 比较合适，而 nationality 易于与 nation（国家）相混淆，给人以生活在中国的各个不同的民族都可以有自己独立的国家这种误解。周凯荣（音译）建议把“族”翻译为 Han race-lineage，但 race 的本义为“种族”，这会令人误会同一国家之中不同的民族皆是不同的种族，把民族之间的距离拉得过大①。第二节的讨论所依据的主要文本是章太炎作于 1907 年的《中华民国解》。尽管中期章太炎自认为在哲学上忠实于道家哲学，他关于民族关系的主张与传统儒家思想基本上是一脉相承的。与传统儒家一样，他主张在“夷夏之辨”的基础上来判定文明的价值、确定具体的融合政策。此外，章太炎对“中华民族”的定义是本质主义的，亦有违于道家思想。

汪荣祖在探讨章太炎对于即将建立的中华民国的政治制度的政见之时，曾介绍过《中华民国解》其中的一部分内容，但他并没有从章太炎的政治哲学出发来讨论这份文本中关于如何处理不同族裔之间的关系这个问题。汉学家慕唯仁在其专著《章太炎的政治哲学：意识的抵抗》中也没有触及这份文本中这方面的思想②。大多数中文二手文献只提及《中华民国解》中有关如何界定中华民族的问题，而对其以大量篇幅所讨论的民族问题不置一词，这或许是因为其中所表达的一些观点迄今为止仍然是一个政治上的敏感问题！

与《中华民国解》的基本思想导向不同，章太炎关于国家的独特理论清楚地展现出道家思想的影响，本章第三节将聚焦于这个侧面。诸如慕唯仁等学者认为，章太炎《国家论》这篇文章的主要导向是把唯识学的奥义运用于政治理论③。然而笔者以为，此文之洞见与道家思想亦是契合的。章太炎把国家视为处于低位的自身空无一物的河床，它永无间歇地接纳、承送着水流，但从不借助于强力，也不企图把任何事物据为己有。处于低

---

① Chow Kai-wing. Imagining Boundaries of Blood: Zhang Binglin and he Invention of the Han “Race” in Modern China//The Construction of Racial Identities in China and Japan, ed. Frank Dikötter. London: Hurst & Company, 1997: 34.

② Viren Murthy. The Political Philosophy of Zhang Taiyan: The Resistance of Consciousness. Leiden: Brill, 2011.

③ 同②191-194.

位的告诫以及水之喻与《道德经》中的章句遥相呼应，而章太炎关于中华民国政治制度的一些具体建议也反映出类似的思想前设。

本章第四节探索章太炎思想中的不相一致之处。尽管章太炎力荐老庄思想，但他似乎有意无意地把借用、发挥道家思想限制在这样的前提下，即中华民国是一个理所当然地以汉族为主体、提倡其他民族向汉族看齐、与汉族单方面地融合的政体，民族多样性没有价值，更谈不上理应受到保护。本章第五节简要地谈谈中西方学者在寻求多元文化主义的新版本之际可以从老庄道家汲取哪些思想源泉。

一、“不齐而齐”：章太炎通过道家而表述的齐物/平等观念

章太炎对《庄子》的研习着重于第二章《齐物论》，他的《齐物论释》作于1910年，修订本出版于1914—1915年。梅约翰（John Makeham）等西方学者认为，章太炎在中国传统思想之中最为倚重的是佛教——确切地说，是在章太炎的时代得到重振的唯识宗。他们主张，章太炎把唯识宗思想作为权衡中国传统哲学的尺度，早期的中国经典（包括《庄子》在内）皆是对在唯识宗那里“得到完全的、系统的表述”的智慧之“见证”[①]。运用黑格尔的话语，我们可以说：唯识宗即是发展到了极致的理念主义哲学（Idealism），而之前的思想形态都是对于同一真理的各式各样的片面表述。汪荣祖等学者则认为章太炎是在借用一切可即的思想源泉来表达自己的见解，他“把［西方的］文化多元论的新酒装进了庄子《齐物论》的旧瓶之中”[②]，因此，把章太炎的《齐物论释》视为纯粹从佛学立场来阐释庄子是一种误解。

关于这个问题，笔者持一种中间立场。我们知道，在章太炎1903年至1906年三年的狱中时光里，他阅读了大量的佛学经典，尤其是《瑜珈师地论》以及其他因明学、唯识学的经典。而他对《道德经》与《庄子》的接触则是在早年，并且，他曾直接地讲道，“中国的老子庄子更高妙”，

① John Makeham. Zhang Taiyan, Yogācāra Buddhism, and Chinese Philosophy//Learning to Emulate the Wise. ed. John Makeham. Hong Kong: The Chinese University Press, 2012: 104.

② Wong Young-tsu. Beyond Confucian China: The Rival Discourses of Kang Youwei and Zhang Binglin. London and New York: Routledge, 2010: 141.

而宗教则“总不免持守自宗，攻击异己”①。章太炎对佛学的兴趣主要着力于从哲学的角度来挪用其论说，并不拘囿于传统经论。尽管他运用佛学术语来阐解道家的齐物观，但他对老庄的理解并不仅仅借重于佛学，而是与传统的注解大致谐和。他以“不齐而齐”来传达道家的平等观，并且明确指出，“不齐而齐”比佛家的平等观更进了一步（见下文）。

另一方面，虽然我们可以从“不齐而齐”引申出文化多元论这样的现代观念，但是我们不能像汪荣祖那样认为章太炎主要的做法在于把现代观念读入《齐物论》之中。章太炎对于其对庄子的阐解尤为自矜，深信其独特性独步天下。众所周知，他自称其《齐物论释》发前人所未见，“一字千金”②。在其他的著述中我们也可以注意到，章太炎对于西方理论并非亦步亦趋，而是更加留意于融通中西，独出己意，发前人、西人所未发（见本章第二节关于民族主义的讨论）。

章太炎的《齐物论释》开篇第一段话是：

> 《齐物》者，一往平等之谈，详其实践，非独等视有情，无所优劣，盖离言说相，离名字相，离心缘相，毕竟平等，乃合《齐物》之义。次即《般若》所云字平等性，语平等性也。③

《齐物论》以丧己忘我为始，以梦蝶物化为终，废除了是与非、彼与此、人与物之间的严苛界限。尽管事物之间具有各种各样的差异，它们皆是平等的、齐平的，这是一种原初的平等。上述引文中的“离言说相，离名字相，离心缘相”出自《大乘起信论》，意思是说如果人们脱离话语、词汇，以及对待物的因果式的思维方式，自然可以看到一切事物归根结底都是平等的。平等——用来翻译西方的 equality 这个概念的词语——原本来自佛家。章太炎开宗明义，《齐物论》所谈论的就是平等的问题，佛家的宗旨与“齐物”之义是相合的。不过，他认为庄子的齐物思想比佛家更胜一筹。

我们来看《齐物论》开头的风喻，即南郭子綦与颜成子游之间的对话。子綦称他已是身如槁木、心如死灰，声言子游只听到了人籁，但却没能听到地籁与天籁，并给出一段生动的描绘：

---

① 章太炎．论佛法与宗教、哲学以及现实之关系//黄夏年．章太炎集，杨度集．北京：中国社会科学出版社，1995：6.

② 章太炎．国故论衡//精读章太炎．厦门：鹭江出版社，2007：247.

③ 章太炎．齐物论释//章太炎全集：六．上海：上海人民出版社，1986：4.

子綦曰："夫大块噫气，其名为风。是唯无作，作则万窍怒呺。而独不闻之翏翏乎？山林之畏佳，大木百围之窍穴，似鼻，似口，似耳，似枅，似圈，似臼，似洼者，似污者。激者、謞者、叱者、吸者、叫者、譹者、宎者、咬者，前者唱于而随者唱喁，泠风则小和，飘风则大和，厉风济则众窍为虚。而独不见之调调、之刁刁乎？"

子游曰："地籁则众窍是已，人籁则比竹是已，敢问天籁。"子綦曰："夫吹万不同，而使其自已也。咸其自取，怒者其谁邪？"

章太炎解释道，"《齐物》本以观察名相，会之一心"①。风起之际，万千窍孔振振作声，各嘘其气，正如世界上有各种各样的名相。它们犹若家鸡野鹊，其声殊异，自抒胸臆；又如游尘细沙腾跃而起，千变万化，此乃地籁。地籁之音，绵延不绝，如泣如诉，如嘻如吁，百调千律，此乃"不齐"。不过，各种声音又是"使其自已"，不依赖于外界，皆是自心现影，别无本体，并没有一位主体在操纵万窍之怒号，故曰依止藏识，此乃天籁。藏识中的种子是相之本质，亦是名言之起源。"地籁则能吹所吹有别，天籁则能吹所吹不殊"②。地籁展现出百调千律，参差不齐，从而"所吹有别"；天籁则揭示出若依定境，一切名相皆可空，从而"所吹不殊"。只是当执念于藏识，产生了我执，以为相在根识之外，才产生了误解；以相异的名相各执一词，才产生了纷争。"名相所依，则人我法我为其大地，是故先说丧我，尔后名相可空。"③ 子綦之丧我，即是依止定境。

章太炎试图借用佛家的术语来阐明《齐物论》开头关于忘我、地籁与天籁之喻，而我们则可以借用郭象（252—312）的注解从另外一个角度来阐释天籁。子綦在描绘地籁之时提到，风乃"大块噫气"，何谓"大块"呢？郭象的解释是："大块无物"④。风这种"无物"没有自己的声音，风之起不依赖于任何事物，当然也不依赖于人。然而，它吹入千窍百孔之中，使得地籁之音簌簌而起，千婉百啭，此"无物"即是天籁。这种描述也符合人们的常识：风总是无区别、无主观偏差地吹过万事万物，不依赖于事物之外观，也不依赖于人们对于事物的价值判断。

---

① 章太炎．齐物论释//章太炎全集：六．上海：上海人民出版社，1986：8.

② 同①65.

③ 同①65.

④ 郭庆藩．庄子集释：第一册．北京：中华书局，1985：46.

章太炎从庄子的齐物思想出发，提出“不齐而齐”的平等观或者说齐一/齐物观：“齐其不齐，下士之鄙执；不齐而齐，上哲之玄谈。”① 如何翻译“不齐而齐”？慕唯仁将其翻译为“see［ing］the unequal in the equal”，意即“在齐中见不齐”②，稍后他承认这个译法有些含混，提出另外一种翻译：“to let the unequal be unequal is equality”③，意即“任其不齐，所以为齐”。笔者认为，我们应当从对“齐”字的解释出发来把握“不齐而齐”的含义。根据《说文解字》，(齊) 亝本是象形字，表示吐穗的禾麦其上均平。徐锴的注释说：象形字“齊”中的“二”表示“地”；清代段玉裁更加详细地解释道：“二”表示地有高下，“禾麦随地之高下为高下，似不齐而实齐。参差其上者，盖明其不齐而齐也。引申为凡齐等之义”④。我们可以看到，段玉裁的解释似乎受到了《庄子》思想的影响：麦苗依随着地势的高低而显得参差不齐，但实际上却是齐平的。章太炎的解释是：齊者，“因物付物，所以为齊”⑤。

显然，“不齐之齐”之深义与慕唯仁所言相反，不是“在齐中见不齐”，而是“在不齐中见齐”。因此，我们可以将“不齐而齐”翻译为 achieving equality by leaving things uneven/unlike。慕唯仁的第二种翻译有所改进，但把“不齐”翻译为 equality 的反义词在英文语法中却构成了一个不必要的悖论。“不齐”是达到“齐”的对待物的方式，因此，笔者将“不齐”翻译为 uneven，而“齐”则可以被视为中文中对应于 equality 的准共相⑥，它包括了 equality 的一些内涵，但同时也保留着其原有的内涵，例如“等视有情”。

章太炎指出，人们不应被名、相、心所迷惑，而看不到事物原初的齐一状态，当然，人们也不能把一种虚假的平等的面纱人为地笼罩在一切事物之上。人们应当复还于事物之虚静，正如天籁实乃无物，等视有情，但并没有用一种统一的标准来对待事物；又如子綦之丧我，从而使事物在齐一

① 章太炎．齐物论释//章太炎全集：六．上海：上海人民出版社，1986：61.

② Viren Murthy. The Political Philosophy of Zhang Taiyan：The Resistance of Consciousness. Leiden：Brill，2011：211.

③ 慕唯仁．重新思考章太炎与现代性：对汪荣祖教授的回应//“中央”研究院近代史研究所集刊，2012 (78)：184.

④ http://www. zidiantong. com.

⑤ 同①.

⑥ “准共相”是笔者所提出的一个比较哲学方法论的概念，详见马琳的《比较哲学中的家族相似概念及其跨文化延拓》[《学术月刊》，2016 (7)：20-30]。

之境中仍然如其所是。《齐物论》为章太炎提供了一种可以超越当时引进中国的某种西方平等观的齐一思想，这种西方观念把平等视为乌托邦式的人人均等的抽象的平等。道家的齐一思想超越了同一与差异之间的二元对立，更为重要的是，它还超越了人与其他事物之间的鸿沟。章太炎讲道：

> 近人所谓平等，是指人和人的平等，那人和禽兽草木之间，还是不平等的。佛法中所谓平等，已把人和禽兽平等。庄子却更进一步，与物都平等了。仅是平等，他还以为未足。他以为“是非之心存焉”，尚是不平等，必要去是非之心，才是平等。庄子临死有“以不平平，其平也不平”一语，是他平等的注脚。①

因而，承袭着道家精神，章太炎的平等观并不仅仅涉及生活世界中的万事万物，并不仅仅主张众生平等，而是要齐平人与其他事物（人亦是“物”，这层意思体现在现代汉语中的“人物”一词之中），甚至连善恶、是非等价值观念皆要齐平。人们要注意，自己的价值观总是受到自身的偏见所限制，因此，不能只是依据某种固定的价值标准来衡量事物的对错，而必须从具体事物的实际境况出发，因物付物，事物乃齐。章太炎经常引用《道德经》第64章“以辅万物之自然而不敢为”和第49章“圣人无常心，以百姓心为心。善者，吾善之；不善者，吾亦善之，德善”② 来说明这一点。

章太炎指出，人们不应当从自己关于善恶、对错的前见出发而把一种似是而非的平等强加到事物之上。相反，人们应当认可事物之间的差异，留意自己的价值判断的局限之处，依据事物的自然特性，使自己不断地与物为春，跟随事物之变化而变化自身的观点、立场，“如户有枢，旋转环内，开阖进退，与时宜之，是非无穷，因应亦尔”，此即庄子所谓的“不由而照之于天”“莫若以明”③。

上述道家思想对于政治哲学的蕴意是：所有的国家、民族、社群以及个人皆有生存与自由发展的权利。我们不能仅凭自己的标准来评判其他文化的价值。在《齐物论释》的题解部分，章太炎特别提到尧伐三子之间这

① 章太炎．国学概论．曹聚仁，整理．上海：上海古籍出版社，1997：34．相似的说法参见：章太炎．论佛法与宗教、哲学以及现实之关系//黄夏年、章太炎集，杨度集．北京：中国社会科学出版社，1995：14-15。

② 章太炎．论佛法与宗教、哲学以及现实之关系//黄夏年、章太炎集，杨度集．北京：中国社会科学出版社，1995：14-15．章太炎．齐物论释//章太炎全集：六．上海：上海人民出版社，1986：17．

③ 章太炎．齐物论释//章太炎全集：六．上海：上海人民出版社，1986：17．

个故事，并对其做出详解。

> 昔者尧问于舜曰："我欲伐宗脍、胥、敖，南面而不释然。其故何也?"舜曰："夫三子者，犹存乎蓬艾之间。若不释然何哉！昔者十日并出，万物皆照，而况德之进乎日者乎!"

下面是章太炎所大段征引的郭象的评论，这在《齐物论释》中是不多见的，因为在别的方面他并不满意郭象对《齐物论》的解释。

> 将寄明齐一之理于大圣……夫物之所安无陋也，则蓬艾乃三子之妙处……今欲夺蓬艾之愿而伐使从己，于至道岂弘哉，故不释然神解耳。若乃物畅其性，各安其所安，无有远近幽深，付之自若，皆得其极，则彼无不当而我无不怡也。①

章太炎赞誉郭象的这些注解恰切地领会了庄子的意旨。不同的邦国处于不同的地域，各各安于其所安之处，怡然自得。人们不能从中原的标准出发，认为居于蓬艾之国是蛮昧之邦，更不应该从这样的判断出发而讨伐它们，试图将其转化为中原文明。这种做法无异于以玉盘珍馐来招待海鸟，以钟鼓之声来取悦鼹鼠，两种情况皆使客人受宠若惊，颠连取毙。

不同的邦国具有不同的习俗，此为"不齐"。"文明"与"野蛮"之分是对这些邦国所做出的一种价值判断。然而，它们皆能各安其俗，互不相碍，正如十日并出，各安其所。美德应当比太阳伟大，因此，一位具有美德的君主应当能够容纳其他这三个邦国的存在。这种阐释是大多数《庄子》的注家所赞同的。而郭庆藩则提出另外一种解释：

> 家世父曰：伐国者，是非之见之积而成者也。而于此有不释然，左右伦义分辩竞争八德，交战于中而不知。夫三子者，蓬艾之间，无为辩而分之。万物受日之照而不能褪其形，而于此累十日焉，皆求得万物而照之，则万物之神必敝。日之照，无心者也。德之求辩乎是非，方且以有心出之，又进乎日之照矣。人何所措手足乎!②

郭庆藩提出了一种道家针对儒家称誉美德的做法的重要批判，此种注解更好地表述了道家的齐一思想。他认为：十日之照物，使得万物衰敝，无计逃脱，但是，十日之照物是无意的；而讲求是非的美德标准则是人为

① 章太炎. 齐物论释//章太炎全集：六. 上海：上海人民出版社，1986：39.
② 郭庆藩. 庄子集释：第一册. 北京：中华书局，1985：90.

的，其害甚至有过于十日之照，意欲讨伐他国的想法即起源于是非之见，人们将如何是好呢？结论自然是：人们应当祛除是非之心，正是是非之心引起各种不同的美德之间的冲突，使得从是非之见出发来看待他国之人无法怡然释怀。这种阐释避开了把容纳他国归结于在圣人身上彰显出来的一种美德（因为所谓的美德仍然需要用一种价值标准来衡量），从而把问题集中于彻底地祛除是非之见，而不是依赖于圣人之言。

章太炎认为尧问一段应当是《齐物论》之七章的最后一章，之所以放在第三章，恰是出于其致用利见的功效："原夫《齐物》之用，将以内存寂照，外利有情。"① 他敏锐地观察到这个故事与现实形势所具有的惊人的相似之处。古往今来，侵略者从来不承认其蚕食的行为，而总是诉诸某种堂而皇之的理由，总是声称其目的在于传播文明于野人之中。这种借口的根源即在于文野不齐之见。然而，侵略者野心却在其侵略的行为下暴露无遗，"为桀跖之嚆矢明矣"②。试图消灭所谓的野蛮邦国、推广自家文明的做法起源于文野不齐之见，这种偏见是最难以消除的。不过，"文明灭国"的借口却被庄子揭穿。章太炎接续着庄子而主张："世情不齐，文野异尚，亦各安其贯利，无所慕往"；"终举世法差违，俗有都野，野者自安其陋，都者得意于娴，两不相伤，乃为平等"③。我们可以把章太炎对尧问故事的发挥称为一种初步的道家版本的多元文化主义。

章太炎顺便批评了当时主张无政府主义的政治家。章太炎与无政府主义之间的关系较为复杂。根据札罗的研究，一方面，章太炎认为民族主义高于无政府主义，因为后者对于当时中国的形势是不适合的。但另外一方面，无政府主义对于章太炎的"个人主义的情愫"具有一定的吸引力，在其著名的《五无论》中，他似乎把它视为"通往最终实在的第一步"④。无政府主义者宣称，当国家、区域、乡镇等等这样的划界彻底消失、所有的道德准则都销声匿迹之后，就能够实现完全的平等。章太炎指出，即使当这样的理想状态实现之际，无政府主义者仍然还保留着文明与野蛮之分别，为了达到、改进文明，必须使得工具日益先进、饮食日益佳善、着装

① 章太炎．齐物论释//章太炎全集：六．上海：上海人民出版社，1986：39.

② 同①.

③ 同①39，6.

④ Peter Zarrow. Anarchism and Chinese Political Culture. New York：Columbia University Press，1990：183，51-52.

日益精美，而为了实现这样的进步，必然要驱使某些民众劳其苦身，如此而来，人与人之间还是不平等。因此，齐物之论，究其极必须齐文野之见。

在许多文字之中，章太炎似乎完美地现身为庄子思想的承继者、宣扬者，他认为当时所流行的公理观以及墨子的天志观皆以普遍之论蒙蔽了人们的心智，其论与庄子的齐物说相去甚远①。然而，作为一位志在重振中华的革命者，章太炎当然清楚理论与实践之间的差距。正如一只美丽的玉卮虽然珍贵，却不易付诸日用，哲学之论说虽然高妙，却难以付诸实事。中华民国成立之后，其他四个主要的非汉族民族也成为中华民国之一分子，那么，如何处理汉族与这些民族之间的关系？章太炎关于这个问题的讨论明显地体现出传统的华夏中心论，这与他所信奉的庄子的齐物之见背道而驰。

二、章太炎关于汉族与其他民族之关系的华夏中心主义（Sinocentrism）立场

在章太炎的时代，梁启超（1873—1929）、杨度（1875—1931）等学者主张，经过数千年的共同生活与交流，中国各民族，尤其是汉、满、蒙、回、藏五大民族（梁启超没有列举“藏”，而代之以“苗”②）已经融合为一个大民族。他们建议把这样一个大民族称为“中华民族”，强调其中“华”字的文化内涵。他们认为，［繁体字］“華”字是“花”的本字，字义为“花朵”，“華”的含义即是中华文明之美好与灿烂，其他采纳了汉文化的民族亦是“中华民族”之一分子。这是从文化上而非从血统上来定义中华民族。梁启超把这一定义称为“大民族主义”，以与“小民族主义”相对比；根据“小民族主义”，中华民族的主体只能是汉族③。

章太炎坚持梁启超所谓的“小民族主义”，在作于1907年的《中华民

① 章太炎．排满平议//章太炎全集：四．上海：上海人民出版社，1985：262．持公理观者，章太炎可能所指的是康有为，参看Wong，2010：3。对于某些持公理观者，甚至夫妻关系也可以从几何原则中推演出来（这与从前的算婚姻八字可谓异曲同工）。

② 梁启超．饮冰室合集：第2卷．北京：中华书局，1989：19．当时，“回”主要指涉的是生活在新疆的伊斯兰民族，也泛指其他信仰伊斯兰的民族。

③ 同②75-76.

国解》中，他追溯了华夏民族（章太炎认为这只是汉族的另外一个名称）形成的复杂历史。章太炎认为，“华”字来自“华山”，“夏”字出自“夏水”，亦称“汉水”；“华”字起初是指称邦国，而“夏”字指称生活在中原的“种族”。“汉”字则出自“汉朝”（西汉：前206—25），其地理范围与华夏国相同。因而，“华”“夏”“汉”的指称是相互重叠的，其内涵是一致的。作为民族（章太炎倾向于使用“种族”来指称汉族）名称的“汉”包含着对华夏国的指涉，而“华”——“中华民国”之“华”——则意味着即将成立的中华民国的主体应当是汉族①。章太炎的观点与传统的“夷夏之辨”是一脉相承的，“夏”指称生活在中原的汉族，而“夷”则指称生活在中原以外的其他民族。

章太炎竭力强调“华”字的地理意味，其背景是杨度对“中国”与“中华”的区别。在《中华民国解》中，章太炎数次提到杨度所主张的“金铁主义”[这种主张认为中国应当寻求经济上的富裕（金）与外交上的强势（铁炮）]。杨度提出，“中国”主要是一个地理上的概念，原本用来区分远与近的地区；而“中华”则主要用以界定文化之优劣。“华”既非邦国的名称，亦与血统无涉，它是一种特定文化的名称，是文化统一的象征。生活在“中国”（中原）的人可以退化为蛮人，而蛮人亦可以进化为文明人。“中华民族”是对长期生活在一起的已经融合为一体的各民族人民的总称②。

与杨度的文化主义立场相对，章太炎提出一种在地理、传承与血统上三重统一的狭义的“中国”概念。在界定汉族之时，他尤其强调血统的重要意义：

> 夫言一种族者，虽非铢两衡校于血统之间，而必以多数之同一血统者为主体。何者？文化相同自同一血统而起，于此复有殊族之民受我抚治，乃得转移而翕受之；若两血统立于对峙之地者，虽欲同化莫由。③

慕唯仁注意到，章太炎有时区分开“种”（race）与“族”（lineage）这两个概念，这是章太炎驳斥梁启超从其君主立宪的立场出发所提出的满

---

① 章太炎. 中华民国解//章太炎全集：四. 上海：上海人民出版社，1985：252-253.

② 杨度集. 长沙：湖南人民出版社，1986. 章太炎. 中华民国解//章太炎全集：四. 上海：上海人民出版社，1985：253.

③ 同①255.

族与汉族属于同一个“种族”的观点的理论基础①。慕唯仁认为，“族”指称血统与文化，章太炎是在“种”的范围之内来使用“族”的概念的。上述引文则表明，章太炎把血统作为界定“族”的根本标准，而文化之认同则取决于血统之同一。在录于《訄书》的一篇文章中，章太炎提出，满族人与日本人同属于黄种人，日本人与中国人是相同的族，而中国人［即汉族］与满族人则不是同一个族。如此看来，“种”可能更多地指涉人类学意义上的外貌及生理特征，因此章太炎承认汉族与满族是同一个种，但却不是同一个族。上述引文也表明，当血统是决定性因素时，章太炎所使用的“种族”一词应当被理解为古汉语语法中的偏义复词，其词义落在“族”之上。

有的学者认为，章太炎关于民族国家的想法主要受到了西方现代民族理论的影响。例如，王玉华引用章太炎的一段文字作为这种观点的论据：“且民族主义之见于国家者，自 19 世纪以来，遗风留响，所被远矣。撮其大旨，数国同民族者则求合，一国异民族者则求分。”② 然而，章太炎这段话的背景是评论严复（1854—1921）翻译的英国人甄克思（Edward Jenkins）所著的《社会通诠》［原题为 *History of Politics*］。他列举出甄克思所描绘的宗法社会与中国传统社会的四大区别，从而论证甄克思的理论不能被照搬到中国。章太炎指出，当时所谓的民族主义精神长久以来已然固存于“吾种”的才智之中。因此可以说民族主义并非外来的，而是在特殊事件的激发之下显示出来的。可见，章太炎并不以为民族主义是一个外来的西方的政治概念，当人们把章太炎称为一位民族主义者时，不能把民族主义直接地等同于西方学者所提出的民族主义。事实上，章太炎所主张的“［小］民族主义”与明末清初之际顾炎武（1613—1682）等学者的志趣是一致的，顾炎武计划撰写一部中国姓氏史，借以彰显满族人是“我族”之异类。章太炎时代的许多革命者亦有此想法，这也是他写作《訄书》的一个中心关怀。

从这样一种“小民族主义”出发，章太炎提出他对于处理汉族与其他四个主要的非汉族民族之间的关系问题的总体原则以及具体措施。我们提到过，章太炎对于汉族的界定所采用的主要标准之一是地域，并且，他试

---

① Viren Murthy. The Political Philosophy of Zhang Taiyan: The Resistance of Consciousness. Leiden: Brill, 2011: 76.

② 章太炎.《社会通诠》商兑//章太炎全集：四. 上海：上海人民出版社，1985：332.

图沿用西汉时期的版图来界定中华民国的疆域。根据这一标准，他提出，朝鲜和越南本是中国的一部分，其民众与汉族享有同样的文化以及血统。因此，理想地说，朝鲜和越南应当被光复，重归中土。缅甸虽然不是西汉的疆土，但在明代时隶属于云南府，许多汉族移民到那里，因此，它也可以被光复。

然而，章太炎认为，西汉以外的疆域，即蒙古、回部［即新疆］、西藏（章太炎称为三荒服），原来并非中国的一部分。西藏、回部在明代时只有册封，并非属地，蒙古则从未臣服于中原。西藏在宗教上与中土尚有交通，而“回部、蒙古宜无一与汉族相通”，因此，“三荒服则任其去来也”。尽管蒙古、回部、西藏“并非故土”，但由于它们并不隶属于任何国家，若“循势导之”，其实它们比朝鲜、越南与缅甸更易于被纳入中华民国的版图①。

如果“三荒服”真的可以自由选择是否从属于中华民国，那么在某种程度上可以说章太炎将它们与汉族等视之，是平等地对待他们。然而，章太炎并没有切实地讨论这种可能性。其中一个重要的原因是，在当时的国际形势之下，这些地区的民族的自决权似乎只能停留在理论的层面上，由于其落后的状况，这在实践上是不可行的。此外，正如章太炎指出，沙俄一直都在觊觎回部与蒙古，英国欲图吞并西藏，而法国则虎视眈眈妄想控制云南与广东。如果这些区域独立出去，那么势必使这些企图更加容易得逞。而倘若这些地方落于外强之手，那么中原地区就很难维持其领土之完整②。因此，章太炎认为从政治策略上来讲，应当把蒙古、回部、西藏纳入民族革命胜利之后即将成立的统一的中华民国之中。在《中华民国解》中，他以大量篇幅讨论了如何把蒙古、回部、西藏顺利地“同化”或者“醇化”于汉文化之中。

章太炎从数个方面来探讨同化的进程：从语言方面来说，在回部的汉人比其他两部都多，而回人聪颖胜于蒙人，因此在这方面易于醇化；尽管蒙人稍嫌迟钝，但由于与汉人通商，可以逐渐习得汉话；而藏人离中原最为遥远，且拥有自己独特的宗教与文化，其语言亦完全属于另外一种体系，因此，在语言方面对他们的醇化最为费力。

在经济与生活习俗方面来看，回部的农耕形式与汉民无大异，人们筑

① 章太炎．中华民国解//章太炎全集：四．上海：上海人民出版社，1985：257.

② 同①261.

室而居，环城以郭，亦与汉人相类；而在西藏，由于高山深谷阻断交通，无法游牧，且土地硗薄，亦无法稼穑，人们居住在简陋的木屋里，略胜于蒙人的帐篷；在蒙古，戈壁广阔，即使在平地亦有大片的沙漠，由于其游牧生活，蒙人不得不支篷而居，唯有王公贵族才享有居室。因此，在经济与生活习俗方面，对蒙人最须用力将之同化。

在律法与政令方面，有清一代，虽然西藏实施的是神权政治，清政府还是常常派遣满官到那里辅佐。章太炎认为以后可相应地派遣汉官到那里；蒙人的首领是酋长，其律法与中原具有很大的差异，不过，对于那些归化效忠于中原的部落，依然可以派遣汉官任治；唯有回部在这方面有些麻烦，根据章太炎的解释，这主要归因于清朝政府对待回部的酷虐政策，令其无辜而遭到流亡。清政府虽然在回部设置了行省，但仍然年年课税，苛政不止，“非若蒙古之为肺腑，藏教之被尊祟”①。由于“满洲视回部若草芥”②，这自然激起回民的憎怼，并转而迁怒于汉官，从而回部成为最易于兴起躁动之地。因此，就律法与政令而言，回部是最难以醇化的地区。章太炎建议，可以在那里派遣官员、兴办学校，暂时对其现行律法不做变更，待 20 年之后，回部可冀与内地相比拟。

至于如何对待满人的问题，章太炎在其他文稿中也谈到过。一方面，他表达出对于满人的憎恨③。满人的语言、宗教与生活方式皆与汉人相异。因此，他们当然不是“华夏”之一分子，作为异族，他们当然不能统治汉人。尽管满人敬拜孔子、尊奉儒教，但那在本质上是为了维护其在中原的统治所采取的政治策略。此外，尽管他们大多数人都通汉语，接纳了汉俗，但仍然不能说满人已经醇化于汉人了。虽然主张君主立宪制者以此为理由认为无须推翻清朝的统治，但由于满人以少数人（五百万）统治着占大多数的汉人（四万万），因而绝对有必要推翻清政府的统治。

在这个问题上，章太炎与康有为的立场针锋相对。康有为认为，只要清朝皇帝能够施行变革、推动现代化进程，清政府仍然可以延续其统治。康有为也采用了历史考证的方法来论证其观点，试图证明满人与汉人起源于同一个祖先，满人并非异族人。

---

① 章太炎．中华民国解//章太炎全集：四．上海：上海人民出版社，1985：257.

② 同①.

③ 章太炎．訄书．上海：中西书局，2012：18.

另一方面，章太炎也不赞同由于满人是“非人”而应当将满人斩尽杀绝的偏激主张，他认为，只要满人交出政权，回到他们在东北的起源地，那么，汉人可以如同对待日本人与泰国人一样对待他们。设若汉人唯欲复仇，杀戮满人，那么满人的后代也会相应地向汉人复仇，杀戮汉人。如此一来，冤冤相报，无有终结。再者，清政府所雇佣的汉官与满人同样地酷虐，因此，仅是对满人复仇是不公道的①。

三、章太炎道家式的国家理论

在上一节，我们看到，章太炎对中华民国的展望是一个绝对以汉族为主体的国家，其中一个主要的原因在于他盼望中国重新实现地域、传承与血统三因子的统一，恢复传统意义上的华夏国；他对汉族的定义尤其以血统为基本标准。这些观念与章太炎曾经严厉批斥的儒家传统实际上是一脉相承的。此外，他对中华民族的定义是本质主义的，与道家思想背道而驰。不过，在一些政论文稿之中，章太炎表述了一种道家式的国家理论。

1907 年，也即他写作《中华民国解》的同一年，章太炎撰写了《国家论》一文。在文中，他提出一种把个体置于国家之上的政治理论，宣称：

> 一、国家之自性，是假有者，非实有者；二、国家之作用，是势不得已而设之者，非理所当然而设之者；三、国家之事业，是最鄙贱者，非最神圣者。②

虽然章太炎采用了一些佛教术语，如“自性”“假有”“实有”等，但其思想在总体上仍然可以说是道家式的。他采用佛家的说辞是因为他相信“佛法应务，即同老庄”③。他认为，个体是由各种物集聚而成，没有实有；不过，相对于个体所聚成者，则可以说个体为实有，而所聚成者为假有。相应地，国家为人民所组合，因而人民具有实在，而国家没有实在。章太炎用线与布的关系来说明此点。一线一缕，经纬相交，以成布帛。而

① 章太炎．排满平议//章太炎全集：四．上海：上海人民出版社，1985：262-263.

② 章太炎．国家论//章太炎全集：六．上海：上海人民出版社，1986：457.

③ 章太炎．论佛法与宗教、哲学以及现实之关系//黄夏年．章太炎集，杨度集．北京：中国社会科学出版社，1995：14.

当经纬散乱之时，线缕之自性犹在，而布帛则已不复存在。相应地，人可以组合为村落，组合为军队，组合为国家，但是，村落、军队、国家均无实有，只有人是真实的。

章太炎顺势批评了当时的一些国家论者，他们把国家作为主体，把人民作为客体，其理由是：国家千年而无变易，而人民却有父子更迭、种族移易的变化。章太炎运用溪流之喻来反驳这种说法：溪流之槽或许千百年不变，而槽中之水则朝夕奔流，无有停止，因此也许可以说溪槽为主体，而槽中水为客体。然而，溪槽究竟是由什么东西所构成的呢？有左右的堤岸，下面的泥沙，以及中间的空处。岸与泥沙的自性皆是土，不能说即是溪槽；唯有中间的空处可以与溪槽联系起来，因此，人们所指的溪槽究其底竟只有空处，空则非实有。不过，溪槽之空还能以肉眼观察到，而国家之空则无法用肉眼观察到。人们所能看到的国家，除了人民之外，唯有土田山渎，但即使把国家当作主体的学者也不会认可土田山渎即是国家，即是主体，因此，宣称国家为主体，只是一句空话。有的人认为国家具有制度法律，人民有代谢，而制度法律则不然，此乃国家之实。章太炎指出，制度法律也会有变更，纵使其无变化，但它们是前人所制定，之后传下来的，因此仍然出自人之手。前人已不复存在，所传下来的制度法律即“无表色”，究其实际，它们并非可以独立于人，不能把它们作为国家的主体。因此，国家非实有。

从这样一种道家式的国家观出发，章太炎在 20 世纪 20 年代提出并支持“联省自治”，他主张，中央政府不应过强，20 世纪初所产生的政局动荡其主要的根源是中央政府权力过于集中。由于总统与总理职位的权力过大，几乎所有的军阀、政客都企图攫取这样的权位，于是引起混战。因此，中央政府只能具备有限的权力，如同“虚牝”一般甘处下位[①]，甚至不需要有中央议会。只有这样，权力的争斗才可望结束。

“联省自治”这种制度的实质在于，各省会可以建立各自独立的政府，拟定各自的宪章；公务及军事官员、士兵及警察都应当是本地人；各级官员的聘任应当由公共选举来确定。这些独立的省会可以联合起来构成一个联合政府，但仍然保持其自治，联合政府仅是象征性的。不过，章太炎所说的联省自治只涉及汉族的省区。

---

① 章太炎. 联省自治虚置政府议//章太炎学术文化随笔. 北京：中国青年出版社，1999：163-164.

在法律与法规方面，章太炎指出，不能盲目地追随西方的做法，而应当根据传统习俗、倾向以及人民的愿望来裁决，这些因素是构成万物的“规矩”。章太炎引用韩非子的《解老》来说明其主张：“万物莫不有规矩。议言之士，计会规矩也。圣人尽随于万物之规矩，故曰：不敢为天下先。”① 为政者在决策时不能从其个人臆断出发，而应了解民众的意愿。例如，他反对用阳历来取代传统的阴历，其原因并非阳历不好，而是因为这一决策的裁定过程不符合程序。改历是由参事会所决议的，而组成参事会的成员大多是各省督府的代表，并非由国民公选而产生。由于中国的民众长期以来所习用的是阴历，因此这样的重要决定应当征求民众的意见②。

总而言之，章太炎认为中国直接采纳西方的政治体制是不合适的。他再次引用《道德经》第 64 章来说明：“政治法律，皆依习惯而成，是以圣人辅万物之自然而不敢为，更要在去甚，去奢，去泰。其横取他国已行之法，强施此土，斯非大患不灵者弗为。”③ 民主立宪政的体制发源于法国，美国对其做出了修订，而中国则应当创造出第三种民主宪政。不可能有普遍有效的政治制度，更不能将他国的政治法律强行施加于中国，空悬一理驱使民众去遵从。法则、规章必须适合固有的民情旧俗。

四、章太炎思想中的内在紧张

每当只是涉及汉族之时，章太炎似乎总是遵循老子的无为教诲，把民众，而非政府置诸中心地位，因为国家是一个虚体，没有实际的存有。然而，每当事情涉及汉族与其他民族之间的关系之时，章太炎却毫无保留地倡导［汉族］中央政府有权力也有必要在几乎每个方面，如语言、经济与生活习俗、律法与政令等方面对其他民族实施强势的同化政策。在上一节中，我们看到，他认为民众应当对某些决策问题具有优先的发言权，但他从未考虑过其他民族的民众是否也有权决定他们是否愿意改变其生活方式、遗弃其语言、尽可能地变换成另外一种非本己的身份。

就章太炎所主张的“联省自治”而言，我们也可以质疑：其他民族是

① 章太炎．国故论衡//精读章太炎．厦门：鹭江出版社，2007：109.

② 章太炎．章太炎政论选集．北京：中华书局，1977：539，547.

③ 同②537.

否也可以像其他的汉族省份那样，有权建立自治政府，自行拟定宪章，拥有自己的军队、警察，自行选举各级官员？对这个问题的一种回应是：倘若这些中原以外地区的民众不尽量向中原看齐，那么就很容易产生分裂，招致外国势力的入侵。然而，同样的焦虑也适用于“联省自治”之下的所有汉族省份（章太炎似乎把云南、广西列为汉族省份）。

我们还记得《齐物论》中的尧伐三子之问，章太炎借用这个故事质疑西方政治体制的普遍有效性，质疑文明的普遍量尺。然而，他把这个故事仅仅比拟于［汉族］中国与西方国家之间的关系。在驳斥“文明灭国”论时，章太炎揭穿了运用当时流行的“物竞天择”论来证成攻伐他国的荒谬之处，主张“物有自量，岂须增益，故宁绝圣弃知而不可邻伤也”①，文野不齐之见是根深蒂固的偏见，但常常被用作侵略与兼并的借口。是非之见即是用不齐的态度来对待事物的一种表现。章太炎提出：“诚欲辨别是非者，当取文明野蛮之名词而废绝之。”② 风起之际，万千窍孔发出各种各样的声音，产生一种不齐的表象；然而，正是由于它们各自依照其不同的特性、功用而发其声，它们又是齐一的、平等的。尧伐三子之问很好地说明了应当如何对待中原以外的文化。

遗憾的是，当章太炎转向［汉族］中央政府与其他民族之间的关系问题时，他似乎忘记了他从庄子那里所学到的不齐而齐的思想，他似乎忘记了这种关系是双向的、自下而上的、自愿的关系，而非单向的、自上而下的、强制的。从而，他提出一种单方面地从［汉族］中央政府出发对待其他民族的完全同化的强制性政策。

这其中，语言的权利颇值得一提。在 1908 年，章太炎驳斥了中国应当废除中文、采纳世界语［当时称为“万国语”］的主张。倡导这种做法的人认为象形文字是不文明的民族所使用的，而拼音文字是文明民族所使用的。在其论辩中，章太炎也征引了《齐物论》来说明：“余闻风律不同，视五土之宜，以分其刚柔侈敛。是故吹万不同，使其自已，前者唱喁，后者唱于，虽大巧莫能齐也。”③ 章太炎指出，世界语是在欧洲语言的基础上人为创造的，因此只有在欧洲它才能是一种便捷的交流工具［笔者以为，即使在欧洲，世界语作为一种理想语言而非自然语言亦是不可行的，

① 章太炎．齐物论释//章太炎全集：六．上海：上海人民出版社，1986：100.
② 同①.
③ 章太炎．驳中国用万国新语说//章太炎全集：四．上海：上海人民出版社，1995：337.

这也是它自行消亡的原因]，而不适合于其他国家。章太炎不厌其烦地列举出中文的优点，并且征引《庄子·骈拇》："凫胫虽短，续之则忧；鹤胫虽长，断之则悲。"① 他评论道，倘若人们把中国古代复杂的语音体系运用于欧洲语言，那就犹如试图延伸鸭子的腿；而倘若人们试图把欧洲的字母体系施用于中文，那就犹如试图截短鹤的腿。其言外之意即是：差异颇大的语言是彼此平等的，没有所谓的开化人的语言和不开化人的语言；不能把某种语言的特征作为普遍的标准而令其他语言向它看齐。然而，令人迷惑的是，当章太炎主张其他民族应当采纳汉语（这可能会导致其本族语言遭到歧视、遗忘）之时，他似乎完全放弃了他关于语言平权的洞见。

尽管章太炎把血统作为辨别汉族最为关键的尺度，然而，"夏"与"夷"数千年的毗邻而居、熙来攘往，已经使人们不可能真正地辨别出没有受到任何"夷"的玷污的纯粹的汉族血统。康有为等在当时就指出了这一点。在《左传》等先秦典籍中就有关于其他民族的习俗对于中原的影响这方面的记载［《左传》是章太炎最为看重的典籍之一］。此外我们知道，章太炎是一位学识非常渊博的学者，难道他就丝毫不了解周边民族的语言对于汉语的影响？完全依赖血统的标准来界定汉族在实践上是不可能的。血统的原则事实上是服务于政治与［汉］民族主义的目的，尤其是服务于当时章太炎等人通过革命推翻清政府的政治主张。周凯荣［音译名］曾指出，把大部分中原居民认定为"汉族"是当时反对清政府的政治宣传的一部分②，这种宣传可以使更多的人获得认同感，从而加强凝聚力。盖伊也认为，汉民族的同一性其实并不像官方政策所宣称的那样令人信服③。

由于章太炎提出了一种具有道家倾向的政治哲学，我们期待他同样也提出一种道家式的多元文化主义，但是，他却让我们失望了。不过，如果我们将其道家式的政治哲学的要素加以发挥，那么我们或许可以就当前多元文化主义的出路获得一些良好的教益。例如，就其反对普遍理性［公理］、认可文化多元性而言，我们可以说多元文化主义的宗旨与章太炎所

① 章太炎．驳中国用万国新语说//章太炎全集：四．上海：上海人民出版社，1995：351.

② Chow Kai-wing. Imagining Boundaries of Blood: Zhang Binglin and He Invention of the Han "Race" in Modern China: 43-44.

③ Yash Ghai. Autonomy and Ethnicity: Negotiating Competing Claims in Multi-Ethnic States. Cambridge: Cambridge University Press, 2000: 77.

主张的“不齐而齐”是不谋而合的。

有人把西方的多元文化主义破产的一个原因归结为其原本旨在保护文化多元性的“任其作为”（laissez faire）政策，但这种政策却导致某些族群内部对弱势成员的自由与人权的侵犯。有些学者可能会觉得这种政策与道家的无为主张十分相似，因此他们会质疑道家思想对于多元文化主义的重要性。就这一个侧面而言，我们不能把无为等同于“任其作为”，等同于纯粹的宽容与不介入。我们应当注意，无为并不意味着一无所为，而是顺应于事物自身的韵律，正如章太炎曾引用过的《道德经》第64章所言，无为的含义是：“以辅万物之自然而不敢为。”无为是辅助性的，非强制的，不将外在的标准强加于事物。无为的图景恰如庄子在《齐物论》所描绘的那样：虚空无物的风没有差别地吹过万物，让万物自身去发出自己的曲调。这些曲调在一一对比的近距离观察中各各不同、各各不齐，但聚在一起却构成了一首宏大的、均衡的交响乐。

章太炎的《国家论》中有一则隐喻可以用来很好地说明不同的民族群体如何能够被恰切地包容于同一个国家之中。章太炎在谈论国家的边界之时指出，我们不能想当然地以为一切事物都有确定的界限。实际上，万物之间都是相互关联、相互转化的。仅当它们需要保护自身之时，一棵树才长出树皮，一条虫才长出壳，人与动物才长出皮肤①。因而，事物之间的界限的产生是一种应对的举措，而不具有本质性。

相似地，一个国家设立边界是出于保护领土的需要，但是，边界的存在并不是必然的。一条河两岸的风景看起来是泾渭分明的，然而，这条河却能够完美地将两岸的风景囊括于其中［作为倒影］②。因此，事物都是相互包容、相互转化的。章太炎曾经把国家比作溪槽，此处，我们可以把国家比作河床，把不同的民族比作两岸的风景。河流可以无偏私地倒映两岸的风景，而两岸的风景则依然故我，不失其特性。相应地，一个国家也可以等视不齐，均等地包容不同的民族。

倘若章太炎真的认为国家必须是虚空的、不施强力的，那么他就必须放弃他以汉族为主体对中华民国的定义，把中华民国视作一个能够平等、宽松地容纳多元民族的虚牝一般的国家。从道家立场出发，一个国家应当均等地对待各个民族，不施加单向的同化政策。墨菲评论道：“人们已经

---

① 章太炎．国家论//章太炎全集：六．上海：上海人民出版社，1986：459.

② 同①460.

严肃地质疑多元文化主义对于一个文化多元的民主国家是否真的是维护社会凝聚力的一个方案。许多批评者实际上视之为一种引发分离、分裂以及社会解体的举措。”[①] 针对这一批评，道家式的回应可以是：维护文化多元性并不意味着在相异的民族之间划定严格的界限，然后各人自扫门前雪，哪管他人瓦上霜。正如章太炎指出，所有的界限都是一种回应的措施，其自身并没有不变的本质。毗邻而居的民族可以对彼此的生活方式、价值观念产生各种程度的影响。

五、多元文化主义的困境与未来

有些学者希冀儒家可以为多元文化主义的困境提供一个出路。儒家能否不负此望，这不是本章的课题。但是从本章的探讨中，我们看到，传统儒家治国的一个必要的理论基础是夷夏之辨，也即野蛮与文明之别。尽管一些学者主张，清政府在如何对待其他民族的问题上接受了儒家精神，倡导和谐与融合，把其他民族视为小兄弟，如同长兄一般照顾小兄弟[②]。然而，对和谐与融合的倡导显然是以清政府的统治，以及对其他民族的有差别的衡量作为前提的。

我们知道，除了汉、蒙、回、藏、满以外，中国还有其他众多民族。在1949年中华人民共和国成立之后，民族学家一共界定出56个民族，汉族以外的其他民族被统称为“少数民族”。根据刘晓原的研究，“少数民族”的用语最早出现在1924年的一份国共合作的官方文件中[③]。笔者以为，这个用语很可能发源于西方理论，经由马克思主义传入中国。我们还记得，章太炎曾经列举出当时汉族与满族的人数对比（四万万对五百万），他想当然地认为——并且预设所有的人都会认为——不能由少数来统治多数。少数与多数之别或许也是章太炎所主张的单方面的同化政策的理论基础。这样的分别遗忘了道

① Michael Murphy. Multiculturalism: A Critical Introduction. New York: Routledge, 2012: 3.

② He Baogang. Minority Rights with Chinese Characteristics//Multiculturalism in Asia. edited by Will Kymlicka and Baogang He. New York: Oxford University Press, 2005.

③ 刘晓原. 从“五族共和”到五域统合——辛亥革命和中国国家形态近代转型//吕芳上. 近代国家的形塑. 台北：国史馆，2013.

家不齐而齐的齐物观。

笔者以为，儒家思想并不能够为多元文化主义指出新的出路，而有可能事与愿违。首先我们需要弄清楚究竟是什么原因导致了西方多元文化主义政策的失败。“任其所为”的方针是否潜在地拉开了各种民族群体之间的距离，加深了彼此的隔绝？而这样的状况是否更进一步地导致对“少数民族”的普遍无知、偏见与冷漠？美国进攻伊拉克是否亦是出于文野不齐之见？我们不难注意到，军事进攻往往同时伴随着针对伊拉克“落后”的文化陋习的揭露与抨击。在急切地转向非西方文化寻求多元文化主义的出路之前，学者们应当首先质疑、厘清多元文化主义的基本前设与概念。

笔者以为，中国以及西方的学者可以从由章太炎所发挥的道家的“不齐而齐”思想中体会到：首先，事物之间没有严格的分界，以此类推，各民族之间也没有严格的界限，尤其是长期毗邻而居的民族；其次，理论家不能想当然地把自身来自中心地区、来自“多数”群体的身份等同于某种普遍的、假想的中立的立场，从这种立场出发，把其他文化视作需要加以评估、宽容、远离或同化的对象。遗憾的是，我们的现状是：大多理论家都来自其国度的多数群体，并且毫不掩饰这种身份，因为他们认为这是一种值得骄傲的身份。

对于民族的定义问题，我们也需要持一种道家的立场。王汎森对于章太炎的种族思想有颇为准确的概述：

> 章太炎的种族思想已与传统大不相同，传统的种族思想容许夷狄进于中国，则中国之；但章氏对此完全不能同意；他强调种族的“单一性”及“历史渊源性”，认为不同民族之间的差异，有如动物种类之不同，决无法调和。故其种族思想中，“部族隔离性”（tribal isolation）极强。①

如此看来，似乎章太炎比传统的种族思想更缺乏宽容，这也涉及本章所阐述的“大民族主义”与“小民族主义”之争。不过显而易见，王汎森（以及大多数研究者）对于这样一种狭隘的民族定义没有提出任何疵议，而唯有赞誉之辞：“章氏在民族主义方面的贡献，信可垂诸青史

① 王汎森. 章太炎的思想：兼论其对儒学传统的冲击. 上海：上海人民出版社，2012：65. “tribal isolation”的用语来自原文。

而永不磨灭。”[①] 本章的问题导向并不纯粹是历史学方面的事实，而且也在于促使我们思考：在现今时代，我们应当如何借鉴章太炎的道家式的政治哲学思想，与此同时，应当如何超越他在民族问题上的局限之处。

① 王汎森．章太炎的思想：兼论其对儒学传统的冲击．上海：上海人民出版社，2012：103.

参考文献

一、外文文献

Alcopley, L, ed. Listening to Heidegger and Hisamatsu. Kyoto: Bokubi Press, 1963.

Allan, Sarah. The Way of Water and Sprouts of Virtue. New York: State University of New York Press, 1997.

Ames, Roger T. Taoism and the Androgynous Ideal//Women in China. edited by Richard W. Guisso and Stanley Johannesen. Youngstown NY: Philo Press, 1981: 21-45.

Ames, Roger T. Knowing in the Zhuangzi: From Here, on the Bridge, over the River Hao//Wandering at Ease in the Zhuangzi. edited by Roger T. Ames. Albany: State University of New York Press, 1998: 219-230.

Augustine. The City of God. Penguin, 1972.

Balfour, Frederic Henry. The Divine Classic of Nan-Hua: Being the Works of Chuang Tsze, Taoist Philosopher. London: Kelly & Walsh, 1881.

Bernal, Martin. Black Athena: The Afroasiatic Roots of Classical Civilization: 2 vols. London: Free Association Books, 1987.

Bernal, Martin. Black Athena Writes Back: Martin Bernal Responds to His Critics. Durham: Duke University Press, 2001.

Bernasconi, Robert. On Heidegger's Other Sins of Omission His Exclusion of Asian Thought from the Origins of Occidental Metaphysics and His Denial of the Possibility of Christian Philosophy. American Catholic Philosophical Quarterly, 1995, 69 (2): 333-350.

Bernasconi, Robert. Philosophy's Paradoxical Parochialism//Cultural

Readings of Imperialism：Edward Said and the Gravity of History. edited by Keith Ansell Pearson. London：Lawrence & Wishart，1997：212－226.

Bernasconi，Robert. Who is My Neighbor? Who is the Other?：Questioning "the Generosity of Western thought" //Emmanuel Levinas：Critical Assessments of Leading Philosophers. edited by Claire Kats and Lara Trout. London：Routledge，2005.

Billioud，Sébastien. Thinking Through Confucian Modernity：A Study of Mou Zongsan's Moral Metaphysics. Leiden：Brill，2012.

Buber，Martin. Reden und Gleichnisse des Tschuang-tse. Leipzig：Insel-Verlag，1910.

Buchner，Hartmut，ed. Japan und Heidegger. Gedenkschrift der Stadt Messkirch zum hundertsten Geburtstag Martin Heideggers. Sigmaringen：Jan Thorbecke，1989.

Burckhardt，Jacob. Kulturgeschichte Griechenlands. Berlin：Bernina，1934.

Cagill，Howard. Levinas and the Political. London：Routledge，2002.

Capobianco，Richard. Engaging Heidegger. Toronto：University of Toronto Press，2010.

Carson，Cathryn. Science as Instrumental Reason：Heidegger，Habermas，Heisenberg. Continental Philosophical Review，2010（42）：483－509.

Chow，Kai-wing. Imagining Boundaries of Blood：Zhang Binglin and he Invention of the Han "Race" in Modern China//The Construction of Racial Identities in China and Japan. edited by Frank Dikötter. London：Hurst & Company，1997.

Cook，Daniel J，Henry Rosemont. The Pre-Established Harmony Between Leibniz and Chinese Thought//Discovering China. edited by Julia Ching and Willard Oxtoby. Rochester：University of Rochester Press，1992，94－95.

Craig，Edward，ed. Routledge Encyclopaedia in Philosophy. 1998. Consulted at https://www. rep. routledge. com.

Crowder，George. Theories of Multiculturalism：An Introduction.

Oxford: Polity, 2013.

Dallmayr, Fred R. Achieving Our World: Toward a Global and Plural Democracy. Lanham MD: Rowman Littlefield, 2001.

Dahlstrom, Daniel O. Thinking of Nothing: Heidegger's Criticism of Hegel's Conception of Negativity//A Companion to Hegel. eds. Stephen Houlgate, Michael Bauer. Oxford: Blackwell, 2011.

de Beauvoir, Simone. Le deuxième sexe. Paris: Gallimard. The Second Sex. translated by H. M. Parshley. New York: Vintage Books, 1989.

de Boer, Karin. Thinking in the Light of Time: Heidegger's Encounter with Hegel. Albany: State University of New York Press, 2000.

de Boer, Karin. On Hegel: The Sway of the Negative. Basingstoke: Palgrave Macmillan, 2010.

de Duve, Thierry. Kant after Duchamp. Cambridge: The MIT Press, 1996.

Dea, Shannon. Heidegger and Galileo's Slippery Slope. Dialogue, 2009 (48): 59-76.

Deleuze, Gilles, Félix Guattari. What Is Philosophy?. New York: Columbia University Press, 1994.

Derrida, Jacques. Adieu to Emmanuel Levinas. Stanford: Stanford University Press, 1999.

Dreyfus, Hubert L. Being-in-the-World: A Commentary on Heidegger's Being and Time, Division I. Cambridge: The MIT Press, 1991.

Dreyfus, Hubert L. Heidegger's Ontology of Art//A Companion to Heidegger. edited by Hubert L. Dreyfus and Mark A. Wrathall. Oxford: Blackwell, 2005.

du Sel, Marchand, Salt Seller. eds. The Essential Writings Works of Marcel Duchamp. London: Thames and Hudson, 1975.

Eddington, Arthur S. The Nature of the Physical World. Cambridge: Cambridge University Press, 1928.

Ellul, Jacques. La Technique ou l'enjeu du siècle. Paris: Armand Colin, 1954. The Technological Society. translated by John Wilkinson. New York: Knopf, 1964.

Ellul, Jacques. Le bluff technologique. Paris: Hachette, 1988. The

Technological Bluff, Grand Rapids: Eerdmans, 1990.

Feenberg, Andrew. Questioning Technology. London: Routledge, 1999.

Feenberg, Andrew. The Ontic and the Ontological in Heidegger's Philosophy of Technology. Inquiry, 2000 (43): 445-450.

Ferguson, Ann. Androgyny as an Ideal for Human Development// Feminism and Philosophy. edited by Mary Vetterling-Braggin and et al. Totowa, N. J.: Rowman and Littlefield, 1977.

Forman, Paul. The Primacy of Science in Modernity, of Technology in Postmodernity, and of Ideology in the History of Technology. History and Technology, 2007 (23): 1-152.

Fóti, Véronique M. Heidegger and the Way of Art: The Empty Origin and Contemporary Abstraction. Continental Philosophical Review, 1998 (31): 337-351.

Ghai, Yash. Autonomy and Ethnicity: Negotiating Competing Claims in Multi-Ethnic States. Cambridge: Cambridge University Press, 2000.

Giles, Herbert Allen. Chuang Tzu, Mystic, Moralist and Social Reformer. London: Bernard Quaritch, 1889.

Graham, Angus C. Chuang-Tzu. The Inner Chapters. Indianapolis: Hackett Publishing Company, 1981.

Haar, Michel. The Song of the Earth. translated by Reginald Lilly. Bloomington: Indiana University Press, 1993.

Halbfass, Wilhelm. India and Europe. An Essay in Understanding. Albany: State University of New York Press, 1988.

Hall, David L., and Roger T. Ames. Anticipating China: Thinking Through the Narratives of Chinese and Western Culture. Albany: SUNY Press, 1995.

Hall, David L., and Roger T. Ames. Sexism, with Chinese Characteristics//The Sage and the Second Sex: Confucianism, Ethics, and Gender. edited by Chenyang Li. Chicago and La Salle: Open Court, 2000: 75-95.

Hansen, Chad. The Relatively Happy Fish. Asian Philosophy, 2003, 13 (2/3): 145-164.

Harman, Graham. Tool-Being: Heidegger and the Metaphysics of Objects. Chicago: Open Court, 2002.

Hass, Andrew W. Hegel and the Art of Negation: Negativity, Creativity and Contemporary Thought. London & New York: I. B. Tauris, 2014.

He, Baogang. Minority Rights with Chinese Characteristics//Multiculturalism in Asia. edited by Will Kymlicka and Baogang He. New York: Oxford University Press, 2005: 56-79.

Hegel, Georg Wilhelm Freidrich. Vorlesungen über die Geschichte der Philosophie. Hamburg: Felix Meiner, 1993.

Hegel, Georg Wilhelm Freidrich. Science of Logic. trans. & ed. George Di Giovanni. Cambridge University Press, 2010. Wissenschaft der Logik. Hegel-Werke 5. Suhrkamp Taschenbuch Wissenschaft, Frankfurt am Main, 1969.

Heidegger, Martin. Das Realitätsproblem in der modernen Philosophie//Frühe Schriften. GA 1. Frankfurt am Main: Vittorio Klostermann, 1978.

Heidegger, Martin. Being and Time. translated by John Macquarrie and Edward Robinson. Oxford: Blackwell Publishing, 1962. Sein und Zeit. Tübingen: Niemeyer, 2001.

Heidegger, Martin. Was ist Metaphysik? //Wegmarken, GA 9, 1976: 103-122. What Is Metaphysics? //Pathmarks. Cambridge: Cambridge University Press, 1998: 82-97.

Heidegger, Martin. Vom Wesen der menschlichen Freiheit. Einleitung in die Philosophie, GA 31, 1982. The Essence of Human Freedom. London: Continuum, 2002.

Heidegger, Martin. Introduction to Metaphysics. translated by Ralph Manheim. New Haven. Connecticut: Yale University Press, 2000. GA 40: Einführung in der Metaphysik, 1983.

Heidegger, Martin. The Origin of the Work of Art//Off the Beaten Track. Cambridge: Cambridge University Press, 1935—1936: 1-56. Der Ursprung des Kunstwerkes. Holzwege, GA 5: 1-74.

Heidegger, Martin. Schelling: Vom Wesen der menschlichen Freiheit. translated by Joan Stambaugh. GA 42. Frankfurt am Main：Vittorio Klostermann，1988. Schelling's Treatise on the Essence of Human Freedom. Athens：Ohio University Press，1985.

Heidegger，Martin. Hölderlin and the Essence of Poetry//Elucidations of Hölderlin's Poetry. edited by K. Hoeller，1936：51－65. Amherst NY：Humanity Books，2000：175－207. Hölderlin's Erde und Himmel//GA 4：Erläuterungen zu Hölderlins Dichtung，1996：33－48.

Heidegger，Martin. Der Wille zur Macht als Kunst. GA 43. The Will to Power as Art. Nietzsche I. New York：Harper & Row，1936—1938.

Heidegger，Martin. Contributions to Philosophy (From Enowning). translated by Parvis Emad and Kenneth Maly. Bloomington：Indiana University Press，1999. New translation：Contributions to Philosophy：Of the Event. translated by Richard Rojcewicz and Daniela Vallega-Neu，Bloomington：Indiana University Press，2012. GA 65：Beiträge zur Philosophie (Vom Ereignis)，1989.

Heidegger，Martin. Überwindung der Metaphysik//Vorträge und Aufsätze. GA 7. Frankfurt am Main：Vittorio Klostermann. Overcoming Metaphysics//The Heidegger Controversy. ed. Richard Wolin. Cambridge MA：MIT Press，1993：67－90.

Heidegger，Martin. Die Bedrohung der Wissenschaft//Zur philosophischen Aktualität Heideggers. Band 1. Philosophie und Politik. edited by Dieter Papenfuss and Otto Pöggeler. Frankfurt am Main：Vittorio Klostermann.

Heidegger，Martin. The Age of the World Picture//Off the Beaten Track. Cambridge：Cambridge University Press，2002：57－85. Die Zeit des Weltbildes//GA 5：Holzwege，1977：75－114.

Heidegger，Martin. GA 66. Besinnug，1997. Mindfulness. trans. Parvis Emad and Thomas Kalary. London：Continuum，2006.

Heidegger，Martin. GA 68. Hegel：1. Die Negativität. Eine Auseinandersetzung mit Hegel aus dem Ansatz in der Negativität：3－61. Frankfurt am Main：Vittorio Klostermann，1993. Hegel：1. Negativity. A Confrontation with Hegel Approached from Negativity. trans. Joseph Arel land Niels Feuerhahn. Bloomington and Indianapolis：Indiana University Press，2015：3－46.

Heidegger，Martin. Das Ereignis. GA 71. Frankfurt am Main：Vittorio Klostermann，2009.

Heidegger，Martin. Hölderlin's Hymn "The Ister". translated by W. McNeill and J. Davis. Bloomington：Indiana University Press，1996. GA 53：Hölderlin's Hymne "Der Ister"，1983.

Heidegger，Martin. Heraklit. GA 55. Frankfurt am Main：Vittorio Klostermann，1979.

Heidegger，Martin. Nietzsche's Word："God is Dead" //Off the Beaten Track. Cambridge：Cambridge University Press，2002. Nietzsche's Wort：Gott ist tot//Holzwege（GA 5）. Frankfurt am Main：Vittorio Klostermann，1977：157－199.

Heidegger，Martin. Letter on Humanism//Pathmarks. Cambridge：Cambridge University Press，1998. Brief über den "Humanismus" //GA 9：Wegmarken，1976：313－364.

Heidegger，Martin. The Thing//Poetry，Language，Thought. edited by A. Hofstadter. New York：Harper，1975：163－186. Das Ding// GA 7：Vorträge und Aufsätze，2000.

Heidegger，Martin. Moira（Parmenides，VIII，34 － 41）//Early Greek Thinking. New York：Harper，1975. Moira（Parmenides，Fragment VIII，34－41）//GA 7：Vorträge und Aufsätze，2000：235－262.

Heidegger，Martin. Logos（Heraclitus，Fragment B 50）//Early Greek Thinking. New York：Harper，1975. Logos（Heraclitus，Fragment 50）//GA 7：Vorträge und Aufsätze，2000：211－234.

Heidegger，Martin. What Is Called Thinking?. translated by J. G. Gray. New York：Harper & Row，1968. Was heisst Denken? Tübingen：Niemeyer，1997. GA 8：Was heisst Denken?，2002.

Heidegger，Martin. The Question Concerning Technology//Basic Writings. edited by David F. Krell. London：Routledge，1993. Die Frage nach der Technik//GA 7：Vorträge und Aufsätze ，2000：5－36. Also Die Technik und die Kehre. Tübingen：Neske，1962：5－36.

Heidegger，Martin. Science and Reflection//Basic Writings. edited by David F. Krell. London：Routledge，1993. Wissenschaft und Besinnung//GA 7：Vorträge und Aufsätze，2000：37－66.

Heidegger，Martin. A Dialogue on Language：Between a Japanese and an Inquirer. On the Way to Language. edited by P. D. Hertz. San Francisco：Harper & Row，1971：1－56. Aus einem Gespräch von der Sprache：Zwischen einem Japaner und einem Fragenden. In Unterwegs zur Sprache. Stuttgart：Neske，1959：85－156.

Heidegger，Martin. On the Question of Being//Pathmarks. Cambridge：Cambridge University Press. Zur Seinsfrage. GA 9：Wegmarken，1976：385－426.

Heidegger，Martin. Identity and Difference. translated by Joan Stambaugh. New York：Harper & Row，1969. Bilingual edition：Identität und Differenz.

Heidegger，Martin. Basic Principles of Thinking//Bremen and Freiburg Lectures. edited by Andrew J. Mitchell. Bloomington：Indiana University Press，2012. GA 79，1994.

Heidegger，Martin. The Nature of Language//On the Way to Language. edited by P. D. Hertz. San Francisco：Harper & Row，1971. Das Wesen der Sprache//Unterwegs zur Sprache. Stuttgart：Neske，1959：157－216.

Heidegger，Martin. Wechselseitige Spiegelung. Aus einem Gespäch mit Martin Heidegger (Hisamatsu Shinichi and Martin Heidegger) //Japan und Heidegger. Gedenkschrift der Stadt Messkirch zum hundertsten Geburtstag Martin Heideggers. edited by Hellmuth Buchner. Sigmaringen：Jan Thorbecke，1989.

Heidegger，Martin. Die Kunst und das Denken. Protokoll eines Colloquiums am 18. Mai 1958//Heidegger Reden und andere Zeugnisse eines Lebensweges 1910—1976. GA 16. Frankfurt am Main：Vittorio Klostermann，2000. English，German，and Japanese text in L. Alcopley (ed.). Listening to Heidegger and Hisamatsu. Kyoto：Bokubi Press，1963.

Heidegger，Martin. Hölderlin's Earth and Heaven//Elucidations of Hölderlin's Poetry. edited by K. Hoeller. Amherst NY：Humanity Books，2000：175－207. Hölderlin's Erde und Himmel//GA 4：Erläuterungen zu Hölderlins Dichtung，1996：152－181.

Heidegger, Martin. Unterwegs zur Sprache. Stuttgart: Neske. On the Way to Language. translated by Peter D. Hertz. 971.

Heidegger, Martin. The Way to Language//On the Way to Language. translated by P. D. Hertz. San Francisco: Harper & Row, 1971. Der Weg zur Sprache//Unterwegs zur Sprache. Stuttgart: Neske, 1959: 227-268.

Heidegger, Martin. Traditional Language and Technological Language. Journal of Philosophical Research, 1998 (23): 129 - 145. Überlieferte Sprache und Technische Sprache, St. Gallen: Erker, 1989.

Heidegger, Martin. On Time and Being//On Time and Being. translated by Joan Stambaugh. New York: Harper & Row, 1972. Zur Sache des Denkens, GA 14, 2007: 3-30.

Heidegger, Martin. Letter to Kojima Takehiko. Part of Ein Briefwechsel (1963—1965) //Japan und Heidegger. Gedenkschrift der Stadt Messkirch zum hundertsten Geburtstag Martin Heideggers. edited by Hellmuth Buchner. Sigmaringen: Jan Thorbecke, 1989.

Heidegger, Martin. The End of Philosophy and the Task of Thinking//On Time and Being. Chicago: Chicago University Press, 1972. Das Ende der Philosophie und die Aufgabe des Denkens, Zur Sache des Denkens//GA 14, 1972: 67-90.

Heidegger, Martin. Zum siebzigsten Geburtstag von Siegfried Bröse am 8. August 1965//GA 16: Reden und andere Zeugnisse eines Lebensweges 1910—1976. Frankfurt am Main: Vittorio Klostermann, 2000.

Heidegger, Martin. Neuzeitliche Naturwissenschaft und moderne Technik. Heidegger Reden und andere Zeugnisse eines Lebensweges 1910—1976. GA 16. Frankfurt am Main: Vittorio Klostermann 2000. Modern Natural Science and Technology, Research in Phenomenology, 1977 (7): 1-4.

Heidegger, Martin. Zur Frage nach der Bestimmung der Sache des Denkens//GA 16: Reden und andere Zeugnisse eines Lebensweges 1910—1976. Frankfurt am Main: Vittorio Klostermann, 2000.

Heidegger, Martin. Spiegel Interview with Martin Heidegger//The Heidegger Controversy. edited by Richard Wolin. Cambridge MA: MIT

Press，1993：91-115. Spiegel Gespräch mit Martin Heidegger//GA 16：Reden und andere Zeugnisse eines Lebensweges 1910—1976，2000：652- 683.

Heidegger，Martin. Heraclitus Seminar 1966/67（Martin Heidegger and Eugen Fink）. translated by Charles H. Seibert. Alabama：University of Alabama Press，1979. Heraklit. Heraclitus Seminar 1966/67（Martin Heidegger and Eugen Fink）//GA 15：9-266.

Heidegger，Martin. Seminar in Le Thor//Four Seminars. Le Thor 1966，1968，1969，Zähringen 1973. edited by A. Mitchel and François Raffoul. Bloomington & Indianapolis：Indiana University Press，2003：35 - 63. Vier Seminare//GA 15：Seminare in Le Thor，1986：271- 421.

Heidegger，Martin. Gruss und Dank an die Teilnehmer der Heidegger-Konferenz in Honolulu auf Hawai. 17. -21. November 1969（Briefe an Prof. A. Borgmann）//GA 16：Reden und andere Zeugnisse eines Lebensweges 1910—1976. Frankfurt am Main：Vittorio Klostermann，2000.

Heidegger，Martin. Aus der Dankansprache Martin Heideggers//Ansprachen zum 80. Geburtstag am 26. September 1969 in Meßkirch. Meßkirch：Meßkirch. From Martin Heidegger's Reply in Appreciation; trans. Richard Capobianco and Marie Göbel. Epoché：A Journal for the History of Philosophy，2008（12）：2.

Heidegger，Martin. Ein Grusswort für das Symposion in Beirut November 1974//GA 16：Reden und andere Zeugnisse eines Lebensweges 1910—1976. Frankfurt am Main：Vittorio Klostermann，2000. A Greeting to the Symposium in Beirut//Martin Heidegger and National Socialism. eds. Günther Neske and Emil Kettering. New York：Paragon House，1990：253-254.

Heidegger，Martin. Wegmarken. GA 9. Frankfurt am Main：Vittorio Klostermann，1976.

Heidegger，Martin. Aus der Erfahrung des Denkens 1970—1976. GA 13. Frankfurt am Main：Vittorio Klostermann，1976.

Heidegger，Martin. Aus der Erfahrung des Denkens//Aus der Erfahrung des Denkens 1970—1976. Frankfurt am Main：Vittorio Klostermann，1976.

Heidegger, Martin. The Question Concerning Technology and Other Essays. translated by William Vernon. New York: Harper & Row, 1977.

Heidegger, Martin. Holzwege. GA 5. Frankfurt am Main: Vittorio Klostermann, 1977.

Heidegger, Martin. Seminare. GA 15. Frankfurt am Main: Vittorio Klostermann.

Heidegger, Martin. De l'origine de l'oeuvre d'art. Première version inedited. translated by Emmanuel Martineau. Paris: Authentica, 1987.

Heidegger, Martin. Basic Writings. Editor D. F. Krell. London: Routledge, 1993.

Heidegger, Martin. Bremer und Freiburger Vorträge. GA 79. Frankfurt am Main: Vittorio Klostermann, 1994.

Heidegger, Martin. Einblick in das was ist. Bremer Vorträge//Bremer und Freiburger Vorträge. GA 79. Frankfurt am Main: Vittorio Klostermann. Bremen and Freiburg Lectures: Insight into That Which Is. translated by Andrew J. Mitchell. Bloomington: Indiana University Press, 2012.

Heidegger, Martin. Erläuterungen zu Hölderlins Dichtung. GA 4. Frankfurt am Main: Vittorio Klostermann, 1996.

Heidegger, Martin. Ontology: The Hermeneutics of Facticity. Bloomington & Indianapolis: Indiana University Press, 1999.

Heidegger, Martin. Reden und andere Zeugnisse eines Lebensweges 1910—1976. GA 16. Frankfurt am Main: Vittorio Klostermann, 2000.

Heidegger, Martin. Elucidations of Hölderlin's Poetry. translated by Keith Hoeller. Amherst NY: Humanity Books, 2000. GA 4: Erläuterungen zu Hölderlins Dichtung, 1996.

Heidegger, Martin. Zu Hölderlin-Griechenlandreisen. GA 75. Frankfurt am Main: Vittorio Klostermann, 2000.

Heidegger, Martin. Vorträge und Aufsätze. GA 7. Frankfurt am Main: Vittorio Klostermann, 2000.

Heidegger, Martin. Zollikon Seminars. Protocolls-Conversations-Letters. translated by Franz Mayr and Richard Askay. Evanston: Northwestern University Press, 2001. GA 89: Zollikoner Seminare, Protokolle-Gespräche-Briefe，2000.

Heidegger，Martin. Four Seminars. Le Thor 1966，1968，1969，Zähringen 1973. translated by Andrew Mitchel and François Raffoul. Bloomington & Indianapolis：Indiana University Press，2003. Vier Seminare，1986：271－421.

Heidegger，Martin. Feldweg-Gespräche. GA 77. Frankfurt am Main：Vittorio Klostermann，2005. Country Path Conversations. translated by B. W. Davis. Indiana University Press，2010.

Heidegger，Martin. Mindfulness. translated by Parvis Emad and Thomas Kalary. London：Continuum，2006.

Heidegger，Martin. Gedachtes. GA 81. Frankfurt am Main：Vittorio Klostermann，2007.

Heidegger，Martin. Τέχνη und Technik//Leitgedanken zur Entstehung der Metaphysik，der neuzeitlichen Wissenschaft und der modernen Technik. Frankfurt am Main：Vittorio Klostermann，2009.

Heidegger，Martin. On the Origin of the Work of Art：First Version//The Heidegger Reader. Bloomington and Indianapolis：Indiana University Press，2009. Vom Ursprung des Kunstwerks（Erste Ausarbeitung）//Heidegger Lesebuch，herausgegeben und mit einer Einleitung von Günter Figal. Frankfurt am Main：Vittorio Klostermann，2007：149－170.

Heidegger，Martin. Kunst und Technik//Leitgedanken zur Entstehung der Metaphysik，der neuzeitlichen Wissenschaft und der modernen Technik. Frankfurt am Main：Vittorio Klostermann，2009.

Heidegger，Martin. Leitgedanken zur Entstehung der Metaphysik，der Neuzeitlichen Wissenschaft und der modernen Technik. GA 76. Frankfurt am Main：Vittorio Klostermann，2009.

Heidegger，Martin. Country Path Conversations. Bloomington and Indianapolis：Indiana University Press，2010.

Heidegger，Martin. Bremen and Freiburg Lectures：Insight into That Which Is and Basic Principles of Thinking. translated by Andrew J. Mitchell. Bloomington：Indiana University Press，2012.

Heisenberg，Werner. Das Naturbild der heutigen Physik. Hamburg：

Rowohlt, 1955.

Hirsch, Elisabeth Feist. Heidegger und die Dichtung. Journal of the History of Ideas, 1968, 6 (3): 271-283.

Husserl, Edmund. The Crisis of European Sciences and Transcendental Phenomenology. edited by D. Carr. Evanston: Northwestern University Press, 1970.

Ihde, Don. Heidegger's Technologies. Postphenomenological Perspectives. New York: Fordham University Press, 2010.

Inwood, Michael. A Hegel Dictionary. Oxford: Blackwell, 1992.

Irigaray, Luce. The Fecundity of the Caress: A Reading of Levinas' *Totality and Infinity*, "Phenomenology of Eros" //An Ethics of Sexual Difference. trans. Carolyn Burke, Gillian C. Gill. London: Continuum, 2004: 154-179.

Irigaray, Luce. Questions to Emmanuel Levinas: On the Divinity of Love. trans. Margaret Whitford//Re-Reading Levinas. edited by Robert Bernasconi and Simon Critchley. Bloomington and Indianapolis: Indiana University Press, 1991.

Jäger, Henrik. Mit den passenden Schuhen vergisst Man die Füsse. Freiburg: Herder, 2002.

Jullien, François. The Impossible Nude: Chinese Art and Western Aesthetics. translated by Maev de la Guardia. Chicago: University of Chicago Press, 2007.

Katz, Claire Elise. Judaism, and the Feminine: The Silent Footsteps of Rebecca. Bloomington and Indianapolis: Indiana University Press, 2003.

Kockelmans, Joseph J. Heidegger and Science. Washington D. C.: University Press of America, 1985.

Lau, Dim Cheuk (刘殿爵). The Treatment of Opposites in Lao Tzu. Bulletin of the School of Oriental and African Studies, 1958, 21 (2): 44-360.

Lefkowitz, Mary R., Guy MacLean Rogers. eds. Black Athena Revisited. London: Chapel Hill, 1996.

Legge, James. The Sacred Books of the East: The Writings of

Kwang-tse. Oxford: Oxford University Press, 1891.

Levinas, Emmanuel. Le débat russo-chinois et la dialectique//Difficile liberté. Essais sur le judaïsme. Paris: Albin Michel, 1976.

Levinas, Emmanuel. La signification et le sens Humanisme de l' autre homme. Montpellier Fata Morgana, 1972. Meaning and Sense//Basic Philosophical Writings. edited by Adriaan T. Peperzak, Simon Critchley and Robert Bernasconi. Bloomington: Indiana University Press. 1996.

Levinas, Emmanuel. Totality and Infinity: An essay on Exteriority. translated by Alphonso Lingis. Pittsburgh: Duquesne University Press, 1969.

Levinas, Emmanuel. L'autre dans la consigne juive: Le sacré et le couple//Données et débats. Paris: Presses universitaires de France, 1973.

Levinas, Emmanuel. Existence and Existents. translated by Alphonso Lingis. The Hague: Martinus Nijhoff, 1978.

Levinas, Emmanuel. Otherwise than Being or Beyond Essence. translated by Alphonso Lingis. The Hague: Martinus Nijhoff Publishers, 1981.

Levinas, Emmanuel. Ethique et infini: Entretiens avec Philippe Nemo. Paris: Fayard, 1982.

Levinas, Emmanuel. Entretiens avec Le Monde. I. Philosophies. Paris: Editions La Découverte, 1984.

Levinas, Emmanuel. Ethics and Infinity. translated by Richard A. Cohen. Pittsburgh: Duquesne University Press, 1985.

Levinas, Emmanuel. Time and The Other. translated by Richard A. Cohen. Pittsburgh: Duquesne University Press, 1987.

Levinas, Emmanuel. Intention, Ereignis und der Andere: Gespräch zwischen Emmanuel Levinas und Christoph von Wolzogen am 20. Dezember 1985 in Paris//Humanismus des anderen Menschen. Hamburg: Felix Meiner, 1989.

Levinas, Emmanuel. Ideology and Idealism//The Levinas Reader. edited by Seàn Hand. Oxford: Blackwell, 1989.

Levinas, Emmanuel. Judaism and the Feminine. trans. Seàn Hand//Difficult Freedom: Essays on Judaism. London: The Athlone

Press，1990：30－37.

Levinas，Emmanuel. And God Created Woman. trans. Annette Aronowicz//Nine Talmudic Readings by Emmanuel Levinas. Bloomington and Indianapolis：Indiana University Press，1990.

Levinas，Emmanuel. Jewish Thought Today//Difficult Freedom：Essays on Judaism. edited by Seàn Hand. London：Athlone Press，1990.

Levinas，Emmanuel. Nine Talmudic Readings by Emmanuel Levinas. Bloomington and Indianapolis：Indiana University Press，1990.

Levinas，Emmanuel. Preface to Catherine Chalier. Les Matriarches：Sarah，Rebecca，Rachel et Léa. Paris：Les Éditions du Cerf，1991.

Levinas，Emmanuel. What Would Eurydice Say?. Que Dirait Euridice? Paris：BLE Atelier，1997.

Levinas，Emmanuel. Is It Righteous to Be? . Stanford：Stanford University Press，2001.

Levinas，Emmanuel. Carnets de captivité et autres inédits. IMEC：Bernard Grasset，2009.

Liu，Xiaoyuan（刘晓原）. Recast All Under Heaven：Revolution，War，Diplomacy，and Frontier China in the 20th Century. New York：Continuum，2010.

Lin，Yutang（林语堂）. The Gay Genius：The Life and Times of Su Tungpo. New York：John Day，1947.

Lopez，Jr.，Donald S. The Heart Sutra Explained：Indian and Tibetan Commentaries. Albany：State University of New York Press，1988.

Lusthaus，Dan. Buddhist Philosophy//Routledge Encyclopedia of Philosophy. London：Routledge，1998.

Ma，Lin（马琳）. Heidegger on East-West Dialogue：Anticipating the Event. New York：Routledge，2008.

Ma，Lin，and Jaap van Brakel，Fundamentals of Comparative and Intercultural Philosophy. New York：State University of New York Press，2016.

Mair，Victor H. Wandering on the Way：Early Taoist Tales and Parables of Chuang Tzu. Honolulu：University of Hawaii Press，1994.

Mair，Victor H.，and Stephan Schuhmacher. Zhuangzi：Das klassische Buch daoistischer Weisheit. Frankfurt：Krüger，1998.

Makeham，John. Zhang Taiyan，Yogàcàra Buddhism，and Chinese Philosophy//Learning to Emulate the Wise. edited by John Makeham. Hong Kong：The Chinese University Press，2012.

Mayer-Skumanz，Lene，and Günther Wohlfart. Zhuangzi：Auswahl. Ditzingen：Reclam，2003.

Merton，Thomas. The Way of Chuang Tzu. New York：Laughlin/The Abbey of Gethsemani，1965.

Merton，Thomas. Sinfonie für einen Seevogel，Weisheitstexte des Tschuang-tse. translated by Bernardin Schellenberger. Freiburg：Herder，1996.

Merton，Thomas，Peter Kobbe. Tschuang-Tse：Der Mann des Tao und andere Geschichte. Leipzig：Goldmann，2005.

Moeller，Hans-Georg. Daoism Explained：From the Dream of the Butterfly to the Fishnet Allegory. Chicago and La Salle：Open Court，2004.

Mortley，Raoul. French Philosophers in Conversation. London：Routledge，1991.

Murphy，Michael. Multiculturalism：A Critical Introduction. New York：Routledge，2012.

Murthy，Viren. The Political Philosophy of Zhang Taiyan：The Resistance of Consciousness. Leiden：Brill，2011.

Nancy，Jean-Luc. The Being-With of Being-There. Continental Philosophy Review，2008（41）：1－15.

Needham，Joseph. Science and Civilization in China. Cambridge：Cambridge University Press，since 1954.

Nietzsche，Friedrich. Beyond Good and Evil：Prelude to a Philosophy of the Future. Oxford：Oxford University Press，1998.

Nietzsche，Friedrich. Sämtliche Werke：kritische Studienausgabe. München：DTV，1980.

Olafson，Frederick A. Heidegger and the Philosophy of Mind. New Haven：Yale University Press，1987.

Olafson，Frederick A. Heidegger à la Wittgenstein or "Coping" with Professor Dreyfus. Inquiry，1994（37）：45－64.

Petzet, Heinrich Wiegand. Auf Einen Stern Zugehen: Begegnungen mit Martin Heidegger 1929 bis 1975. Frankfurt: Societäts-Verlag, 1983. Encounters and Dialogues with Martin Heidegger 1929—1976. translated bu Parvis Emad and Kenneth Maly. Chicago: The University of Chicago Press, 1993.

Pöggeler, Otto. Der Denkweg Martin Heideggers. Pfullingen: Neske, 1963. Martin Heidegger's Path of Thinking. translated by Daniel Magurshak and Sigmund Barber. Atlantic Highlands NJ: Humanities Press International, 1987.

Pöggeler, Otto. Neue Wege mit Heidegger. Freiburg/München: Alber, 1998. The Paths of Heidegger's Life and Thought. translated by John Bailiff. Amherst NY: Humanity Books, 1992.

Richardson, Willliam J. Heidegger. Through Phenomenology to Thought. The Hague: Martinus Nijhoff, 1963.

Rojcewicz, Richard. The Gods and Technology. A Reading of Heidegger. Albany: State University of New York Press, 2006.

Sanford, Stella. The Metaphysics of Love: Gender and Transcendence in Levinas. London and New Brunswick, NJ: The Athlone Press, 2000.

Schuberto, Johann Ernesto. Historia Philosophiae (pars prima). Jena: Croekerianae, 1742.

Schufreider, G. Stocking Heidegger with a Stella: Lacoue-Labarthe, Art and Politics. French Interpretations of Heidegger. An Exceptional Reception. edited by D. Pettigrew and F. Raffoul. Albany: State University of New York Press, 2008.

Schwarz, Arturo. The Complete Works of Marcel Duchamp. New York: Delano Greenwidge, 2000.

Selz, Kristine, Peter Selz, eds. Theories and Documents of Contemporary Art. Berkeley: University of California Press, 1996.

Sikka, Sonia. How Not to Read the Other? "All the Rest can be Translated". Philosophy Today, 1999, 43 (2): 195-206.

Sinclair, Mark. Heidegger. Aristotle and the Work of Art. New York: Palgrave Macmillan, 2006.

Smith, Adam. Essays on Philosophical Subjects: Vol. 3. Oxford:

Oxford University Press, 1980.

Stange, Hans O. H. Tschuang-Tse, Dichtung und Weisheit. Frankfurt: Insel Verlag, 1936.

Stanislas, Julien. Le livre de la voie et de la vertue. Paris: Imprimerie Royale, 1842.

Tezuka, Tomio. Kaisetzu "Kotoba ni tsuite no taiwa", Haidegga to no ichi jikan//Haidegga zenshu (The Complete Works of Heidegger). Tokyo: Riso. An Hour with Heidegger. trans. R. May and G. Parkes// Heidegger's Hidden Sources. East Asian Influences on His Work, London: Routledge, 1996: 59-64.

Ulenbrook, Jan. Lau Dse, Dau Dö Djing. Das Buch vom Rechten Wege und von der Rechten Gesinnung. Bremen: Carl Schünemann Verlag, 1962.

Vallega-Neu, Daniela. Ereignis: the Event of Appropriation//Martin Heidegger: Key Concepts. edited by B. W. Davis. Cambridge: Cambridge University Press, 2010.

Voltaire. Oeuvres Complètes: Vol. 20. Paris: Garnier Frères.

von Herrmann, Friedrich-Wilhelm. Kunst und Technik bei Martin Heidegger//Wege ins Ereignis. Zu Heideggers "Beiträgen zur Philosophie". Frankfurt am Main, 1994.

Warburton, William. The Divine Legation of Moses Demonstrated. New York: Garland Publishing, 1978.

Watson, Burton. The Complete Works of Chuang Tzu. New York: Columbia University Press. 1968.

West, M. L. Early Greek Philosophy and the Orient. Oxford: Clarendon Press, 1971.

Wilhelm, Richard. Dschuang-dsi. Das wahre Buch vom südlichen Blütenland. Jena: Diederichs, 1920.

Wittgenstein, Ludwig. Wittgengstein: Philosophical Occasions 1912—1951. eds. James C. Klagge and Alfred Nordmann. Indianapolis: Hackett, 1993.

Wohlfahrt, Günther. Truth lies in Translation. Bemerkungzu Wahrheit und Lüge von Übersetzungen am Beispiel einer Passage aus dem Laozi//Translation und Interpretation. edited by Rolf Elberfeld and Günther Wohlfahrt. Berlin：Parerga，1998.

Wohlfahrt，Günther. Der Philosophische Daoismus. Köln：Chora，2001.

Wohlfahrt，Günther. Zhuangzi. Meister der Spiritualität. Freiburg Herder Spektrum，2002.

Wohlfahrt， Günther. Moralphilosophische Splitter—Spitze Bemerkungen zu Kant und zum Käntchen Jürgen Habermas nebst einigen Souvenirs aus dem alten China. Tuchan：Wohlfahrt，2008.

Wohlfart，Günther. Philosophical Daoism-Zhuangzi Lectures. Tuchan：Wohlfahrt，2012.

Wong，Young-tsu. Beyond Confucian China：The Rival Discourses of Kang Youwei and Zhang Binglin. London and New York：Routledge，2010.

Zabala，Santiago. Introduction：The Hermeneutic Consequence of Art's Ontological Bearing//Art's Claim to Truth，edited by Gianni Vattimo. New York：Columbia University Press，2008.

Zarrow，Peter. Anarchism and Chinese Political Culture. New York：Columbia University Press，1990.

二、中文文献

陈鼓应. 庄子今注今译. 北京：商务印书馆，2007.

程颢，程颐. 二程遗书. 上海：上海古籍出版社，2000.

戴吾三. 考工记图说. 济南：山东画报出版社，2003.

高亨. 高亨著作集林：第 5 卷. 北京：清华大学出版社，2004.

郭齐勇. 熊十力思想研究. 天津：天津人民出版社，1993.

郭庆藩. 庄子集释. 北京：中华书局，1985.

贺荣一. 道德经注译与析解. 天津：百花文艺出版社，1994.

黄庭坚. 论书//历代书法论文选. 上海：上海书画出版社，1979.

芥子园画传. 北京：人民美术出版社，1979.

雷艳平. 苏轼园林思想初探. 三苏祠，2009.

李明辉. 当代儒学之自我转化. 台北："中央"研究院中国文哲研究所，1994.

林希逸. 庄子庐斋口义校注. 北京：中华书局，1997.

刘述先. 当代中国哲学论：问题篇. River Edge (USA)：八方文化企

业公司，1996.

刘晓原. 从“五族共和”到五域统合——辛亥革命和中国国家形态近代转型//吕芳上. 近代国家的形塑. 台北：国史馆，2013.

刘笑敢. 关于《老子》之雌性比喻的诠释问题//“中央”研究院中国文哲研究集刊，2003（23）：179-209.

刘笑敢. 老子古今：五种对勘与析评引论：上卷. 北京：中国社会科学出版社，2006.

刘笑敢. 庄子哲学及其演变. 修订版. 北京：中国人民大学出版社，2010.

马琳. 海德格尔论东西方对话. 北京：中国人民大学出版社，2010.

牟宗三. 从陆象山到刘蕺山. 台北：学生书局，1979.

牟宗三. 生命的学问. 台北：三民书局，1984.

牟宗三. 历史哲学. 台北：学生书局，1988.

牟宗三. 道德的理想主义. 台北：学生书局，1992.

牟宗三. 政道与治道. 台北：学生书局，1993.

牟宗三. 智的直觉与中国哲学. 台北：联经出版公司，2003.

牟宗三. 中西哲学之会通十四讲//牟宗三先生全集. 台北：联经出版公司，2003.

慕唯仁. 重新思考章太炎与现代性：对汪荣祖教授的回应//“中央”研究院近代史研究所集刊：第78卷，2012：79-185.

孙向晨. 面对他者：莱维纳斯哲学思想研究. 上海：三联书店，2008.

苏轼. 书晁补之所藏与可画竹//苏轼诗集. 北京：中华书局，1982.

苏轼. 饮湖上初晴后雨//苏轼诗集. 北京：中华书局，1982.

苏轼. 跋文勋扇画//苏轼诗集. 北京：中华书局，1982.

苏轼. 书戴嵩画牛//苏轼诗集. 北京：中华书局，1982.

苏轼. 书黄筌画雀//苏轼诗集. 北京：中华书局，1982.

苏轼. 小篆般若心经赞//苏轼文集. 北京：中华书局，1986.

苏轼. 六一居士传//欧阳修诗词文选评. 上海：上海古籍出版社，2004.

苏轼. 文与可画筼筜谷偃竹记//东坡画论. 济南：山东画报出版社，2012.

苏辙. 栾城集 · 亡兄子瞻端明墓志铭. 上海：上海古籍出版

社，1987.

彭富春. 什么是物的意义？——庄子、海德格尔与我们的对话. 哲学研究，2002（3）.

王大德. 牟宗三先生良知坎陷说之诠释//李明辉. 牟宗三先生与中国哲学之重建. 台北：文津出版社，1996.

王汎森. 章太炎的思想：兼论其对儒学传统的冲击. 上海：上海人民出版社，2012.

王玉华. 多元视野与传统的合理化：章太炎思想的阐释. 北京：中国社会科学出版社，2004.

沃尔法特. 自然——禅宗的道家之源//陈鼓应. 道家文化研究：第15辑. 北京：三联书店，1999.

徐复观. 中国艺术精神 . 上海：华东师范大学出版社，2001.

亚里士多德. 范畴篇·解释篇. 上海：三联书店，2011.

颜炳罡. 牟宗三学术思想评传. 北京：北京图书馆出版社，1998.

杨宽. 西周史. 上海：上海人民出版社，1999.

章太炎. 章太炎政论选集. 北京：中华书局，1977.

章太炎. 排满平议//章太炎全集：四. 上海：上海人民出版社，1985.

章太炎.《社会通诠》商兑//章太炎全集：四. 上海：上海人民出版社，1985.

章太炎. 驳中国用万国新语说//章太炎全集：四. 上海：上海人民出版社，1985.

章太炎. 齐物论释//章太炎全集：六. 上海：上海人民出版社，1986.

章太炎. 国家论//章太炎全集：六. 上海：上海人民出版社，1986.

章太炎. 论佛法与宗教、哲学以及现实之关系//黄夏年. 章太炎集、杨度集. 北京：中国社会科学出版社，1995.

章太炎. 国学概论. 曹聚仁，整理. 上海：上海古籍出版社，1997.

章太炎. 国故论衡//精读章太炎. 厦门：鹭江出版社，2007.

章太炎. 訄书. 上海：中西书局，2012.

张舜徽. 说文解字约注. 长沙：岳麓书社，1997.

张允熠. 走出西方中心主义的迷宫. 成都师范学院学报，2014：30（3）：1-8.

张祥龙. 海德格尔思想与中国天道：终极视域的开启与交融. 修订新版. 北京：中国人民大学出版社，2010.

周星莲．临池管见//历代书法论文选．上海：上海书画出版社，1999.

周振甫．周易译注．北京：中华书局，1991.

宗白华．美学散步．上海：上海人民出版社，1981.

宗白华．徐悲鸿与中国绘画//宗白华全集：第 2 卷．合肥：安徽教育出版社，2008.

主题词索引

C

D

E

F

G

H

J

K

L

M

N

O

P

Q

R

S

T

W

Y

Z

人名索引

C

D

F

G

H

J

K

L

M

N

O

P

Q

S

T

W

X

Y

Z

梦的交错——庄子与蝴蝶的缘分（代后记）

> 昔者庄周梦为胡蝶，栩栩然胡蝶也。自喻适志与！不知周也。俄然觉，则蘧蘧然周也。不知周之梦为胡蝶与？胡蝶之梦为周与？周与胡蝶，则必有分矣。此之谓物化。（《庄子·齐物论》）

“庄周梦蝶”寓言的深意向来令历代注家搔首不已，而当前，西方思维取向难以察觉地渗入了某些“新说”中。如果把眼光投向西方汉学家的阐释，我们比较容易看出其中所隐含的西方哲学传统因素，这从反面可以促使我们更好地体会道家思想的“此中真意”，而不是茫然迷失于“解释之冲突”的困境之中。英国学者翟理斯在 1889 年出版了英文版《庄子》，这是继有史可考的 1881 年巴尔弗的最早版本之后的第二部西文翻译。对于“庄周梦蝶”寓言，翟理斯的解释式翻译如此讲道：

> 有一次，我，也即庄子，梦见我是一只蝴蝶，飞舞翩翩，随心所至。我仅只意识到我作为一只蝴蝶的想法，而对于我作为一个人的个体性毫无知觉。忽然，我醒了，躺在那里，回复为我。我不知道究竟是我作为一个人梦见了我是一只蝴蝶，还是我现在是一只蝴蝶梦见我是一个人。在人与蝴蝶之间必然具有阻隔，而其间的转化就叫作回忆（Metempsychosis）。①

翟理斯的翻译与 1891 年出版的理雅各的译本十分相似。其中清晰可辨的西方传统哲学思想如下：首先，翟理斯把“物化”解释为古希腊哲人柏拉图的“回忆”说。柏拉图认为，灵魂属于理念世界，它具有天赋的知识。当灵魂不幸跌落到人间后，它因为寄寓于人的身体而被玷污，忘记了过去所关照到的关于理念的知识。因此，获知的过程即是回忆的过程，是

---

① Herbert Allen Giles. Chuang Tzu, Mystic, Moralist and Social Reformer. London: Bernard Quaritch, 1889: 32.

灵魂试图回想起原来本有知识的努力结果。其次，翟理斯把这个美丽的寓言变为一个纯粹从“我”的角度而讲述的故事，“我”的主体性是故事发展的框架：“我”做了一个梦，梦中的蝴蝶即是“我”；然后，“我”醒了，“我”在反思“我”的梦。最后，在翟理斯的笔下，人与蝴蝶具有必然的障碍，克服这种障碍唯有通过超越、脱离尘世。

我们来看看翟理斯的解释是否“庄周梦蝶”寓言所要诉说的。首先，庄子思想中没有灵魂与肉体之分离，灵魂与肉体同样是自然所给予的，不存在独立于物质世界的理念世界。人之精神修养自然而然地体现于其神情、姿态、举手投足之间，修养得道的真人与常人一样呼吸着天地间的空气。其次，这个故事中有没有“我”？应当说：没有。《庄子》中常有“庄周”出现，这种情况是庄子从第三人称的角度把自己置身于文章之中而反观自身，与道同游的庄子和处身于鄙村陋巷的庄周构成了不断往复的双重视角。寓言中并没有庄周反思自己的梦的场境。不知究竟是庄周梦见自己变成了蝴蝶，还是蝴蝶梦见它变成了庄周，这个问题不是从处于俗世的庄周的角度提出的，而是从作为作者的与道同游的庄子的角度所提出的。

其次，在庄子看来，万物皆是相通的，其间不存在不可逾越的鸿沟。名叫鲲的鱼可以变为大鹏鸟，木柴烧尽而火可以传下来。庄子在《寓言》中称万物“以不同形相禅”。“周与胡蝶，则必有分矣”，解庄者常常将此解释为庄周与蝴蝶必定有所区别，由此而引发了悖违庄子思想的隔阂说，甚至导向当前主张庄周作为具有反思能力的人而优越于懵懂无知的蝴蝶的某种“新说”。近代有些注家已看出这种隔阂说与道家崇尚自由的学说格格不入，而主张把这句话，包括之前的“自喻适志与”视为注文误入而忽略不计。不过，无论它是否庄子的原文，我们仍可以对它做出一种符合庄子思想的解释：“分”应解为“期待”，而此“分”也即人们常说的“缘分”。庄周梦见蝴蝶，蝴蝶梦见庄周，这都是大化世界中的冥冥缘分。“周与胡蝶，则必有分矣。此之谓物化”：此“缘分”就叫作“物化”。“缘分”一词后来借作佛家语，但在《庄子》那里尚没有过于严格的法则之意。“庄周梦蝶”寓言的主旨是：由于道蕴含于万物之中，万物之间没有不可逾越的鸿沟。既是如此，那么超越与脱离尘世也就无从谈起，因为所有的平凡与超越都在此世之间。

《淮南子》中有这样一则记载：淮南王刘安在经历了七天变身之痛苦后，终于变成了一只老虎。这只老虎在外形、情感与精神上完全是老虎，根本不知之前为人的状态与境界。于是，当一直在照顾刘安的哥哥进入其房间的时候，老虎一下子攫住他，瞬间即毙其性命。在汉学家墨勒的眼中，这个故事与“庄周梦蝶”寓言说的是同样的道理：正如由刘安变来的老虎对刘安一无所知，庄周梦见的蝴蝶对庄周亦是一无所知。物化的原则即在于：变化的每一阶段完全自足，做梦的庄周与做梦的蝴蝶完全忘记了自己的前生后世。墨勒的解释误解了“庄周梦蝶”寓言的深意。历来画者不知创作了多少幅美妙的庄周梦蝶图，以至于它已成为道家逍遥精神的象征。设若庄周梦见的不是蝴蝶，而是老虎，这个故事同样会成为脍炙人口的寓言吗？千百年来人们还会源源不断地绘制出具有永恒魅力的庄周梦蝶图吗？庄周之梦见蝴蝶，正是因为他与蝴蝶之间具有特殊的缘分。

借用梅洛-庞蒂的术语来说，蝴蝶与庄周之间具有交缠关联（chiasme），二者互为表里，心心相印。庄周之所以梦见蝴蝶，蝴蝶之所以梦见庄周，难道不是恰恰因为二者皆具有飞舞翩翩、随心所至这样的精神自由之梦想吗？

图书在版编目（CIP）数据

重新发现海德格尔、列维纳斯与中国哲学/马琳著. —北京：中国人民大学出版社，2019.11

ISBN 978-7-300-27373-0

Ⅰ.①重… Ⅱ.①马… Ⅲ.①比较哲学-研究-中国、西方国家 Ⅳ.①B1-03

中国版本图书馆 CIP 数据核字（2019）第 186445 号

国家社科基金后期资助项目

重新发现海德格尔、列维纳斯与中国哲学

马琳 著

Chongxin Faxian Heidegger、Levinas yu Zhongguo Zhexue

出版发行	中国人民大学出版社		
社　　址	北京中关村大街 31 号	**邮政编码**	100080
电　　话	010－62511242（总编室）		010－62511770（质管部）
	010－82501766（邮购部）		010－62514148（门市部）
	010－62511173（发行公司）		010－62515275（盗版举报）
网　　址	http://www.crup.com.cn		
经　　销	新华书店		
印　　刷	涿州市星河印刷有限公司		
开　　本	720 mm×1000 mm　1/16	**版　　次**	2019 年 11 月第 1 版
印　　张	21.75 插页 2	**印　　次**	2025 年 6 月第 2 次印刷
字　　数	356 000	**定　　价**	126.00 元
